원가관리회계

COST & MANAGEMENT ACCOUNTING

김봉기

유원북스

머리말

대학에서 원가회계와 관리회계를 강의한 지도 벌써 20년이 지났다. 그동안 우리 학생들에게 실질적인 도움이 될 수 있는 교재 집필에 대한 고민이 많았다. 그러던 중에 학교의 교육과정에 변화가 생겨 지금까지 원가회계와 관리회계로 각각 개설되던 과목이 원가관리회계로 통합되어 한 번만 개설되는 것으로 변하였다. 교육과정 개편을 계기로 그동안 고민만 하던 교재집필을 본격적으로 시작하기로 하였고, 이번 연구년을 이용하여 집필을 완성하게 되었다.

본 교재는 다음 몇 가지 면에서 기존 교재들과 차별화를 시도하고자 하였다.

첫째, 기존의 원가관리회계 교재들이 공인회계사 혹은 세무사 등을 준비하는 수험생들을 대상으로 하여 집필되어 연습문제 등이 우리 학생들이 혼자서 내용을 이해하는데 다소간의 어려움이 있었다. 따라서 본 교재는 가급적 원가관리회계를 처음으로 접하는 독자들도 혼자서 공부할 수 있도록 쉽게 집필하고자 하였다.

둘째, 본 교재는 가급적 많은 예제를 수록하여 예제를 보면서 독자들이 스스로 학습할 수 있도록 하였으며, 또한 모든 장에 객관식 15문항, 주관식 15문항 등 충분한 연습문제를 수록하여 반복학습을 할 수 있도록 하였다.

셋째, 전산관련 자격증이나 기업회계 자격증을 준비하는 수험생들에게 실질적인 도움을 줄 수 있도록 하였다. 이를 위해 모든 장의 객관식 문제는 기업회계 1급 기출문제를 그대로 게재하여 수험생들이 기출문제를 보다 많이 접할 수 있도록 하였다.

마지막으로, 주관식문제의 경우 본문을 통해서 학습한 내용을 반복적으로 학습할 수 있도록 유사한 문제를 반복적으로 수록하였다. 또한 학습한 내용을 바탕으로 실무에서의 업무처리에 실질적인 도움을 줄 수 있도록 관련되는 회계처리는 물론 손익계산서와 재무상태표를 작성해 볼 수 있는 문제를 곳곳에 수록하였다.

무엇보다는 본 교재를 이용하는 독자들이 원가관리회계를 접하면서 어렵다는 생각을 갖지 않고 흥미를 느낄 수 있도록 최대한 쉽게 집필하고자 하였다. 따라서 독자들이 이 책을 선택하면서 얻고자 하였던 바를 조금이라도 얻을 수 있다면 저자는 매우 만족할 것입니다.

이 교재가 출간되기까지 도움을 주신 많은 분들에게 감사의 마음을 전합니다. 먼저 본문의 많은 부분을 가져다 쓸 수 있도록 허락해주신 사용자 중심의 원가회계와 관리회계 저자 분들께 감사함을 전합니다. 그리고 보잘 것 없는 원고를 기꺼이 출간을 허락해 주신 유원북스 이구만 사장님을 비롯하여 편집부 여러분께 감사드립니다. 마지막으로 아내, 아들, 그리고 딸에게 고마운 마음을 전합니다.

2020년 6월

캐나다 토론토에서

차 례

제 1 장 관리회계 소개

제 2 장 원가의 개념 및 분류

제 3 장 원가의 흐름과 개별원가계산

제 4 장 서비스부문의 원가배부

제 5 장 활동기준원가계산

제 6 장 종합원가계산

제 7 장 결합제품 원가계산

제 8 장 원가·조업도·이익분석

제 9 장 관련원가와 특수의사결정

제10장 종합예산

제11장 표준원가계산

제12장 책임회계와 성과평가

제 1 장

관리회계 소개

01 관리회계란 무엇인가?

이 책을 보고 있는 대부분의 독자들은 회계가 무엇을 하는 것인지에 대해 적어도 한 번 정도는 들어 봤을 것이다. 회계란 정보이용자의 의사결정에 유용한 정보를 제공하는 것이다. 이때 정보이용자는 크게 주주, 채권자, 그리고 정부당국 등의 외부정보이용자와 최고경영자, 중간관리자, 그리고 하위관리자를 포함하는 내부정보이용자로 구분된다. 대부분의 사람들은 회계원리를 통해 회계학을 처음으로 접하게 되는데, 회계원리에서는 주로 외부정보이용자들의 의사결정에 유용한 정보를 제공하는 것을 목적으로 하는 재무회계 분야를 공부하게 된다.

반면에 관리회계는 기업 내부에서 조직을 감독하고 통제하는 기능을 수행하는 경영자에게 정보를 제공하는 것을 목적으로 하는 분야이다. 즉, 관리회계는 경영자들이 지속적으로 원가를 감시하고 효율성을 향상시켜 고객을 만족시킬 수 있는 경영의사결정을 할 수 있도록 정보를 제공하는 것을 목적으로 한다. 이를 위해 관리회계 담당자는 경영자의 다양한 정보욕구를 만족시키기 위해서 재무회계에서 제공하는 재무제표 이외의 다양한 형태의 보고서를 제공할 필요가 있다.

관리회계 담당자가 제공하는 정보에는 재무적 정보뿐만 아니라, 공장가동률, 주문잔고, 시장점유율 등과 같은 비재무적인 정보와 함께 경영자 혹은 사업부의 성과평가를 위한 자료 등도 포함되어야 한다. 이와 같이 관리회계는 경영자에게 초점이 맞추어져 있으므로 관리회계를 공부하기 위해서는 경영자의 기능이 무엇이며, 어떤 정보들을 요구하는지에 관해 이해할 필요가 있다.

02 경영자의 기능

경영자들이 원하는 정보를 효과적으로 제공하기 위해서 관리회계 담당자들은 경영자들이 수행하는 주요 기능을 이해하고 있어야 한다. 경영자들의 주요 기능은 첫째, 목표를 설정하고 목표를 달성하기 위한 계획을 수립하는 일, 둘째, 설정된 목표를 달성하기 위해서 조직구조를 설계하고 계획을 집행·감독하는 일, 셋째, 계획과 실적을 비교하여 통제하는 일, 넷째, 그 밖에 수많은 의사결정을 내리는 일 등으로 요약할 수 있다.

본서의 각 장에서 설명될 주제들은 결국 경영자의 기능수행에 도움을 줄 수 있는 정보는 무엇이며, 이들 정보를 어떻게 창출할 것인가에 관한 것이다. 즉, 관리회계는 "경영자가 조직의 희소한 자원을 효율적으로 활용하기 위하여 조직 내에서 계획수립·조직구조의 설계·계획집행·감독·통제 등의 기능을 수행하는 데 있어 필요한 정보를 식별·측정·축적·분석·작성·해석·전달해 주는 정보시스템이다"라고 정의할 수 있다.

2.1 계획수립

경영자는 반드시 조직이 추구할 장·단기적인 조직의 목표를 설정해야 한다. 경영자가 목표를 설정하지 않고 임기응변식으로 조직을 운영한다면 그 기업은 장기적으로 성장·존속할 수 없게 될 것이다. 계획수립이란 기업의 장·단기적인 목표를 설정하고, 설정된 목표를 달성하기 위해 필요한 구체적인 방법을 강구하는 과정이다. 계획수립에는 특정기간에 판매해야 할 판매량, 생산량, 생산에 투입시킬 원재료의 수량결정이나, 제품생산에 투입하여야 할 종업원 수 등과 같은 단기적인 계획수립뿐만 아니라, 새로운 제품개발이나 새로운 생산설비 도입 등과 같은 장기적인 계획수립도 포함된다. 장기적인 계획을 수립하려면 기업의 비전이나 기업전략을 고려해야 하기 때문에 장기적 계획수립은 전략적 계획수립(strategic planning)이라 일컫는다. 계획이란 특정목표의 달성방법에 관한 의사결정이 포함되기 때문에 계획수립 또한 의사결정의 일부분이다.

2.2 조직편성

조직편성에는 크게 두 가지 기능이 포함되어 있다. 첫 번째 기능은 조직구조를 설계하는 것이다. 이는 어떤 종업원이 어떤 직무를 수행할 것인지를 결정하는 일이며, 이러한 기능은 보통 조직도 및 직무분장에 나타난다.

조직편성의 두 번째 기능은 계획을 집행책임자들에게 알려주는 일이다. 조직은 누군가가 구성원에게 무엇을 하라고 얘기하지 않는다면 종업원들은 움직이지 않게 되어 있는데, 이를 흔히 감독(directing)이라 한다. 조직편성에서 감독기능은 조직목표가 수행되는 것을 확실시해 주는 조정요소가 된다. 즉, 경영자들은 감독을 통해서 일상 활동을 관장하며, 조직이 원활하게 그 기능을 수행하도록 조정한다.

2.3 통제

통제는 목표가 성취되었는지의 여부를 결정하는 일련의 과정을 말한다. 실제결과에 관한 성과보고서는 계획상의 목표와 비교된다. 목표가 달성되지 못하였다면 경영자들은 목표를 달성하기 위해서 업무수행 과정이나 방법을 어떻게 변경시켜야 하는지 혹은 목표를 어느 정도 수정을 해야 하는지 등을 검토하여야 한다.

중간 및 최고경영자들이 각 사업부문의 매일매일의 활동을 항상 관찰할 수는 없기 때문에 통제기능은 상당부분을 내부보고서에 의존하게 된다. 이들 보고서에서 경영자들에게 제공되는 정보를 흔히 피드백(feedback)이라고 한다. 이와 같은 계획목표와 실제성과를 비교하는 통제과정이 생략된다면 차후 계획과정은 효과적이지 못할 것이다. 따라서 계획수립과정과 통제과정은 마치 동전의 양면처럼 밀접한 관계를 지닌다. 즉, 계획수립이 이루어지지 않으면 통제과정이 있을 수 없으며, 통제과정이 없는 계획수립은 아무런 의미가 없게 된다.

2.4 의사결정

앞에서 언급한 계획수립, 조직편성, 그리고 통제 등 경영자의 모든 기능은 의사결정을 포함하고 있다. 관리회계는 경영자들이 계획을 수립하고 통제하는 등의 기능을 수행하는 데 도움이 되는 정보를 제공하도록 설계되어야 한다. 또한 관리회계는 특정 종류의 의사결정에 초점을 맞추어 정보를 제공할 수도 있어야 한다. 경영자가 수행하는 의사결정의 예로는 제품의 가격결정, 사업부문의 확장 및 폐쇄, 부품의 자가제조 및 외부구입 등과 같은 다양한 형태의 의사결정이 포함된다. 이들 의사결정의 유형에 관해서는 본서의 중반부에서 자세하게 설명될 것이다. 여기서 한 가지 중요한 사실은 관리회계 정보가 경영자들을 위해 자동적으로 의사결정을 내려주는 것이 아니라, 단지 경영자들이 의사결정을 내리는 데 필요한 유용한 정보를 제공하는 것이며, 의사결정은 전적으로 경영자 자신의 몫이라는 것이다.

한편, 조직의 목적달성을 위한 구체적 목표가 설정되면, 경영자는 목표의 효율적 달성을 위해 최선의 노력을 기울일 책임을 맡게 된다. 경영자의 활동은 조직의 목표를 효율적으로 달성하기 위해 계획(plan)을 수립하는 것에서 시작하여 계획을 실행(do)하고, 사후적으로 실적이 계획과 잘 맞는지 여부를 검토(see)한다. 그 결과에 관한 정보는 다시 이후의 계획과정에 피드백됨으로써 더욱 더 경영의 효율성을 증대시킨다. 경영자의 활동은 결국 이러한 과정의 연속이라고 볼 수 있으며, 이 연속된 과정은 개념적으로

[도표 1-1] 계획과 통제의 순환

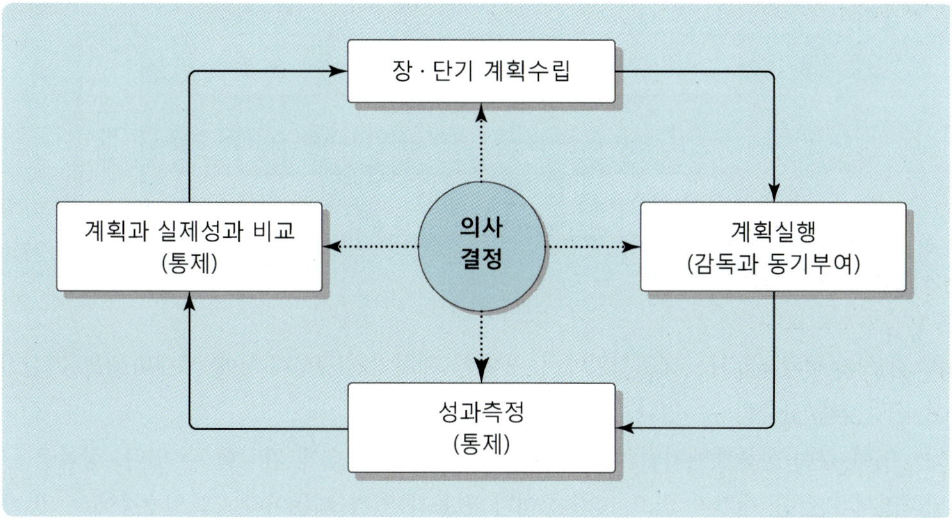

하나의 순환과정을 이루게 되는데 이를 경영사이클(management cycle)이라고 한다.

03 상품매매기업과 제조기업

회계학을 처음 접하게 되는 회계원리에서 우리는 주로 상품매매기업에 대한 회계처리를 중심으로 공부하였다. 상품매매기업은 외부로부터 상품을 구매하여 이를 소비자에게 재판매함으로써 이익을 발생시키는 기업을 말한다. 우리가 자주 접하는 도매상들이 상품매매기업에 속한다고 보면 된다. 이 기업들은 제조시설을 가지고 있지 않다. 상품매매기업은 생산시설을 가진 제조기업이 생산한 제품을 구매하여 재판매할 뿐이다. 따라서 상품매매기업의 주요 경영활동은 구매와 판매가 핵심이다. 이에 반해 제조기업은 제조시설을 보유하고 제품을 생산하는 기업을 말한다. 제조기업이 상품매매기업과 다른 것은 제조시설을 가지고 제품을 생산한다는 것이다. 따라서 제조기업의 주요 경영활동은 구매와 판매뿐만 아니라 생산활동을 포함하고 있다. [도표 1-2]에 상품매매기업과 제조기업의 거래구조를 요약하였다.

[도표 1-2]를 보면 상품매매기업(상품)과 제조기업(제품)이 서로 다른 거래구조를 가지고 있으며, 이에 따라 재화의 원가가 산출되는 과정도 서로 다르다. 상품매매기업

[도표 1-2] 상품매매기업과 제조기업의 거래구조

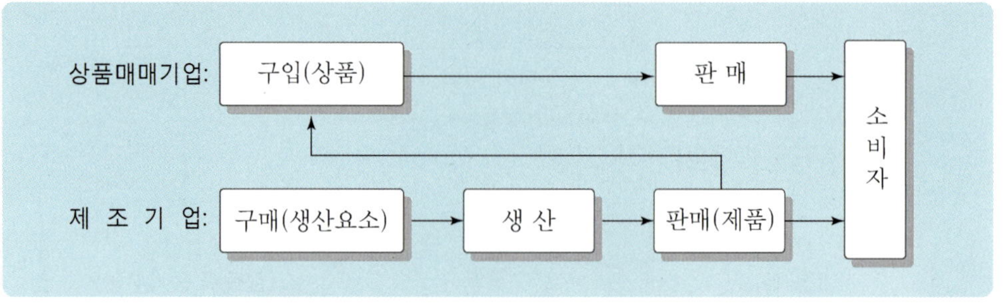

의 경우 상품의 원가는 제조기업에서 구매한 재화가치(구입대가)에 부대비용을 가산하여 간단하게 산출할 수 있다.

이와 같이 상품매매기업의 취득원가는 상대적으로 쉽게 파악할 수 있다. 상품을 구입하면서 지급한 대가가 있고, 영수증이나 전표가 있기 때문이다. 그 영수증에는 몇 개의 상품을 얼마에 구입하였다는 내역이 존재한다. 상품의 구입시점이 다르고 구입가격이 다르다면 선입선출법이나 후입선출법 등으로 원가를 결정하는 방법을 사용하면 된다.

반면에 제조기업의 원가를 결정하는 것은 쉽지 않다. 제품을 생산하기 위해서는 재료원가, 노무원가, 제조경비 등 다양한 원가가 발생한다. 또한 대부분의 기업들은 다양한 제품을 생산하고 있다. 이는 제품원가를 산출하는 절차를 복잡하게 만든다. 예를 들어, 세탁기 한 종류만을 생산하는 기업을 가정해 보자. 제품을 생산하는 과정에서 발생하는 모든 원가요소(재료원가, 노무원가, 경비)는 세탁기를 생산하기 위해 발생한 것이다. 따라서 재공품이 없다면 일정한 기간을 정해서 그 기간 동안 투입된 모든 원가요소 금액을 생산량으로 나누면 세탁기의 단위당 원가가 된다.

반면에 여러 종류의 제품을 생산하는 기업이라면 상황은 좀 더 복잡해진다. 예를 들어, 세탁기와 건조기를 같이 생산하는 기업을 가정해 보자. 두 제품을 각각 10,000단위씩 총 20,000단위의 제품을 생산하였다면, 세탁기만을 생산할 때처럼 동기간에 투입된 총원가를 생산량 20,000단위로 나누면 각 제품의 단위당 원가가 될 수 있는가? 제품별로 투입된 원재료의 종류와 양, 작업자의 작업시간, 경비의 소비 정도가 다르다면, 단순히 전체 투입원가를 생산량으로 나누어서 산출한 단위당 원가정보는 정보가치가 현저히 떨어진다. 따라서 이 경우에는 단일제품의 경우와는 다른 원가계산 과정이 필요하다. 일반적으로 볼 때 한 기업에서 생산하는 제품의 종류가 다양할수록, 제품별로 원가요소의 소비 정도가 차이가 심할수록, 기업 간의 경쟁이 치열할수록 좀 더 정교한 원가계산이 요구된다.

04 재무회계와 관리회계

회계의 가장 중요한 역할 중의 하나는 정보이용자들의 경제적 의사결정에 유용한 정보를 제공하는 것이라 할 수 있다. 따라서 회계는 정보이용자의 유형에 따라 크게 재무회계와 관리회계 두 분야로 구분할 수 있다. 재무회계는 주주, 채권자, 정부당국 등과 같은 외부정보이용자들에게 조직에 대한 경제적 정보를 제공한다. 재무회계에서는 반드시 일반적으로 인정된 회계원칙(generally accepted accounting principles : GAAP)을 따르도록 요구하고 있으며, 이에 따라 강제적인 재무제표 작성을 위한 분개 및 절차를 다루고 있다.

반면에 관리회계는 작업자, 중간관리자 그리고 최고경영자 등 내부정보이용자들에게 경제적인 정보를 제공한다. 강제성이 있는 재무회계와는 달리 관리회계에서는 상당한 재량권이 주어져 있다. 즉, 재무제표와 같은 일정한 보고양식이 없으며, GAAP와 같은 강제적인 회계원칙에서도 비교적 자유롭다. 내부정보이용자의 의사결정에 도움이 될 수 있는 목적적합한 정보가 적시에 제공될 수 있다면, 관리회계시스템에서 제공하는 정보의 가치는 아주 높다고 볼 수 있다. [도표 1-3]은 회계학의 체계를 나타낸 것이고, [도표 1-4]는 재무회계와 관리회계를 비교하여 요약·정리한 것이다.

이제 원가회계가 재무회계 및 관리회계와 어떤 연관성이 있는지를 살펴보자. 재무회계와 관리회계가 모두 역사적 원가자료를 사용하지만 서로 다른 관점을 가지고 있다. 재무회계에서는 범용목적의 재무제표를 작성하는 데 원가자료를 사용하는 반면, 관리회

[도표 1-3] 회계학의 체계

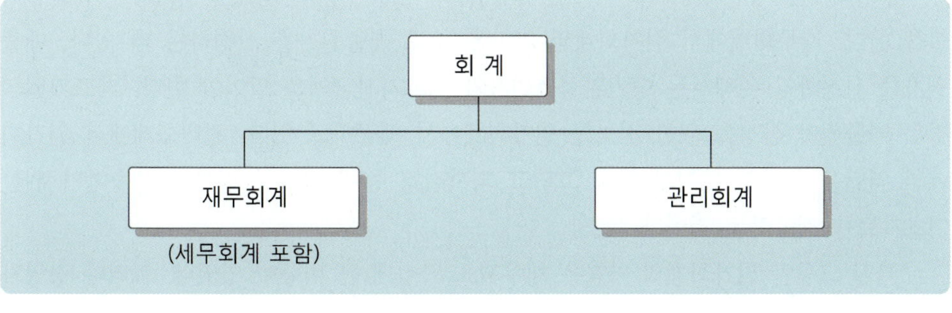

[도표 1-4] 재무회계와 관리회계

	재무회계	관리회계
목적 – 정보이용자	외부정보이용자의 의사결정에 유용한 정보 제공–주주, 채권자 등	내부정보이용자의 의사결정에 유용한 정보 제공–최고경영자 등
정보성격	과거활동의 재무성과를 요약보고 • 객관성과 검증가능성이 중요 • 정확성이 요구	미래 의사결정에 관한 정보제공 • 목적적합성이 중요 • 적시성과 비화폐정보도 중요
보고서 형태	기업전체에 대한 재무제표 작성	부문, 제품, 고객 등 세분화된 정보제공
작성원칙	일반적으로 인정된 회계원칙 준수	필요하면 회계원칙을 따를 필요가 없으며, 목적적합성이 중요
강제성	주기적으로 작성하여 외부에 보고	강제성이 없으며, 필요에 따라 수시로 작성하여 경영자에게 보고

[도표 1-5] 원가회계와 재무회계·관리회계의 관계

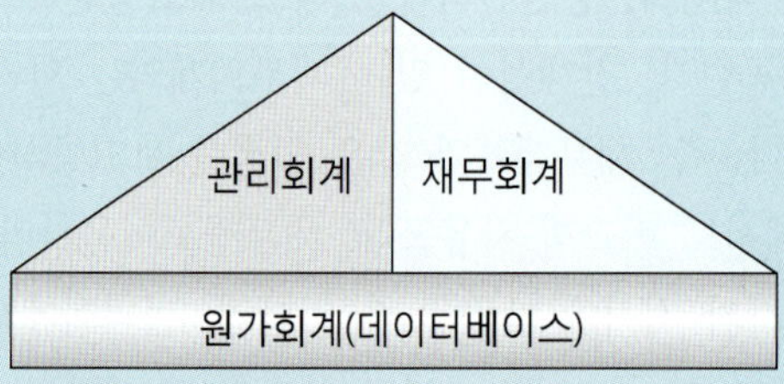

계는 미래의 계획을 설정하고, 내부의사결정을 내리고, 조직을 운영·통제하는 데 원가자료를 사용한다. 이런 관점에서 볼 때 원가회계는 재무회계와 관리회계 모두에서 유용한 정보가 되고 있음을 알 수 있다. 원가회계가 재무회계 및 관리회계와 어떤 관계를 가지고 있는지 요약해 보면 [도표 1-5]와 같다.

원가회계는 재무회계보고서와 관리회계보고서를 작성하기 위한 데이터베이스의 역할을 한다. 재무회계에서 원가회계의 역할은 주로 매출원가를 산정하는 데 있다. 매출원가를 산정하기 위해서는 당기완성품원가와 재고자산금액을 알아야 한다. 제조기업의 경우 매출원가 산정을 위한 정보를 원가회계에서 제공하고 있다. 관리회계에서 원가회계의 역할은 조직의 계획과 통제 그리고 의사결정 등에 필요한 정보를 산출하기 위한 기초자료를 제공하는 것이다.

사실 그동안 원가회계의 역할은 재무제표 작성에 큰 비중이 있었다. 그러나 경영자들은 원가를 몰라도 되는 것일까? 기업에서의 이익은 총수익에서 총비용을 차감해서 구해진다. 기업경영을 책임지고 있는 경영자들조차 기업의 원가구조를 모른다면 기업이 추구하는 이익은 어떻게 달성될 수 있을까에 대한 의문이 든다. 또한 원가를 모른다는 것은 경영자가 이익에 대한 미래 계획을 수립할 수가 없다는 것을 의미하는 것이기에 결국 주먹구구식으로 기업을 경영하겠다는 것과 마찬가지이다. 따라서 기업에서 원가를 가장 잘 알아야 하는 사람은 경영자라고 해도 과언이 아니다. 오늘날과 같이 가격경쟁이 치열한 경우에는 원가정보의 중요성이 더욱 강조된다. 원가회계시스템은 다음과 같은 다양한 의사결정의 경제적 결과를 예측할 수 있도록 유용한 정보를 제공하여야 한다.

- 차기 경영목표 및 달성계획 설정
- 제품가격의 결정
- 각 제품 및 유통경로별 수익성 분석
- 사업부문의 성과평가
- 경영활동 및 업무의 효율성 분석
- 기타 경영활동에 대한 주요 의사결정

05 관리회계담당자의 역할

관리회계의 역할은 경영자가 조직의 목적을 효율적으로 달성하도록 계획과 통제과정에 필요한 정보를 제공하는 데 있다. 이러한 기능의 관리회계는 조직의 어느 부문에서 수행되며, 관리회계 담당조직은 조직구조에서 어떠한 위치를 차지하고 기능하는가? 관리회계시스템의 역할과 기능은 우선 조직 내 라인과 스탭의 관계에서 파악하여야 한다. 라인과 스탭의 관계는 조직 내의 책임 · 권한 · 전문화 등에 대한 면밀한 계획을 나타내는 조직도에서 살펴볼 수 있다. 제조기업의 조직도의 경우, 계층적 수직구조는 여러 수준의 권한을 나타내는 반면, 수평구조는 전문화에 의한 조직분화, 즉 부문화(divisionalization)를 나타낸다고 할 수 있다.

조직 내 라인 · 스탭의 구조와 관리회계의 관계를 보면, 우선 관리회계시스템은 본질적으로 조직 내 다른 조직단위에 도움을 주는 지원기능으로서의 역할을 담당한다. 흔히 콘트롤러(controller)라고 불리는 관리회계 책임자는 스탭구성원이면서, 관리회계조직 내에서는 한정적이지만 라인의 권한을 가지기도 한다. 조직의 규모가 커지고 복잡해지면서 콘트롤러의 전문적 지식이 크게 요구되고, 그의 조직 내 지위는 점차 높아지는 경향이 있다. 그러나 콘트롤러가 조직 내에서 어떠한 지위를 차지하고 어떠한 추가적 권한을 가진다 하더라도 관리회계시스템이 의사결정지원시스템(decision support system)으로서의 본질을 벗어나지는 않을 것이다.

오늘날의 관리회계 담당자는 단순히 관리회계정보의 제공자에 그치지 않고 보다 폭넓은 역할이 요구된다. 그 역할을 요약해 보면 다음과 같다.

첫째, 관리회계 담당자들도 변화하는 환경에서 많은 새로운 도전에 직면하게 된다. 우선 기업들이 국경이 없는 경쟁을 벌이고 있기 때문에 여느 경영자들과 마찬가지로 관리회계 담당자들도 국제적 감각을 갖출 것이 어느 때보다 절실히 요구되고 있다. 외국시장에서의 기회포착을 위한 의사결정을 보다 현명하게 내리기 위해선 다른 국가의 정치 및 경제에 대해서도 관심을 가져야 한다.

둘째, 관리회계 담당자들은 기업의 각 기능을 가치사슬의 개념으로 연결시켜 볼 줄 아는 새로운 통찰력을 지녀야 한다. 지나친 기능 세분화를 바탕으로 한 개별 기능분야의 효율성 제고는 오히려 기업 전체의 목적달성에 방해가 되는 수가 있다. 가령, 생산과 판매기능을 통합시켜 상호 보완하고자 하는 것은 이러한 경영층의 노력의 일환이다. 관리회계 담당자들은 경영층의 이러한 노력을 진작시킬 수 있는 분위기와 정보를 제공해야 한다.

셋째, 관리회계 담당자들은 단순히 원가측정만 고집해서는 안 된다. 기업의 주요성공요인(critical success factor)은 단순히 원가의 절감에만 있지 않고 품질향상, 반응시간의 단축, 그리고 대 고객 서비스 향상이 포함된다. 품질, 시간, 그리고 고객 서비스를 무시하는 원가절감은 기업을 성공의 길로 이끌 수가 없다.

넷째, 관리회계 담당자들은 환경변화에 맞추어 과거의 잘못된 관습에서부터 과감히 탈피해야 한다. 급격한 환경변화 이전에 설정한 관리회계시스템에서 산출되는 원가

[도표 1-6] 가치사슬과 원가관리회계 정보

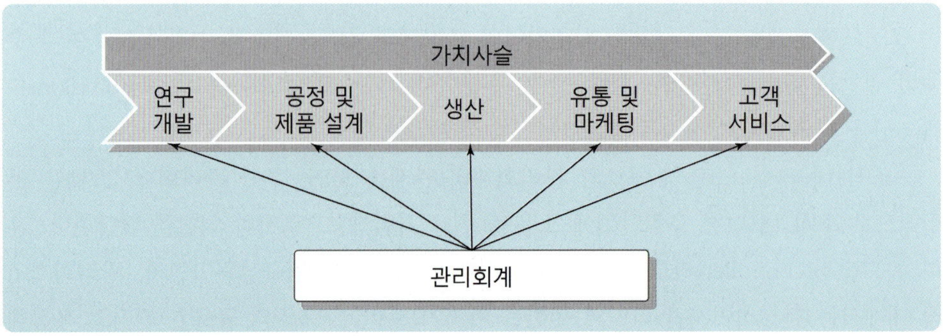

정보는 왜곡되고 진부화된 것일 수 있기 때문에 환경변화를 잘 포착하고 올바른 정보를 전달하도록 세심한 노력을 기울여야 한다.

다섯째, 관리회계 담당자들은 부문효율화보다는 전체목표 달성을 강조하는 방향에서 정보를 측정·제공해야 한다. 관리회계 담당자들은 사실상 기업조직의 모든 국면을 원가계산·보고·측정하는 포괄적인 위치에 있다.

이상에서 살펴본 바와 같이 변화하는 환경 속에서 관리회계 담당자의 역할은 점점 중요시되고 있다. 그만큼 관리회계 담당자들은 그 기능을 수행하는 데 막중한 책임과 보람을 느낄 수 있을 것이다.

한편, 기업의 규모가 커지고 경제활동 범위가 넓어지면서 경영행위가 더욱 복잡해짐에 따라 점차 정보시스템의 통합자로서 관리회계 전문가의 필요성과 중요성은 커지게 될 것이다. 즉, 경영자에 대한 핵심적 스탭기능을 수행하는 관리회계 전문가의 직업적 기회는 점차 커지게 될 것이다.

06 관리회계의 과거와 현재

18세기 중엽 산업혁명이 일어나기 전까지는 원가의 개념이 아직 정립되지 않은 시기였다. 중세시대부터 베네치아, 안트워프, 제노바, 암스테르담 그리고 영국 런던으로 이어지는 유럽 중심의 패권주의와 더불어 세계경제는 주로 상업무역을 중심으로 발달하였다. 주로 농어업과 같은 1차산업이 주류였으며, 공업은 노동집약적인 가내수공업을 위주로 단일활동의 조직형태를 띠었다. 예를 들어, 섬유산업에서 양털깎기, 털실방적, 방직, 염색 등의 일련의 작업단위가 개별적인 조직형태를 갖추고 있었다. 따라서 이런 환경에서는 시장에서 거래되는 가격이 곧 원가의 역할을 할 수 있었다. 생산자는 소비처에서 구입한 가격보다 더 많은 현금을 소비자로부터 회수하면 되었기 때문에 성공 여부에 대한 측정치를 비교적 쉽게 구할 수 있었다.

이후 산업혁명을 거치면서 단일활동조직들이 복수활동조직으로 전환하게 됨으로써 위계조직이 생겨나게 되었다. 예를 들어, 방적과 방직, 염색 등의 개별 작업단위를 한 조직에서 통합한 복수활동기업들이 나타나게 되었다. 시장에서의 구입가격이 원가가 되던 시대는 지나갔다는 말이다. 따라서 원가를 파악하기 위해 복수공정을 거치면서 발생되는 가공원가에 대한 측정치들이 도입되었다. 19세기 중반 철도와 전신의 발명에 따라

지역적인 산업규모는 그 영역을 더욱 확대할 수 있게 되었으며, 생산과 소비의 불균형이 나타나게 되었다. 이때 기업들은 효율성과 이익에 관심을 갖게 되었고, 이에 따라 생산과정의 효율성 측정, 생산성 목표달성 그리고 작업자들의 동기유발 등에 관심을 갖게 되었다. 이를 위하여 중간제품과 완제품의 원가를 식별하는 것이 중요한 관리요소였으며, 더 나아가서는 과학적 관리운동을 통해 표준과 실제성과의 차이 분석, 즉 표준원가제도를 태동시키는 계기가 되기도 하였다. 이때까지만 해도 원가정보는 기업관리를 위한 목적으로 수집되고 사용되었다. 즉, 원가정보는 단순히 제품원가를 산출하는 계산의 목적이 아니라 원가관리의 목적이었다.

그러나 조직의 복수업무를 수행하는 거대기업이 출현하고, 복수사업부 형태의 조직이 나타나면서부터 원가회계에도 많은 변화가 있었다. 거대기업을 관리하기 위한 성과지표가 개발되기도 하였지만, 무엇보다 큰 변화는 원가정보의 산출목적이 재무제표 작성을 위한 것으로 변화했다는 점이다. 자본시장과 규제기관 등 기업 외부로부터의 압력이 가해졌고, 공인회계사들도 원가회계와 재무회계의 통합을 요구하였다. 즉, 개별 제품별 정확한 원가는 필요하지 않으며, 총계만 정확하다면 세부적으로 상쇄될 수 있는 오류는 중요하지 않다는 것이었다. 이때부터 재무제표의 매출원가와 기말재고액의 산정이 원가회계의 핵심이 되어 버렸다.

많은 학자들은 1920년대의 원가·관리회계가 지금까지도 큰 변화없이 그대로 사용되고 있음을 지적하고 있다. 1920년대의 단순한 생산환경에 비하면 현재는 훨씬 복잡하고 다양화되었다. 예를 들어, 한 기업에서 생산되는 제품의 종류는 수없이 많아졌으며, 생산기술도 기계화·자동화를 거쳐 무인생산시스템으로까지 발전하는 단계에 이르렀다. 앞으로 계속 살펴보겠지만, 이러한 변화는 원가구조를 변화시키며, 결국에는 잘못된 원가정보를 산출하는 원인이 된다. 최근에 와서야 이러한 문제들이 논의되기 시작하였다. 1980년 초부터 제안되어 많은 기업들에 의해 각광을 받고 있는 활동기준원가계산제도(activity-based costing : ABC)도 이러한 논의의 결과로 주목을 받고 있는 기법이다. 전통적인 원가계산에서는 단순히 직접노동시간에 의해 제조간접원가를 제품에 배부하고 있다. 그러나 제조설비의 자동화로 직접노동시간을 기준으로 하는 제조간접원가의 배부는 그 유효성이 상실되었고 제품원가를 왜곡시킨다는 비난을 받게 되었다. 활동기준원가계산에서는 직접노동시간 대신 원가동인(cost driver)이라 불리는 다수의 보다 정확하고 개선된 활동측정치를 배부기준으로 활용하여 각 제품의 제조간접원가 자원의 소모액을 전통적인 원가계산방법보다 정확하게 측정하려 하고 있다. 활동기준원가계산은 전통적인 원가계산에 비해 운영(측정)비용이 많이 소요된다. 정보기술의 발달로 인한 정보처리비용 감소로 운영비용이 많이 소요되는 활동기준원가계산의 활용이 최근에 와서 가능하게 된 것이다. 그러나 최신 기법이 모든 문제를 해결해 주지는 못한다. 또한 전통적인 방법이라고 해서 무조건 배척해서도 안 된다. 다만, 원가회계는 단순한 원가계산이 아니라 원가관리라는 1920년대 이전의 역할을 회복해야 한다는 점을 강조하고 싶다.

관리회계정보는 기업의 성패를 좌우하는 주요 역할을 한다. 우수한 제품을 생산하고 있는 기업도 정확하고 유용한 관리회계정보를 가지고 있지 못하면 오늘날의 글로벌 경쟁환경하에서 실패할 수 있다. 즉, 어떤 기업들은 시대에 뒤떨어진 관리회계제도를 사용함으로써 어떤 제품에 대해서는 가격을 너무 낮게 책정하는가 하면 또 다른 제품에 대해서는 가격을 너무 높게 책정하여 수익성과 경쟁력을 동시에 상실하기도 한다. 효과적인 관리회계시스템은 운전자본의 부족 또는 바람직하지 못한 재고의 증가와 같은 잠재적 문제점들을 예방하거나 탐지할 수 있는 합목적적이고 시기적절한 정보를 제공한다. 뿐만 아니라 관리회계는 과거 의사결정의 결과를 시기적절하게 보고함으로써 경영자로 하여금 사업운영을 보다 잘 통제하고 현행 및 잠재적인 문제점들을 해결할 수 있게 한다. 이는 곧 기업의 가치를 극대화시킬 수 있는 길이기도 하다.

제 2 장

원가의 개념 및 분류

01 제품생산과 원가

제품을 생산하기 위해서는 여러 단계의 작업과정을 거쳐야 한다. 예를 들어, 우리가 직접 옷을 만든다고 생각해 보자. 먼저 옷의 재료가 되는 옷감, 실, 그리고 단추 등을 구입하여야 한다. 먼저, 옷감을 치수에 맞게 재단을 하고, 이를 재봉틀을 이용하여 박음질을 한 후, 단추 등을 부착하여 완성하게 된다. 옷을 만들기 위해서는 이외에도 많은 작업들이 필요하지만 각각의 작업순서에 따라 작업단계를 거쳐야 한다. 이때 각각의 작업단계를 공정(process)이라 한다.

이와 같이 제품을 생산하기 위해서는 재료와 작업자, 기계나 공구, 그리고 전기·수도 등이 투입되어야 한다. 이 과정에서 원가, 즉 재료원가, 작업자의 노무원가, 기계의 감가상각비, 전기수도료 등의 비용이 필연적으로 발생하게 되는데, 이들은 모두 제품의 원가를 구성하는 요소이다. 이 생산요소들이 발생시키는 원가를 요약해 보면 크게 재료원가, 노무원가 그리고 제조경비 세 가지로 구분된다. 이를 제조원가의 3요소라고 한다. 따라서 원가(cost)란 "재화나 서비스를 획득하기 위하여 희생되는 일체의 경제적 가치"라고 할 수 있다.

원가가 최종적으로 집계되는 대상을 원가대상(cost objective)이라고 한다. 원가라는 용어 그 자체만으로는 아무런 의미가 없다. 원가는 반드시 하나 이상의 원가대상이 결합되었을 때 의미를 가진다. 제조기업에서 주요 원가대상은 생산되는 제품이다. 그렇지만 제품만이 경영자들이 관심을 갖는 유일한 원가대상은 아니다. 경영자가 어떤 것의 원가를 알고 싶다면 그 어떤 것이 바로 원가대상이 될 수 있다. 경영자들은 기업의 모든 측면을 효과적이고 효율적으로 관리하기 위해 다양한 원가정보를 요구한다. 따라서 원가대상에는 제품뿐만 아니라 조직 내 부서, 고객, 특정 프로젝트 혹은 프로그램 등도 포함된다. 예를 들어, 광고 캠페인을 벌이고 있다면 이것도 원가대상이 될 수 있다. 원가대상을 좀 더 정확하고 명료하게 정의하게 되면 의사결정에 사용되는 원가측정 결과는 보다 정확해진다. 원가대상이 불명확하면 그 대상에 측정되는 원가정보 또한 부정확하게 될 것이다.

원가는 분류방식에 따라 여러 가지로 구분된다. 원가는 자산관련성에 따라 소멸원가와 미소멸원가로 분류되며, 생산관련성에 따라 제조원가와 기간비용, 추적가능성에 따라 직접원가와 간접원가, 원가행태에 따라 변동원가와 고정원가, 의사결정의 관련성에 따라 관련원가와 비관련원가 등으로 분류된다.

02 자산관련성에 따른 원가 분류

제품을 생산하게 되면 소비자에게 판매된 부분은 매출원가로 인식하고, 판매되지 않은 것은 재고자산으로 남게 된다. 이와 같이 손익계산서 상에 비용이나 손실로 인식되는 부분을 소멸원가(expired costs)라고 하고, 재무상태표에 재고자산으로 남아 있는 부분을 미소멸원가(unexpired costs)라 한다. 비용은 수익을 창출하기 위하여 소멸된 원가를 의미하고, 손실은 수익창출과 무관하게 소멸된 원가를 말한다. 넓은 의미에서 원가는 손익계산서 상에 비용으로 처리된 소멸원가뿐만 아니라 재무상태표에 계상된 미소멸원가, 즉 자산도 포함하는 개념이다. 넓은 의미에서 원가는 다음과 같이 나타낼 수 있다.

[도표 2-1] 소멸원가와 미소멸원가

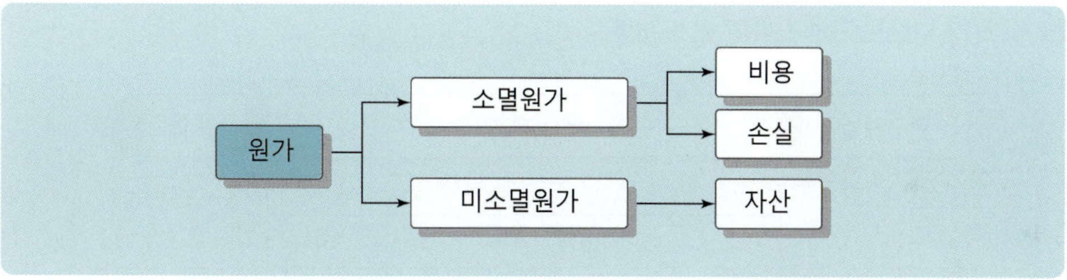

어떤 상품매매기업이 내용연수 5년이며, 잔존가치가 없는 운반용화물차를 ₩5,000,000에 구입하여 정액법으로 감가상각한다고 하자. 이때 운반용화물차의 원가는 ₩5,000,000이다. 취득시점에서 소멸된 것이 없기 때문에 비용이 아니라 유형자산이라는 소멸되지 않은 원가가 된다. 그러나 취득한 후 영업활동에 사용되어 1년이 경과되면 ₩5,000,000의 원가 가운데 ₩1,000,000은 소멸된 것으로 인식되어 손익계산서 상에 감가상각비라는 비용으로 계상된다. 나머지 ₩4,000,000은 소멸되지 않는 채 유형자산으로 남아 잔여 내용연수인 4년 동안에 걸쳐 소멸될 것이다. 한편, 한여름 낙뢰로 인하여 이 차량이 파손되었다면 이는 손실에 해당한다.

한편, 회계를 잘 아는 사람도 자주 혼동하여 쓰는 용어가 원가와 비용이다. 실제 기업의 생산현장에 가보면 '원가를 절감하자' 혹은 '비용을 절약하자'라는 구호를 많이 보게 된다. 이는 기업 현장에서 두 용어가 거의 동의어로 사용되고 있음을 나타내고 있는 것이다. 현실적으로 양자가 많은 경우에 혼용되고 있고 구분의 실익도 별로 없지만 회계학적으로는 양자를 구분할 수 있다. 본래 비용이란 손익을 계산하기 위한 용어로서 수익과 대응되는 개념이다. 반면에, 원가란 제품에 대한 경제적인 가치의 소비를 의미하기 때문에 제품과의 관계에서 사용되는 용어이다.

03 생산관련성에 따른 원가 분류

특정 제품이 생산되고 고객에게 판매되는 일련의 과정을 보면 연구개발, 생산, 판매라는 과정을 거치게 된다. 연구개발단계에서는 연구개발비가 발생하며, 생산단계에서는 제조원가가 발생하고, 판매단계에서는 판매비가 발생한다. 생산관련성에 따라서 원가를 분류해 보면 제조원가와 기간비용으로 구분할 수 있다.

[도표 2-2] 생산관련성에 따른 원가 분류

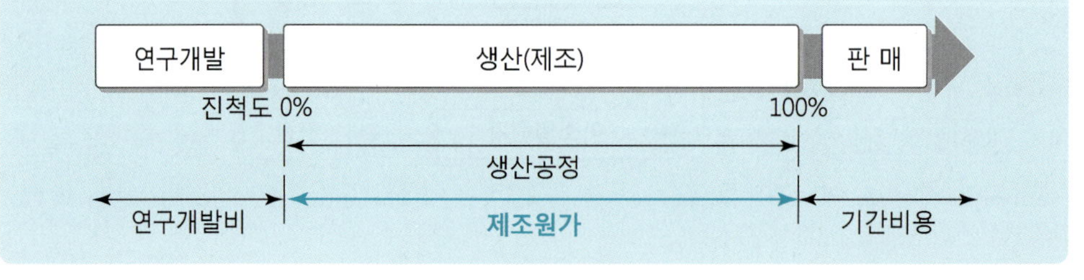

한국채택국제회계기준(K-IFRS)과 일반기업회계기준에 따르면 연구개발비는 크게 연구단계와 개발단계로 구분한다. 먼저, 연구단계에서 발생하는 비용은 전액 당기비용으로 처리하도록 하고 있다. 그러나 개발단계에서 발생하는 비용은 무형자산의 인식요건을 충족하면 무형자산의 개발비로 처리하고, 그렇지 않으면 당기비용으로 처리한다. 무형자산으로 처리하는 경우 상각을 통해 비용처리되며, 제품생산과 관련이 있으면 제조원가에 포함된다.

일반적으로 생산단계에서는 제조원가가, 판매단계에서는 판매비가 발생한다. 이 둘은 어떻게 구분할 수 있을까? 다음과 같은 예를 들어 보자. A와 B 두 명의 종업원이 있는데, A는 제품생산을 담당하고 B는 판매 및 관리를 담당하고 있다면, 두 사람의 인건비 가운데 제품원가에 포함되어야 하는 것은 어느 것인가? 제품생산을 담당하고 있는 A의 인건비이다. A의 인건비를 제조원가(manufacturing costs) 또는 제품원가(product costs)라고 한다. B의 인건비는 손익계산서의 판매관리비에 포함되는데, 이를 기간비용(period costs) 또는 비제조원가(non-manufacturing costs)라고 한다. 감가상각비를 예로 들어 보자. 감가상각비는 공장건물에 대해서도 발생하고, 본사건물에 대해서도 발생한다. 이 가운데 제품원가에 포함되는 것은 공장건물에 대한 감가상각비이다. 만약 본사 건물의 감가상각비를 제품원가에 포함시킨다면 실제보다 더 높은 원가가 산출될 것이다. 따라서 제조원가가 되기 위한 첫 번째 조건은 제품생산과 관련이 있는 것이어야 한다.

둘째, 화폐가치로 측정가능한 것이어야 한다. 예를 들어, 재료는 구입수량과 구입가격이 있기 때문에 총 얼마나 구입하였는지를 측정할 수 있다. 또한 그 재료를 얼마나 제품생산에 소비하였는지도 측정가능하다. 예를 들어, 지난달에 총 ₩100,000의 재료를 구입하였는데, ₩10,000의 재료가 월말에 재고로 남아 있다면 ₩90,000의 재료가 생산에 투입되었음을 알 수 있다. 그러나 종업원들의 능력이나 경영자의 경영능력 등과 같은 것은 기업의 경쟁력이나 부가가치 창출에 기여하는 것이긴 하지만, 그것을 화폐가치로 측정하는 것은 현재로서는 거의 불가능하다. 따라서 화폐가치로 측정할 수 없는 것들은 제품원가에 포함되지 않는다.

셋째, 경제적 가치가 소비된 것이어야 한다. 앞에서 예로 들었듯이 구입한 ₩100,000의 재료 가운데 제품원가에 포함되어야 하는 것은 제품생산을 위해 소비된 ₩90,000이다. 반면에 제품생산에 사용되지 않고 재고로 남아 있는 재료 ₩10,000은 제품원가에 포함되어서는 안 된다. 재료의 재고 ₩10,000은 재무상태표상의 재고자산에 포함되어야 한다. 이와 같이 제품원가는 제품을 생산하기 위해 소비된 것이라고 할 수 있다. 즉, 제품을 생산하기 위해 가동 중인 기계장치의 감가상각비, 생산근로자에게 지급된 인건비 등이 제품원가인 것이다.

그러나 어떤 경우에는 제품이나 서비스의 원가를 결정하는 일이 쉽지 않다. 가령, 한 기업이 어떤 상품을 구입하는 대신 자체적으로 제조하기로 결정하였다면, 이때 그 제품의 원가에는 그 제품을 제조하는 데 소요되는 모든 자원의 원가가 집계되어 산출된다. 그 제품의 제조원가에는 재료원가, 노무원가, 공장 및 기계 사용비용 등이 포함될 것이다. 추가로 특정 제품과 곁들여서 여러 제품이 생산되는 경우 전체 공장 및 기계 사용비용 가운데 얼마만큼을 특정 제품의 원가산정에 귀속시켜야 하는지를 결정하는 일은 쉽지 않다.

04 추적가능성에 따른 원가 분류

4.1 직접원가와 간접원가

원가는 각 원가대상별로 집계되어 원가대상별 원가를 산출하게 된다. 즉, 원가대상이 제품이라면 제품별 원가계산이 이루어지게 된다. 그러나 모든 원가를 각 원가대상별로 추적할 수 있는 것은 아니다. 예를 들어, 학생복과 숙녀복을 생산하는 데 필요한 주재료인 옷감의 사용량은 각 제품별로 얼마나 소비되었는지 파악할 수 있는 반면에, 실의 사용량은 추적이 어려운 경우가 많다. 이와 같이 원가대상별로 각 원가요소가 얼마나 소비되었는지 추적가능한 경우 직접원가(direct costs)라고 하며, 불가능한 경우 간접원가(indirect costs)라고 한다.

재료원가에도 제품별로 추적가능한 직접재료원가와 추적불가능한 간접재료원가가 있다. 그리고 노무원가도 마찬가지로 추적가능한 직접노무원가와 추적불가능한 간접노무원가로 구분된다. 제조경비도 직접경비와 간접경비로 구분할 수 있으나, 외주가공원가, 특허권사용료, 특정제품설계비 등을 제외한 대부분의 제조경비는 간접경비에 속하기 때문에 본서에서는 편의상 모든 제조경비를 간접원가로 분류한다. 제조간접원가는 직접재료원가와 직접노무원가 이외에 제품생산에 필요한 모든 원가로 구성된다. 즉, 간접재료원가와 간접노무원가 그리고 제조경비 등 간접원가를 모두 집계하여 이를 제조간접원가(manufacturing overhead costs)라고 한다. 제조간접원가는 원가대상별로 추적불가능한 원가만을 집계해 놓은 것이다. 따라서 제품원가는 직접재료원가, 직접노무원가 그리고 제조간접원가로 구성되어 있음을 알 수 있다.

직접원가와 간접원가의 구분은 쉬운 일이 아니다. 또 원가대상별로 특정 원가를 추적하기 위해서는 측정비용이 발생한다. 어떤 원가를 직접원가로 분류하기 위해서는 다음의 두 가지 요건을 충족해야 한다. 첫째는 원가대상에 대한 추적가능성(traceability)이고, 둘째는 중요성(materiality)이다. 원가대상에 대해 추적가능하더라도 그 금액이 중요하지 않다면 보통 간접원가로 분류된다. 예를 들어, 학생복과 숙녀복을 생산하는 데 실이 사용되고 있는데, 그 실의 사용량을 학생복과 숙녀복별로 추적하는 것이 바람직할까? 실의 사용량을 원가대상별로 추적하는 것은 추가적인 인건비와 관리비용 등이 필요하다. 그러나 실의 사용량을 추적하여 직접원가로 인식한다고 하더라도 제품원가의 정확성은 크게 개선되지 않는다. 왜냐하면 실의 경제적 가치가 크지 않기 때문이다. 따라서 자금을 투입하여 대부분의 원가를 직접원가로 인식할 수도 있겠지만, 그것이 비효율적이기 때문에 오히려 간접원가로 구분하여 사용하게 된다. 물론 실의 경제적 가치가 상당히 크다면 비용이 발생하더라도 추적할 필요가 있을 것이다.

[도표 2-3] 추적가능성에 따른 원가 분류

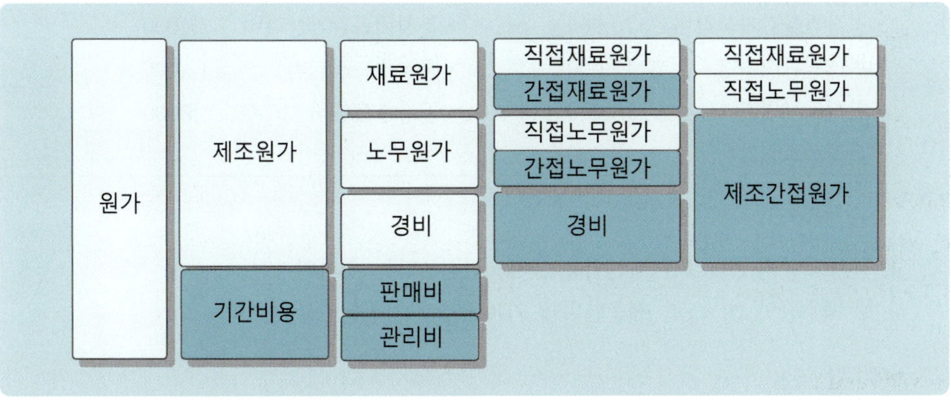

4.2 기본원가와 가공원가

제품원가는 그 성격에 따라 기본원가와 가공원가로 구분되기도 한다. 원재료(옷감)가 공정에 투입되어 완제품인 의류로 전환되는 과정에서 직접노무원가와 제조간접원가가 발생한다. 직접노무원가와 제조간접원가는 재료를 완제품으로 가공하는 과정에서 발생한다고 하여 가공원가(conversion costs) 또는 전환원가라고 한다. 그리고 제조간접원가 이외의 직접재료원가와 직접노무원가는 완제품에 직접 추적가능한 원가이며, 제품의 기초가 된다고 하여 기본원가(prime costs) 또는 기초원가라고도 한다. 이상을 요약하면 [도표 2-4]와 같다.

[도표 2-4] 기본원가와 가공원가

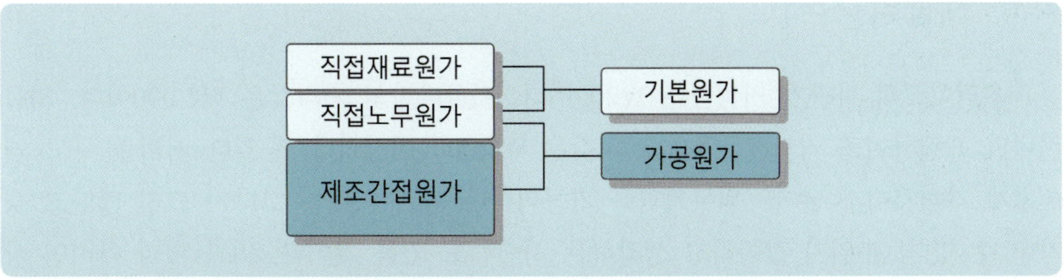

예제 2-1

다음은 12월말 결산법인인 ㈜백두산의 20×1년 회계연도 중의 발생원가 및 비용 관련 자료이다. 이 회사는 20×1년 중에 2,000단위의 제품을 생산하였다.

• 직접재료원가	₩34,000	• 직접노무원가	₩30,000
• 공장건물감가상각비	20,000	• 본사비품감가상각비	25,000
• 판매원판매수당	17,000	• 공장수도광열비	12,000
• 간접노무원가	18,000	• 공장소모품비	5,000
• 간접재료원가	15,000		

(요구사항)

1. ㈜백두산의 20×1년 기간비용과 제조간접원가는 얼마인가?
2. ㈜백두산의 20×1년 제품단위당 기본원가와 가공원가를 산출하시오.

(해 답)

1. 기간비용 = 판매원판매수당 + 본사비품감가상각비
   = ₩17,000 + ₩25,000 = ₩42,000
   제조간접원가 = 공장건물감가상각비 + 공장수도광열비 + 간접노무원가
   + 공장소모품비 + 간접재료원가
   = ₩20,000 + ₩12,000 + ₩18,000 + ₩5,000 + ₩15,000
   = ₩70,000
2. 기본원가 = 직접재료원가 + 직접노무원가 = ₩34,000 + ₩30,000 = ₩64,000
   단위당 기본원가 = 기본원가 ÷ 생산량 = ₩64,000 ÷ 2,000 = ₩32
   가공원가 = 직접노무원가 + 제조간접원가 = ₩30,000 + ₩70,000 = ₩100,000
   단위당 가공원가 = 가공원가 ÷ 생산량 = ₩100,000 ÷ 2,000 = ₩50

4.3 제품의 가격

우리학교의 자판기 커피값은 ₩200이다. 시골다방의 커피값은 ₩2,000이다. 서울 시내의 프랜차이즈 커피전문점의 커피값은 ₩5,000 이상이다. 동일한 커피를 두고 왜 이렇게 가격차이가 날까? 원두커피나 가공커피나 원가 차이는 그다지 크지 않다고 생각할 수 있다. 분위기 값이라고 생각하는 사람들도 있을 것이다. 비싼 커피 마시면 상류층 사람같고, 자판기 커피 마시면 아주 서민적인 사람이라고 생각할 수 있다. 하지만

[도표 2-5] 가격의 구성

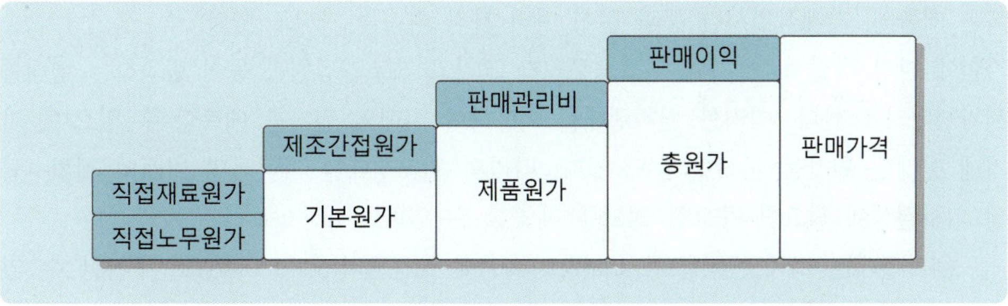

그 커피값 속에는 다양한 비용들이 포함되어 있다. 예를 들어, 프랜차이즈 커피전문점의 커피값에는 그만큼 비싼 인테리어의 감가상각비, 프랜차이즈 비용, 임차료 등이 포함되어 있다.

이처럼 우리가 알고 있는 가격은 제품제조원가에 단순히 이익을 붙여 결정되는 것이 아니다. 제품가격에는 제조원가뿐만 아니라 판매관리비도 포함되어 있다. 신문이나 방송을 보면 유명 연예인이나 운동선수들이 어느 대기업과 몇 억 혹은 몇 십억원에 광고전속계약을 체결하였다는 기사를 자주 접하게 된다. 연예인들에게 지급되는 광고비는 누가 부담하는가? 모두 소비자의 부담이다. 광고를 많이 하면 할수록 기업이 제품단위당 이익을 줄이지 않는 한 가격은 그만큼 상승하게 된다. 중소기업들이 광고비 지출을 많이 할 수 없는 것은 자금부족도 원인이 있겠지만 가격이 그만큼 높아지기 때문이다. 일반적으로 제품의 가격은 [도표 2-5]와 같이 구성된다.

제품의 가격은 판매이익과 판매관리비, 직접재료원가, 직접노무원가, 제조간접원가 등으로 구성된다. 이 가운데 직접재료원가와 직접노무원가 그리고 제조간접원가는 제조원가(제품원가)이다. 원가회계에서 주 대상으로 삼는 것은 바로 제조원가이다. 제조원가에 이익만을 추가하여 제품가격을 결정해서는 안 된다. 제품가격에는 판매관리비가 포함되어야 한다. 제조원가보다는 판매관리비 등이 더 큰 비중을 차지하는 경우가 허다하기 때문에 특히 주의해야 한다.

05 원가행태에 따른 원가 분류

원가행태(cost behavior)는 기업활동의 변화에 따라 총원가가 어떻게 변하는지를 나타낸다. 여기서 기업활동은 조업도를 말하는데, 조업도(volume)란 생산량이나 판매량 혹은 매출액, 기계작업시간 등과 같이 여러 가지 의미를 가지고 있다. 즉, 생산량이 증가함에 따라 직접재료원가와 직접노무원가 그리고 제조간접원가 등이 변화하는 행태를 원가행태라고 한다. 이러한 원가행태를 이용하여 미래의 원가를 예측할 수 있으며, 과거에 발생된 원가를 분석할 수도 있다. 따라서 원가행태를 파악하면 미래의 계획수립 및 의사결정에 필요한 중요한 정보를 재공할 수 있다.

원가행태는 크게 변동원가(variable costs)와 고정원가(fixed costs)로 구분할 수 있다. 변동원가는 다시 순수변동원가와 준변동원가로 구분할 수 있으며, 고정원가는 순수고정원가와 준고정원가로 구분할 수 있다. 그러나 일정한 조업도 범위 내에서는 고정원가라 하더라도 그 조업도 범위를 벗어나게 되면 변동원가가 될 수도 있다. 즉, 조업도의 범위를 제한하지 않을 경우 원가의 행태는 비선형의 형태로 나타날 수 있다. 그러나 그 범위를 좁혀 보면 무수한 선형의 조합으로 이루어진 비선형이다. 회계학에서는 조업도와 원가 간의 관계가 선형으로 나타나는 구간을 관련범위라고 한다. 즉, 관련범위(relevant range)란 한 기업이 단기간 동안 효율적으로 활동을 수행할 수 있는 활동범위이다. 모든 원가행태는 관련범위를 전제로 하고 있음을 알아야 한다. 관련범위는 단기간의 활동을 전제로 하고 있기 때문에 관련범위는 확장할 수 없다고 가정한다.

5.1 변동원가

변동원가(variable costs)는 조업도가 증가함에 따라 비례적으로 총원가가 증가하는 원가를 말한다. 만약 조업도가 10% 증가한다면 총원가도 10% 증가한다는 말이다. 직접재료원가가 변동원가의 좋은 예이다. 변동원가의 특성을 살펴보면, 첫째, 조업도가 증가함에 따라 총원가도 비례적으로 증가한다. 전자교탁을 생산하는 기업을 생각해 보자. 하나의 전자교탁에는 하나의 모니터가 필요하다. 모니터를 외부에서 구입하여 사용한다면, 전자교탁을 10단위를 생산하면 모니터도 10단위가 필요하며, 전자교탁의 생산량을 10배 증가시켜 100단위를 생산하면, 모니터도 100단위가 필요하여 직접재료원가 또한 10배 증가한다. 둘째, 조업도가 증가하면 총원가는 비례적으로 증가하지만, 단위당 변동원가는 일정하다. 전자교탁 1단위를 생산하기 위해 투입되는 모니터는 전자교탁의 생산량에 관계없이 항상 1단위로 일정하기 때문이다. 셋째, 조업도가 0이면 변동원가의 발생액도 0이다. 전자교탁을 1단위도 생산하지 않으면 모니터 또한 1단위도 사용되지 않기 때문에 직접재료원가는 전혀 발생하지 않는다. 변동원가를 (식 2-1)과 같이 나타낼 수 있다.

$$y = bx \quad \text{(식 2-1)}$$

단, y = 총원가, b = 단위당 변동원가, x = 조업도

(식 2-1)에서 총원가는 조업도(x)의 변화에 따라 b배만큼 발생한다. 조업도가 0이면 총원가(y)도 0이며, 조업도(x)가 10이면 ($b \times 10$)만큼 총원가가 발생함을 알 수 있다. (식 2-1)을 보면 총원가는 관련범위 내의 조업도(x)에 대해 선형함수를 가정하고 있다. 그러나 현실적으로 보면 모니터 값이 수량할인이나 물가인상 등으로 항상 일정하지 않기 때문에 선형의 가정은 성립되기 어렵다. 따라서 계획설정이나 의사결정시 이를 고려하여야 한다. 변동원가의 특성을 그래프로 나타내면 [도표 2-6]과 같다.

[도표 2-6]에서 총원가는 앞서 언급한 내용이 그대로 반영되어 있다. 조업도가 10단위일 때 총원가는 ₩10,000이며, 조업도가 100단위일 때 총원가는 ₩100,000이다. 제품 한 단위당 원가가 ₩1,000씩 발생한다는 것을 알 수 있다. 즉, 조업도가 10단위일 때나 100단위일 때 단위당 원가는 항상 ₩1,000이다. 따라서 총원가는 (식 2-2)와 같이 나타낼 수 있다. 만약 가격인상 등으로 단위당 원가가 증가한다면 [도표 2-6]의 ①에서 기울기는 더욱 커지게 된다.

$$y = 1{,}000x \quad \text{(식 2-2)}$$

단, y = 총원가, x = 조업도

[도표 2-6] 변동원가의 행태

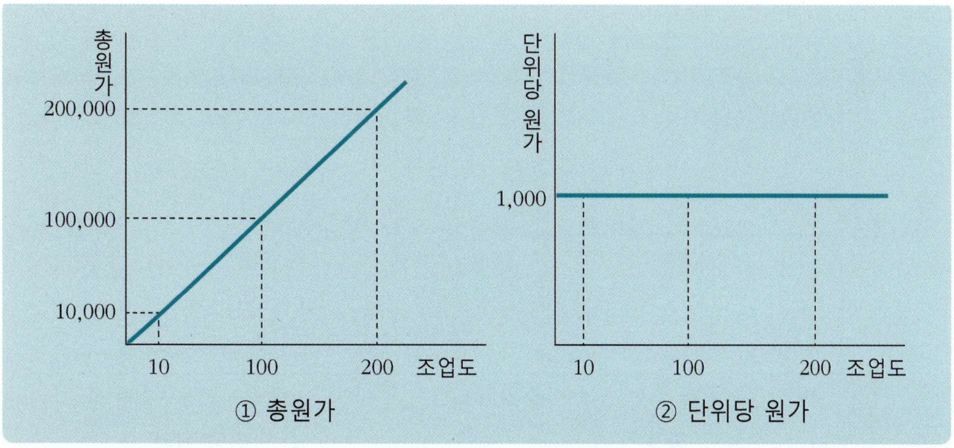

5.2 고정원가

고정원가(fixed costs)는 조업도가 증가하더라도 총원가의 변화가 없는 원가를 말한다. 즉, 관련범위 내에서는 생산량이 증가하더라도 고정원가는 항상 일정하게 발생한다. 제조간접원가 가운데 하나인 감가상각비가 고정원가의 좋은 예이다. 관련범위 내에서 고정원가의 특성을 살펴보면 첫째, 조업도에 관계없이 총원가는 일정하다. 기계장치 1대를 이용하여 1,000단위의 전자교탁을 생산할 수 있으며, 이때 기계장치의 감가상각비가 매년 ₩200,000이 발생한다고 가정해 보자. 전자교탁 10단위를 생산하였다면, 기계장치에 대한 감가상각비는 ₩200,000이 발생한다. 전자교탁 생산량을 10배 증가시켜 100단위를 생산하더라도 기계장치는 1대가 필요하여 여전히 감가상각비는 ₩200,000이 발생한다. 이와 같이 전자교탁의 생산량이 1,000단위 이하라면 기계장치의 감가상각비는 항상 ₩200,000으로 일정하게 발생한다. 둘째, 조업도가 증가하더라도 총원가는 일정하게 발생하지만, 단위당 고정원가는 조업도가 증가(감소)하게 되면 감소(증가)하게 된다. 즉, 전자교탁을 10단위 생산할 때 단위당 고정원가는 ₩20,000[=₩200,000÷10대]이지만, 전자교탁 생산량이 10대에서 100대로 증가하면 단위당 고정원가는 ₩2,000[=₩200,000÷100대]으로 감소한다. 이러한 고정원가의 특성을 함수식으로 나타내면 (식 2-3)과 같고, 이를 [도표 2-7]과 같이 그래프로 나타낼 수 있다.

$$y = a \qquad \text{(식 2-3)}$$

단, y = 총원가, a = 고정원가

[도표 2-7] 고정원가의 행태

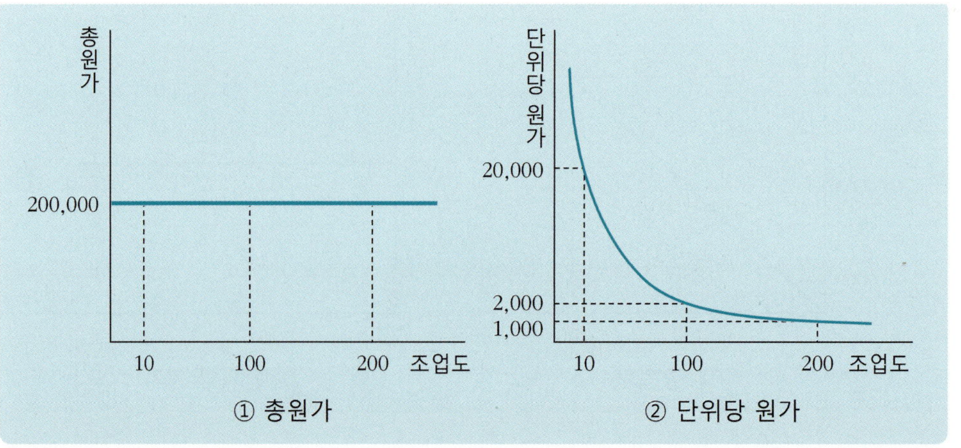

(식 2-3)에서 a는 조업도와 관계없이 발생하는 상수항이다. 이는 [그림 2-7]의 ① 에서 총원가 ₩200,000에 해당한다. 그러나 ②에서 단위당 고정원가를 보면 조업도가 증가할 때 단위당 원가는 감소하는 것을 볼 수 있다. 총원가(y)는 (식 2-4)와 같이 나타낼 수 있다.

$$y = ₩200,000 \qquad (식\ 2\text{-}4)$$

단, y = 총원가

5.3 준변동원가

준변동원가(semi-variable costs)는 조업도의 증감에 관계없이 일정하게 발생하는 고정원가와 조업도에 따라 비례적으로 변화하는 변동원가의 두 가지 요소를 모두 가지고 있는 원가를 말한다. 이를 혼합원가(mixed costs)라고도 한다. 택시요금이 준변동원가의 좋은 예이다. 택시요금은 거리에 관계없이 지불해야 하는 기본요금과 거리나 시간에 따라 변화하는 운행요금으로 징수된다. 기본요금은 고정원가, 운행요금은 변동원가의 성격을 가진다. 준변동원가의 특성은 조업도가 증가함에 따라 총원가는 증가하지만 단위당 원가는 감소한다. 이는 준변동원가에 변동원가뿐만 아니라 고정원가가 포함되어 있기 때문이다. 즉 단위당 원가는 조업도가 증가함에 따라 감소한다. 이러한 특성을 (식 2-5)와 [도표 2-8]로 나타낼 수 있다.

$$y = a + bx \qquad (식\ 2\text{-}5)$$

단, y = 총원가, a = 고정원가, b = 단위당 변동원가, x = 조업도

(식 2-5)와 [도표 2-8]에서 보는 바와 같이 조업도가 0일 때에도 a라는 고정원가는 항상 발생하고 있으며, 조업도가 증가함에 따라 총원가는 변동원가가 증가하는 만큼 증가하고 있다. 그러나 단위당 원가는 조업도가 증가(감소)함에 따라 감소(증가)하고 있다. 그 이유는 준변동원가에 고정원가가 포함되어 있기 때문이다.

[도표 2-8] 준변동원가의 행태

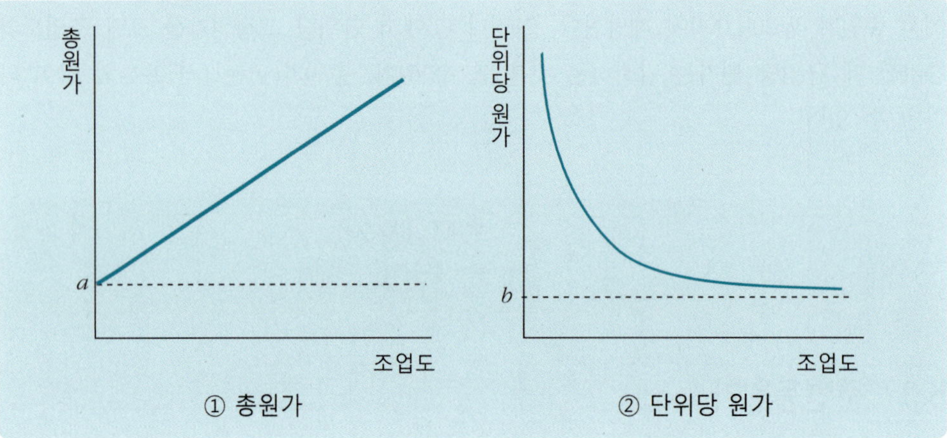

5.4 준고정원가

준고정원가(semi-fixed costs)는 일정한 조업도 범위 내에서는 일정한 금액의 원가가 발생하지만 그 조업도를 벗어나게 되면 원가발생액이 일정액씩 변화하는 원가를 말한다. 이를 계단원가(step costs)라고도 한다. 관련범위를 확대할 경우 기계장치의 감가상각비가 준고정원가의 좋은 예이다. 예를 들어, 기계장치 1대로 1,000단위의 제품을 생산할 수 있으며, 기계장치의 감가상각비가 ₩100,000이라면, 1,000단위의 제품을 생산할 때까지는 기계장치가 1대만 필요하지만, 1,000단위를 초과하게 되면 1대의 기계장치가 추가로 필요로 하는 경우이다. 이때 기계장치의 감가상각비는 조업도가 늘어남에 따라 증가하게 된다. 다만 그 증가폭이 일정한 구간을 가지게 된다는 특징을 가지고 있다. 준고정원가의 특성을 (식 2-6)과 [도표 2-9]로 나타낼 수 있다.

$$
\begin{aligned}
y &= ₩100{,}000: \quad 0 < x \leq 1{,}000 \\
y &= ₩200{,}000: \quad 1{,}000 < x \leq 2{,}000 \\
y &= ₩300{,}000: \quad 2{,}000 < x \leq 3{,}000
\end{aligned}
\qquad \text{(식 2-6)}
$$

단, y = 총원가, x = 조업도

(식 2-6)과 [도표 2-9]에서 조업도가 1~1,000단위일 때 총원가는 ₩100,000이 발생하며, 조업도가 1,001~2,000단위일 때 총원가는 ₩200,000이 발생한다. 이와 같이

[도표 2-9] 준고정원가의 행태

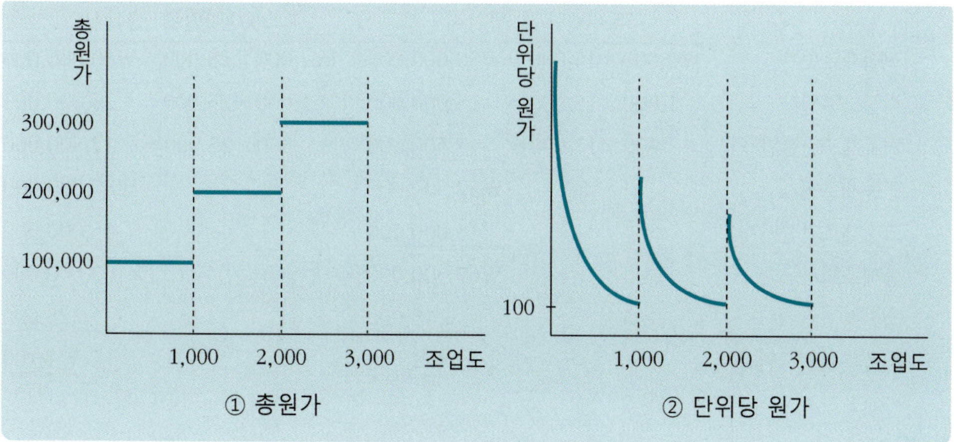

조업도 발생정도에 따라 원가의 발생이 계단모양을 하고 있다. 대부분의 고정원가도 관련범위를 벗어나게 되면 이와 같은 계단식 원가행태를 보여준다. 예를 들어, 기계장치의 경우에도 최대생산능력을 초과하는 경우 새로운 기계를 도입하여야 하고, 이 경우 새 기계장치 구입에 따른 감가상각비도 이러한 계단식 행태를 보여줄 것이다.

예제 2-2

㈜백두산은 TV를 생산·판매하고 있다. TV를 생산하기 위해서는 다음과 같은 원가가 발생한다. 단, 재공품은 없다.

	단위당 원가	총원가
직접재료원가	₩2,000	
직접노무원가	1,000	
변동제조간접원가	500	
고정제조간접원가(연간)		₩15,000,000
변동판매관리비	300	
고정판매관리비(연간)		5,000,000

(요구사항)

㈜백두산이 20×1년에 15,000단위의 TV를 생산하는 경우와 25,000단위의 TV를 생산하는 경우 단위당 제품원가를 구하시오(단, 동사의 관련범위는 10,000단위에서 30,000단위까지이다).

(해 답)

	15,000단위 생산시		25,000단위 생산시	
직접재료원가	₩2,000×15,000=	₩30,000,000	₩2,000×25,000=	₩50,000,000
직접노무원가	1,000×15,000=	15,000,000	1,000×25,000=	25,000,000
변동제조간접원가	500×15,000=	7,500,000	500×25,000=	12,500,000
변동제조원가		₩52,500,000		₩87,500,000
고정제조간접원가		15,000,000		15,000,000
총제조원가		₩67,500,000		₩102,500,000
생산량		÷15,000		÷25,000
제품 단위당 원가		₩4,500		₩4,100

06 의사결정을 위한 원가 분류

앞에서 살펴본 바와 같이 관리회계의 목적은 경영자의 의사결정에 유용한 정보를 제공하는 것으로 정의할 수 있다. 경영자의 의사결정 유형은 매우 다양하다. 따라서 관리회계시스템에서 산출되는 정보가 유용성을 갖기 위해서는 경영자의 다양한 의사결정 유형에 적합한 원가정보를 제공해 주어야 한다.

6.1 관련원가

의사결정에 영향을 미치는 원가를 관련원가(relevant costs)라 하는데, 관련원가는 다음의 두 가지 중요한 특성을 지닌다.

1. 관련원가는 미래에 발생될 원가이다.
2. 관련원가는 의사결정 대안 간에 차이가 있어야 한다.

다시 말해서 관련원가란 의사결정 대안 간에 차이가 있을 것으로 기대되는 미래원가(expected future costs)로 정의할 수 있다. 반면에 역사적 원가는 과거에 이미 발생한 원가이기 때문에 그 자체로는 관련원가가 아니다. 단지 미래원가의 대용치로 사용한다면 역사적 원가도 관련원가가 될 수 있다. 또한 어떤 원가가 관련원가가 되려면 의사결정 대안이 달라짐에 따라 원가도 달라져야 한다. 만약 의사결정 대안 간에 차이가 없다면 대안의 선택에 아무런 영향을 미치지 못하기 때문에, 이러한 원가는 비관련원가가 된다.

대안 간의 원가의 차이를 차액원가(differential costs)라 한다. 또한 많은 기업에서 단기의사결정을 내릴 때 증분원가(incremental costs)의 개념을 사용한다. 증분원가의 개념은 크게 두 가지로 분류할 수 있다. 단순히 조업수준이 증가함에 따라 이전 조업도 수준에 비해 증가된 원가를 의미하기도 하고, 어떤 의사결정 대안을 선택함으로써 증가하는 원가를 의미하기도 한다. 일반적으로 관리회계에서 사용되는 증분원가의 개념은 후자를 의미하는 경우가 많다.

6.2 매몰원가

매몰원가(sunk costs)는 과거에 이미 발생한 원가로서 현재 또는 미래에 어떤 의사결정이 내려지더라도 변경할 수 없는 원가이다. 즉, 경영자가 더 이상 통제할 수 없는 과거의 의사결정으로부터 기인하는 역사적 원가이다. 따라서 매몰원가는 미래의 의사결정에는 전혀 영향을 미치지 못한다. 예를 들면, 과거 주당 ₩15,000에 구입한 주식의 현재 시장가격이 주당 ₩12,000이라 하자. 이때 과거 취득가격 ₩15,000은 역사적 원가로서 매몰원가이다. 이 매몰원가는 소유주식을 처분할 것인가 혹은 계속 보유할 것인가의 의사결정에 전혀 영향을 미치지 않는다. 이 경우 의사결정에 영향을 미치는 것은 단지 소유주식의 가격이 미래에 어떻게 변화할 것인가 또는 다른 주식의 가격은 어떻게 변화할 것인가 등에 관한 정보이다. 그럼에도 불구하고 현행가액 ₩12,000을 매몰원가인 ₩15,000에 견주어 주당 ₩3,000의 유가증권처분손실을 고려해서 주식처분에 관한 의사결정을 한다면 이는 합리적이지 않다. 물론 재무보고 목적으로는 매몰원가인 취득가격 ₩15,000은 중요한 정보이다. 그러나 경영의사결정에서는 매몰원가는 유용한 정보가 아니다.

6.3 기회원가

기회원가(opportunity costs)란 여러 대체안 중 하나의 대체안을 선택하는 경우, 포기하게 되는 차선의 대체안을 선택할 경우에 얻을 수 있는 이익(최대효익)이다. 즉, 특정 대안을 선택한 것의 기회원가는 차선의 대안을 동시에 선택하지 못함으로써 포기해야 하는 순효익으로 정의할 수 있다. 기회원가는 유한한 자원의 활용과 관련되어 나타난다. 가용자원이 무제한적이라면 기회원가는 발생되지 않을 것이다. 또한 기회원가는 회계장부에는 기록되지 않지만 의사결정 과정에서는 반드시 고려되어야 하는 원가이다.

예제 2-3

아래 문항에 다음에서 가장 알맞은 원가를 찾아 넣으시오.

> 매몰원가, 증분원가, 변동원가, 고정원가, 준변동원가, 기회원가

(1) 백두산㈜는 USB를 단위당 ₩20,000에 구입하여 ₩30,000에 판매해 왔다. 그러나 최근 USB시장의 가격하락으로 더 이상 판매할 수 없게 되었다. 백두산㈜는 USB재고를 10단위 가지고 있다. 어느 구매자가 이 USB를 단위당 ₩5,000에 구입하려고 한다. 이때 USB 구입가격 ₩20,000은 (　　　)이다.

(2) 구기계에 대한 대안으로서 백두산㈜는 신기계의 리스를 고려하고 있다. 리스료는 1년에 ₩1,500,000이다. 행태별 원가분류시 연간 리스료는 (　　　)이다.

(3) 신기계를 가동하는 직원에게는 기본급에 추가로 생산 단위당 일정금액을 지급하려 한다. 이 직원의 급여는 행태별 원가분류시 (　　　)이다.

(4) (2)에서 언급한 구기계는 ₩2,000,000에 팔 수 있는데, 백두산㈜는 계속해서 이 기계를 사용하려 한다. 이때 처분가액 ₩2,000,000은 (　　　)이다.

(5) 백두산㈜는 현재 기계의 조업수준을 10% 늘리려 한다. 그러기 위해서 추가로 수선비용이 소요된다. 조업수준을 10% 늘리려 할 때 수선비용의 증가분은 (　　　)이다.

(6) 백두산㈜는 기계사용 원가를 각 부서에 기계사용 시간당 일정 금액으로 할당시킨다. 이때 부서의 기계사용 원가는 (　　　)가 된다.

(해 답)

(1) 매몰원가 (2) 고정원가 (3) 준변동원가 (4) 기회원가 (5) 증분원가 (6) 변동원가

연습문제

EXERCISES

객관식 문제

[2-1] 다음 중 원가회계의 목적으로 적합하지 않은 것은? (기업회계 2급)

① 매출원가의 산정에 관한 정보의 제공
② 주주와 채권자를 위한 정보의 제공
③ 경영자의 의사결정과 계획수립 및 통제에 필요한 정보의 제공
④ 성과평가를 위한 원가정보의 제공

[2-2] 다음 중 원가회계의 특징으로 적합하지 않은 것은? (기업회계 2급)

(가) 외부이용자의 정보수요를 충족시키는 것이 주된 목적이다.
(나) 성과의 측정과 평가를 위한 정보를 제공한다.
(다) 회사의 모든 자산과 부채에 대한 평가자료를 제공한다.
(라) 한국채택국제회계기준(K-IFRS)의 영향을 받는다.

① (가), (다) ② (나), (다)
③ (가), (라) ④ (나), (라)

[2-3] 다음 원가에 대한 설명 중 옳지 않은 것은? (기업회계 2급)

① 매몰원가 : 경영자의 과거 의사결정으로 이미 발생된 원가로서 현재 이후의 어떤 의사결정을 하더라도 회수할 수 없는 원가
② 관련원가 : 의사결정 대안 간에 차이가 나는 원가
③ 기회원가 : 경제적인 자원을 대체적인 용도로 사용할 경우 얻을 수 있는 최대효익
④ 차액원가 : 현금이나 기타자원의 유출을 필요로 하는 원가

[2-4] 다음 중 원가개념에 대한 설명이 다른 것은? (기업회계 2급)

① 일정상황하에서 회수 불가능한 역사적 원가
② 노후차량 매각 여부 결정시에 차량 취득원가
③ 미래의사결정에 관련이 없는 원가
④ 재화나 용역을 현재의 용도가 아닌 차선의 대안을 포기함으로 상실한 잠재적 효익

[2-5] ㈜한국은 아이스크림을 생산하여 판매하고 있는 회사이다. 다음의 비용 중에서 제조원가항목에 해당되는 것을 모두 고르면? (기업회계 2급)

(가) 아이스크림 생산에 사용된 우유구입비용	(나) 판매문서 출력용 프린터의 토너
(다) 아이스크림에 사용할 향료 구입비용	(라) 공장 생산라인의 작업자 임금
(마) 회사 웹사이트 디자인 담당자의 급여	(바) 생산라인 작업자의 작업복

① (가), (나), (다), (라)
② (가), (다), (라), (마)
③ (가), (다), (라), (바)
④ (가), (나), (마), (바)

[2-6] 제품과의 추적가능성에 따른 원가분류는? (기업회계 2급)

① 재료원가와 노무원가
② 통제가능원가와 통제불능원가
③ 직접원가와 간접원가
④ 변동원가와 고정원가

[2-7] ㈜한국의 공장 근로자 급여는 월 20일을 근무기준으로 지급되며, 월 20일을 초과하면 기본급 이외에 추가적으로 시간당 ₩20,000이 지급된다. 이 경우 공장근로자 급여의 원가행태는? (기업회계 2급)

① 고정원가 ② 변동원가 ③ 기회원가 ④ 혼합원가

[2-8] 다음 중 준고정원가의 원가행태를 나타내고 있는 것은?(단, X축은 조업도이고 Y축은 총원가이다) (기업회계 2급)

①

②
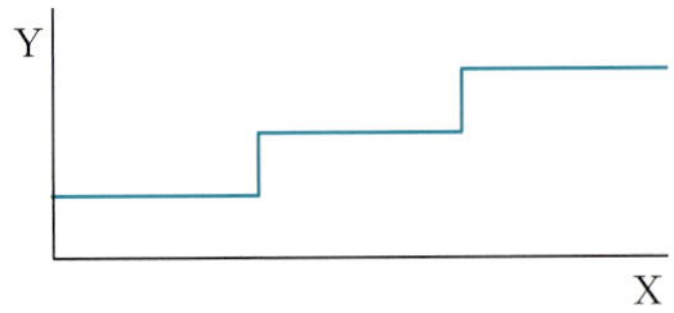

③
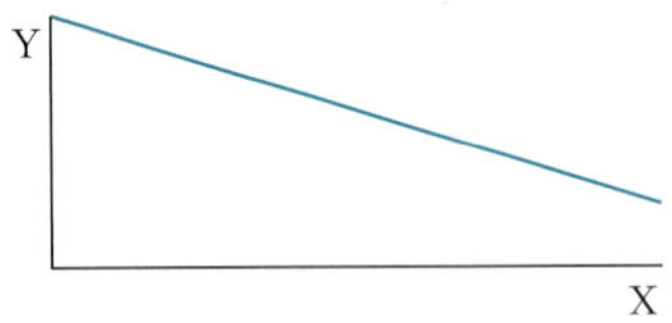

④
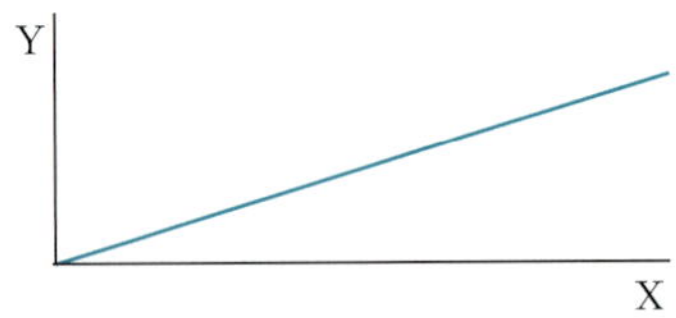

[2-9] 다음 원가자료에 의하여 자동차 제조업체인 기업의 가공원가는 얼마인가? (기업회계 2급)

- 생산직사원의 급여 : ₩1,000,000
- 타이어 : ₩500,000

- 망치, 못 등의 공장용 소모성 비품 : ₩300,000
- 홍보이사의 급여 : ₩500,000
- 공장내 의무실에 근무하는 의사의 급여 : ₩2,000,000

① ₩2,300,000 ② ₩3,300,000 ③ ₩3,800,000 ④ ₩4,300,000

[2-10] 다음 자료에서 제품제조원가를 계산하면 얼마인가? 복리후생비는 공장과 영업부에서 6 : 4의 비율로 사용하고 있다. (기업회계 2급)

- 원재료사용액 : ₩800,000
- 공장직원임금 : ₩500,000
- 공장건물감가상각비 : ₩300,000
- 복리후생비 : ₩1,000,000
- 영업부직원 급여 : ₩400,000
- 제품홍보비 : ₩100,000

① ₩2,000,000 ② ₩2,200,000 ③ ₩2,300,000 ④ ₩2,700,000

[2-11] 다음의 원가자료에 의한 가공원가 금액은 얼마인가? (기업회계 2급)

- 직접재료원가 : ₩400,000
- 직접노무원가 : ₩600,000
- 간접재료원가 : ₩200,000
- 생산기계 감가상각비 : ₩350,000
- 공장건물 임차료 : ₩450,000
- 제품홍보비 : ₩250,000

① ₩1,000,000 ② ₩1,250,000 ③ ₩1,600,000 ④ ₩1,850,000

[2-12] ㈜기업은 2010년 5월 1일에 기계장치를 ₩20,000,000에 구입하여 사용하고 있었으나, 2017년 2월에 고장으로 인하여 기계장치를 사용할 수 없게 되었다. ㈜기업은 고장난 기계장치를 폐기물로 ₩400,000에 처분하거나 수리비용 ₩900,000을 들여 ₩1,000,000에 매각할 수도 있다. 이때 기계장치를 폐기한다면 이에 대한 기회비용은? (기업회계 2급)

① ₩100,000 ② ₩400,000 ③ ₩600,000 ④ ₩1,000,000

[2-13] ㈜채원은 단일제품을 생산, 판매하고 있으며, 연간 조업도 관련 사항은 다음과 같다. 연간 800개를 생산한다면 총원가는? (기업회계 2급)

조업도	~500개 이하	501개~1,000개	1,001개~1,500개
변동원가	100원/개	100원/개	100원/개
고정원가	₩20,000	₩35,000	₩50,000

① ₩80,000 ② ₩100,000 ③ ₩115,000 ④ ₩138,000

[2-14] 다음은 ㈜정경이 3월 중 지출한 비용내역이다. 제조간접원가에 해당하는 금액은 얼마인가? (기업회계 2급)

• 공장건물 화재보험료 : ₩1,000,000	• 생산직사원 급여 : ₩8,000,000
• 본사건물 수선유지비 : ₩800,000	• 원재료 사용액 : ₩3,000,000
• 영업부 회식비 : ₩300,000	• 공장기계장치 수선비 : ₩200,000
• 공장건물 감가상각비 : ₩2,200,000	• 영업용차량 유지비 : ₩230,000

① ₩3,400,000 ② ₩3,630,000 ③ ₩3,700,000 ④ ₩14,400,000

[2-15] ㈜채원은 차량을 2012년 7월 1일, ₩12,000,000에 구입하였으나, 2014년 1월 겨울 동파로 인해 차량을 사용할 수 없게 되었다. 회사는 폐기물로 ₩400,000에 처분하거나 수리비용 ₩1,000,000을 들여 ₩1,500,000에 매각할 수도 있다. 이때 차량 처리에 대한 매몰원가는 얼마인가? (기업회계 2급)

① ₩400,000 ② ₩1,000,000 ③ ₩1,500,000 ④ ₩12,000,000

주관식 문제

[2-1] 다음은 다양한 가전제품을 생산·판매하는 ㈜백두산의 원가 및 비용 관련항목들이다.

	제품원가	기간비용
1. 제품생산에 사용된 원재료		
2. 공장 난방비		
3. 공장설비의 수선비		
4. 신규 사무직원의 교육훈련비		
5. 가전제품 조립에 사용되는 볼트와 너트		
6. 판매사원의 여비교통비		
7. 공장 안전요원의 임금		
8. 대표이사 사무실의 냉방비용		
9. 고객관리부서 근로자의 임금		
10. 공장근로자의 휴게실 설비의 감가상각비		
11. 공장관리부서의 통신비		
12. 판매된 제품의 운송비		
13. 가전제품 조립라인 근로자의 임금		

14. 대표이사 급여
15. 공장근로자의 건강보험료

(요구사항)
위의 원가 및 비용 관련항목을 성격에 따라 제품원가와 기간비용으로 구분하시오.

[2-2] 다음은 다양한 책상을 생산·판매하는 ㈜백두산의 원가항목이다.

1. 책상 생산에 투입되는 나무(단위당 ₩10,000)
2. 책상 조립공정에 근무하는 근로자의 임금(단위당 ₩4,000)
3. 판매사원에게 지급되는 판매수수료(판매단위당 ₩3,000)
4. 책상 생산을 위한 전기료(기계시간당 ₩200)
5. 공장감독자의 임금(연간 ₩2,500,000)
6. 생산설비의 감가상각비(연간 ₩1,000,000)
7. 회사 대표이사의 급여(연간 ₩10,000,000)
8. 책상을 생산하지 않을 경우 생산설비 임대료(연간 ₩5,000,000)
9. 생산직 근로자에 대한 교육훈련비(연간 ₩1,000,000)
10. 제품의 광고선전비(연간 ₩2,500,000)

(요구사항)
1. 위의 원가항목을 제품원가(직접재료원가, 직접노무원가, 제조간접원가)와 기간비용으로 분류하시오.
2. 위의 원가항목을 변동원가와 고정원가로 분류하시오.
3. 위의 원가항목을 직접원가와 간접원가로 분류하시오.
4. 위의 원가항목 중에서 매몰원가와 기회원가는 어느 항목인가?

[2-3] 백두산㈜는 냉장고와 세탁기를 생산·판매하는 회사이다. 다음은 지난 1년간 백두산㈜의 원가 및 비용 관련 자료이다. 백두산㈜는 지난 1년 동안 냉장고 1,000대와 세탁기 2,000대를 생산하였으며, 냉장고 900대와 세탁기 1,600대를 판매하였다.

1. 냉장고와 세탁기에는 모두 모터가 사용되는데 냉장고용 모터는 단위당 ₩10,000, 세탁기용 모터는 단위당 ₩20,000이다. 또한 냉장고와 세탁기 생산에는 동일한 페인트가 사용되며 연간 페인트 사용액은 ₩5,000,000이다.
2. 냉장고 생산에는 단위당 5시간의 직접노동시간이 소요되며, 생산근로자의 시간당 임률은 ₩1,000이다. 반면에 세탁기 생산에는 단위당 3시간의 직접노동시간이 소요되며,

생산근로자의 시간당 임률은 ₩1,200이다. 공장관리부서 근로자의 연간 급여총액은 ₩3,000,000이다.

3. 생산공장에 대한 연간 전기요금 및 냉·난방비용은 ₩1,000,000이며, 기계장치에 대한 감가상각비는 연간 ₩2,000,000이다. 공장건물에 대한 임차료는 연간 ₩3,000,000이다.
4. 판매사원에 대한 급여는 연간 ₩1,000,000의 고정급과 판매단위당 ₩500의 판매수수료를 지급한다. 관리직 사원의 연간 급여총액은 ₩2,000,000이다. 본사건물의 연간 감가상각비는 ₩500,000이다.

(요구사항)

1. 위의 자료를 이용하여 백두산㈜의 지난 1년 동안 냉장고와 세탁기의 직접재료원가와 직접노무원가를 산출하시오.
2. 위의 자료를 이용하여 백두산㈜의 지난 1년 동안 제조간접원가를 산출하시오,
3. 위의 자료를 이용하여 지난 1년 동안 기간비용에 해당하는 금액을 산출하시오.

[2-4] 다음은 ㈜백두산이 3월 중에 지출한 경비내역이다.

• 원재료 사용액	₩2,000,000	• 영업직사원 급여	₩4,000,000
• 공장건물 화재보험료	3,000,000	• 생산직사원 급여	9,000,000
• 영업용차량 유류비	700,000	• 공장기계장치 수선비	500,000
• 영업용차량 보험료	800,000	• 생산직사원 회식비	200,000

(요구사항)

1. 제품원가는 얼마인가?
2. 기초원가는 얼마인가
3. 가공원가는 얼마인가?

[2-5] 백두산㈜의 원가자료는 다음과 같다.

• 직접재료원가	₩80,000	• 직접노무원가	₩100,000
• 제조간접원가	가공원가의 20%		

(요구사항)

위의 자료를 이용하여 제조간접원가를 산출하시오.

[2-6] 다음은 3월 중 백두산㈜의 공기청정기에 대한 생산 및 원가자료이다.

생 산 량	1,000단위
직접재료원가	₩200,000
직접노무원가	250,000
간접재료원가	35,000
간접노무원가	50,000
감가상각비	80,000
수도광열비	30,000
공장재산세	20,000

수도광열비와 간접노무원가는 60%가 고정원가이며, 나머지는 변동원가이다.

(요구사항)
3월 중 공기청정기의 단위당 변동원가와 단위당 고정원가는 각각 얼마인가?

[2-7] 다음은 ㈜백두산의 3월 중 원가 및 비용관련 자료이다.

직접재료원가	₩400,000	공장복리후생비	₩160,000
간접재료원가	100,000	공장기계장치 감가상각비	140,000
직접노무원가	300,000	판 매 비	120,000
간접노무원가	150,000	관 리 비	130,000

(요구사항)
1. 직접원가는 얼마인가?
2. 제조간접원가는 얼마인가?
3. 제조원가는 얼마인가?
4. 총원가(제조원가+기간비용)는 얼마인가?
5. 이익이 총원가의 20%일 때 판매가격은 얼마인가?

[2-8] 다음은 20×1년 백두산㈜의 생산 및 원가 관련 자료이다.

직접재료원가	₩400,0000
직접노무원가	150,0000
변동제조간접원가	450,0000

고정제조간접원가	800,0000
변동판매관리비	500,0000
고정판매관리비	600,0000
연간 생산량	5,000단위

(요구사항)

1. 단위당 기본원가는 얼마인가?
2. 단위당 가공원가는 얼마인가?
3. 단위당 변동제조원가는 얼마인가?

[2-9] ㈜백두산의 5월 중 직접재료원가는 ₩450,000이 발생하였으며, 직접노무원가는 기본원가의 40%, 또한 가공원가의 60%가 발생하였다.

(요구사항)

㈜백두산의 5월 중 제조간접원가 발생액은 얼마인가?

[2-10] 백두산㈜는 20×1년 200,000개의 제품을 생산하였다. 20×1년 중 원재료 사용액은 ₩1,500,000이며, 이 중 70%는 직접재료원가이다. 노무원가 발생액은 ₩1,800,000이며, 이 가운데 60%는 직접노무원가이다. 기타원가 및 비용관련 자료는 다음과 같다.

공장 수도광열비	₩420,000
공장기계장치 감가상각비	190,000
공장건물 재산세	170,000
생산직사원 복리후생비	180,000
공장기계장치 수선비	140,000
판매관리비	410,000

(요구사항)

1. 20×1년 기본원가는 얼마인가?
2. 20×1년 직접원가는 얼마인가?
3. 20×1년 가공원가는 얼마인가?
4. 20×1년 제품원가는 얼마인가?

[2-11] 백두산㈜는 20×1년에 10,000단위의 제품을 생산하여 8,000단위를 판매하였다. 이때 발생된 원가는 다음과 같다.

직접재료원가	₩800,000
직접노무원가	700,000
변동제조간접원가	500,000
고정제조간접원가	600,000
변동판매관리비	350,000
고정판매관리비	450,000

(요구사항)

1. 20×1년 제품의 단위당 변동제조원가는 얼마인가?
2. 20×1년 제품의 단위당 제품원가는 얼마인가?
3. 20×2년 12,000단위를 생산할 예정이라면 예상되는 제품 단위당 원가는 얼마인가? 단, 백두산㈜의 관련범위는 5,000단위에서 15,000단위 사이이다.

[2-12] 다음은 20×1년 ㈜백두산의 원가자료이다.

- 직접재료원가 구입액 : ₩8700,000
- 직접재료원가 사용액 : ₩900,000
- 직접노무원가 발생액 : ₩300,000
- 변동제조간접원가 발생액 : ₩450,000
- 변동제조간접원가는 가공원가의 30%이다.

(요구사항)

위의 자료를 이용하여 고정제조간접원가 발생액을 계산하시오.

[2-13] ㈜백두산은 재료원가와 노무원가, 제조경비로 원가를 분류했다가 직접재료원가, 직접노무원가, 그리고 제조간접원가로 다시 분류하면서 다음과 같은 상황을 인식했다.

- 재료원가의 80%는 직접재료원가이다.
- 제조경비는 모두 제조간접원가이다.
- 제조간접원가는 ₩90,000이다.
- 노무원가의 60%는 직접노무원가이다.
- 기초원가는 ₩150,000이다.
- 가공원가는 ₩120,000이다.

(요구사항)

1. 직접재료원가와 직접노무원가를 각각 구하시오.
2. 재료원가와 노무원가, 제조경비를 각각 구하시오.

[2-14] ㈜백두산의 20×1년 3월 중 원가 및 비용 관련자료는 다음과 같다.

원재료 구입액	₩200,000
원재료 사용액	180,000(20%는 간접재료원가)
노무원가 발생액	150,000(30%는 간접노무원가)
노무원가 지급액	120,000
소모품비 발생액	50,000(60%는 공장분)
수도광열비 발생액	40,000(80%는 공장분)
감가상각비 발생액	60,000(60%는 공장분)
복리후생비 발생액	30,000(50%는 공장분)
기타 판매관리비 발생액	250,000
3월 중 매출액	900,000

제품의 기초 및 기말재고는 없는 것으로 가정한다.

(요구사항)

1. 3월 중 제품원가는 얼마인가?
2. 3월 중 손익계산서를 작성하시오.

[2-15] 다음은 ㈜백두산의 원가자료이다.

- 직접재료원가의 70%와 직접노무원가의 40%를 합하면 ₩72,000이다.
- 직접노무원가의 60%에서 제조간접원가의 20%를 차감하면 ₩8,000이다.
- 총제조원가는 ₩200,000이며, 이 중 40%는 제조간접원가이다.

(요구사항)

직접재료원가, 직접노무원가, 제조간접원가는 각각 얼마인가?

제 3 장

원가의 흐름과 개별원가계산

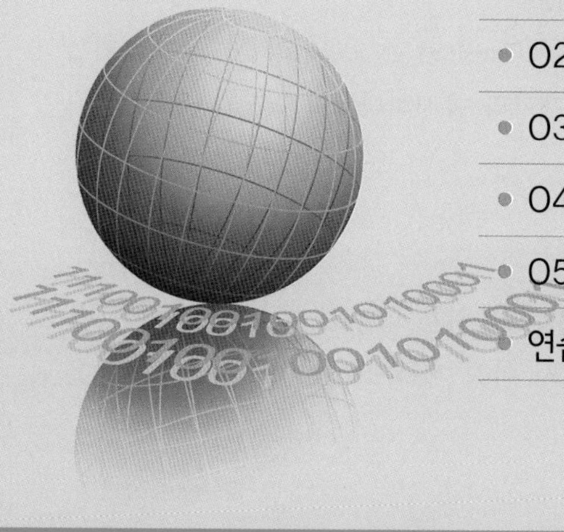

01 제조기업의 제품원가

1.1 제조기업의 재고자산

서비스기업은 서비스를 판매하기 때문에 재고자산의 개념이 필요하지 않다. 제품생산기능이 없는 상기업은 다른 기업에서 생산한 상품을 구매해서 고객에게 판매하고, 제조기업은 자체적으로 제품을 생산해서 판매한다. 그러므로 상기업과 제조기업은 서비스기업과는 달리 재고자산이 존재하며 그 관리에 신경을 써야 한다. 상기업에서도 재고자산을 상품의 유형별로 구분하면 품목이 다양해지지만 이를 하나로 묶는다면 상품으로 묶을 수가 있다. 즉, 상기업의 경우 상품과 재고자산은 같은 의미로 사용된다. 이에 비해 제조기업은 통상 원재료, 재공품, 그리고 완제품 등으로 구분되는 보다 다양한 형태의 재고자산(inventory)을 보유한다.

첫째, 완제품으로 전환되는 기본적인 자재투입물을 원재료(raw materials)라고 한다. 원재료라고 해서 철강석, 목재 등과 같이 1차 산업에서 나오는 기본적인 자원일 필요는 없다. 생산되는 제품에 따라서는 이미 상당부분 가공이 끝난 제조물일 수도 있다. 예를 들어 정유회사에서 원유를 수입하여 휘발유, 경유 등의 제품을 생산하는 경우 원재료는 원유이다. 반면에 강의실에 있는 전자교탁을 생산하는 업체에서 모니터를 모니터 생산업체에서 구입하여 전자교탁을 생산한다면 모니터가 원재료가 된다.

둘째, 완제품으로 전환되는 과정에 있는 미완성인 제품을 재공품(work in process)이라 한다. 많은 다양한 가공단계에 있는 제품들이 동시에 재공품이 될 수 있다. 또한 나중에도 설명하겠지만 재공품계정은 제품원가 계산시 발생된 모든 제품원가가 누적·집계되는 수단으로 이용된다. 모든 제품원가는 일단 발생되면 재공품계정에 모아졌다가 생산이 완료되면 완제품계정으로 넘어가게 된다.

셋째, 완성되어 판매할 수 있는 제품을 완제품(finished goods)이라 한다. 제조기업에 있어서 완제품재고는 상기업에 있어서 상품재고와 유사하다.

1.2 생산요소의 투입과 제품원가

제품을 완성하기 위하여 직접재료원가, 직접노무원가 그리고 제조간접원가 등을 생산공정에 투입하여 가공이라는 과정을 거치면서 아직 제품으로 100% 완성되지 않은

[도표 3-1] 생산요소의 투입과 제품완성

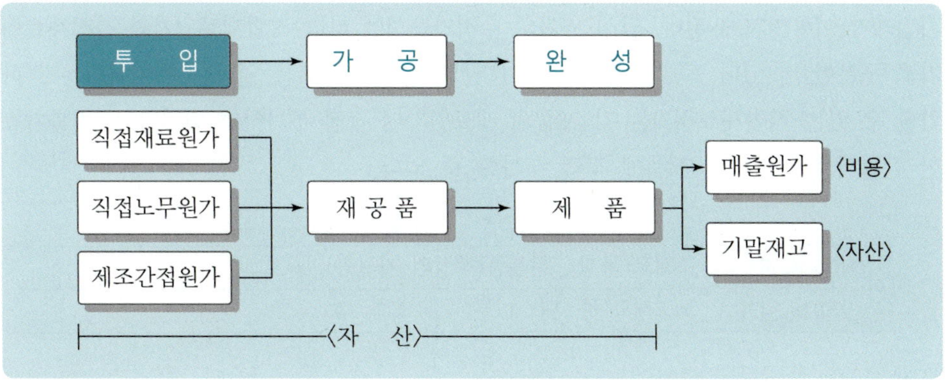

재공품의 형태를 거쳐 최종적으로 제품이 완성된다. 최종 완제품은 직접재료원가, 직접노무원가 그리고 제조간접원가가 100% 투입이 완료되어 산출된 것이다. 이에 반해 재공품은 아직 원가가 100% 투입되지 않은 가공 중에 있는 것이다. 이 과정을 [도표 3-1]과 같이 나타낼 수 있다.

완성된 제품은 소비자에게 판매되기를 기다린다. 이 제품은 실제로 판매될 수도 있으며, 판매되지 않고 창고에 남아 있을 수도 있다. 판매된 제품의 원가는 매출원가라는 비용으로 처리되며, 판매되지 않고 남아 있는 제품은 기말재고라는 자산의 형태로 처리된다. 이때 제품원가는 투입요소인 직접재료원가, 직접노무원가 그리고 제조간접원가의 소비액을 집계하여 산출한다. 소비된 생산요소들은 일단 재공품이라는 가공형태를 거쳐 최종적으로 제품이 완성된다.

02 원가요소별 회계처리

2.1 재료원가

원재료(raw materials)는 제품생산을 위하여 사용되는 물품을 말한다. 옷을 만드는 데는 옷감과 실, 단추 등이 원재료가 되며, 책상을 만드는 데는 나무와 못 등이 원재료가 된다. 이들 원재료가 생산공정에 투입됨으로써 제품 생산이 시작되는데, 이때 제품의 재료원가(material costs)가 발생하게 된다. 원가계산을 위하여 이 재료원가를 각 제품별로 집계하게 된다. 즉, 물리적 형태를 갖춘 재료가 생산공정에 투입됨과 동시에 원가집계가 이루어지게 된다. 앞서 원가의 추적가능성에 따라 직접재료원가와 간접재료원가로 구분한 바 있다. 즉, 책상과 의자를 만드는 데 원재료를 얼마나 소비하였는지 파악할 수 있는 직접재료원가는 각 제품의 재료원가에 직접 부가하면 되지만, 추적불가능한 간접재료원가는 각 제품에 직접 부가할 수 없다.

직접재료원가	주재료(목재), 부분품(책상의 자물통)
간접재료원가	보조재료(못, 니스)

일반적으로 원재료는 주재료와 보조재료, 부분품 등으로 구분할 수 있다. 주재료는 제품의 기본골격을 이루는 것으로 책상의 목재, 옷의 옷감 등이 주재료이다. 주재료들은 제품의 가치 가운데 중요한 한 부분을 차지하고 있기 때문에 직접재료원가로 분류한다. 보조재료는 책상의 못이나 옷의 실 등과 같이 제품의 기본골격은 아니지만 보조적으로 사용되는 것이다. 보조재료원가는 일반적으로 간접재료원가로 분류한다. 부분품은 책상의 열쇠나 옷의 단추 등과 같이 제품의 일부로 사용되는 것을 말한다. 부분품은 일반적으로 직접재료원가로 분류한다. 그러나 어떤 재료이든지 간에 직접재료원가이기 위해서는 반드시 각 제품별로 그 소비정도가 추적가능해야 한다. 다음의 간단한 예를 이용하여 회계처리를 살펴보자.

재료원가의 회계처리 : 원재료 ₩150,000을 외상으로 구입하였고, 직접재료로 ₩100,000, 간접재료로 ₩30,000을 생산공정에 투입하였다.

원재료 구입시	(차) 원 재 료	150,000	(대) 매입채무	150,000
원재료 투입시	(차) 재 공 품	100,000	(대) 원 재 료	130,000
	(차) 제조간접원가	30,000		

원재료를 구입하였을 경우 차변에 원재료, 대변에 매입채무(또는 현금)로 처리하며, 이때 원재료는 자산이다. 원재료를 생산공정에 투입하였을 경우 직접재료원가는 재공품으로 처리하며, 간접재료원가는 제조간접원가로 처리한다. 원재료투입시 대변에 있는 원재료는 직접재료원가와 간접재료원가로 구분하여 처리할 수도 있다. 이러한 관계를 원재료계정에 나타내 보면 다음과 같다.

원 재 료

기초재고	×××	재 공 품	100,000
매입채무	150,000	제조간접원가	30,000
		기말재고	×××

재 공 품

원 재 료	100,000		

제조간접원가

원 재 료	30,000		

2.2 노무원가

노무원가(labor costs)는 제품생산을 위하여 노동력을 사용함으로써 발생하는 원가이다. 노무원가는 임시고용자에서부터 작업자 그리고 공장장에 이르기까지 다양하게 발생한다. 또한 지급되는 노무원가의 종류도 정상임금 이외에 상여금과 수당 등 다양하다. 이 중에서도 노무원가의 가장 많은 부분은 제품생산을 담당하는 작업자의 임금이다. 작업자들은 일반적으로 시간급 혹은 성과급 등으로 임금을 받게 된다. 즉, 노무원가는 총노동시간(혹은 생산량)에 임률을 곱하여 산출된다. 임률은 시간당 노무원가를 말한다.

$$노무원가 = 총노동시간 \times 임률 \quad (식\ 3\text{-}1)$$

직접노무원가	작업자 임금
간접노무원가	초과근무수당, 감독자·공장사무직원 급여, 각종 수당·상여, 유휴시간급 등

노무원가도 직접노무원가와 간접노무원가로 구분된다. 노무원가의 구분기준도 원재료의 구분기준과 마찬가지로 원가대상별로 추정가능한지 여부이다. 일반적으로 제품생산에 직접 참여하는 작업자들의 노무원가는 직접노무원가로 분류한다. 그러나 작업자

가 초과근무(overtime)를 통하여 일반 임금보다 더 많은 임금을 받았다면, 즉 초과근무 수당이 있다면 그만큼은 간접노무원가로 구분하는 것이 일반적이다. 이외에 공장장이나 감독자, 공장사무직원, 임시고용자 등에 대한 노무원가는 간접노무원가로 분류하며, 정근수당이나 휴가수당 등 상여 및 제수당, 유휴시간급 등도 간접노무원가로 분류한다. 다음의 간단한 예를 이용하여 회계처리를 살펴보자.

노무원가의 회계처리 : 노무원가로 ₩100,000을 현금으로 지급하였으며, 이 중 직접노무원가는 ₩70,000, 간접노무원가는 ₩30,000이 발생하였다.

노무원가 지급시	(차) 노 무 원 가	100,000	(대) 현 금	100,000
노무원가 대체시	(차) 재 공 품	70,000	(대) 노무원가	100,000
	(차) 제조간접원가	30,000		

노무원가가 발생하면 차변에 노무원가, 대변에 현금(혹은 미지급급여)로 처리한다. 노무원가를 제품원가에 대체시 직접노무원가는 재공품으로 처리하며, 간접노무원가는 제조간접원가로 처리한다. 노무원가 대체시 대변에 있는 노무원가를 직접노무원가와 간접노무원가로 구분하여 처리할 수도 있다. 이러한 관계를 노무원가 계정에 나타내 보면 다음과 같다.

노 무 원 가

현 금	100,000	재 공 품	70,000
		제조간접원가	30,000

재 공 품

원 재 료	100,000		
노무원가	70,000		

제조간접원가

원 재 료	30,000		
노무원가	30,000		

예제 3-1

한라산㈜의 생산라인에 근무하고 있는 홍길동씨는 20×1년 9월 한 달간 200시간의 작업을 수행하였다. 한라산㈜은 1개월 동안 160시간을 초과하는 직접노동시간에 대해서는 정상임금의 150%를 지급하고 있다. 홍길동씨의 9월 노동시간에는 기계고장으로 인한 10시간의 유휴시간이 포함되어 있으며, 홍길동씨의 20×1년 정상임률은 시간당 ₩20,000이며, 한라산㈜는 모든 근로자에게 3개월에 한 번씩 ₩3,000,000의 상여금을 지급하고 있다.

(요구사항)

1. 20×1년 9월 한 달 동안 홍길동씨의 총노무원가는 얼마인가? 단, 상여금은 월할계산한다.
2. 총노무원가 중에서 직접노무원가와 간접노무원가는 각각 얼마인가?

(해 답)

1. 총노무원가

200시간×₩20,000+40시간×₩10,000+₩1,000,000* = ₩5,400,000

$* : \frac{₩3{,}000{,}000}{3}$

2. 직접노무원가와 간접노무원가

직접노무원가 = 정상노동시간×정상임률
= 190시간×₩20,000 = ₩3,800,000

간접노무원가 = 유휴시간급+초과근무수당+상여금
= 10시간×₩20,000+40시간×₩10,000+₩1,000,000
= ₩1,600,000

2.3 제조간접원가

제조간접원가(manufacturing overhead costs)에는 직접재료원가와 직접노무원가를 제외한 모든 원가요소가 포함된다. 그만큼 종류가 많다는 말이다. 앞서 살펴보았던 간접재료원가와 간접노무원가도 제조간접원가이며, 공장건물 및 설비의 감가상각비, 수도광열비, 보험료, 통신비 등도 모두 제조간접원가에 포함된다. 또한 제조간접원가는 손익계산서의 판매관리비와는 반드시 구분되어야 한다는 것도 앞서 제 2 장에서 지적한 바 있다. 예를 들어, 본사건물에 대한 감가상각비는 판매관리비에 포함되어야 하지만,

공장건물에 대한 감가상각비는 제품원가에 포함되어야 한다는 것이었다. 다만, 외주가공원가와 특허권사용료는 직접제조경비의 성격이 있지만, 실무적으로는 제조간접원가로 구분되는 경우가 많기 때문에 본서에서는 이들 원가를 제조간접원가 항목으로 간주하고자 한다.

제조경비	외주가공원가, 특허권사용료, 감가상각비, 수도광열비, 보험료, 통신비, 복리후생비, 재산세 등

다음의 간단한 예를 이용하여 제조간접원가의 회계처리를 살펴보자.

제조간접원가의 회계처리 : 생산설비 감가상각비로 ₩50,000, 보험료가 ₩20,000, 그리고 공장건물 임차료가 ₩30,000이 발생하였다.

제조간접원가 발생시	(차)	감가상각비	50,000	(대)	감가상각누계액	50,000
		보험료	20,000		현 금	50,000
		임차료	30,000			
제조간접원가 대체시	(차)	제조간접원가	100,000	(대)	감가상각비	50,000
					보 험 료	20,000
					임 차 료	30,000

감가상각비가 발생하였을 때 차변에 감가상각비, 대변에 감가상각누계액으로 처리한다. 이를 제품원가에 대체시 차변에 제조간접원가, 대변에 감가상각비로 처리한다. 보험료와 임차료도 같은 방법으로 처리하면 된다. 이러한 관계를 감가상각비, 보험료, 그리고 임차료 계정에 나타내 보면 다음과 같다.

감가상각비

감가상각누계액	50,000	제조간접원가	50,000

보 험 료

현 금	20,000	제조간접원가	20,000

임 차 료

현 금	30,000	제조간접원가	30,000

제조간접원가

원 재 료(간접)	30,000		
노무원가(간접)	30,000		
감가상각비	50,000		
보 험 료	20,000		
임 차 료	30,000		

이렇게 집계된 제조간접원가는 합리적인 배부기준에 따라 특정제품에 배부하여야 한다. 제조간접원가는 각 제품별로 추적불가능한 원가요소, 즉 간접원가들로 구성되어 있기 때문이다. 만약 이 비용들이 추적가능한 직접원가였다면 제조간접원가에 집계될 필요없이 직접재료원가나 직접노무원가와 같이 해당 제품에 직접 할당했을 것이다. 제조간접원가를 해당 제품에 배부하는 방법은 제 4 장의 부문별 원가계산에서 자세히 살펴보기로 한다.

제조간접원가는 제품계정에 직접 배부되는 것이 아니라 그 제품의 재공품계정을 거쳐 최종적으로 완제품에 집계된다. 제조간접원가의 배부기준은 여러 가지가 사용될 수 있는데, 이에 대해서는 개별원가계산에서 다시 논의하기로 한다. 여기서는 논의의 편의상 모든 제조간접원가가 한 제품에 배부되는 것으로 가정해 보자. 그러면 제조간접원가 총액 ₩160,000을 재공품으로 대체할 때 회계처리와 제조간접원가 계정을 보면 다음과 같다.

재공품으로 대체시 (차) 재공품 160,000 (대) 제조간접원가 160,000

제조간접원가

원 재 료(간접)	30,000	재 공 품	160,000
노무원가(간접)	30,000		
감가상각비	50,000		
보 험 료	20,000		
임 차 료	30,000		

2.4 재공품계정

재공품은 특정 제품이 완성되기 전 단계, 즉 아직 생산과정 중에 있는 것을 말한다. 재료투입이 100% 완료되고, 직접노무원가와 제조간접원가, 즉 가공원가 투입이 100% 완료되었을 때 제품이 완성된다. 따라서 제품생산을 위해 투입된 모든 원가요소들은 재공품계정의 차변에 집계된다. 앞의 예를 그대로 사용해서 보면, 직접재료원가 ₩100,000을 공정에 투입하고, 직접노무원가 ₩70,000이 발생하였으며, 간접재료원가와 간접노무원가, 감가상각비, 보험료, 임차료를 모두 포함한 제조간접원가 ₩160,000을 재공품으로 대체하였다면 다음과 같이 회계처리 된다. 이 회계처리는 각 원가 발생 시 이미 한 것이며, 논의의 편의를 위해 다시 간략히 요약해 보았다.

직접재료원가 투입시(요약)	(차)	재 공 품	100,000	(대)	원 재 료	100,000
직접노무원가 발생시(요약)	(차)	재 공 품	70,000	(대)	노무원가	70,000
제조간접원가 대체시(요약)	(차)	재 공 품	160,000	(대)	제조간접원가	160,000

이렇게 집계된 재공품계정의 금액은 특정 제품이 완성되면서 완성품의 원가만큼 제품계정으로 대체된다. 예를 들어 ₩300,000의 제품을 완성하여 재공품계정에서 제품계정으로 대체하였을 때 회계처리, 그리고 재공품계정은 다음과 같다. 한 가지 주의할 점은 재공품계정에는 기초재고와 기말재고가 존재한다는 것이다. 즉, 기간 말에 완성하지 못하고 생산 중인 제품이 존재하고 있음을 말한다.

제품계정으로 대체시	(차)	제 품	300,000	(대)	재 공 품	300,000

재 공 품

기초재고	×××	제 품	300,000
원 재 료(직접)	100,000	기말재고	×××
노무원가(직접)	70,000		
제조간접원가	160,000		

2.5 제품계정

제품계정은 직접재료원가와 직접노무원가 그리고 제조간접원가 등 모든 원가요소들이 최종적으로 집계되는 곳이다. 이를 원가대상이라고 한 바 있다. 제품은 직접재료가 100% 투입되고, 가공원가도 100% 투입된 완성품이다. 이렇게 완성된 제품은 매출원가와 기말재고로 분리된다. 즉, 완성품 가운데 판매가 이루어진 부분은 매출원가가 되며, 아직 판매되지 않은 것은 기말재고로 남게 된다. 예를 들어, 완성품 ₩300,000 가운데 ₩250,000이 ₩400,000에 현금으로 판매되고 기초제품재고가 없다고 가정할 때 ₩50,000은 기말재고로 남게 된다. 이에 대한 회계처리와 제품계정은 다음과 같다.

제품 매출시	(차) 현 금	400,000	(대) 매 출	400,000
매출원가 인식시	(차) 매출원가	250,000	(대) 제 품	250,000

제 품

기초재고	0	매출원가	250,000
재 공 품	300,000	기말재고	50,000

제품계정에 차기할 때까지, 또는 달리 표현하면 제품의 생산이 완료될 때까지 발생된 모든 원가는 제품의 가치를 증대시키기 때문에 자산으로 처리되는데 이와 같이 생산의 흐름에서 제품의 가치를 증대시키는 직접재료원가, 직접노무원가, 그리고 제조간접원가를 총칭해서 재고가능원가(inventoriable costs)라 말한다. 생산의 완료단계까지 자산으로 처리된 재고가능원가는 제품의 판매가 이루어지면 매출수익을 창출하고 비용화된다. 따라서 제품원가 흐름의 최종단계는 제품의 판매이다. 제품의 판매가 이루어지면 판매된 제품원가만큼을 완제품계정으로부터 비용계정인 매출원가로 대체시키게 된다.

이상에서 설명한 제품원가의 측정은 기본적으로 비용과 관련수익의 대응을 요구하는 대응원칙(matching principle)에 따라 이루어진다. 생산활동이 이루어지면 발생된 원가는 자산으로 처리되며 일단 제품에 할당된다. 그런 연후에 생산된 제품이 판매되면 판매된 제품에 할당된 원가는 매출원가라는 비용으로 처리되어 판매에 의해 창출된 수익과 대응되는 것이다. 대응개념은 앞으로도 책 전체에서 제품원가 계산과 각종 경영보고서 작성에 있어서 필수적인 회계원칙으로 강조될 것이다. 대응원칙에 의하면 제품원가는 각 제품을 제조하는 데 사용된 생산자원의 실제 사용을 정확하게 반영하게끔 측정되어야 한다. 이와 같이 제품원가 계산이 정확해야 손익계산서에 보고되는 매출원가가 해당 제품의 판매에서 벌어들인 수익과 정확하게 대응된다.

03 제품원가의 흐름

3.1 원가의 흐름

앞서 살펴보았듯이 원가요소, 즉 직접재료원가, 직접노무원가 그리고 제조간접원가 계정 간에는 서로 밀접한 관련성을 가지고 있다. 이를 요약해 보면 [도표 3-2]와 같다.

[도표 3-2] 원가요소의 계정흐름

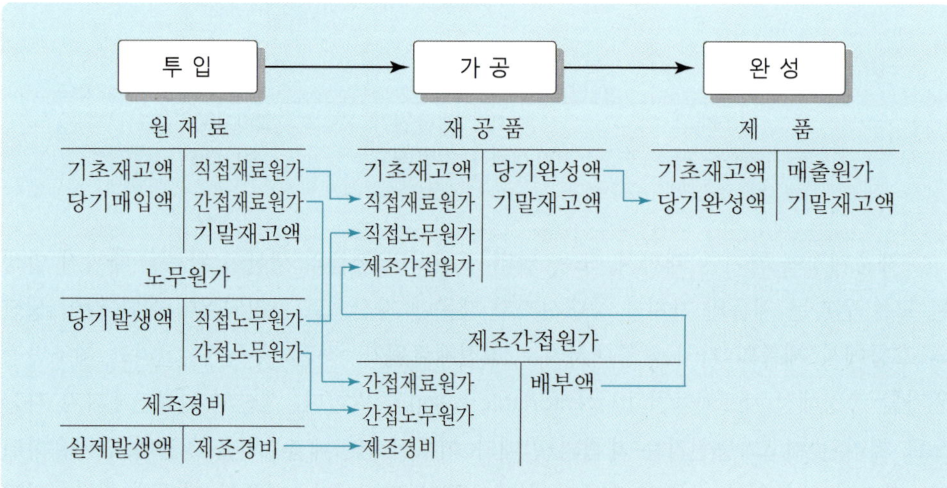

예제 3-2

다음은 한라산㈜의 20×1년 9월 A제품 생산과 관련된 자료이다.

• 기초원재료 ₩50,000	• 기초재공품 ₩80,000	• 기초제품 ₩100,000

① 원재료 ₩250,000을 외상으로 구입하였다.

② 원재료 ₩270,000을 생산에 투입하였으며, 이 중 ₩220,000은 직접재료원가이며, 나머지는 간접재료원가이다.

③ 당월에 발생한 급여 및 임금은 다음과 같다. 모두 현금으로 지급되었다.

판매사원 급여	₩120,000
생산근로자 임금	150,000
공장관리자 임금	50,000

④ 당월 발생한 전력비는 ₩50,000이며, 이 중 70%는 공장에서 발생한 것이며, 나머지는 본사에서 발생한 것이다. 모두 현금으로 지급되었다.

⑤ 당월에 발생한 복리후생비는 ₩30,000이며, 공장과 본사에서 각각 50%씩 발생하였고, 모두 현금으로 지급되었다.

⑥ 당월 발생한 광고선전비 ₩80,000을 현금으로 지급하였다.

⑦ 당월 공장기계장치의 감가상각비는 ₩100,000이다.

⑧ 제조간접원가 전액을 재공품계정으로 대체하다.

⑨ 당월 제품 ₩600,000을 완성하다.

⑩ 당월 제품 ₩650,000어치를 ₩1,000,000에 외상으로 판매하였다.

(요구사항)

거래내역을 분개하고, 원가흐름도를 작성하시오.

(해 답)

1. 거래분개

거래	(차)	금액	(대)	금액
① 원재료 구입시	원 재 료	250,000	매입채무	250,000
② 원재료 생산투입시	재 공 품	220,000	원 재 료	270,000
	제조간접원가	50,000		
③ 노무원가 발생시	급 여	120,000	현 금	320,000
	노무원가	200,000		
노무원가 대체시	재 공 품	150,000	노무원가	200,000
	제조간접원가	50,000		
④ 전력비 발생시	전 력 비	50,000	현 금	50,000
전력비 대체시	제조간접원가	35,000	전 력 비	35,000
⑤ 복리후생비 발생시	복리후생비	30,000	현 금	30,000
복리후생비 대체시	제조간접원가	15,000	복리후생비	15,000
⑥ 광고선전비 발생시	광고선전비	80,000	현 금	80,000
⑦ 감가상각비 계상시	감가상각비	100,000	감가상각누계액	100,000
감가상각비 대체시	제조간접원가	100,000	감가상각비	100,000
⑧ 제조간접원가 대체시	재 공 품	250,000	제조간접원가	250,000
⑨ 제품계정으로 대체시	제 품	600,000	재 공 품	600,000
⑩ 제품 판매시	매출채권	1,000,000	매 출	1,000,000
	매출원가	650,000	제 품	650,000

2. 원가흐름도

원 재 료

기초재고	50,000	재 공 품	220,000
매입채무	250,000	제조간접원가	50,000
		기말재고	30,000

재 공 품

기초재고	80,000	제 품	600,000
원 재 료	220,000	기말재고	100,000
노무원가	150,000		
제조간접원가	250,000		

노 무 원 가

현 금	200,000	재 공 품	150,000
		제조간접원가	50,000

제조간접원가

원 재 료	50,000	재 공 품	250,000
노무원가	50,000		
전 력 비	35,000		
복리후생비	15,000		
감가상각비	100,000		

전 력 비

현 금	50,000	제조간접원가	35,000

복리후생비

현 금	30,000	제조간접원가	15,000

감가상각비

감가상각누계액	100,000	제조간접원가	100,000

제 품

기초재고	100,000	매출원가	650,000
재 공 품	600,000	기말재고	50,000

3.2 제조원가명세서

앞서 상기업과 제조기업의 거래구조에 대한 차이를 언급한 바 있다. 이러한 차이 때문에 재무제표도 조금 다르게 나타난다. [도표 3-3]의 손익계산서를 보면 첫째, 상기업은 매출원가 산정시 상품과 매입이라는 용어를 사용하고 있지만, 제조기업은 제품과 제조라는 용어를 사용하고 있다. 둘째, 매출원가 산정시 기록되는 금액의 산출방법이 다르다. 상기업에서는 당기상품구입액은 상품구입대가와 부대비용의 합으로 산출한다. 그러나 제조기업에서는 앞서 언급한 바와 같이 직접재료원가, 직접노무원가 그리고 제조간접원가 등을 이용하여 원가계산절차를 거쳐 산출된다.

[도표 3-3] 상기업과 제조기업의 손익계산서 양식

상 기 업			제조기업		
매　출		×××	매　출		×××
매출원가		×××	매출원가		×××
기초상품재고액	×××		기초제품재고액	×××	
당기상품매입액	×××		당기제품제조원가	600,000	
기말상품재고액	(×××)		기말제품재고액	(×××)	
매출총이익		×××	매출총이익		×××
판매관리비		×××	판매관리비		×××
영업이익		×××	영업이익		×××

[도표 3-4] 제조원가명세서

직접재료원가		
기초원재료재고	₩50,000	
당기원재료 매입액	250,000	
기말원재료재고	(30,000)	
원재료사용액	₩270,000	
간접재료원가*	(50,000)	₩220,000
직접노무원가		150,000
제조간접원가		
간접재료원가	₩50,000	
간접노무원가	50,000	
전력비	35,000	
복리후생비	15,000	
감가상각비	100,000	250,000
당기총제조원가		₩620,000
기초재공품재고액		80,000
기말재공품재고액		(100,000)
당기제품제조원가		₩600,000

* : 원재료 사용액에는 간접재료원가가 포함되어 있으므로 간접재료원가를 차감하여야 직접재료원가를 산출할 수 있다.

특히 제조기업의 당기제품제조원가는 [도표 3-4]와 같이 제조원가명세서(schedule of cost of goods manufactured)의 금액과 일치한다. [도표 3-4]는 [예제 3-2]의 거래내역을 기초로 작성한 것이다.

[도표 3-4]에서 보는 바와 같이 제조원가명세서는 크게 직접재료원가, 직접노무원가, 제조간접원가, 기초재공품재고액 그리고 기말재공품재고액으로 구성되어 있다. 당기제품제조에 소비된 모든 원가들이 당기총제조원가에 포함되어 있으며, 재공품의 기초와 기말재고액을 고려하여 최종적으로 당기제품제조원가를 산출하는 구조로 되어 있다. 한 가지 중요한 사항은 [도표 3-4]의 제조원가명세서의 당기제품제조원가가 [도표 3-3]의 매출원가 산정에 필요한 당기제품제조원가와 일치한다는 점이다. 즉, ₩600,000이 되어야 한다.

04 개별원가계산

4.1 원가계산의 종류

기업에서 사용하고 있는 원가계산방법은 업종 또는 생산형태에 따라 서로 다르다. 예를 들어, 선박과 볼펜이라는 두 개의 제품을 생각해 보자. 선박은 주문생산에 의해 만들어진다. 선박의 크기가 다르고 그 사양이 다르다는 말이다. 이는 각 제품마다 제품원가가 다르다는 것을 말하며, 따라서 개별 제품별로 원가계산이 이루어져야 한다는 것을 말한다. 이를 개별원가계산(job order costing)이라고 한다.

반면에, 볼펜은 주문생산이 아닌 예측생산으로 만들어진다. 시장의 수요를 예측하여 제품을 미리 만들고, 소비자에게 판매되기를 기다린다. 볼펜은 그 사양이 동질적이며 표준화되어 있다. 각 제품마다 원가가 동일하다는 말이다. 선박과 같이 개별 제품별로 원가를 산출할 필요가 없다. 따라서 볼펜의 경우 일정한 기간 동안 발생한 총제조원가를 총생산량으로 나누어 제품원가를 계산하게 된다. 이를 종합원가계산(process costing)이라고 한다. 개별원가계산과 종합원가계산을 비교하면 [도표 3-5]와 같다.

한편, 제조간접원가에 포함되어 있는 고정제조간접원가를 제품원가에 포함하느냐의 여부에 따라 전부원가계산과 변동원가계산으로 구분된다. 전부원가계산(absorption costing)은 말 그대로 변동제조간접원가와 고정제조간접원가 모두를 제품원가에 포함시키는 원가계산방법이다. 변동원가계산(variable costing)은 제조간접원가 중에서 변동제조간접원가만을 제품원가에 포함시키는 원가계산방법이다. 이때 고정제조간접원가는 기간비용으로 처리한다. 이를 직접원가계산(direct costing)이라고도 한다. 변동원가계산

[도표 3-5] 개별원가계산과 종합원가계산의 비교

	개별원가계산	종합원가계산
제품원가의 누적	• 특정작업(또는 고객)에 누적	• 공정별로 누적
재공품계정	• 각 작업(주문)마다 하나씩 보조 재공품계정을 설치	• 공정별로 설치
제품원가 측정시점	• 생산이 불연속적 • 작업이 완성될 때마다 측정	• 생산이 연속적 • 회계기간마다 측정
생산품목	• 이질적인 제품 • 불연속적 생산형태 : 건설업, 가구제조업, 조선, 수선업 등	• 대량생산의 동질적 제품 • 연속적 생산형태 : 화학제품, 유류, 시멘트 등
운영비용	• 종합원가계산에 비해 많은 운영 비용이 소요됨 • 원가정보의 정확성이 높음	• 개별원가계산에 비해 적은 운영 비용이 소요됨 • 원가정보의 정확성이 낮음
원가계산방법	• 작업지시서 원가계산 작업지시서→제품원가	• 기간별 · 공정별 평균화과정 공정 → 평균화 → 제품원가
원가의 분류	• 원가대상에 대한 추적 가능성 중시 • 직접재료원가, 직접노무원가, 제조간접원가	• 원가의 변형과정 중시 • 직접재료원가, 가공원가

[도표 3-6] 원가계산의 종류

제품생산형태	원가계산범위	원가측정방법
개별원가계산	전부원가계산	실제원가계산
종합원가계산	변동원가계산	표준원가계산
		정상원가계산

은 의사결정 목적으로 기업 내부적으로 많이 사용되지만 외부보고용으로는 사용되지 않는다.

그리고 제품원가를 실제발생액을 기준으로 산출하느냐 표준치 또는 예정치를 이용하느냐, 즉 원가측정방법에 따라 실제원가계산, 표준원가계산 그리고 정상원가계산으로 구분한다. 실제원가계산(actual costing)은 직접재료원가, 직접노무원가, 그리고 제조간접원가의 실제발생액을 이용하여 제품원가를 산출하는 방법이다. 표준원가계산(standard costing)은 직접재료원가, 직접노무원가, 그리고 제조간접원가의 표준가격과 표준수량을 설정하고, 그에 따라 표준원가를 이용하여 제품원가를 산출하는 방법이다. 이에 대해서는 제11장 표준원가계산에서 다시 논의하기로 한다. 마지막으로 정상원가계산(normal costing)은 직접재료원가와 직접노무원가는 실제발생액으로 집계하고, 제조간접원가는 예정배부액을 사용하여 제품원가를 산출하는 방법이다.

4.2 개별원가계산 절차

4.2.1 작업지시서와 작업원가표

개별원가계산에서 원가대상은 작업지시가 떨어진 특정 작업이다. 제조원가와 그 밖의 관련 자료들이 각 작업지시서(job order sheet)별로 축적된다. 작업지시서는 [도표 3-7]과 같다. 이런 자료들은 작업원가표(job cost sheet)에 수록되는데 작업원가표는 해당 작업에 대한 제품원가와 관련된 자료를 축적시키는 데 사용되는 서류이다.

작업지시서는 고객으로부터 주문을 받게 되면 그 제품을 생산하기 위하여 생산관리부서에서 발행한다. 이는 생산현장 작업자들에게 작업을 하도록 지시하는 명령서이기도 하다. 작업지시서에는 반드시 작업지시서 번호가 있어야 하며, 그 작업의 담당부서와 작업지시 내용이 기재되어 있어야 한다. 원가담당자는 작업지시서 사본을 수취하여 작업원가표를 작성한다. 작업원가표는 각 작업지시서에 대해서 작성되며, 그 작업지시서들의 작업원가표를 집계하면 제품원가가 산출된다. 따라서 작업원가표가 개별원가계산의 핵심이다. 특정 제품을 생산하기 위하여 발생한 원가는 그 제품의 작업지시서 번호를 추적하여 그 번호가 기재된 작업원가표의 원가를 집계하여 산출한다. [도표 3-8]은 작업원가표를 예시한 것이다.

작업원가표에는 작업번호, 즉 작업지시서 번호가 반드시 기재되어야 한다. 이 번호

[도표 3-7] 작업지시서

작업지시서 No. ________

담당부서 ________ 발행일 년 월 일
주 문 처 ________ 수주일 년 월 일
주문 No. ________ 납기일 년 월 일

품명(종류 · 규격)	수 량	작업명세

작업개시 년 월 일
작업완료 년 월 일 발 행 자 (인)

[도표 3-8] 작업원가표

작업원가표

작업지시서번호 ________ 착수일 ________
부　　서 ________ 완료일 ________
품　　명 ________ 수　량 ________

직접재료원가		직접노무원가			제조간접원가		
재료출고청구서번호	금액	작업전표번호	소요시간	금액	소요시간	배부율	금액

원가집계

	총 원 가	단 가
직접재료원가		
직접노무원가		
제조간접원가		
총　　액		

를 통해 서로 추적이 가능하기 때문이다. 또한 작업원가표에는 직접재료원가, 직접노무원가, 그리고 제조간접원가를 각각 집계하도록 되어 있다. 직접재료원가는 재료출고청구서를 통해 산출되며, 직접노무원가는 작업전표를 통해, 그리고 제조간접원가는 예정배부율에 따라 산출한다.

4.2.2 직접재료원가와 재료출고청구서

제품을 생산하기 위하여 필요한 재료는 재료출고청구서(material requisition form)를 통해 원재료 창고에서 출고된다. 재료출고청구서에는 반드시 작업지시서 번호가 기재되어 있어야 한다. 이 번호를 통해 어떤 제품을 생산하기 위하여 재료가 출고되었는지를 파악할 수 있게 된다. 재료출고청구서의 양식은 [도표 3-9]와 같다.

재료출고청구서에는 작업에 필요한 재료의 품목, 출고수량, 단가, 그리고 금액 등이 기재된다. 그리고 반드시 작업지시서 번호가 기재되어야 하는데, 이 번호를 통해 출고된 재료금액이 작업원가표의 직접재료원가에 집계된다.

[도표 3-9] 재료출고청구서

재료출고청구서 No. ________

작업지시서번호 ________ 작성일 ________

인 도 부 문 ________ 발행자 ________

재료품목	적 요	출고수량	단 가

수령일 ________

수령자 ________

4.2.3 직접노무원가와 작업전표

직접노무원가는 작업전표(time ticket) 또는 작업시간표에 의해 파악된다. 작업전표에도 어떤 제품을 생산하기 위하여 작업을 하였는지를 파악하기 위하여 반드시 작업지시서 번호가 기재되어 있어야 한다. 작업전표의 양식은 [도표 3-10]과 같다.

작업전표에는 작업자의 작업개시시간과 완료시간이 기재되며, 작업자의 임률에 따라 노무원가가 집계된다. 그리고 반드시 작업지시서 번호가 기재되어야 하는데, 이 번호를 통해 해당 작업지시서의 작업원가표에 직접노무원가가 집계된다.

[도표 3-10] 작업전표

작업전표 No. ________

작 업 자 ________ 일 자 ________

작 업 장 ________

작업지시서번호	작업개시시간	작업완료시간	소요시간	임 률	노무원가

감독자 ________

4.2.4 제조간접원가의 배부

앞서 논의한 바 있지만 직접재료원가와 직접노무원가는 각 작업지시서별로 어느 정도 발생하였는지 직접 파악이 가능하기 때문에 작업원가표에 직접 할당하게 된다. 그러나 제조간접원가는 작업지시서별로 발생금액을 파악할 수 없다. 따라서 제조간접원가는 배부기준에 따라 각 작업지시서에 배부하게 되는데, 이때 실제배부율 혹은 예정배부율을 사용할 수 있다. 배부율을 산출하기 위해서는 제조간접원가를 각 원가대상에 합리적으로 배부할 수 있는 배부기준을 결정한다. 일정기간 동안 배부기준의 활동량을 조업도라 한다.

실제배부율은 실제 발생한 제조간접원가 금액과 배부기준에 따라 배부율을 결정하는 방법이다. 그러나 실제배부율을 사용할 경우 몇 가지 문제점이 발생하게 되는데 첫째, 제품을 생산하는 데 발생한 제조간접원가를 집계하기 위해서는 제품이 완성되거나 혹은 회계기간말이 되어야 한다. 따라서 원가계산을 위해서 제조간접원가 실제발생액을 집계하기 위해 오랜 기간을 기다려야 한다. 둘째, 실제배부율을 사용할 경우 조업도의 변동에 따라 매기의 배부율이 서로 달라진다. 이는 제품의 원가가 달라질 수 있음을 의미한다. 따라서 이러한 문제점들을 보완하기 위하여 예정배부율을 사용하는 것이 일반적이다. 실제배부율과 예정배부율을 구하는 방법은 (식 3-2)~(식 3-5)와 같다.

$$\text{제조간접원가 실제배부율} = \frac{\text{제조간접원가 실제발생액}}{\text{실제조업도}} \qquad \text{(식 3-2)}$$

$$\text{작업별 배부액} = \text{작업별 실제조업도} \times \text{제조간접원가 실제배부율} \qquad \text{(식 3-3)}$$

$$\text{제조간접원가 예정배부율} = \frac{\text{제조간접원가 예산총액}}{\text{예정조업도(혹은 기준조업도)}} \qquad \text{(식 3-4)}$$

$$\text{작업별 배부액} = \text{작업별 실제조업도} \times \text{제조간접원가 예정배부율} \qquad \text{(식 3-5)}$$

4.3 원가계산절차

정상개별원가계산은 직접재료원가와 직접노무원가는 실제발생액으로 집계하고, 제조간접원가는 예정배부율을 사용하여 원가를 계산하는 방법이다. 제조간접원가 예정배부율은 연간예산 등을 기준으로 산출할 수 있기 때문에 그 기간 동안은 실제개별원가계산과 같이 배부율이 변동하지 않는다. 그러나 제조간접원가를 예정배부율에 의하여 배부할 경우 예정배부된 총제조간접원가 금액이 실제발생액과 일치하지 않는다. 만약 예정배부액이 실제발생액보다 큰 경우 과대(초과)배부된 것이며, 반대로 실제발생액이 더 큰 경우에는 과소(부족)배부된 것이다. 이에 대한 회계처리절차는 다음과 같다.

제조간접원가가 실제로 발생할 때는 다음과 같이 회계처리한다.

(차) 제조간접원가(발생액)	×××	(대) 제 좌	×××

그리고 제조간접원가를 예정배부율에 따라 각 작업지시서에 배부할 때에는 다음과 같이 회계처리한다.

(차) 재 공 품	×××	(대) 제조간접원가(배부액)	×××

다음 [예제 3-3]을 통하여 정상개별원가계산의 절차를 알아보자.

예제 3-3

한라산㈜은 개별원가계산을 적용하고 있으며, 제조간접원가는 직접노무원가를 기준으로 제품에 예정배부하고 있다. 20×1년 4월에 작업 #101과 작업 #102를 시작하였으며, 5월에는 작업 #103을 새로 착수하였다. 작업 #101과 작업 #102는 5월 중에 완료되었으며, 작업 #103은 5월말 현재 미완성 상태이다. 4월과 5월에 발생한 원가자료는 다음과 같다. 5월 중에 제조간접원가 실제발생액은 ₩650,000이며, 연간 제조간접원가 예산총액은 ₩10,080,000이며, 연간 직접노무원가의 예상발생액은 ₩7,200,000이다.

작 업	4월			5월		
	직접 재료원가	직접 노무원가	제조 간접원가	직접 재료원가	직접 노무원가	제조 간접원가
#101	₩350,000	₩100,000	₩140,000	₩258,000	₩180,000	
#102	150,000	80,000	112,000	509,000	200,000	₩650,000
#103	–	–	–	333,000	120,000	
합 계	₩500,000	₩180,000	₩252,000	₩1,100,000	₩500,000	₩650,000

(요구사항)

1. 5월의 제조간접원가 예정배부율은 얼마인가?

2. 5월말 현재 작업이 완료된 작업 #101과 #102 그리고 미완성된 #103의 원가는 각각 얼마인가?
3. 제조간접원가의 배부차이는 얼마인가?

(해 답)

1. 5월의 제조간접원가 예정배부율

$$\frac{\text{제조간접원가 예산총액}}{\text{직접노무원가 예상총액}} = \frac{₩10,080,000}{₩7,200,000} = ₩1.4/\text{직접노무원가 } ₩1$$

2. 작업원가표상의 원가

	#101	#102	#103	합 계
월초재고	₩590,000	₩342,000	–	₩932,000
직접재료원가	258,000	509,000	₩333,000	1,100,000
직접노무원가	180,000	200,000	120,000	500,000
제조간접원가	252,000	280,000	168,000	700,000
합 계	₩1,280,000	₩1,331,000	₩621,000	₩3,232,000

3. 제조간접원가 배부차이

= 총제조간접원가 실제발생액 − 제조간접원가 예정배부액

= ₩650,000 − ₩700,000 = ₩50,000(과대배부)

제조간접원가

실제발생액	650,000	예정배부액	700,000
과대배부액	50,000		

4.4 배부차이의 조정

실제원가계산과 정상원가계산 모두 직접재료원가와 직접노무원가는 실제발생액을 집계한다. 반면에 제조간접원가의 경우 실제원가계산에서는 실제배부율을 산출하여 각 작업지시서에 배부하지만, 정상원가계산에서는 예정배부율을 산출하여 배부한다. 정상원가계산에서 제조간접원가 계정의 차변에는 제조간접원가 실제발생액이 기록되고, 대변에는 예정배부율에 따라 각 작업지시서별로 배부된 금액이 기록된다. 따라서 실제원가계산에서는 제조간접원가의 배부차이가 발생하지 않지만 정상원가계산에서는 제조간접원가의 실제발생액과 배부총액에 차이가 발생하게 된다. 외부보고목적의 재무제표 작

[도표 3-11] 제조간접원가의 흐름

제조간접원가		→	재 공 품		→	제 품	
발 생	배 부	→	제조간접원가	완 성 품 기말재공품	→	재 공 품	매출원가 기말제품

성을 위하여 이를 조정해 주어야 한다. [도표 3-11]에서 보는 바와 같이 제조간접원가는 기말재공품이나 기말제품 그리고 매출원가에 포함되어 있다. 배부차이를 어떻게 조정하느냐에 따라 매출원가조정법, 비례배분법(총원가기준법, 원가요소기준법), 영업외손익법이 있다.

4.4.1 매출원가조정법

매출원가조정법은 배부차이를 매출원가에서 모두 조정하는 방법이다. 즉, 기말재공품이나 기말제품이 부담하여야 할 배부차이를 무시하는 방법이다. 이 방법은 제조간접원가의 배부차이가 기말재공품이나 기말제품에 미치는 영향이 크지 않은 경우 적합하다. 이때 제조간접원가를 과대배부한 경우 매출원가에서 차감하며, 과소배부한 경우 매출원가에 가산한다. 이 방법은 매출원가 하나의 계정만 조정하면 되기 때문에 적용하기가 쉽다는 장점이 있지만 정확한 배부가 이루어지지 않는다는 문제가 있다.

예제 3-4

앞의 [예제 3-3]의 자료를 그대로 이용하며, 5월에 완성된 작업 중에서 작업 #101에서 생산된 제품은 판매되었으나, 작업 #102에서 생산된 제품은 판매되지 않았고, 5월말 현재 재고자산은 다음과 같다. [예제 3-3]에서 제조간접원가는 ₩50,000 과대배부된 것으로 나타났다.

	기말재공품	기말제품	매출원가
직접재료원가	₩333,000	₩659,000	₩608,000
직접노무원가	120,000	280,000	280,000
제조간접원가	168,000	392,000	392,000
합 계	₩621,000	₩1,331,000	₩1,280,000

(요구사항)

매출원가조정법에 따라 배부차이에 필요한 분개를 하시오.

(해　답)

매출원가조정법에 따른 배부차이 조정분개

(차) 제조간접원가	50,000	(대) 매출원가	50,000

4.4.2 총원가기준법

총원가기준법은 제조간접원가가 영향을 미치는 모든 계정, 즉 기말재공품, 기말제품 그리고 매출원가의 금액을 기준으로 배부차이 금액을 각 계정에 배부하는 방법이다. 이 방법은 매출원가조정법에 비해 보다 정확한 배부가 이루어질 수 있다. 다만, 비례배분법을 사용하는 경우에는 당기발생 원가를 기준으로 배부차이를 조정해야 한다.

예제 3-5

앞의 [예제 3-3]의 자료를 그대로 이용하여 총원가기준법으로 배부차이를 조정하고 필요한 분개를 하시오.

(해　답)

1. 총원가기준법에 따른 배부차이 조정

	조정전 원가	당기투입원가	배부차이 조정액	조정후 원가
매출원가	₩1,280,000	₩690,000*	$₩50,000 \times \frac{₩690,000}{₩2,300,000} = ₩15,000$	₩1,265,000
기말제품	1,331,000	989,000	$₩50,000 \times \frac{₩989,000}{₩2,300,000} = 21,500$	1,309,500
기말재공품	621,000	621,000	$₩50,000 \times \frac{₩621,000}{₩2,300,000} = 13,500$	607,500
합　계	₩3,232,000	₩2,300,000	₩50,000	₩3,182,000

* 기초재고가 있는 경우 당기투입원가만이 배부차이 조정의 대상이 된다.

2. 배부차이 조정분개

(차) 제조간접원가	50,000	(대) 매출원가	15,000
		제　품	21,500
		재공품	13,500

4.4.3 원가요소기준법

원가요소기준법이란 제조간접원가가 영향을 미친 모든 계정, 즉 기말재공품과 기말제품 그리고 매출원가에 포함된 제조간접원가 금액을 기준으로 배부차이 금액을 각 계정에 배부하는 방법이다. 이 방법은 제조간접원가만을 기준으로 한다는 점에서 앞서 살펴본 두 가지 방법에 비하여 가장 정확하게 조정할 수 있다. 대신 각 계정에서 포함된 제조간접원가 금액을 집계하여야 하기 때문에 좀 더 복잡한 배부과정을 거쳐야 한다.

예제 3-6

앞의 [예제 3-3]의 자료를 그대로 이용하여 원가요소기준법으로 배부차이를 조정하고 필요한 분개를 하시오.

(해 답)

1. 원가요소기준법에 따른 배부차이 조정

	제조간접원가	배부차이 조정액	조정후 원가
매출원가	₩252,000*	$₩50,000 \times \frac{₩252,000}{₩700,000} = ₩18,000$	₩1,262,000
기말제품	280,000	$₩50,000 \times \frac{₩280,000}{₩700,000} =$ 20,000	1,311,000
기말재공품	168,000	$₩50,000 \times \frac{₩168,000}{₩700,000} =$ 12,000	609,000
합 계	₩700,000	₩50,000	₩3,182,000

* 당월에 예정배부된 제조간접원가만이 배부차이의 조정대상이 된다.

2. 배부차이 조정분개

(차) 제조간접원가	50,000	(대) 매출원가	18,000
		제 품	20,000
		재 공 품	12,000

05 종합예제

㈜한라산은 중장비를 생산 · 판매하는 기업이며, 개별원가계산제도를 사용하여 원가계산을 하고 있다. ㈜한라산의 20×1년 9월초 재고자산계정의 잔액은 다음과 같다.

원 재 료	₩100,000
재 공 품	75,000
제 품	150,000

㈜한라산은 기계사용시간을 기준으로 제조간접원가를 예정배부하고 있으며, 20×1년초에 연간 제조간접원가 예상액은 ₩15,000,000, 연간 예상 기계사용시간은 300,000시간으로 추정하였다. ㈜한라산은 20×1년 9월 중 다음과 같은 거래가 발생하였다.

① 원재료 ₩1,350,000어치를 외상으로 구입하였다.

② 원재료 ₩1,400,000어치를 생산공정에 투입하였으며, 이 중 75%는 직접재료이며, 나머지는 간접재료이다.

③ 다음과 같은 인건비가 발생하여 전액 당좌예금계좌에서 지급하였다.

생산직사원 임금	₩300,000
공장관리직사원 급여	175,000
판매직사원 급여	450,000
본사관리직사원 급여	280,000

④ 판매사원의 여비교통비 ₩130,000이 발생하여 현금으로 지급하였다.

⑤ 공장에서 동력비 ₩160,000이 발생하여 현금으로 지급하였다.

⑥ 광고선전비 ₩200,000을 현금으로 지급하였다.

⑦ 월간 감가상각비 ₩800,000을 계상하였으며, 이 중 70%는 공장기계장치에 대한 것이며, 나머지는 본사 건물에 대한 것이다.

⑧ 선급보험료 중에서 당월에 해당하는 보험료는 ₩200,00이며, 이 중 60%는 공장에서 발생하였으며, 나머지는 판매 및 관리부문에서 발생하였다.

⑨ 제조간접원가를 재공품계정에 배부하였다. 9월 중 실제 기계사용시간은 30,000시간이었다.

⑩ 9월 중 ₩2,800,000어치의 제품이 완성되었다.

⑪ 원가 ₩2,700,000어치의 제품을 ₩5,000,000에 외상으로 판매하였다.

(요구사항)

1. 위의 거래를 분개하시오.
2. 원재료, 재공품, 제품, 제조간접원가, 그리고 매출원가의 T-계정을 준비하고, 위에서 분개한 내용을 전기하시오.
3. 제조원가명세서를 작성하시오.
4. 제조간접원가 배부차이는 얼마인가?
5. 제조간접원가 배부차이를 전액 매출원가에서 조정할 경우 손익계산서를 작성하시오. 단, 다른 비용은 없는 것으로 가정한다.

(해 답)

1. 분 개

거래	차변	금액	대변	금액
① 원재료 구입 :	차) 원 재 료	₩1,350,000	대) 매입채무	₩1,350,000
② 원재료 투입 :	차) 재 공 품	1,050,000	대) 원 재 료	1,400,000
	제조간접원가	350,000		
③ 인건비 발생 :	차) 노무원가	475,000	대) 현 금	1,205,000
	급 여	730,000		
노무원가 대체 :	차) 재 공 품	300,000	대) 노무원가	475,000
	제조간접원가	175,000		
④ 여비교통비 발생 :	차) 여비교통비	130,000	대) 현 금	130,000
⑤ 동력비 발생 :	차) 동 력 비	160,000	대) 현 금	160,000
동력비 대체 :	차) 제조간접원가	160,000	대) 동 력 비	160,000
⑥ 광고선전비 발생 :	차) 광고선전비	200,000	대) 현 금	200,000
⑦ 감가상각비 발생 :	차) 감가상각비	800,000	대) 감가상각누계액	800,000
감가상각비 대체 :	차) 제조간접원가	560,000	대) 감가상각비	560,000
⑧ 보험료 발생 :	차) 보 험 료	200,000	대) 선급보험료	200,000
보험료 대체 :	차) 제조간접원가	120,000	대) 보 험 료	120,000
⑨ 제조간접원가 배부 :	차) 재 공 품	1,500,000	대) 제조간접원가	1,500,000

제조간접원가 예정배부율 $= \dfrac{₩15{,}000{,}000}{300{,}000\text{시간}} = ₩50/\text{시간}$

제조간접원가 예정배부액 $= ₩50 \times 30{,}000\text{시간} = ₩1{,}500{,}000$

거래	차변	금액	대변	금액
⑩ 제품완성 :	차) 제 품	2,800,000	대) 재 공 품	2,800,000
⑪ 제품판매 :	차) 매출채권	5,000,000	대) 매 출	5,000,000
	매출원가	2,700,000	제 품	2,700,000

2. T-계정

원 재 료

9/1	100,000	재 공 품	1,050,000
매입채무	1,350,000	제조간접원가	350,000
		9/30	50,000

재 공 품

9/1	75,000	제 품	2,800,000
원 재 료	1,050,000		
노무원가	300,000	9/30	125,000
제조간접원가	1,500,000		

제 품

9/1	150,000	매출원가	2,700,000
재 공 품	2,800,000		
		9/30	250,000

매출원가

제 품	2,700,000		

제조간접원가

원 재 료(간접)	350,000	재 공 품	1,500,000
노무원가(간접)	175,000		
동 력 비	160,000		
감 가상각비	560,000		
보 험 료	120,000		
매출원가	135,000		

3. 제조원가명세서

직접재료원가		
기초원재료재고	₩100,000	
당기구입 원재료	1,350,000	
기말원재료재고	(50,000)	
간접재재료원가	(350,000)	₩1,050,000
직접노무원가		300,000
제조간접원가		
간접재료원가	₩350,000	
간접노무원가	175,000	

동 력 비	160,000	
감가상각비	560,000	
보 험 료	120,000	
제조간접원가 과대배부액	135,000	1,500,000
당기총제조원가		₩2,850,000
기초재공품재고		75,000
기말재공품재고		(125,000)
당기제품제조원가		₩2,800,000

4. 제조간접원가 배부차이

제조간접원가 예정배부액＝제조간접원가 예정배부율×실제 기계사용시간

＝₩50×30,000시간

＝₩1,500,000

제조간접원가 실제발생액	1,365,000
제조간접원가 배부차이	₩135,000(과대배부)

5. 손익계산서

매 출 액		₩5,000,000
매출원가		
기초제품재고	₩150,000	
당기제품제조원가	2,800,000	
기말제품재고	(250,000)	
조정전매출원가	2,700,000	
차감 : 제조간접원가 과대배부액	(135,000)	2,565,000
매출총이익		₩2,435,000
판매관리비		
급 여	₩730,000	
여비교통비	130,000	
광고선전비	200,000	
감가상각비	240,000	
보 험 료	80,000	1,380,000
당기순이익		₩1,055,000

연습문제 EXERCISES

객관식 문제

[3-1] 2017년 2월 10일 영업을 개시한 ㈜한라산은 2017년 12월 31일에 직접재료 재고 ₩10,000, 재공품 재고 ₩25,000, 제품 재고 ₩50,000을 가지고 있었다. 2018년 영업실적이 부진하여 ㈜한라산은 같은 해 9월에 재료와 재공품 재고를 남겨두지 않고 모두 제품으로 생산한 후 모든 제품을 처분하고 공장을 폐쇄하였다. 이 회사의 2018년의 원가를 큰 순서대로 정리하면? (기업회계 1급)

① 모든 금액이 같다.
② 매출원가 > 당기총제조원가 > 당기제품제조원가
③ 매출원가 > 당기제품제조원가 > 당기총제조원가
④ 당기총제조원가 > 당기제품제조원가 > 매출원가

[3-2] 다음은 원가계산준칙에서 제시하고 있는 재료비의 회계처리기준이다. 옳은 것을 모두 나열한 것은? (전산세무 1급)

1. 재료비는 기초재고액에서 당기투입액을 가산하고 기말재료재고액을 차감하여 계산한다.
2. 재료의 소비수량은 계속기록법과 역산법을 병행하여 사용할 수 없다.
3. 재료의 소비가격은 취득원가에 의하여 계산한다.
4. 재료의 소비가격 산정에 개별법 적용이 가능하다.

① 1, 2 ② 2, 3 ③ 3, 4 ④ 1, 4

[3-3] 다음 중 원가의 흐름에 대한 설명으로 옳지 않은 것은? (전산세무 1급)

① 당기총제조원가는 제품계정 차변으로 대체
② 당기제품제조원가는 제품계정 차변으로 대체
③ 제조간접원가는 재공품계정 차변으로 대체
④ 당기재료비소비액은 재공품계정 차변으로 대체

[3-4] 다음의 개별원가계산에 대한 설명으로 틀린 것을 모두 나열한 것은? (전산세무 1급)

1. 제조간접원가의 배부차액은 재공품 기말잔액에 포함된 제조간접원가, 제품의 기말잔액에 포함된 제조간접원가, 매출원가에 포함된 제조간접원가의 비율로 각 계정에 배분할 수 있다.
2. 제조간접원가 배부차액이 유리한 차이라는 것은 제조간접원가 예정배부액이 실제 발생한 제조간접원가보다 부족배부되었다는 것을 의미한다.
3. 당기총제조비용과 당기제품제조원가가 동일하게 발생하는 경우가 있을 수 있다.
4. 당기제품제조원가와 당기제품매출원가가 동일하게 발생하는 경우는 없다.
5. 1년 동안 월별로 집계된 제조간접원가 차액의 유리한 차이와 불리한 차이를 상계하면 ₩0이다.

① 1, 2, 3 ② 2, 3, 4 ③ 1, 3, 4 ④ 2, 4, 5

[3-5] ㈜한라산의 당기제품제조원가와 매출원가는 각각 얼마인가? (기업회계 1급)

구 분	기초재고	기중 매입(발생)액	기말재고
원 재 료	₩80,000	₩700,000	₩100,000
재 공 품	120,000	–	140,000
직접노무원가	–	400,000	–
제조간접원가	–	510,000	–
제 품	100,000	–	180,000

	당기제품제조원가	매출원가
①	₩1,490,000	₩1,570,000
②	1,570,000	1,490,000
③	1,670,000	1,590,000
④	1,590,000	1,670,000

[3-6] ㈜한라산은 단일제품을 생산하며 단위별정상원가계산을 사용하고 있다. 제조간접원가는 직접노동시간당 ₩6을 예정배부한다. 재료는 모두 직접재료로 사용되고 재료계정의 기초금액은 ₩10,000이며 기말금액은 ₩15,000이다. 당기총제조원가는 ₩650,000이며 당기제품제조원가는 ₩640,000이다. 직접노무원가는 ₩250,000이며, 실제 발생한 직접노동시간은 20,000시간이다. ㈜한라산이 당기에 매입한 재료금액은? (기업회계 1급)

① ₩270,000 ② ₩275,000 ③ ₩280,000 ④ ₩285,000

[3-7] ㈜한라산의 기초 재고자산은 원재료 ₩20,000, 재공품 ₩70,000, 제품 ₩80,000이고, 기말 재고자산은 원재료 ₩40,000, 재공품 ₩50,000, 제품 ₩45,000이다. 당기 원가관련 자료가 다음과 같은 경우 당기 매출원가는 얼마인가?

- 원재료 매입액 : ₩720,000
- 직접노무원가 : ₩340,000
- 제조간접원가 : ₩140,000

① ₩978,000 ② ₩1,185,000 ③ ₩1,235,000 ④ ₩1,325,000

[3-8] 다음은 한라산㈜의 20×1년도의 재고자산 관련 정보이다. 20×1년도 매출원가를 계산하면 얼마인가? (기업회계 1급)

1. 직접재료원가 : ₩2,500,000
2. 제조간접원가는 가공원가의 40%인 ₩2,400,000이 발생되었다.
3. 재고자산 현황

구 분	1월 1일	12월 31일
재공품원가	₩4,000,000	₩1,500,000
제품원가	₩5,000,000	₩1,000,000

① ₩4,500,000 ② ₩7,500,000 ③ ₩14,000,000 ④ ₩15,000,000

[3-9] ㈜한라산의 매출원가율은 매출액의 70%이다. 다음 자료를 이용하여 ㈜한라산의 기초 재공품금액을 구하면 얼마인가? (전산세무 1급)

• 직접재료원가	₩3,500,000	• 직접노무원가	₩4,500,000
• 제조간접원가	1,800,000	• 기말재공품	3,000,000
• 기초제품	3,000,000	• 기말제품	4,000,000
• 당기매출액	15,000,000	• 기초재공품	?

① ₩3,000,000 ② ₩3,700,000 ③ ₩4,700,000 ④ ₩5,000,000

[3-10] ㈜한라산은 제조간접원가를 직접노무원가를 기준으로 배부한다. 당해 연도초 제조간접원가 예상액은 ₩6,000,000이고 예상직접노무원가는 ₩5,000,000이다. 당기말 현재 실제제조간접원가 발생액이 ₩6,150,000이고 실제직접노무원가가 ₩5,200,000일 경우 당기의 제조간접원가 과소(과대)배부는 얼마인가? (전산세무 1급)

① ₩90,000(과소배부)　　② ₩150,000(과소배부)
③ ₩90,000(과대배부)　　④ ₩150,000(과대배부)

[3-11] 당기 제조간접원가 ₩180,000을 직접재료원가에 비례하여 배부하는 경우 기말재공품 원가를 계산하면 얼마인가? 단, 기초 재고자산은 없고, 다음 세 가지 제품 중 NO.1과 NO.2는 완성되었고 NO.3는 미완성이다. (전산세무 1급)

구 분	NO.1	NO.2	NO.3	합 계
직접재료원가	₩126,000	₩126,000	₩168,000	₩420,000
직접노무원가	₩118,000	₩129,000	₩123,000	₩370,000

① ₩363,000　② ₩309,000　③ ₩298,000　④ ₩613,000

[3-12] 개별원가계산을 사용하고 있는 ㈜전주의 원가와 관련된 자료는 다음과 같다. ㈜전주의 제조간접원가는 직접노무원가에 비례하여 부문별로 배부한다. 이 경우 작업 B의 총원가는 얼마인가?(단, 작업 A와 작업 B의 직접노무원가 대비 제조간접원가 배부비율은 같다.)

(기업회계 1급)

	작업 A	작업 B
직접재료원가	?	₩1,500,000
직접노무원가	₩1,000,000	?
제조간접원가	₩700,000	₩910,000

① ₩3,510,000　② ₩3,560,000　③ ₩3,710,000　④ ₩3,760,000

[3-13] 다음은 정상원가계산을 사용하는 ㈜한라산의 20×1년 제조간접원가계정으로 배부차이를 조정하기 직전 기록이다. 다음 물음에 대한 답을 올바르게 나열한 것은?

(기업회계 1급)

제조간접원가

차변	대변
₩90,000	₩70,000

〈물음〉

(A) 20×1년의 제조간접원가 실제발생액은 얼마인가?
(B) 20×1년의 제조간접원가 배부액은 얼마인가?
(C) 회사가 제조간접원가 배부차이를 매출원가에서 조정할 경우, 배부차이를 조정하기 위해 필요한 분개는?

	(A)	(B)	(C)			
①	₩70,000	₩90,000	(차) 매출원가	20,000	(대) 제조간접원가	20,000
②	₩70,000	₩90,000	(차) 제조간접원가	20,000	(대) 매출원가	20,000
③	₩90,000	₩70,000	(차) 제조간접원가	20,000	(대) 매출원가	20,000
④	₩90,000	₩70,000	(차) 매출원가	20,000	(대) 제조간접원가	20,000

[3-14] 정상원가계산하에서 제조간접원가 배부차이를 총원가비례배분법으로 배부한다고 가정할 때 다음 자료에서 재무제표에 미치는 영향으로 잘못된 것은? (전산세무 1급)

(1) 제조간접원가 실제발생액 ₩10,000,000　　(2) 기말재공품 ₩2,000,000
(3) 기말제품 ₩4,000,000　　(4) 매출원가 ₩10,000,000
(5) 제조간접원가 예정배부액 ₩14,000,000
※ 기초재공품과 기초제품은 없는 것으로 가정한다.

① 재무상태표상 기말재공품은 ₩1,500,000이다.
② 기말제품은 ₩3,000,000이다.
③ 당기순이익은 ₩2,500,000이 증가한다.
④ 재무상태표상 자본에 미치는 영향은 없다.

[3-15] ㈜한라산의 20×1년 1월 1일 현재 기초제품재고액은 ₩206,000이며, 20×1년 중 당기제품제조원가는 ₩2,388,000, 매출액은 ₩2,200,000이다. ㈜한라산의 원가에 대한 이익률은 10%로 일정하다. 20×1년 말 실사 결과 기말제품 재고액이 ₩400,000으로 밝혀졌다. 제품 분실액의 추정원가는 얼마인가? (기업회계 1급)

① ₩174,000　② ₩194,000　③ ₩400,000　④ ₩594,000

주관식 문제

[3-1] 다음 자료를 이용하여 물음에 답하시오.

• 매출액	₩750,000	• 매출원가에 25%의 이익을 가산하여 판매함	
• 기초제품재고액	60,000	• 기초재공품재고액	₩30,000
• 기말제품재고액	50,000	• 기말재공품재고액	45,000

(요구사항)

위의 자료에 의하여 당기제품제조원가와 당기총제조원가의 차액은 얼마인가?

[3-2] ㈜한라산은 직접노동시간에 의하여 제조간접원가를 예정배부한다.

• 제조간접원가 배부차액	₩50,000(과소배부)
• 연간 제조간접원가 예산	₩5,000,000
• 연간 예상 직접노동시간	5,000시간
• 당월의 실제 직접노동시간	500시간
• 비용발생액	
– 당월 광고비 : ₩100,000	– 당월 공장소모품비 : ₩250,000
– 기계감가상각비(월할계산) : ?	– 당월 공장동력비 : ₩150,000
– 당월 판매부분 복리후생비 : ₩60,000	– 당월 공장건물 임차료 : ₩100,000

(요구사항)

위의 자료에 의하면 연간 감가상각비 발생액은 얼마인가?

[3-3] 다음 각 사례는 서로 독립적이다. 물음에 답하시오.

	사 례			
	A	B	C	D
제조원가명세서				
직접재료원가	₩14,000	₩18,000	₩12,000	₩16,000
직접노무원가	4,000	8,000	ⓝ	6,000
제조간접원가	20,000	ⓖ	14,000	42,000
당기총제조원가	ⓐ	50,000	36,000	ⓣ
기초재공품	ⓑ	2,000	4,000	ⓤ
기말재공품	8,000	7,000	ⓞ	4,000
당기제품제조원가	36,000	ⓗ	32,000	63,000
손익계산서				
매 출 액	50,000	80,000	60,000	100,000
기초제품	12,000	ⓘ	14,000	18,000
당기제품제조원가	36,000	ⓙ	32,000	63,000
판매가능액	ⓒ	ⓚ	ⓟ	ⓥ
기말제품	18,000	8,000	ⓠ	14,000
매출원가	ⓓ	53,000	36,000	ⓦ
매출총이익	ⓔ	ⓛ	ⓡ	ⓧ
판매관리비	12,000	ⓜ	ⓢ	20,000
영업이익	ⓕ	11,000	6,000	ⓨ

(요구사항)

위의 각 사례에서 ⓐ~ⓨ까지 빈 칸을 채우시오.

[3-4] 다음은 ㈜한라산의 20×1년 4월에 대한 회계기록이다.

직접재료원가	₩700,000	간접재료원가	₩150,000
공장기계 감가상각비	150,000	직접노무원가	300,000
간접노무원가	100,000	판매수수료	250,000
공장건물 임차료	300,000	공장건물 보험료	50,000
일반관리비	300,000	4월초 재공품 재고	?
4월말 재공품 재고	200,000	4월초 제품 재고	250,000
4월말 제품 재고	150,000	4월 중 매출원가	1,800,000

(요구사항)

1. 4월에 제조간접원가 실제발생액은 얼마인가?
2. 4월초 재공품 재고액은 얼마인가?

[3-5] ㈜한라산의 20×1년 12월 31일 현재 원가관련 자료는 다음과 같다.

광고선전비	₩430,000	공장설비 보험료	₩16,000
판매설비 감가상각비	80,000	공장건물 임차료	180,000
공장동력비	100,000	판매수수료	70,000
공장수도광열비	15,000	공장설비 감가상각비	200,000
판매 및 관리사원 급여	150,000	공장수선유지비	150,000
직접노무원가	?	원재료 매입액	550,000

기초 및 기말 재고자산 내역은 다음과 같다.

	기초재고	기말재고
원재료	₩100,000	₩80,000
재공품	?	70,000
제 품	50,000	?

㈜한라산의 20×1년 1년간 당기총제조원가는 ₩1,400,000이며, 총 판매가능액은 ₩1,500,000이었다. 또한 매출원가는 ₩1,300,000이었다.

(요구사항)

1. 제조원가 및 매출원가명세서를 작성하시오.
2. 20×1년 생산량이 30,000단위일 경우 단위당 직접재료원가와 단위당 공장건물 임차료는 각각 얼마인가?
3. 20×2년 50,000단위를 생산할 경우 단위당 직접재료원가와 직접재료원가 총원가는 얼마가 발생할 것으로 예상되는가? 또한 공장건물 임차료의 단위당 원가와 총원가는 각각 얼마로 예상되는가? 단, 50,000단위는 관련범위 내에 있는 것으로 가정한다.
4. 요구사항 2와 요구사항 3에서 계산한 금액이 다르다면 그 이유는 무엇인가?

[3-6] ㈜한라산은 조경공사 및 조경서비스를 제공하는 업체이며, 원가관리를 위해 정상개별원가계산을 사용하고 있다. 다음은 20×1년 4월의 작업과 관련된 자료이며, 4월초 기초재공품은 없었다.

	작업A	작업B	작업C
직접재료원가	₩150,000	₩200,000	₩300,000
직접노무원가	250,000	400,000	500,000
직접노동시간	250시간	360시간	600시간

㈜한라산은 제조간접원가를 직접노동시간을 기준으로 각 작업에 배부하고 있으며, 20×1년 제조간접원가 예정배부율은 직접노동시간당 ₩800으로 설정되었다. 작업A와 작업B는 4월 중에 완성되었으나, 작업C는 4월말 현재 미완성 상태이다. 4월 중 제조간접원가 실제발생액은 ₩980,000이었다.

(요구사항)

1. 각 작업에 배부되는 제조간접원가는 얼마인가?
2. 작업A와 작업B의 작업완성에 따른 분개를 하시오.
3. 4월말 현재 기말재공품 재고는 얼마인가?
4. 제조간접원가 배부차이를 산출하고, 배부차이를 전액 매출원가에서 조정할 경우 배부차이 조정을 위한 분개를 하시오.

[3-7] ㈜한라산은 2개의 제조부문을 가동하고 있다. 당월의 2개의 제조부문에 대한 제조간접원가 배부차액을 계상한 결과 ₩10,000이 과소배부된 것으로 나타났다. ㈜한라산의 원가관련 자료는 다음과 같다.

〈'갑' 제조부문 내역〉

- 제조간접원가 예산 : ₩3,000,000 • 기준조업도 : 12,000 직접노동시간
- 당월의 직접노동시간 : 1,200시간
- 당월의 제조간접원가 실제발생액 : ₩285,000

〈'을' 제조부문 내역〉

- 제조간접원가 예정배부율 : ₩400/시간 • 당월의 직접노동시간 : 2,000시간

(요구사항)

위의 자료를 이용하여 '을' 제조부문의 제조간접원가 실제발생액을 산출하시오.

[3-8] ㈜한라산은 선박을 생산·판매하는 기업이며, 원가계산을 위해 개별원가계산제도를 사용하고 있다. 20×1년 10월 1일 재고자산 내역은 다음과 같다.

- 원재료 ₩80,000 • 재공품 ₩200,000 • 제품 ₩300,000

㈜한라산의 20×1년 10월 중 발생한 거래는 다음과 같다.

① 원재료 ₩150,000어치를 외상으로 구입하였다.

② 원재료 ₩200,000어치를 생산에 투입하였으며, 이 중 70%는 직접재료, 나머지는 간접재료이다.

③ 20×1년 10월 중 종업원급여는 다음과 같이 발생하였으며, 전액 현금으로 지급되었다.

생산직사원 급여	₩50,000
간접노무원가	30,000
판매 및 관리사원 급여	40,000

④ 수도광열비 ₩20,000이 발생하여 현금으로 지급하였다. 이 중 80%는 공장에서 나머지는 본사에서 발생하였다.

⑤ 복리후생비 ₩30,000을 현금으로 지급하였으며, 이 중 50%는 공장에서 나머지는 본사에서 발생하였다.

⑥ 10월분 감가상각비 ₩50,000이 계상하였으며, 이 중 60%는 공장 기계장치에서, 나머지는 본사건물에 대한 것이다.

⑦ 판매운송비 ₩30,000이 발생하여 현금으로 지급하였다.

⑧ 제조간접원가는 기계사용시간당 ₩5씩을 예정배부하고 있으며, 10월 중 기계사용시간은 25,000시간이다.

⑨ 제품 ₩450,000어치가 완성되었다.

⑩ 제품 원가 ₩400,000어치를 ₩600,000에 외상으로 판매하였다.

(요구사항)

1. 위의 거래내용을 분개하시오.
2. 원재료, 재공품, 제품, 제조간접원가, 그리고, 매출원가의 T-계정을 준비하고, (요구사항 1)에서 분개한 내용을 전기하고, 각 계정의 기말잔액을 산출하시오.
3. 제조간접원가의 배부차이 전액을 매출원가에서 조정할 경우 손익계산서를 작성하시오. 단, 다른 비용은 없는 것으로 가정한다.

[3-9] ㈜한라산은 아파트 건설업체이며, 개별원가계산제도를 통해 원가계산을 실시하고 있다. ㈜한라산은 20×1년 11월과 12월 중에 #101, #102, 그리고 #103 등 3개의 작업만을 실시하였다. #101 작업은 12월 중에 완성되었으나, 나머지 작업은 12월 31일 현재 미완성된 상태이다. 이들 작업과 관련된 원가자료는 다음과 같다.

	#101	#102	#103
11월 중 발생원가			
직접재료원가	₩33,000	₩18,000	₩ 0
직접노무원가	26,000	14,000	0
제조간접원가	39,000	21,000	0
12월 중 발생원가			
직접재료원가	0	15,000	40,000
직접노무원가	8,000	12,000	20,000
제조간접원가	?	?	?

〈추가정보〉

① ㈜한라산은 직접노동시간을 기준으로 제조간접원가를 각 작업에 배부하고 있다. 12월에도 11월과 동일한 제조간접원가 배부율이 유지된 것으로 가정한다.

② 11월 30일 재고자산계정 잔액은 다음과 같다.
원재료 ₩20,000, 재공품 ? , 제품 ₩170,000

(요구사항)

1. 원재료, 재공품, 제품, 그리고 제조간접원가의 T-계정을 준비하고, 11월 30일 현재 계정잔액을 기입하시오. 재공품계정의 잔액은 주어진 자료를 이용하여 각자 계산하시오.
2. ㈜한라산의 제조간접원가 예정배부율은 얼마인가?
3. #101 작업이 완성되어 제품계정에 대체되는 분개를 하시오.
4. 12월 31일 재공품계정의 잔액은 얼마이며, 이 중 #102와 #103 작업의 원가는 각각 얼마인가?

[3-10] ㈜한라산은 항공기를 제작·판매하는 회사이며, 원가계산을 위해 정상개별원가계산제도를 사용하고 있다. 20×1년 1월 1일 현재의 재무상태표는 다음과 같다.

재무상태표

20×1년 1월 1일

자 산			부채와 자본		
유동자산			매입채무		₩120,000
현 금		₩30,000	자본금	₩450,000	
매출채권		80,000	이익잉여금	125,000	575,000
재고자산					
원재료	₩50,000		부채와 자본합계		₩695,000
재공품	60,000				
제 품	65,000	175,000			
선급보험료		10,000			
유동자산합계		₩295,000			
건물 및 설비	₩800,000				
감가상각누계액	(400,000)	400,000			
자산합계		₩695,000			

㈜한라산은 제조간접원가를 직접노무원가를 기준으로 각 항공기에 배부하고 있으며, 20×1년 초에 연간 제조간접원가를 ₩210,000, 직접노무원가를 ₩300,000으로 추정하였다. 20×1년 한 해 동안 다음과 같은 거래가 발생하였다.

① 원재료 ₩180,000어치를 외상으로 구입하였다.

② 원재료 ₩195,000어치를 생산에 투입하였으며, 이 중 ₩20,000은 간접재료이다.

③ 인건비 발생내역은 다음과 같으며, 모두 현금으로 지급되었다.

직접노동	₩250,000
간접노동	50,000
판매 및 관리직 급여	100,000

④ 공장동력비 ₩30,000이 발생하였으며, 모두 현금으로 지급되었다.

⑤ 연간 감가상각비 ₩50,000이 계상되었으며, 이 중 ₩40,000은 공장설비에 대한 것이며, 나머지는 판매시설에 대한 것이다.

⑥ 선급보험료 ₩8,000이 당기에 만료되었으며, 이 중 ₩5,000은 공장에서, 나머지는 판매부문에서 발생한 것이다.

⑦ 판매부문의 운송비 ₩10,000이 발생하여 현금으로 지급하였다.

⑧ 기타 제조간접원가 ₩20,000이 발생하였으나, 미지급된 상태이다.

⑨ 제조간접원가를 예정배부하였다.

⑩ ₩615,000어치의 제품이 완성되었다.

⑪ ₩530,000어치의 제품이 ₩900,000에 외상으로 판매되었다.
⑫ 고객으로부터 매출채권 ₩850,000이 회수되었다.
⑬ 매입채무 ₩180,000과 미지급금 ₩20,000을 현금으로 지급하였다.

(요구사항)

1. 재무상태표상의 각 계정에 대한 T-계정을 준비하고, 기초잔액을 기입하시오.
2. 위의 거래내역을 분개하고 T-계정에 전기하시오. 필요하면 새로운 계정을 만들고 기말잔액을 산출하시오.
3. 제조간접원가 배부차이를 산출하고, 배부차이를 총원가기준법으로 조정할 경우 필요한 분개를 하시오. 단, 재고자산 평가는 선입선출법에 따라 실시한다.
4. 손익계산서와 재무상태표를 작성하시오.

[3-11] ㈜한라산은 2개의 제조부문인 절단부문과 조립부문을 가동하고 있으며, 원가계산을 위해 정상개별원가계산을 사용하고 있다. ㈜한라산은 절단부문에서는 기계사용시간, 조립부문에서는 직접노무원가에 의해 제조간접원가를 예정배부하고 있다. 정상조업도를 기준으로 한 20×1년 예산은 다음과 같다.

	절단부문	조립부문
직접재료원가	₩900,000	₩600,000
직접노무원가	300,000	250,000
제조간접원가	600,000	350,000
직접노동시간	1,500시간	2,500시간
기계사용시간	4,000시간	1,200시간
종업원수	60명	100명

(요구사항)

1. 절단부문과 조립부문의 제조간접원가 예정배부율을 구하시오.
2. 20×1년도 2월 중 작업지시서 #101의 작업원가표에는 다음과 같은 내용이 있었다. 작업지시서 #101에 배부할 제조원가는 얼마인가?

	절단부문	조립부문
직접재료원가	₩60,000	₩50,000
직접노무원가	20,000	30,000
직접노동시간	100시간	250시간
기계시간	300시간	150시간

[3-12] 다음은 ㈜한라산의 20×1년 기말시점의 각 계정잔액과 제조간접원가 배부차이를 조정하기 직전의 제조간접원가계정이다.

원재료	재공품	제품	매출원가
₩30,000	₩40,000	₩60,000	₩100,000

제조간접원가	
₩150,000	₩130,000

㈜한라산은 정상개별원가계산을 적용하고 있으며, 제조간접원가 배부차이를 총원가비례법에 의해 회계처리하고 있다.

(요구사항)

제조간접원가 배부차이를 매출원가조정법에 의해 회계처리한다면, 기존 회계처리방법과 비교하여 매출원가는 얼마나 증가 또는 감소하는가?

[3-13] ㈜한라산은 정상원가계산을 적용하고 있으며, 제조간접원가는 기본원가(prime costs)의 50%를 예정 배부한다. ㈜한라산은 제조간접원가 배부차이를 원가요소기준법으로 조정한다. 9월의 기본원가, 매출액과 배부차이 조정 후 기말재고자산은 다음과 같다.

- 기본원가 : ₩975,000
- 매출액 : ₩1,300,000
- 기말재공품 : ₩156,000
- 기말제품 : ₩234,000

(요구사항)

9월의 배부차이 조정 후 매출원가율이 75%일 때, 배부차이는 얼마인가?(단, 기초재고자산은 없는 것으로 가정한다.)

[3-14] ㈜한라산은 원가계산을 위해 정상원가계산을 채택하고 있다. 20×1년의 원가관련 자료는 다음과 같다.

제조간접원가 예산	₩15,000,000
예상 직접노동시간	5,000시간
실제 제조간접원가	₩18,000,000
실제 직접노동시간	5,800시간
제조간접원가 배부기준	직접노동시간

한편, 제조간접원가 배부차이 조정 전 관련 금액은 다음과 같다.

	제조간접원가	총 원 가
기말재공품	₩3,480,000	₩13,750,000
기말제품	5,220,000	16,500,000
매출원가	8,700,000	24,750,000

(요구사항)

1. 제조간접원가 배부차이를 전액 매출원가에서 조정할 경우 조정 후의 매출원가는 얼마인가? 배부차이 조정을 위한 분개를 하시오.
2. 제조간접원가 배부차이를 총원가기준법으로 조정할 경우 조정 후의 제품재고액은 얼마인가? 배부차이 조정을 위한 분개를 하시오.
3. 제조간접원가 배부차이를 원가요소기준법으로 조정할 경우 조정 후의 재공품재고액은 얼마인가? 배부차이 조정을 위한 분개를 하시오.

[3-15] ㈜한라산의 20×1년 12월말 원장에 나타난 관련 정보는 아래와 같다. 각 계정에 물음표(?)로 표시한 것은 해독하기 불가능한 자료이다. 제조간접원가는 직접노동시간당 ₩200을 예정배부하고 있으며, 직접노동시간당 임률은 ₩100이다.

원 재 료

1/1 잔액	30,000		100,000
	80,000		
12/31 잔액	?		

완 제 품

1/1 잔액	?		250,000
	?		
12/31 잔액	30,000		

재 공 품

1/1 잔액	30,000		240,000
직접재료원가	90,000		
직접노무원가	?		
제조간접원가	?		
12/31 잔액	60,000		

매출원가

	?		

제조간접원가

	110,000		120,000

노무원가

	80,000		

매 출

			400,000

(요구사항)

1. 다음을 산정하시오.
   (1) 20×1년도 제조간접원가 예정배부액
   (2) 20×1년도 직접노무원가 실제발생액

(3) 20×1년도 간접재료원가 실제발생액

(4) 20×1년도 간접노무원가 실제발생액

(5) 20×1년도 매출원가

(6) 20×1년도 12월말 원재료 기말재고액

(7) 20×1년도 1월초 완제품 기초재고액

(8) 20×1년도 부족배부(또는 초과배부) 제조간접원가

2. 제조원가 및 매출원가명세서를 작성하시오. 단, 초과배부 및 부족배부 제조간접원가는 매출원가에서 조정된다.

제 4 장

서비스부문의 원가배부

01 원가계산과 제조간접원가

제품은 여러 부문들의 직·간접적인 기여를 통해 생산된다. 제조부문은 제품생산에 직접 참여하고 있다. 반면에 수선부문은 제품생산에 직접 참여하지는 않지만 제조부문의 기계가 고장났을 때 이를 수리해 준다. 즉, 수선부문은 원활한 제품생산을 위하여 간접적으로 기여하고 있다. 이 과정에서 다양한 원가가 발생하는데, 제조부문이나 수선부문과 같이 원가가 발생되는 장소를 원가중심점(cost center) 또는 원가부문(cost department)이라고 한다. 발생된 원가는 그 원가가 발생된 장소, 즉 원가중심점별로 집계된다.

각 부문에서 발생하는 원가는 직접재료원가, 직접노무원가, 그리고 제조간접원가 등이 있다. 직접원가는 특정 제품을 생산하는 데 소비된 것이기 때문에 직접 해당 제품에 할당할 수 있다. 그러나 제조간접원가는 특정 제품을 생산하는 데만 소비된 것이 아니기 때문에 합리적인 배부절차에 따라 특정 제품에 배부하는 과정을 거치게 되는데, 이때 배부기준에 따라 배부금액이 결정된다.

원가계산을 복잡하고 어렵게 만드는 것이 바로 제조간접원가이다. 직접원가는 특정 제품을 생산하는 데 소비되었다는 점과 함께 동질적인 특성을 가지고 있지만, 제조간접원가는 여러 제품을 생산하는 데 간접적으로 기여하였다는 점과 함께 서로 이질적인 특성을 가진 원가요소로 구성되어 있기 때문이다. 즉, 제조간접원가에는 공장전체에서 발생한 제조간접원가, 제조부문이나 보조부문 같이 특정 부서에서만 발생한 제조간접원가 등 다양한 원가요소들이 포함되어 있다. 예를 들어, 공장전체에서 발생한 비용(복리후생비 등)은 그 공장에서 생산되는 모든 제품이 그 혜택을 보고 있는 것이며, 특정 부서에서 발생한 비용은 그 부서의 혜택을 보고 있는 제품만이 관련되어 있다. 따라서 이들 제조간접원가를 어떻게 제품에 배부할 것인가가 원가계산에서 가장 중요한 과정이라 할 수 있다.

02 제조간접원가의 배부

2.1 제조부문과 보조부문

원가계산과정을 이해하기 위해서는 먼저 제품생산이 이루어지는 공장에 대한 이해가 필요하다. 제품원가에 포함되는 원가요소는 공장에서 발생되고, 집계되기 때문이다. 특히 제조간접원가는 그 특성이 아주 다른 이질적인 원가요소들이 포함되어 있기 때문에 제조간접원가의 구성과 그 배부과정에 대한 이해가 반드시 필요하다. 이를 이해하기 위해서는 제조부문과 보조부문의 이해가 먼저 선행되어야 한다.

제조부문은 제품생산에 직접 참여하는 부서이다. 주조부, 절단부, 조립부 등이 그 예이다. 보조부문은 직접 제품생산에 참여하지는 않지만 제조부문의 원활한 제품생산과 공장관리를 위하여 보조적인 역할을 수행하는 부서이다. 동력부나 수선부 그리고 공장관리부 등이 그 예이다. [도표 4-1]에 제조부문과 보조부문을 예시하였다.

[도표 4-1] 제조부문과 보조부문의 예

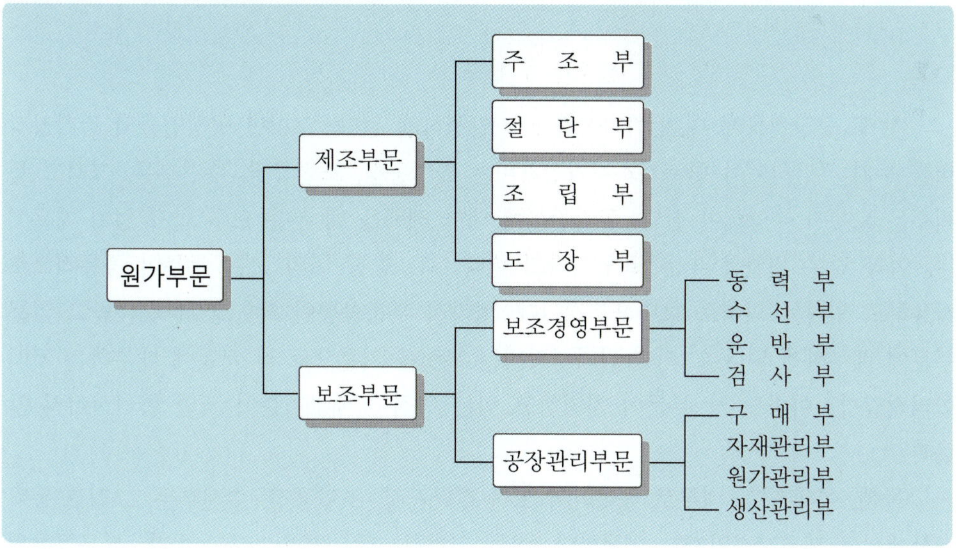

2.2 제조간접원가의 배부과정

[도표 4-2]와 같은 아주 간단한 공장의 배치를 생각해 보자. 이 공장에서는 책상과 의자가 한 공장 내에서 생산되고 있다. 제품생산을 위해서는 절단공정과 조립공정을 거쳐야 하는데, 이는 제조부문이다. 각 공정의 기계가 고장이 발생하거나 동력부문의 기계장치에 이상이 발생하면 수선부문에서 수선한다. 동력부문은 각 제조공정과 수선부문 등에 동력을 공급하는 곳이다. 이때 수선부문과 동력부문은 보조부문이 된다. 이 공장에서는 다양한 제조간접원가가 발생한다. 예를 들어 설명해 보자.

[도표 4-2] 책상·의자 생산공장 배치도

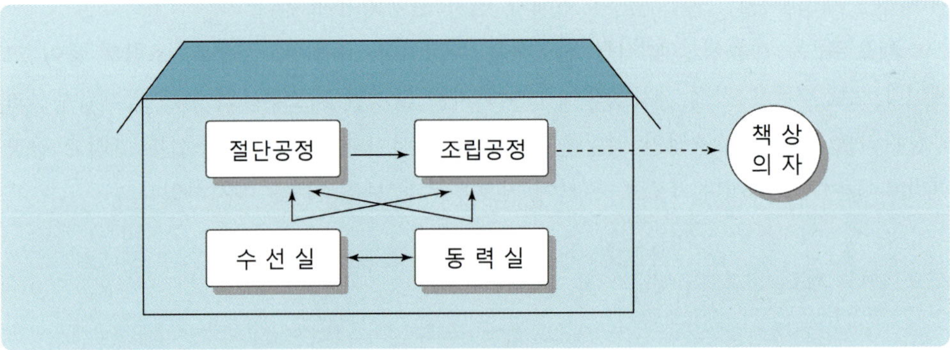

첫째, 공장건물에 대해 감가상각비가 발생하게 된다. 그러면 공장건물의 감가상각비를 누가 부담하여야 하는가? 감가상각비는 절단공정, 조립공정, 수선부문, 그리고 동력부문 모두가 부담해야 한다. 공장건물에 대한 혜택을 네 부문 모두 받고 있기 때문이다. 이와 같은 원가를 부문공통원가라고 한다. 즉, 공장 내의 모든 부문이 공통적으로 사용하고 있다는 의미로 보면 될 것이다. 따라서 부문공통원가는 그 혜택을 받고 있는 부문에 배부하게 된다. 그러면 감가상각비는 무엇을 기준으로 각 부문에 배부하는 것이 합리적일까? 아마도 각 부문이 차지하고 있는 면적이 배부기준이 되면 합리적이지 않을까?

둘째, 이제 건물 내부로 들어와서 보면 절단공정, 조립공정, 수선부문, 그리고 동력부문에서도 제조간접원가가 발생한다. 이들 원가를 부문개별원가라고 한다. 부문공통원가와는 달리 네 부문 각각이 발생시키고 있는 원가요소이기 때문이다. 그러면 부문개별원가는 누가 부담을 하여야 하는가? 최종적으로는 완성제품이 부담하여야 할 것이다. 그러나 여기에서의 문제는 절단공정과 조립공정과 같이 제조공정은 제품생산에 직접

기여하고 있다. 그러나 수선부문이나 동력부문은 제품제조에 직접 기여하기보다는 간접적으로 참여하고 있을 뿐이다. 오히려 보조부문의 혜택을 제조부문이 직접적으로 받고 있음을 알 수 있을 것이다. 따라서 수선부문과 동력부문 등 보조부문에서 발생한 보조부문원가(부문개별원가와 배부받은 부문공통원가)는 제조부문에서 부담해야 한다. 보조부문원가를 제조부문에 배부하는 방법에는 직접배부법, 단계배부법, 그리고 상호배부법이 있다.

셋째, 이제 절단공정과 조립공정, 즉 제조부문에는 자체에서 발생시킨 부문개별원가뿐만 아니라 배부받은 부문공통원가(감가상각비 등)와 보조부문에서 배부받은 금액이 모두 집계되어 있다. 즉, 공장 내에서 발생된 제조간접원가가 각 제조부문에 모두 집계되어 있음을 알 수 있다. 이렇게 집계된 제조간접원가는 각 제품(책상과 의자)에 배부되는데, 이때에도 합리적인 배부기준이 필요하다.

지금까지는 제조간접원가의 배부과정에 대해 살펴보았다. 원가요소 중에서 제조간접원가를 제외하면 직접재료원가와 직접노무원가가 남아 있다. 이러한 직접원가는 특정제품에 대하여 추적가능한 원가이기 때문에 배부과정을 거칠 필요없이 직접 제품에 할당하면 된다. 이 과정이 완료되면 공장에서 발생한 모든 제조간접원가와 직접재료원가, 그리고 직접노무원가가 각 제품에 집계됨을 알 수 있을 것이다. 이상의 내용을 간단히 그림으로 나타내면 [도표 4-3] 및 [도표 4-4]와 같다.

[도표 4-3] 제조간접원가 배부과정

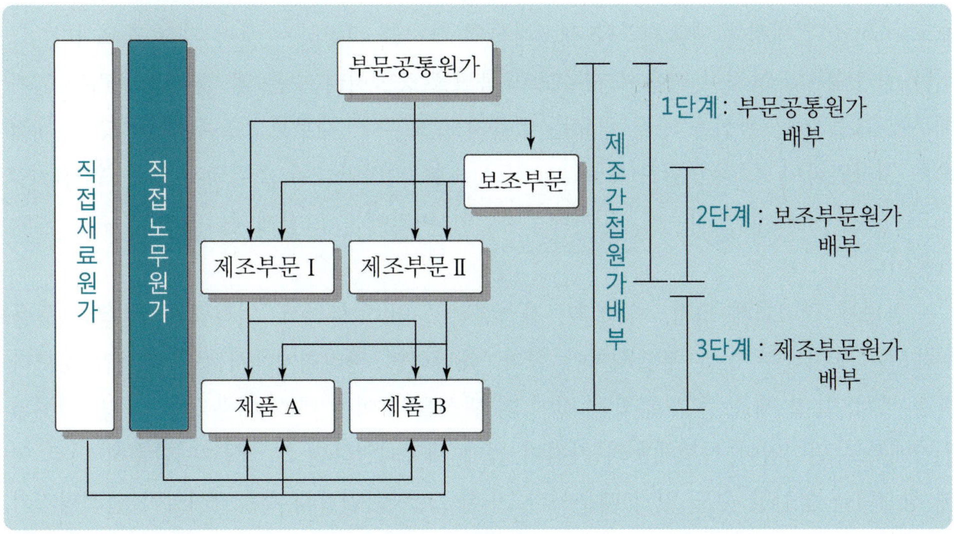

[도표 4-4] T-계정을 이용한 제조간접원가의 배부과정

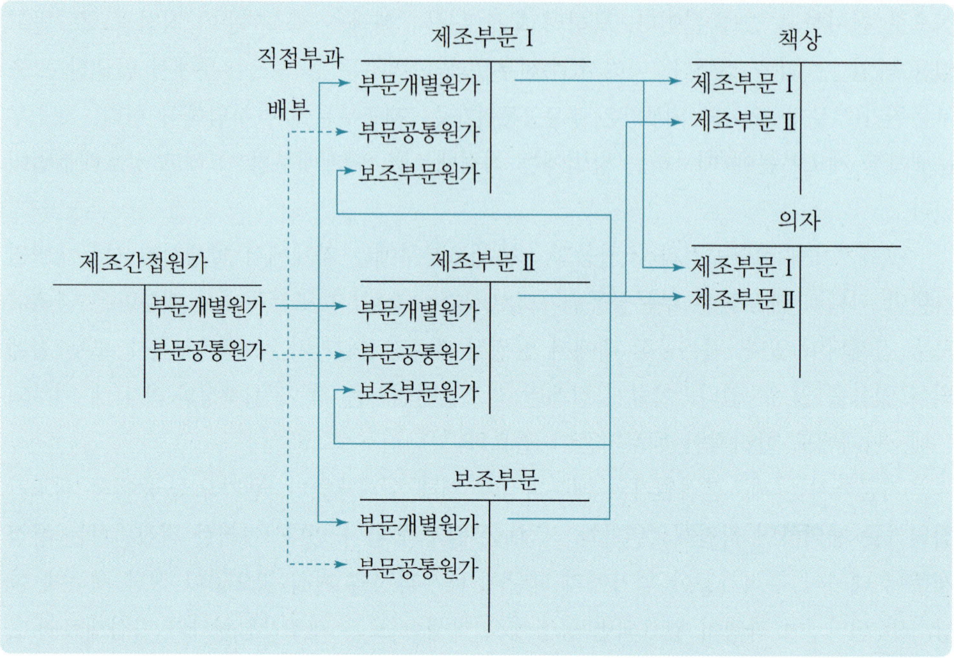

2.3 원가배부의 목적

원가배부의 목적은 크게 재무보고와 관리회계 목적으로 구분할 수 있다. 먼저 재무보고 목적을 위해서는 매출원가와 재고자산의 가치를 결정하는 것이 가장 중요하다. 그러나 원가배부의 목적이 단순히 재무보고 목적을 충족시켜 주는 데 있다면 우리는 원가배부에 그렇게 큰 관심을 가질 필요는 없을지도 모른다. 재무보고를 위해서라면 총계적으로 얼마만큼이 소멸된 원가(매출원가)이고 또한 얼마만큼이 소멸되지 않은 원가(기말재고)인지를 가려내면 되는데, 원가배부방법이 여기에는 그렇게 큰 영향을 주지 않기 때문이다.

반면에 관리회계 목적, 즉 계획, 가격결정 등의 의사결정, 업적평가 및 통제 등을 위해서는 원가배부가 잘 부합되어야 한다. 왜냐하면 관리회계에서는 총체적인 것보다 특정 부서, 특정 제품 등 부분적인 것에 더 관심을 두어야 하기 때문이다. 가령, 그릇된 원가배부로 말미암아 특정제품의 가격이 높게 책정되었다면 그 제품은 단순히 이로 인해 경쟁력을 상실할 수도 있기 때문이다. 또한 그릇된 원가배부로 말미암아 업적평가가 잘못된다면 조직 구성원들의 사기를 저하시킴은 물론 조직 구성원들로 하여금 조직의 이익을 위해 최선을 다하게끔 동기부여하는 데도 문제가 야기될 수 있다. 따라서 기업

은 원가배부를 보다 정확히 하는 데 노력을 기울이고 있다. 제5장에서 학습하게 될 활동기준원가계산도 보다 정확한 원가정보를 산출하기 위한 노력의 일환으로 기업들이 많은 관심을 기울이고 있는 원가계산의 한 방법이다.

2.4 원가배부시 고려사항

어떠한 원가배부 상황에서도 경영자들은 몇 가지 사항에 대해서 묵시적으로나 명시적으로 결정해야 한다. 즉, 원가풀의 숫자를 몇 개로 할 것인지, 배부기준을 무엇으로 할 것인지, 그리고 원가배부시 조직 구성원들의 행동양식에는 어떤 영향을 미치는지 등을 고려하여야 한다.

첫째, 원가풀(cost pool)은 원가대상에 배부될 관련원가의 집합체이다. 원가풀에 축적된 원가는 보통 두 개 이상의 원가대상에 기여하기 위해 발생되므로 공통원가이다. 일반적으로 원가풀의 숫자를 늘리면 원가계산은 그만큼 정확하게 된다. 그러나 원가계산에 비용이 그만큼 많이 들기 때문에 경영자들은 원가풀의 숫자를 적절히 조정해야 한다. 가령, 제조간접원가 배부에 있어서 공장전체 제조간접원가 배부율을 사용하기로 결정하였다면 이때 제조간접원가 원가풀의 숫자는 전체공장 하나이다. 반면에 부문별 제조간접원가 배부율을 사용하기로 하였다면 제조부문의 수만큼 제조간접원가 원가풀의 수는 늘어나게 된다. 이 경우 기업들은 원가계산에 소요되는 비용을 절약하기 위해서 유사한 제조부문이 있다면 원가배부 목적을 위해 하나의 풀로 묶어서 제조간접원가 원가풀의 수를 줄이면서도 정확한 원가계산을 할 수 있는 방안을 강구하게 된다. 마찬가지로 보조부문의 원가를 제조부문에 배부하는 경우에도 유사한 부문을 한데 묶어서 풀의 수는 줄이면서도 보다 정확한 배부결과가 나타날 수 있도록 할 수 있을 것이다.

둘째, 합리적인 원가의 배부기준은 인과관계에 따라 결정하는 것이다. 인과관계란 배부기준으로 결정된 측정치의 사용량이 늘어나면 이에 비례해서 배부될 원가의 사용도 늘어나는 관계에 있는 것을 의미한다. 가령, 전력부 원가의 배부기준으로 전력사용량의 측정치인 킬로와트시(kWh)를 사용하게 되면 인과관계를 적절히 반영한다고 할 수 있다. 왜냐하면 어떤 제조부문에서 생산활동 결과 많은 킬로와트시를 기록하였다면 이는 보조부문인 전력부의 활동을 많이 유발시켜 전력부의 자원을 그만큼 많이 사용했다고 볼 수 있기 때문이다. 또한 배부기준을 결정하는 데 효익수혜 정도를 이용할 수도 있다. 가령, 회사 전체광고를 하였을 경우 이 광고비용을 사업부문에 할당시키는 데 사업부문의 매출액을 이용하는 것이 그것이다. 또한 공정성과 부담할 능력 등도 원가배부의 기준을 결정하는 데 사용된다. 그러나 어떠한 방법에 의해 원가배부의 기준을 결정하더라도 원가배부가 정확하게 되었는지는 그 성격상 아무도 알 수 없는 것이기 때문에 경영자들은 항상 원가배부의 기준을 결정하는 데 세심한 주의를 기울여야 할 것이다.

셋째, 조직 구성원들의 행동적 측면을 고려하여야 한다. 보조부문원가를 제조부문에 배부하는 것은 관리회계의 행동적 관점에서 보면 내부에서 서비스를 생산한 부서가 서비스에 가격을 매겨서 그 서비스를 내부이용자 부서에게 판매하는 것으로 볼 수 있다. 이때 내부서비스는 사용자에게 적정가격으로 부과되어야 한다. 만약에 보조부문원가가 사용자에게 적정가격으로 부과되지 않고 적당히 배부된다면, 다음과 같은 문제점이 나타날 수 있다. 먼저 사용자는 기업에서 경제적으로 제공할 수 있는 수준 이상의 서비스를 요구할 수도 있다. 그리고 보조부문이 효율적으로 운영되었는지를 평가할 수 있는 기준이 없게 된다. 또한 해당 서비스를 외부에서 조달하는 것이 더 유리한지 그렇지 않은지를 결정할 기준이 없게 된다. 마지막으로, 제공하는 서비스의 질을 평가하는 기준이 없게 된다.

보조부문의 원가가 사용자 부서에 적정가격으로 부과된다면, 사용자 부서의 관리자는 서비스의 사용을 통제하게 될 것이고, 외부구매의 경우와 비교하고 또한 제공받는 서비스의 질을 평가하게 될 것이다. 아울러 보조부문 관리자와의 의사소통을 통해 개선점을 모색하도록 도와 줄 수도 있을 것이다. 또한 보조부문의 관리자는 이용자 부서에서 그 서비스를 사용하도록 관심을 기울이고 사용자 지향적인 마음을 지니고 서비스를 생산하게 될 것이다. 따라서 기업전체로 볼 때 보조부문의 원가를 이용자에게 적정가격으로 부과시키는 것은 내부자원의 배분이 적절하게 이루어질 수 있도록 경영자의 결정을 유도하게 될 것이다. 사실 앞으로 설명할 보조부문원가의 배부절차는 단순한 기술적인 측면이다. 우리는 보조부문 원가배부에 있어서 기술적이고 계산적인 측면만 강조한 나머지 행동적인 측면에 대한 고려를 무시하는 우를 범하여서는 안 된다.

03 부문공통원가의 배부

제조간접원가 배부의 1단계에 해당하는 것이 부문공통원가의 배부이다. 부문공통원가의 배부대상은 각 개별부문이다. 부문공통원가는 제조부문과 보조부문 등 공장의 전 부문들이 그 혜택을 봄으로써 발생한 원가요소이다. 따라서 혜택을 받고 있는 각 부문에 배부를 해야 하는데, 이때 사용될 수 있는 배부기준의 예는 [도표 4-5]와 같다. 그

[도표 4-5] 부문공통원가와 배부기준의 예시

부문공통원가의 예	배부기준의 예
건물의 감가상각비와 보험료	각 부문의 점유면적
기계장치의 감가상각비	각 부문의 기계사용시간
전력요금	각 부문의 전력사용량
복리후생비	각 부문의 종업원 수 또는 노무원가
건물임차료	각 부문의 점유면적

러나 어떤 기업에서는 부문공통원가로 보지만 또 다른 기업에서는 부문개별원가로 볼 수 있다는 점을 알아야 한다. 또한 부문공통원가의 배부기준도 기업상황이나 공장여건에 따라 차이가 있다. 그러나 배부기준을 선택할 때 반드시 원가와 배부기준 간의 인과관계를 고려하여야 한다.

예제 4-1

지리산㈜는 냉장고와 세탁기를 생산·판매하고 있다. 제품생산을 위해서는 공통적으로 금형부문과 조립부문을 거쳐야 하며, 보조부문으로는 동력부문과 수선부문이 있다. 각 부문에서 발생한 원가 및 배부기준은 다음과 같다.

1. 각 부문별 발생원가

	보조부문		제조부문		
	동력부문	수선부문	금형부문	조립부문	합 계
부문개별원가	₩286,000	₩142,000	₩500,000	₩672,000	₩1,600,000
부문공통원가					
감가상각비(기계장치)				₩200,000	
보험료(공장건물)				120,000	
복리후생비				80,000	

2. 부문공통원가 배부기준

	보조부문		제조부문		
	동력부문	수선부문	금형부문	조립부문	합 계
기계사용시간	160시간	200시간	400시간	240시간	1,000시간
점유면적(m^2)	200m^2	100m^2	300m^2	400m^2	1,000m^2
종업원수(명)	30명	60명	90명	120명	300명

(요구사항)

부문공통원가를 각 부문에 배부하시오.

(해 답)

	보조부문		제조부문		합계
	동력부문	수선부문	금형부문	조립부문	
부문개별원가	₩286,000	₩142,000	₩500,000	₩672,000	₩1,600,000
부문공통원가					
감가상각비	32,000[a)]	40,000	80,000	48,000	200,000
보 험 료	24,000[b)]	12,000	36,000	48,000	120,000
복리후생비	8,000[c)]	16,000	24,000	32,000	80,000
합계	₩350,000	₩210,000	₩640,000	₩800,000	₩2,000,000

a) ₩200,000×(160시간/1,000시간) = ₩32,000
b) ₩120,000×(200㎡/1,000㎡) = ₩24,000
c) ₩80,000×(30명/300명) = ₩8,000

[예제 4-1]에서 보는 바와 같이 각 부문별로 부문개별원가를 먼저 집계하였다. 부문개별원가는 각 개별부문에서 발생한 원가를 집계한 것이며, 부문공통원가는 각 개별부문이 공동으로 그 혜택을 받음으로써 발생한 원가이다. 그래서 1단계로 부문공통원가를 각 부문에 배부하였는데, 감가상각비는 기계사용시간을 기준으로, 보험료는 점유면적을 기준으로, 그리고 복리후생비는 종업원 수를 배부기준으로 하였다. 1단계 부문공통원가를 배부하게 되면, 각 개별부문에는 부문개별원가와 배부받은 부문공통원가가 모두 집계된다.

04 보조부문원가의 배부

제조간접원가 배부의 2단계에 해당하는 것이 보조부문원가의 배부이다. 보조부문원가의 배부대상은 각 제조부문이다. 보조부문원가에는 각 보조부문 자체가 발생시킨 부문개별원가와 배부받은 부문공통원가가 포함되어 있다. 이 두 금액이 모두 제조부문에 배부되어야 하는데, 배부기준은 [도표 4-6]과 같은 것들이 있다.

[도표 4-6] 보조부문과 배부기준의 예시

보조부문원가의 예	배부기준의 예
공장인사관리부문원가	종업원 수
건물관리부문원가	점유면적
동력부문원가	전력소비량
수선부문원가	수선작업시간
검사부문원가	검사수량, 검사시간
식당부문원가	종업원 수

이와 같은 배부기준을 이용하여 보조부문원가를 제조부문에 배부하는 방법은 직접배부법, 단계배부법, 그리고 상호배부법 등이 있다. 보조부문원가의 배부기준과 배부방법도 부문공통원가와 마찬가지로 기업의 상황이나 공장의 여건에 따라 달라질 수 있다. 보조부문원가를 제조부문에 배부하게 되면, 부문공통원가와 부문개별원가 모두가 각 제조부문에 집계되게 된다.

4.1 직접배부법

직접배부법(direct method)은 보조부문 상호간의 용역수수관계를 완전히 무시하고, 보조부문원가를 제조부문에만 배부하는 방법이다. 예를 들어, 수선부문과 동력부문 두 개의 보조부문이 있는데, 동력부문의 설비가 고장났을 때 수선부문이 고쳐주었고, 동력부문도 수선부문에 전력을 공급하였지만 이들 보조부문간에 주고받은 용역관계는 무시하겠다는 것이다. 따라서 보조부문원가를 모두 제조부문에만 배부함으로써 보조부문원

[도표 4-7] 직접배부법

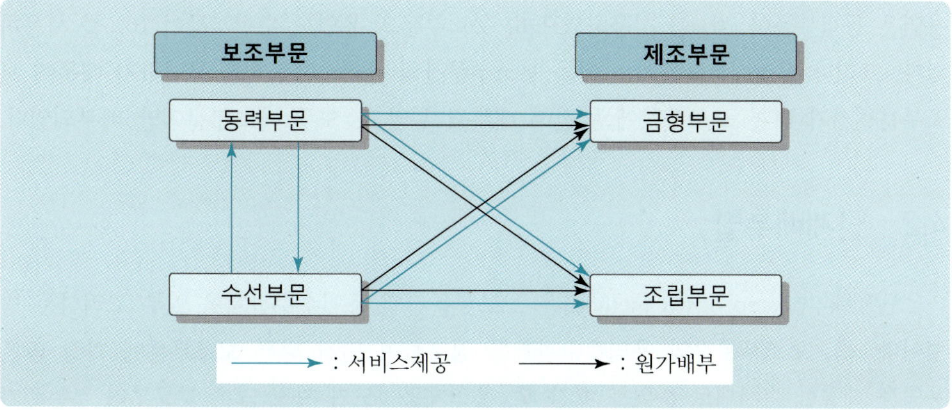

가의 배부는 끝나게 된다. 이 방법은 간단하다는 장점은 있지만 보조부문 상호간에 용역수수가 많은 경우 정확한 원가배부가 이루어지지 않는다는 단점이 있다. 직접배부법을 그림으로 표현하면 위의 [도표 4-7]과 같다.

예제 4-2

앞의 [예제 4-1]의 자료를 그대로 이용하여 직접배부법에 따라 보조부문원가를 배부하시오. 보조부문의 서비스 제공비율은 다음과 같다.

사용처 / 제공처	보조부문		제조부문		합 계
	동력부문	수선부문	금형부문	조립부문	
동력부문	–	10%	45%	45%	100%
수선부문	20%	–	50%	30%	100%

(해 답)

	보조부문		제조부문		금 액
	동력부문	수선부문	금형부문	조립부문	
부문별원가	₩350,000	₩210,000	₩640,000	₩800,000	₩2,000,000
동력부문원가	(350,000)	–	175,000[a)]	175,000	
수선부문원가	–	(210,000)	131,250[b)]	78,750	
합계	₩0	₩0	₩946,250	₩1,053,750	₩2,000,000

a) ₩350,000×(45%/90%)=₩175,000 b) ₩210,000×(50%/80%)=₩131,250

[예제 4-2]에서 보조부문 상호간에 용역수수관계가 존재하고 있다. 즉, 수선부문의 용역은 동력부문이 20%를 사용하였으며, 동력부문의 용역도 수선부문이 10%를 사용하였다. 그러나 직접배부법에서는 이들 보조부문간의 용역수수관계를 무시하기 때문에 보조부문원가가 다른 보조부문에는 전혀 배부되지 않고, 모두 제조부문에만 배부되었다.

4.2 단계배부법

단계배부법(step-down method)은 보조부문간의 용역수수관계를 일부 고려하는 방법이다. 즉, 보조부문간의 용역수수관계를 검토하여 먼저 다른 보조부문에 가장 많은 용역을 제공한 순서대로 순위를 매긴 후, 용역제공정도가 가장 많은 부문부터 부문원가를 차례대로 제조부문과 보조부문에 배분하는 방법이다. 두 번째로 배부하는 보조부문은 해당 보조부문의 원가에 첫 번째로 배부하는 보조부문에서 배부받은 원가를 가산하여 다른 보조부문과 제조부문에 배부한다. 이때 한 번 배부를 마친 보조부문은 다른 차순위의 보조부문으로부터 다시 보조부문원가를 배부받지 않는다. 여기서 주의할 점은 용역제공정도의 순위를 매길 때 반드시 보조부문간의 용역수수관계만을 보아야 한다. 제조부문에 제공한 용역은 고려하지 않는다.

따라서 단계배부법에서는 배부순서를 정하는 것이 가장 중요한데, 일반적으로 다른 보조부문에 제공한 용역의 비율, 용역을 제공한 타 보조부문의 수, 그리고 보조부문원가의 금액 등을 기준으로 판단한다. 만약 배부순서를 잘못 결정한 경우 제조부문에 집계되는 금액이 달라지며, 결국은 제품원가도 달라지게 되므로 주의해야 한다. 이 방법은 보조부문간의 용역수수관계를 일부 고려한다는 점에서 장점이 있지만, 여전히 그 관계를 모두 반영하지 못하기 때문에 원가배분의 부정확성은 여전히 남아 있다. 단계배부법을 그림으로 표현하면 다음 [도표 4-8]과 같다.

[도표 4-8] 단계배부법

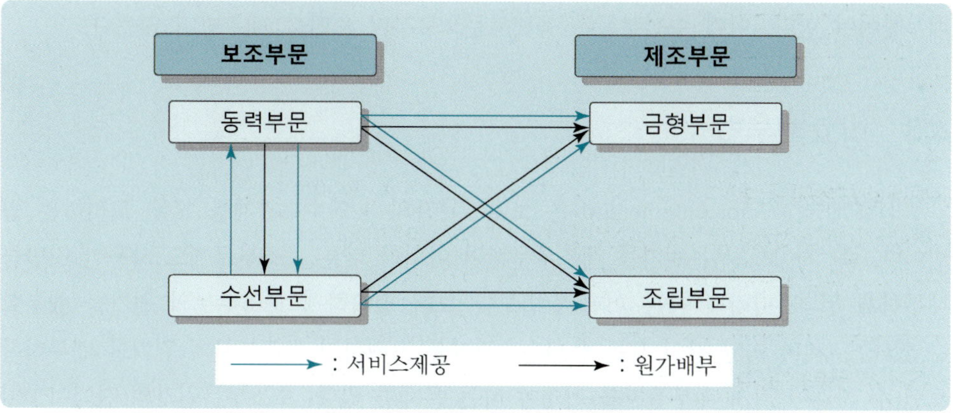

예제 4-3

앞의 [예제 4-1]과 [예제 4-2]의 자료를 그대로 이용하여 단계배부법에 의하여 보조부문원가를 배부하시오. 단, 보조부문원가는 수선부문부터 배부한다.

(해 답)

1. 배부순서 결정 : 타보조부문에 대한 배부비율이 높고, 금액이 큰 수선부문부터 배부

2. 단계배부법에 의한 보조부문원가 배부

	보조부문		제조부문		금 액
	동력부문	수선부문	금형부문	조립부문	
부 문 원 가	₩350,000	₩210,000	₩640,000	₩800,000	₩2,000,000
동력부문원가	(392,000)	–	196,000[a)]	196,000	
수선부문원가	42,000	(210,000)	105,000[b)]	63,000	
합 계	₩0	₩0	₩941,000	₩1,059,000	₩2,000,000

a) ₩392,000×(45%/90%)=₩196,000 b) ₩210,000×(50%/100%)=₩105,000

[예제 4-2]에서 먼저 보조부문원가의 배부순서를 결정하여야 한다. 보조부문간의 용역수수관계를 보면 수선부문이 동력부문에 제공한 용역은 20%이며, 동력부문이 수선부문에 제공한 용역은 10%이다. 따라서 용역제공비율로 본다면 수선부문원가가 1순위가 되며, 동력부문원가가 2순위이다. 그리고 수선부문원가가 1차 배부된 후 동력부문원가는 수선부문에서 배부받은 금액 ₩42,000을 포함하여 전체 ₩392,000을 제조부문에 배부하여야 한다. 이때 수선부문은 동력부문으로부터 원가를 배부받지 않는다.

4.3 상호배부법

상호배부법(reciprocal method)은 보조부문간의 용역수수관계를 모두 고려하는 방법이다. 즉, 각 보조부문원가를 제조부문뿐만 아니라 다른 보조부문에도 사용한 것만큼 배부하게 된다. 따라서 다른 어떤 방법보다 보다 정확하게 보조부문의 원가를 배부할 수 있다. 그러나 이와 같이 모든 용역수수관계를 고려하여 보조부문의 원가를 배부하다 보면 수 차례에 걸쳐 배부절차를 거쳐야 하는 문제가 있다. 보조부문원가의 잔액이 0이 될 때까지 배부가 이루어져야 하기 때문이다. 따라서 시간과 비용이 많이 소요되는 문제가 있는데, 이를 해결하기 위하여 연립방정식을 이용하여 해를 구한다.

[예제 4-4]를 이용하여 좀 더 구체적으로 살펴보기로 하자. 상호배부법을 그림으로 표현하면 다음 [도표 4-9]와 같다.

[도표 4-9] 상호배부법

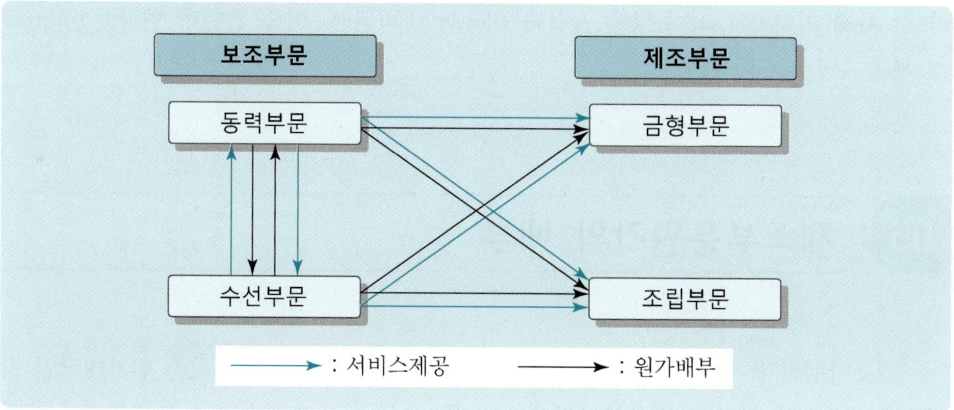

예제 4-4

앞의 [예제 4-1]과 [예제 4-2]의 자료를 그대로 이용하여 상호배부법에 의하여 보조부문원가를 배부하시오.

(해 답)

연립방정식을 이용할 경우

동력부문의 총원가를 x라 하고, 수선부문의 총원가를 y라고 하면,

$$x = ₩350,000 + 0.2y \quad \cdots\cdots ①$$
$$y = ₩210,000 + 0.1x \quad \cdots\cdots ②$$

②를 ①에 대입하여 풀면, 동력부문의 총원가 x는 ₩400,000이 된다. 이 x값을 식 ②에 대입시키면 수선부문의 총원가 y는 ₩250,000이 된다.

	보조부문		제조부문		금 액
	동력부문	수선부문	금형부문	조립부문	
부 문 원 가	₩350,00	₩210,00	₩640,000	₩800,000	₩2,000,000
동력부문원가	(400,000)	40,000	180,000[a)]	180,000	
수선부문원가	50,000	(250,000)	125,000[b)]	75,000	
합 계	₩0	₩0	₩945,000	₩1,055,000	₩2,000,000

a) ₩400,000×(45%/100%)=₩180,000 b) ₩250,000×(50%/100%)=₩125,000

[예제 4-4]에서 상호배부법은 부문원가배부표를 이용할 경우 보조부문원가의 배부가 수 차례 이어지게 되어 많은 시간과 비용이 소비된다. 이를 간단히 연립방정식으로 그 해를 구할 수 있었다.

05 제조부문원가의 배부

제조간접원가 배부의 3단계에 해당하는 것이 제조부문원가를 최종 원가대상인 각 제품에 배부하는 것이다. 제조부문원가에는 제조부문 자체가 발생시킨 원가뿐만 아니라 앞서 살펴본 부문공통원가와 보조부문원가 배부액이 모두 집계되어 있다. 제조부문원가의 배부대상은 각 제품이다. 따라서 직접재료원가와 직접노무원가는 특정 제품에 추적가능한 원가이기 때문에 이미 각 제품원가에 포함되어 있으며, 이제 부문개별원가, 부문공통원가, 그리고 보조부문원가가 모두 집계되어 있는 제조부문원가, 즉 제조간접원가를 제품에 배부하게 되면 각 제품의 최종적인 원가를 구할 수 있다.

제조간접원가를 각 제품에 배부하는 방법에는 원가풀 수를 몇 개로 하느냐에 따라서 공장전체 배부율과 부문별 배부율로 구분할 수 있다. 공장전체 배부율은 전체 공장에 하나의 배부기준을 적용하여 제조간접원가를 배부하는 방법이다. 이 방법은 제조부문이 하나이거나 동질적인 여러 개의 제조부문을 가지고 있는 경우에는 적합한 배부방법이다. 그러나 이질적인 제조부문이 여러 개 있으며 각 부서간 제조간접원가의 특성에 차이를 보이는 경우에는 제조간접원가의 배부를 보다 정확하게 하기 위해서는 제조부문별로 별도의 배부기준과 배부율을 적용하는 것이 바람직할 것이다. 이러한 방법을 부문별 배부율이라고 한다. 공장전체에서 하나의 배부기준과 배부율을 적용시키면 제조간접원가는 단일 배부기준에 의해 배부된다라고 하고 이때의 제조간접원가 배부율은 공장전체 제조간접원가 배부율(plant-wide overhead rate)이라 한다. 그리고 각 부서별로 각기 다른 배부기준과 배부율을 적용하면 제조간접원가는 복수 배부기준에 의해 배부된다라고 하며 이때의 제조간접원가 배부율은 부문별 제조간접원가 배부율(departmental overhead rate)이라 한다.

부문별 제조간접원가 배부율은 일정기간 동안 부서의 제조간접원가 예상액을 부서의 예상활동수준으로 나누어서 산정된다. 부서의 예상활동수준은 배부기준으로 표시되는데, 배부기준은 부서의 특성을 고려해서 결정된다. 가령, 직접노무원가를 많이 사용하는 노동집약적 부서는 작업시간이나 직접노무원가를, 기계를 많이 사용하는 부서는 기계시간을 각각 배부기준으로 설정할 수 있다. 공장전체 제조간접원가 예정배부율과 제품별 제조간접원가 배부액, 부문별 제조간접원가 예정배부율과 제품별 제조간접원가 배부액을 구하는 방법은 (식 4-1)~(식 4-4)과 같다.

(식 4-1)을 통해 배부기준 단위당 공장전체의 제조간접원가를 산출할 수 있으며, 이를 공정전체 제조간접원가 배부율이라 한다. 예를 들어, 배부기준이 직접노동시간이라면 직접노동시간당 제조간접원가 금액을 산출할 수 있게 된다. 이렇게 산출된 제조간접원가 배부율을 이용하여 각 제품별로 제조간접원가를 배부하게 된다. 제조간접원가 배부를 위해서는 각 제품별로 배부기준인 직접노동시간을 얼마나 사용하였는지를 알아야 한다. 이를 통해 각 제품별로 소비한 직접노동시간에 따라 제조간접원가를 배부할 수 있기 때문이다. 즉, (식 4-2)를 통해 각 제품별로 제조간접원가 배부액을 산출할 수 있다.

$$\text{공장전체 제조간접원가 예정배부율} = \frac{\text{공장전체 제조간접원가 예정액}}{\text{공장전체 배부기준 예정사용량}} \quad \text{(식 4-1)}$$

$$\text{제품별 제조간접원가 배부액} = \text{공장전체 제조간접원가 예정배부율} \times \text{제품별 배부기준 사용량} \quad \text{(식 4-2)}$$

반면에 (식 4-3)을 통해 각 제조부문의 배부기준 단위당 제조간접원가를 산출할 수 있다. 즉, 각 제조부문의 부문별 제조간접원가 배부율을 산출할 수 있다. 이와 함께 제품별로 각 제조부문에서 해당 배부기준의 사용량을 집계하여 제품별 제조간접원가 배부액을 산출한다(식 4-4).

$$\text{부문별 제조간접원가 예정배부율} = \frac{\text{부문별 제조간접원가 예정액}}{\text{부문별 배부기준 예정사용량}} \quad \text{(식 4-3)}$$

$$\text{제품별 제조간접원가 배부액} = \Sigma(\text{부문별 제조간접원가 예정배부율} \times \text{제품별 배부기준 사용량}) \quad \text{(식 4-4)}$$

예제 4-5

앞의 예제 냉장고와 세탁기를 생산하는 지리산㈜의 자료를 그대로 이용한다. 단, 보조부문원가의 배부방법은 직접배부법에 따르며, 공장전체 제조간접원가 배부율을 이용하여 제조간접원가를 각 제품별로 배부한다. 공장전체 제조간접원가 배부기준은 직접노동시간이다. 다음은 각 제조부문의 발생자료이다.

	제 품	금형부문	조립부문
부분별 제조간접원가	–	₩946,250	₩1,053,750
기계사용시간	냉장고	700시간	300시간
	세탁기	300	200
	합 계	1,000시간	500시간
직접노동시간	냉장고	400시간	600시간
	세탁기	200	400
	합 계	600시간	1,000시간

(요구사항)

1. 공장전체 제조간접원가 배부율을 구하시오.
2. 각 제품별 제조간접원가 배부액은 얼마인가?

(해 답)

1. 공장전체 제조간접원가 배부율

   공장전체 제조간접원가 배부율 = 공장전체 제조간접원가 ÷ 공장전체 직접노동시간

   = ₩2,000,000 ÷ 1,600시간 = ₩1,250/시간

2. 제품별 제조간접원가 배부액

제품명	계산근거	배 부 액
냉장고	₩1,250 × 1,000시간	₩1,250,000
세탁기	₩1,250 × 600시간	750,000
합 계		₩2,000,000

예제 4-6

앞의 [예제 4-5]의 자료를 그대로 이용한다. 단, 금형부문은 기계사용시간을, 조립부문은 직접노동시간을 배부기준으로 사용한다.

(요구사항)

1. 금형부문과 조립부문의 제조간접원가 배부율을 구하시오.
2. 각 제품별 제조간접원가 배부액은 얼마인가?

(해 답)

1. 부문별 제조간접원가 배부율

제조부문	배부기준	계산근거	배 부 율
금형부문	기계사용시간	₩946,250÷1,000시간	=₩946.25/기계사용시간
조립부문	직접노동시간	₩1,053,750÷1,000시간	=₩1,053.75/직접노동시간

2. 제품별 제조간접원가 배부액

제 품 명	구 분	계산근거		배 부 액
냉장고	금형부문	₩946.25×700시간	=	₩662,375
	조립부문	₩1,053.75×600시간	=	632,250
	소 계			₩1,294,625
세탁기	금형부문	₩946.25×300시간	=	₩283,875
	조립부문	₩1,053.75×400시간	=	421,500
	소 계			₩705,375
	총 계			₩2,000,000

[예제 4-5]와 [예제 4-6]은 공장전체 제조간접원가 ₩2,000,000을 단지 배부방법만을 다르게 하여 산출한 결과이다. 즉, [예제 4-5]는 공장전체 배부율을 사용하였고, [예제 4-6]은 부문별 배부율을 사용하였다. 두 예제에서 산출된 제품원가를 간단히 요약해 보면 [도표 4-10]과 같다.

[도표 4-10]을 보면, 냉장고의 원가는 [예제 4-5]와 [예제 4-6]에서 각각 ₩1,250,000과 ₩1,294,625, 그리고 세탁기의 원가는 각각 ₩750,000과 ₩705,375으로 나타났다. 배부방법을 달리하여 산출한 결과 서로 다른 원가를 산출해 주고 있음을 알 수 있다. 배부방법이 달라지면 각 제품에 배부되는 제조간접원가 배부금액이 달라지며, 결국 제

[도표 4-10] 공장전체 배부율과 부문별 배부율에 따른 원가차이

제 품	제조부문	공장전체 배부율		부문별 배부율	
		배부기준	배부액	배부기준	배부액
냉장고	금형부문	직접노동시간	₩1,250,000	기계사용시간	₩662,375
	조립부문			직접노동시간	632,250
	소 계		₩1,250,000		₩1,294,625
세탁기	금형부문	직접노동시간	₩750,000	기계사용시간	₩283,875
	조립부문			직접노동시간	421,500
	소 계		₩750,000		₩705,375
합 계			₩2,000,000		₩2,000,000

품원가도 달라지게 된다. 제품원가가 달라진다는 것은 매출원가와 기말재고액이 달라진다는 것이며, 결과적으로 당기순이익에도 영향을 미치게 된다.

06 단일배분율법과 이중배분율법

제 2 장에서 원가행태에 따라 원가를 변동원가와 고정원가로 구분한 바 있다. 제조간접원가에도 변동원가와 고정원가의 성격을 가진 원가들이 포함되어 있다. 변동제조간접원가와 고정제조간접원가에 대한 원가배부는 어떻게 하는 것이 타당한가? 예를 들어, 제조부문으로 금형부문과 조립부문을 운영하고 있는 기업이 있다고 가정하자. 각 제조부문에 전력을 공급하는 동력부문에서 전력사용량에 대한 예정사용량을 조사한 결과 금형부문에서는 300kWh를, 조립부문에서는 200kWh를 사용할 것으로 조사되었다. 따라서 동력부문에서는 500kWh에 대한 설비를 갖추고 서비스를 시작하였다. 그 결과 설비에 대한 감가상각비가 ₩300,000이 발생하였다. 그런데 1년간의 생산활동을 수행한 결과 금형부문은 100kWh, 조립부문은 200kWh를 사용하였다. 이때 설비에 대한 감가상각비 ₩300,000은 어떻게 배부하는 것이 타당한가?

이 경우 실제사용량을 기준으로 배부할 경우 조립부문은 자신의 의지와는 상관없이 추가적인 원가를 배부받게 되어 불만이 있을 것이다. 금형부문에서 처음부터 예정사용량을 정확하게 파악하였다면 감가상각비의 전체규모가 줄어들 수도 있었기 때문이다. 이와 같이 고정제조간접원가를 실제조업도를 기준으로 배부하는 경우 원가배부에 왜곡

이 발생할 수 있다. 따라서 고정원가의 경우 실제사용량이 아닌 최대조업도 혹은 예정 조업도를 기준으로 배부하는 것이 타당하다.

6.1 단일배분율법

단일배분율법은 고정제조간접원가도 변동제조간접원가와 같이 취급하여 배부율을 구하는 방법이다. 앞서 살펴본 부문별 원가계산의 직접배부법, 단계배부법 그리고 상호배부법은 모두 단일배분율법을 이용한 방법이다. 이 방법은 배부율을 하나만 사용하기 때문에 간편하다는 장점이 있지만, 고정제조간접원가를 변동제조간접원가와 같이 취급함으로써 정확한 금액의 배부가 이루어지지 않는다는 큰 단점이 있다.

예제 4-7

지리산㈜의 각 부문별 생산자료와 원가자료가 다음과 같을 때 단일배분율법을 이용하여 직접배부법에 따라 보조부문의 원가를 제조부문에 배부하시오.

원가자료	보조부문		제조부문		합 계
	동력부문	수선부문	절단부문	조립부문	
변동제조간접원가	₩400,000	₩300,000	₩600,000	₩700,000	₩2,000,000
고정제조간접원가	300,000	200,000	1,200,000	800,000	2,500,000

부문별 최대사용량

사용처 / 제공처	보조부문		제조부문		합 계
	동력부문	수선부문	절단부문	조립부문	
동력부문원가	–	400kWh	600kWh	1,000kWh	2,000kWh
수선부문원가	250시간	–	500시간	750시간	1,500시간

부문별 서비스 실제사용량

사용처 / 제공처	보조부문		제조부문		합 계
	동력부문	수선부문	절단부문	조립부문	
동력부문원가	–	200kWh	500kWh	500kWh	1,200kWh
수선부문원가	200시간	–	200시간	600시간	1,000시간

(해 답)

단일배분율법에 따른 보조부문원가 배부

	보조부문		제조부문		합 계
	동력부문	수선부문	절단부문	조립부문	
부 문 원 가	₩700,000	₩500,000	₩1,800,000	₩1,500,000	₩4,500,000
동력부문원가	(700,000)	–	350,000[a)]	350,000	
수선부문원가	–	(500,000)	125,000[b)]	375,000	
합 계	₩0	₩0	₩2,275,000	₩2,225,000	₩4,500,000

a) ₩700,000×(500/1,000) = ₩350,000 b) ₩500,000×(200/800) = ₩125,000

6.2 이중배분율법

이중배분율법은 단일배분율법의 단점을 보완하여, 변동제조간접원가와 고정제조간접원가의 배부율을 각각 따로 구하여 사용하는 방법이다. 변동제조간접원가는 조업도와 비례적으로 발생하는 것이기 때문에 실제조업도를 기준으로 배부하며, 고정제조간접원가는 주로 설비와 관련된 것으로, 이는 설비를 최대한 활용함으로써 경제적인 효익을 극대화하도록 유도하기 위하여 설비의 최대조업도(혹은 예정조업도)를 기준으로 배부한다. 따라서 이중배분율법을 사용하여 부문별 원가계산의 직접배부법과 단계배부법, 그리고 상호배부법을 적용할 수 있기 때문에 단일배분율법을 사용할 경우를 고려해 보면, 모두 6가지 방법이 존재한다. 이중배분율법에서 배부율과 특정 부문에 배부되는 금액을 구하는 방법은 (식 4-5)~(식 4-8)과 같다.

$$\text{변동제조간접원가 배부율} = \frac{\text{변동제조간접원가 실제발생액}}{\text{실제조업도}} \quad \text{(식 4-5)}$$

$$\text{부문별 배부액} = \text{부문별 실제조업도} \times \text{변동제조간접원가 배부율} \quad \text{(식 4-6)}$$

$$\text{고정제조간접원가 배부율} = \frac{\text{고정제조간접원가 실제발생액}}{\text{최대조업도(혹은 예정조업도)}} \quad \text{(식 4-7)}$$

$$\text{부문별 배부액} = \text{부문별 최대조업도} \times \text{고정제조간접원가 배부율} \quad \text{(식 4-8)}$$

예제 4-8

앞의 [예제 4-7]의 자료를 그대로 이용하여 이중배분율법을 이용하여 직접배부법에 따라 보조부문의 원가를 제조부문에 배부하시오.

(해 답)

1. 변동제조간접원가 배부

	보조부문		제조부문		합 계
	동력부문	수선부문	절단부문	조립부문	
부 문 원 가	₩400,000	₩300,000	₩600,000	₩700,000	₩2,000,000
동력부문원가	(400,000)	–	200,000[a)]	200,000	
수선부문원가	–	(300,000)	75,000[b)]	225,000	
합 계	₩0	₩0	₩875,000	₩1,125,000	₩2,000,000

a) ₩400,000 × (500/1,000) = ₩200,000 b) ₩300,000 × (200/800) = ₩75,000

2. 고정제조간접원가 배부

	보조부문		제조부문		합 계
	동력부문	수선부문	절단부문	조립부문	
부 문 원 가	₩300,000	₩200,000	₩1,200,000	₩800,000	₩2,500,000
동력부문원가	(300,000)	–	112,500[a)]	187,500	
수선부문원가	–	(200,000)	80,000[b)]	120,000	
합 계	₩0	₩0	₩1,392,500	₩1,107,500	₩2,500,000

a) ₩300,000 × (600/1,600) = ₩112,500
b) ₩200,000 × (500/1,250) = ₩80,000

3. 제조간접원가 배부액

절단부문 = ₩875,000 + ₩1,392,500 = ₩2,267,500

조립부문 = ₩1,125,000 + ₩1,107,500 = ₩2,232,500

07 종합예제

㈜지리산은 20×1년 1월 ㈜계양에서 여객기 100대를, ㈜부평으로부터 화물기 200대를 주문받아 생산을 완료하였다. 이들 제품 생산과 관련된 원가자료는 다음과 같다.

① 동사는 제조부문으로 제조A, 제조B가 있으며, 보조부문으로 전산부문과 관리부문이 있다.

② 각 제품 생산에 소요된 직접재료원가는 여객기가 ₩1,000,000, 화물기가 ₩1,200,000이 발생하였으며, 간접재료원가로 제조A에서 ₩155,000, 제조B에서 ₩230,000이 발생하였다.

③ 직접노무원가는 여객기에서 ₩500,000, 화물기에서 ₩300,000이 발생하였다.

④ 동사의 총 종업원수는 200명이며, 전산부문에 30명, 관리부문에 10명, 제조A에 100명, 그리고 제조B에 60명이 근무하며, 각 부문에서 발생한 간접노무원가는 전산부문 ₩135,000, 관리부문 ₩80,000, 제조A ₩60,000, 그리고 제조B ₩40,000이다.

⑤ 공장건물에 대한 감가상각비 ₩300,000이 계상되었으며, 공장건물에 대한 각 부문별 점유면적은 전산부문이 100㎡, 관리부문이 150㎡, 제조A가 300㎡, 그리고 제조B가 450㎡이다.

⑥ 당월 중에 공장건물에 대한 재산세가 ₩200,000, 복리후생비가 ₩100,000이 발생하였다.

⑦ 전산부문의 용역제공시간은 관리부문에 200시간, 제조A에 300시간, 그리고 제조B에 500시간이다.

⑧ 보조부문의 원가는 단계배부법을 사용하며, 전산부문은 용역제공시간, 관리부문은 종업원 수를 기준으로 각 부문에 배부한다. 단, 배부순서는 전산부문을 먼저 배부한다.

⑨ 제조부문의 원가배부는 제조A는 직접노동시간, 제조B는 기계사용시간을 기준으로 각 제품에 배부한다. 각 제품별 직접노동시간 및 기계사용시간은 다음과 같다.

	제조A		제조B	
	여객기	화물기	여객기	화물기
직접노동시간	600시간	400시간	400시간	200시간
기계사용시간	300시간	200시간	300시간	500시간

(요구사항)

각 제품의 단위당 원가를 산출하시오.

(해 답)

1. 요소별 원가계산

(1) 재료원가

	여객기	화물기
직접재료원가	₩1,000,000	₩1,200,000
간접재료원가	₩385,000	

(2) 노무원가

	여객기	화물기
직접노무원가	₩500,000	₩300,000
간접노무원가	₩315,000	

(3) 제조간접원가

간접재료원가	₩385,000
간접노무원가	₩315,000
공장건물 감가상각비	₩300,000
공장건물 재산세	₩200,000
복리후생비	₩100,000

2. 부문별 원가계산(직접배부법)

(1) 부문별 제조간접원가의 집계

	전산부문	관리부문	제조A	제조B	합계
간접재료원가	–	–	₩155,000	₩230,000	₩385,000
간접노무원가	₩135,000	₩80,000	60,000	40,000	315,000
감가상각비				300,000	
재산세				200,000	
복리후생비				100,000	

(2) 부문공통원가의 배부

	보조부문		제조부문		합 계
	전산부문	관리부문	제조A	제조B	
부문개별원가	₩135,000	₩80,0000	₩215,000	₩270,000	₩700,000
부문공통원가 :					
감가상각비	30,000[a)]	45,000	90,000	135,000	300,000
보 험 료	20,000[b)]	30,000	60,000	90,000	200,000
복리후생비	15,000[c)]	5,000	50,000	30,000	100,000
합 계	₩200,000	₩160,000	₩415,000	₩525,000	₩1,300,000

a) ₩300,000 × (100m^2/1,000m^2) = ₩30,000 b) ₩200,000 × (100m^2/1,000m^2) = ₩20,000
c) ₩100,000 × (30명/200명) = ₩15,000

(3) 보조부문원가의 배부

	보조부문		제조부문		합 계
	전산부문	관리부문	제조A	제조B	
부문별원가	₩200,000	₩160,000	₩415,000	₩525,000	
전산부문원가	(200,000)	40,000[a)]	60,000	100,000	
관리부문원가	–	(200,000)	125,000[b)]	75,000	
합 계	₩0	₩0	₩600,000	₩700,000	₩1,300,000

a) ₩200,000 × (200시간/1,000시간) = ₩40,000 b) ₩200,000 × (100명/160명) = ₩125,000

3. 제품별 원가계산

(1) 제조간접원가 배부율

제조A 부문의 제조간접원가 배부율 = ₩600,000/1,000시간 = ₩600/시간

제조B 부문의 제조간접원가 배부율 = ₩700,000/800시간 = ₩875/시간

(2) 제품원가표

원가요소		여객기		화물기
1. 직접재료원가		₩1,000,000		₩1,200,000
2. 직접노무원가		500,000		300,000
3. 제조간접원가				
제조A 부문원가	₩600 × 600시간	360,000	₩600 × 400시간	240,000
제조B 부문원가	₩875 × 300시간	262,500	₩875 × 500시간	437,500
4. 총제조원가		₩2,122,500		₩2,177,500
생산량		÷ 100단위		÷ 200단위
5. 제품단위당 원가		₩21,225		₩10,887.5

연습문제

EXERCISES

객관식 문제

[4-1] 다음은 보조부문원가 배분방법에 대한 설명이다. 틀린 것은? (기업회계 1급)

① 직접배부법은 보조부문 상호간의 용역수수관계를 무시하고 보조부문의 원가를 제조부문이 사용한 용역량에 비례해서 제조부문에만 보조부문의 원가를 배분하는 방법이다.

② 2개의 다른 제품(제품1, 제품2)을 생산할 때 직접배부법에 의한 제품1에 대한 제조원가 금액은 상호배부법을 사용할 때보다 항상 낮다.

③ 직접배부법은 상호배부법보다 제품원가의 결정이 왜곡될 수 있다.

④ 상호배부법은 다른 배분방법보다 시간과 비용이 많이 소요된다.

[4-2] 다음 중 보조부문원가 배부에 대한 설명으로 옳은 것을 모두 나열한 것은? (기업회계 1급)

---

1. 직접배부법과 단계배부법은 보조부문의 자가용역을 고려하지 않는다.
2. 단계배부법은 2순위로 선정된 보조부문의 원가를 1순위의 보조부문에 부담시킬 수 없다.
3. 단계배부법과 상호배부법은 보조부문 간의 상호용역 제공을 고려하고 있다.
4. 보조부문의 제조부문 대체가 모두 이루어지면, 단계배부법과 상호배부법 어떤 방식이든 제조부문에 집계된 원가의 총액은 동일하다.

---

① 1, 2, 3　　② 1, 3, 4　　③ 2, 3, 4　　④ 모두 해당

[4-3] 다음 중 보조부문의 원가배분에 대한 설명으로 옳지 않은 것은? (기업회계 1급)

① 이중배분율법은 단일배분율법에 비해 보다 적합한 의사결정을 제공할 수 있다.

② 단계배부법은 보조부문 상호간에 행해지는 용역의 수수관계를 완벽하게 반영한다.

③ 원가배분기준은 인과관계기준이 가장 이상적인 배분기준이다.

④ 보조부문의 배분기준은 간단명료해야 한다.

[4-4] 다음 자료에 의하여 단계배부법으로 보조부문원가를 제조부문에 배부할 경우 제1제조부문에 집계되는 원가의 총액으로 옳은 것은? (기업회계 1급)

	제1제조	제2제조	수선부 (배부2순위)	동력부 (배부1순위)
부문비배부액 (보조부문비 대체 전)	₩24,000	₩18,000	₩8,000	₩12,000
사용 Kw/h	16,000	6,000	2,000	1,000
수선횟수	54회	36회	12회	8회

① ₩24,600 ② ₩37,400 ③ ₩37,600 ④ ₩38,400

[4-5] 다음 자료에 의하여 직접배부법으로 보조부문의 원가를 제조부문에 배부할 경우, 제1제조부문과 제2제조부문에 집계된 원가의 차액으로 옳은 것은? (기업회계 1급)

구 분	제조부문		보조부문	
	제1제조	제2제조	동력부	수선부
배부 전 금액	₩24,000	₩17,000	₩8,000	₩6,000
〈배부기준〉				
Kw/h	2,600	1,400	1,000	800
수선시간	800	1,200	500	200

① ₩7,600 ② ₩8,200 ③ ₩8,800 ④ ₩9,400

[4-6] ㈜강남은 단계배부법을 이용하여 보조부문 제조간접원가를 제조부문에 배부하고자 한다. 각 부문별 원가발생액과 보조부문의 용역공급이 다음과 같을 경우 보조부문원가 배부 후, 제조부문의 제조간접원가는 각각 얼마인가?(단, 수선부문부터 배부함.) (기업회계 1급)

구 분	제조부문		보조부문	
	조립부문	절단부문	전력부문	수선부문
자기부문 제조간접원가	₩400,000	₩500,000	₩300,000	₩650,000
전력부문 동력공급(kw)	50kw	30kw	–	20kw
수선부문 수선공급(시간)	30시간	70시간	100시간	–

	조립부문	절단부문
①	₩625,000	₩700,000
②	₩650,000	₩727,500
③	₩727,500	₩872,500
④	₩888,125	₩961,875

[4-7] ㈜보석은 단계배부법을 이용하여 보조부문 제조간접원가를 제조부문에 배부하고자 한다. 다음은 각 부문별 원가발생액과 보조부문의 용역공급에 관한 자료이다. 제조부문별 제조간접원가로 옳게 짝지어진 것은?(단, 전력부문부터 배부한다고 가정함) (기업회계 1급)

구 분	제조부문		보조부문	
	조립부문	절단부문	전력부문	수선부문
자기부문 제조간접원가	₩200,000	₩400,000	₩200,000	₩360,000
전력부문 동력공급(kw)	300	100	–	100
수선부문 수선공급(시간)	10	40	50	–

	조립부문	절단부문
①	₩400,000	₩760,000
②	₩420,000	₩740,000
③	₩440,000	₩720,000
④	₩480,000	₩680,000

[4-8] 다음 자료에서 ㈜서울은 제조부문 A, B와 보조부문 X, Y가 있다. 각 보조부문의 서비스 용역 수수관계는 다음과 같다. X, Y부문의 변동원가는 각각 ₩160,000, ₩200,000이며, 고정원가는 고려하지 않는다. 상호배부법에 의해 보조부문원가를 배분하는 경우, B 제조부문에 배분되는 보조부문원가 총액은 얼마인가? (기업회계 1급)

	용역사용부문				
용역제공부문	X	Y	A	B	합계
X	–	40단위	20단위	40단위	100단위
Y	45단위	–	60단위	45단위	150단위

① ₩140,000 ② ₩160,000 ③ ₩170,000 ④ ₩190,000

[4-9] 다음 자료를 통하여 보조부문에 대한 용역제공비율의 크기에 따라 배부순서를 정한다고 가정할 경우 단계배부법에 의하여 보조부문원가를 배부한다면, 제조부문 S1에 배부되는 보조부문의 원가는? (기업회계 1급)

부 문	제조부문		보조부문		계
	S1	S2	M1	M2	
부문비 합계	₩800,000	₩650,000	₩100,000	₩200,000	₩1,750,000
용역제공비율					
M1	0.30	0.50	–	0.20	
M2	0.35	0.35	0.30	–	

① ₩202,000 ② ₩137,500 ③ ₩135,500 ④ ₩130,000

[4-10] 다음 자료에 의하여 직접배부법에 의한 제조간접원가의 제조부문 대체 설명으로 옳은 것은? (기업회계 1급)

구분	배부액 \ 부문	제조부문		보조부문	
		제1제조부문	제2제조부문	동력부	수선부
부문별 제조간접원가	배부액	₩140,000	₩130,000	₩144,000	₩80,000
	배부기준 \ 부문	제1제조부문	제2제조부문	동력부	수선부
배부기준	Kw/h	864	432	100	144
	수선횟수	8	12	2	1

1. 동력부와 수선부의 제2제조부문 대체원가는 동일하다.
2. 수선부의 발생원가는 동력부에 일정 용역수수비율만큼 배분된다.
3. 보조부문원가를 제조부문에 대체하면 최종집계액은 제2제조부문이 제1제조부문보다 크다.
4. 보조부문원가를 제조부문에 대체하면 최종집계액은 제1제조부문이 제2제조부문보다 크다.

① 1, 3 ② 1, 4 ③ 2, 3 ④ 2, 4

[4-11] ㈜대한은 제조부문과 보조부문을 이용하여 제품을 생산하고 있다. 보조부문에서 제공한 용역량은 다음과 같으며, 수선부문과 관리부문에 집계된 원가는 각각 ₩240,000과 ₩60,000이다. 상호배부법으로 보조부문원가를 배부할 때 필요한 연립방정식으로 옳은 것은? (단, 제조부문에 배부해야 할 총수선부문원가와 총관리부문원가를 각각 F와 M이라 한다)

(기업회계 1급)

제공처 \ 사용처	제조부문		보조부문		합 계
	절단부문	조립부문	수선부문	관리부문	
수선(시간)	400시간	200시간	600시간	400시간	1,600시간
관리(m^2)	4,000m^2	4,000m^2	8,000m^2	4,000m^2	20,000m^2

① F = ₩240,000 + 0.5M, M = ₩60,000 + 0.25F

② F = ₩240,000 + 0.4M, M = ₩60,000 + 0.25F

③ F = ₩240,000 + 0.5M, M = ₩60,000 + 0.4F

④ F = ₩240,000 + 0.4M, M = ₩60,000 + 0.5F

[4-12] 당사는 보조부문과 제조부문을 통해 제품을 제조하고 있다. 당기에 보조부문 A에서 발생한 변동원가는 ₩500,000이고, 고정원가는 ₩200,000이다. 보조부문의 원가를 변동원가는 실제사용비율로, 고정원가는 최대사용가능비율로 배분한다면 X부문에 집계될 보조부문원가는 얼마인가? (기업회계 1급)

구 분	보조부문	제조부문	
	A	X	Y
최대사용가능비율	–	40%	60%
실제사용비율	–	80%	20%

① ₩480,000　② ₩440,000　③ ₩320,000　④ ₩220,000

[4-13] 회사에 하나의 보조부문 A와 두 개의 제조부문 X, Y가 있다. 각 제조부문의 월간 최대사용가능량과 실제사용량 및 각 부문 제조간접원가는 다음과 같다. 보조부문원가를 단일배분율법과 이중배분율법에 의하여 배분하는 경우에 제조부문 Y의 배분 후 원가는 각각 얼마인가? (기업회계 1급)

월간 사용가능량 및 실제 사용량

구 분	X	Y
최대사용가능량	500	1,500
실제사용량	500	500

각 부문 제조간접원가

구 분	A	X	Y
변동원가	₩100,000	₩140,000	₩160,000
고정원가	₩200,000	₩160,000	₩240,000

	단일배분율법	이중배분율법		단일배분율법	이중배분율법
①	₩550,000	₩600,000	②	₩ 550,000	₩400,000
③	₩450,000	₩600,000	④	₩450,000	₩400,000

[4-14] ㈜아트는 두 개의 보조부문 X, Y와 두 개의 제조부문 Z, W가 있다. 보조부문에서 당기 중 생산하여 다른 부문에 제공한 용역은 다음과 같다. X에서는 시간당 ₩100, Y에서는 kWh당 ₩40의 변동원가가 발생한다. 상호배부법에 의하여 Z에 배분된 원가는 얼마인가? (기업회계 1급)

사용부문 / 제공부문	보조부문		제조부문		합 계
	X	Y	Z	W	
X	–	20,000시간	30,000시간	–	50,000시간
Y	100,000kWh	50,000kWh	50,000kWh	50,000kWh	250,000kWh

① ₩11,000,000 ② ₩11,250,000 ③ ₩12,000,000 ④ ₩12,250,000

[4-15] ㈜보석은 두 개의 제조부문 A, B와 두 개의 보조부문 X, Y로 운영된다. 회사는 상호배부법을 이용하여 보조부문원가를 제조부문에 배부하고 있으며, 각 보조부문의 용역제공 비율은 다음과 같았다.

	보조부문		제조부문	
보조부문	X	Y	A	B
X	–	20%	50%	30%
Y	20%	–	40%	40%
부문비	C	?	?	?

두 개의 보조부문으로부터 A에 배부된 금액이 ₩100,000이고, B에 배부된 금액이 ₩80,000이었다. 원가 C는 얼마인가? (기업회계 1급)

① ₩125,000 ② ₩100,000 ③ ₩145,000 ④ ₩75,000

주관식 문제

[4-1] ㈜지리산은 핸드폰을 생산·판매하는 기업이며, 제조부문으로 금형부분과 조립부문이 있으며, 보조부문으로 동력부문과 인사부문을 운영하고 있다. 20×1년 5월 중에 각 부문별로 발생한 제조간접원가는 다음과 같다.

	동력부문	인사부문	금형부문	조립부문	합 계
부문개별원가	₩50,000	₩30,000	₩100,000	₩120,000	₩300,000
부문공통원가					
공장건물 감가상각비					50,000
기계장치 감가상각비					30,000
복리후생비					20,000

(요구사항)

각 부문별 부문공통원가 배부기준에 대한 사용량이 다음과 같을 때 부문공통원가를 각 부문에 배부하시오.

	동력부문	인사부문	금형부문	조립부문	합 계
건물 점유면적	200㎡	100㎡	300㎡	400㎡	1,000㎡
기계사용시간	240시간	120시간	360시간	480시간	1,200시간
종업원 수	40명	10명	50명	100명	200명

[4-2] [연습문제 4-1]의 자료를 그대로 사용하며, 보조부문의 용역제공량이 다음과 같을 때 요구사항에 답하시오.

	동력부문	인사부문	금형부문	조립부문	합 계
용역제공량					
동력부문	100kWh	300kWh	300kWh	400kWh	1,100kWh
인사부문	40명	10명	50명	100명	200명

(요구사항)

단계배부법에 의하여 보조부문의 원가를 각 제조부문에 배부하시오. 단, 동력부문부터 배부한다.

[4-3] [연습문제 4-1]과 [연습문제 4-2]의 자료를 그대로 사용한다. ㈜지리산은 고급형 핸드폰과 보급형 핸드폰을 생산·판매하고 있으며, 20×1년 5월 중 직접노동시간과 기계사용시간이 다음과 같다.

	금형부문		조립부문	
	고급형	보급형	고급형	보급형
직접노동시간	300시간	200시간	700시간	450시간
기계사용시간	800시간	200시간	400시간	300시간

제조간접원가 배부기준으로 금형부문은 기계사용시간을, 조립부문은 직접노동시간을 사용한다.

(요구사항)

제조부문의 제조간접원가를 각 제품에 배부하시오.

[4-4] ㈜지리산은 두 개의 제조부문과 두 개의 보조부문을 운영하고 있다. 20×1년 4월 중 각 부문별 제조간접원가와 관련된 자료는 다음과 같다.

구 분	제조부문		보조부문	
	주물부문	도장부문	수선부문	인사부문
부문별 제조간접원가	₩164,000	₩245,000	₩64,000	₩120,000
수선부문	45%	30%	–	25%
인사부문	30%	50%	20%	–

(요구사항)

1. 직접배부법에 따라 보조부문원가를 각 제조부문에 배부하시오.
2. 단계배부법에 따라 보조부문원가를 각 제조부문에 배부하시오. 단, 배부순서는 인사부문부터 배부한다.

[4-5] ㈜지리산의 각 부문별 원가 및 용역사용량은 다음과 같다.

부문 / 원가·배부기준	제조부문		보조부문	
	절단부문	조립부문	동력부문	수선부문
부문별 제조간접원가	₩150,000	₩250,000	₩120,000	₩80,000
kWh	5,000	3,000	1,200	2,000
수선시간	400시간	600시간	200시간	100시간

(요구사항)

1. 직접배부법에 따라 보조부문원가를 각 제조부문에 배부하시오.
2. 단계배부법에 따라 보조부문원가를 각 제조부문에 배부하시오. 단, 동력부문을 먼저 배부한다.

[4-6] ㈜지리산은 제조부문으로 도장부문과 조립부문, 보조부문으로 동력부문과 관리부문을 운영하고 있다. 보조부문인 동력부문과 관리부문의 제조간접원가는 각각 ₩240,000과 ₩300,000으로 집계되었다. 보조부문의 용역제공량은 다음과 같다.

	제조부문		보조부문	
	도장부문	조립부문	동력부문	관리부문
동력부문	150kWh	300kWh	–	150kWh
관리부문	30명	50명	20명	20명

제조부문 원가는 각각 도장횟수와 조립시간에 비례하여 제품 A와 제품 B에 전액 배부되며, 제품 A와 제품 B에 사용된 도장횟수와 조립시간이 다음과 같다.

	제품 A	제품 B
도장횟수	20회	30회
조립시간	200시간	100시간

(요구사항)

보조부문의 원가를 단계배부법에 따라 배부할 경우 제품 A와 제품 B에 배부되는 보조부문의 총원가는 각각 얼마인가? 단, 보조부문의 원가는 동력부문부터 배부한다.

[4-7] ㈜지리산은 현재 보조부문의 원가를 직접배부법에 따라 각 제조부문에 배부하고 있다. 제조부문 및 보조부문과 관련한 자료는 다음과 같다.

	제조부문		보조부문	
	A	B	X	Y
부문별 제조간접원가	₩200,000	₩300,000	₩129,000	₩180,000
용역제공비율				
보조부문 X	30%	50%	–	20%
보조부문 Y	60%	30%	10%	–

㈜지리산은 보조부문원가의 배부방법을 상호배부법으로 변경하고자 한다.

(요구사항)

보조부문원가의 배부방법을 변경할 경우 제조부문 A에 배부되는 보조부문원가는 얼마나 증가 혹은 감소하는가?

[4-8] 다음은 ㈜지리산의 보조부문원가 배부에 필요한 자료이다. 각 보조부문은 자기용역을 자가소비하고 있다.

제공처 \ 사용처	보조부문		제조부문		합 계
	수선부문	동력부문	절단부문	조립부문	
부문별 제조간접원가	₩220,000	₩150,000	₩350,000	₩250,000	₩970,000
수선부문	100시간	200시간	400시간	400시간	1,100시간
동력부문	300kWh	400kWh	680kWh	1,020kWh	2,400kWh

(요구사항)

1. 직접배부법으로 보조부문원가를 배부하시오.
2. 단계배부법으로 보조부문원가를 배부하시오. 배부순서는 타 보조부문에 대한 용역제공 비율이 높은 보조부문을 우선 배부한다.
3. 상호배부법으로 보조부문원가를 배부하시오.

[4-9] ㈜지리산은 제조부문인 조립부문과 도장부문을 거쳐서 제품이 생산되고 있다. 그리고 제조공정에 전력을 공급하는 동력부문이 보조부문으로 운영되고 있다. 동력부문에서는 설비에 대한 감가상각비를 포함하여 고정원가가 ₩500,000이 발생할 것으로 예상되며, 변동원가는 ₩300,000이 발생할 예정이다. 회계연도 초에 각 제조부문이 예상한 전력사용량과 실제 전력사용량은 다음과 같다.

	동력부문	조립부문	도장부문
실제사용량	–	500kWh	300kWh
최대사용가능량	–	600kWh	600kWh

(요구사항)

1. 단일배분율법을 이용하여 보조부문원가를 각 제조부문에 배부하시오.
2. 이중배분율법을 이용하여 보조부문원가를 각 제조부문에 배부하시오.

[4-10] ㈜지리산은 두 개의 제조부문과 두 개의 보조부문을 통해 제품X와 제품Y를 생산·판매하고 있다. 보조부문의 원가는 단계배부법을 이용하여 각 제조부문에 배부하고 있다. 다음은 20×1년 4월 ㈜지리산의 생산활동과 관련하여 발생한 자료이다.

1) 각 부분에서 발생한 부문원가는 다음과 같다.

보조부문		제조부문	
동력부문	관리부문	절단부문	조립부문
₩100,000	₩200,000	₩482,000	₩318,000

2) 보조부문원가의 배부기준은 다음과 같다. 보조부문원가는 동력부문부터 배부한다.

	배부기준	동력부문	관리부문	절단부문	조립부문
동력부문	전력사용량	–	200시간	300시간	500시간
관리부문	종업원 수	15명	20명	54명	81명

(요구사항)

1. 단계배부법에 따라 보조부문원가를 각 제조부문에 배부하시오. 단, 동력부문을 먼저 배

부한다.

2. 공장전체 배부율을 사용하여 제조부문원가를 각 제품에 배부하시오. 공장전체 제조간접원가 배부기준은 직접노동시간이다. 각 제품별 활동량은 다음과 같다.

	절단부문		조립부문	
	제품X	제품Y	제품X	제품Y
직접노동시간	200	100	500	300
기계작업시간	200	300	100	200

3. 부문별 배부율을 사용할 경우 절단부문과 조립부문의 제조간접원가 배부율은 각각 얼마인가? 단, 부문별 제조간접원가 배부기준으로 절단부문은 기계작업시간을, 조립부문은 직접노동시간을 사용한다.
4. 부문별 배부율을 사용하여 제조간접원가를 각 제품에 배부하시오.

[4-11] ㈜지리산은 두 개의 제조부문(금형부문, 도장부문)과 두 개의 보조부문(수선부문, 관리부문)을 이용하여 제품을 생산하고 있으며, 각 부문별 보조부문의 서비스 사용량은 다음과 같다.

	제조부문		보조부문		합 계
제공부문	금형부문	도장부문	수선부문	관리부문	
수선부문	600시간	200시간	100시간	200시간	1,100시간
관리부문	125명	75명	50명	50명	300명

수선부문과 관리부문에 발생한 제조간접원가는 각각 ₩400,000, ₩160,000이다.

(요구사항)
상호배부법을 사용하여 보조부문원가를 각 제조부문에 배부하시오.

[4-12] ㈜지리산은 두 개의 보조부문과 두 개의 제조부문을 가지고 있다. 보조부문은 동력부문과 수선부문이다. 각 부문별 제조간접원가 발생액 및 보조부문의 서비스 제공비율은 다음과 같다.

	동력부문	수선부문	제조 A	제조 B
부문별 제조간접원가	₩150,000	₩255,000	₩245,000	₩350,000
동력부문	–	25%	45%	30%
수선부문	10%	–	30%	60%

(요구사항)

1. 직접배부법에 의하여 보조부문의 원가를 배부하시오.
2. 단계배부법에 의하여 보조부문의 원가를 배부하시오(단, 동력부문부터 배부).
3. 상호배부법에 의하여 보조부문의 원가를 배부하시오.

[4-13] ㈜지리산은 두 개의 제조부문(절단부문, 조립부문)과 두 개의 보조부문(동력부문, 수선부문)을 운영하고 있으며, 보조부문의 원가는 단계배부법(동력부문부터)에 따라 제조부문에 배부한다. 20×1년 4월 중 각 부분별 제조간접원가 발생액 및 활동량에 관한 자료는 다음과 같다.

	동력부문	수선부문	절단부문	조립부문
변동제조간접원가	₩264,000	₩200,000	₩436,000	₩300,000
고정제조간접원가	400,000	300,000	600,000	500,000
전력사용량				
최대사용량	–	300kWh	900kWh	300kWh
실제사용량	–	100kWh	600kWh	300kWh
수선시간				
최대사용량	400시간	–	1,000시간	600시간
실제사용량	300시간	–	600시간	600시간

(요구사항)

1. 단일배분율법을 사용하여 보조부문원가를 배부하시오.
2. 단일배분율법을 사용할 때 어느 제조부문이 불만이겠는가? 불만의 근거를 구체적으로 설명하시오.
3. 이중배분율법을 사용하여 보조부문원가를 배부하시오.
4. 이중배분율법의 이론적 장점은 무엇인가? 또한 이론적 장점으로 인한 궁극적인 효과는 무엇인가?

[4-14] ㈜지리산은 두 개의 제조부문(절단부문, 조립부문)과 두 개의 보조부문(동력부문, 수선부문)을 운영하고 있으며, 보조부문의 원가는 상호배부법에 따라 제조부문에 배부한다. 20×1년 4월 중 각 부분별 제조간접원가 발생액 및 활동량에 관한 자료는 다음과 같다.

	동력부문	수선부문	절단부문	조립부문
변동제조간접원가	₩210,000	₩150,000	₩400,000	₩240,000
고정제조간접원가	120,000	70,000	200,000	310,000

전력사용량				
최대사용량	–	250kWh	600kWh	400kWh
실제사용량	–	200kWh	500kWh	300kWh
수선시간				
최대사용량	450시간	–	450시간	600시간
실제사용량	200시간	–	400시간	400시간

(요구사항)

이중배분율법을 사용하여 보조부문원가를 배부하시오.

[4-15] ㈜지리산은 두 개의 제조부문 A, B와 두 개의 보조부문 X, Y를 운영하고 있다. 20×1년 1년간 각 보조부문에서 제공된 용역의 각 부문별 사용비율은 다음과 같다. 20×1년 동안 발생한 보조부문 X, Y의 변동원가는 각각 ₩300,000과 ₩412,500이었다.

사용부문 / 제공부문	A	B	X	Y	총용역 사용량
X	0.45	0.3	–	0.25	1,500kWh
Y	0.3	0.6	0.1	–	3,000시간

(요구사항)

1. 상호배부법에 의하여 보조부문의 변동원가를 배분할 경우 제조부문 A에 배부될 보조부문의 변동원가는 얼마인가?
2. ㈜지리산은 20×2년에는 Y부문에서 제공하던 용역을 외부에서 구입하고자 한다. 20×2년 제조부문 생산량이 20×1년과 동일한 경우에 외부에서 구입해야 하는 Y부문의 용역시간은 얼마인가?

제 5 장

활동기준원가계산

01 전통적인 제품원가계산

앞서 부문별 원가계산에서 우리는 전통적인 원가회계제도에서의 제조간접원가 배부방법을 크게 세 단계로 나누어 살펴보았다. 첫 번째 단계는 부문공통원가를 각 부문(제조 및 보조부문)에 배부하고, 두 번째 단계는 보조부문원가를 제조부문에 배부하며, 세 번째 단계에서는 제조부문에 집계된 제조간접원가를 각 제품에 배부하였다. 일반적으로 부문공통원가와 부문개별원가의 배부를 하나의 단계로 파악하기도 한다. 즉 첫 번째 단계와 두 번째 단계를 하나로 묶어, 제조간접원가의 배부단계를 2단계 절차(two-stage procedure)로 보기도 한다. 2단계 절차를 간략히 요약해 보면 [도표 5-1]과 같다.

[도표 5-1] 2단계 원가배부제도

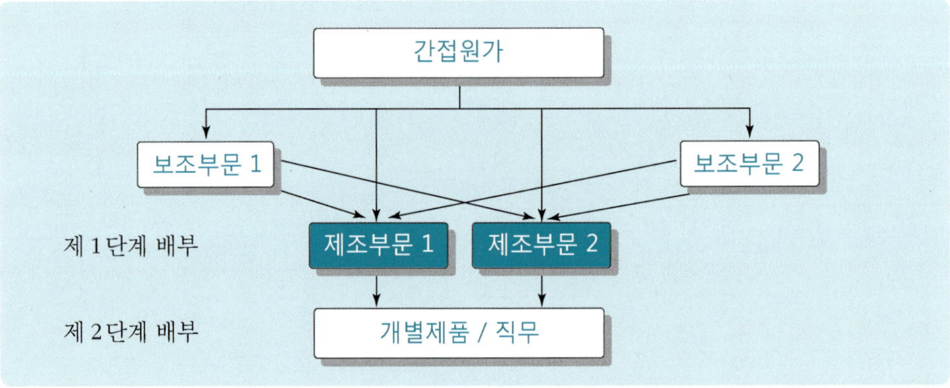

이미 부문별 원가계산에서 설명한 것처럼 제 1 단계 배부에서 보조부문의 원가를 제조부문에 배부하는 방법으로는 직접배부법, 단계배부법, 그리고 상호배부법 등이 있다. 보조부문별로 합리적인 배부기준을 설정해 제조부문별로 배부기준의 상대적 사용량에 비례해 각 보조부문의 원가를 제조부문에 배부한다. 제 2 단계 배부에서는 각 제조부문별로 적절한 배부기준을 설정하여 부문별 제조간접원가 배부율에 기초해서 제조간접원가를 제품과 같은 원가대상에 배부한다. 그런데 전통적인 원가계산에서 사용되는 배부기준은 제품생산량, 직접노동시간, 직접노무원가 또는 기계작업시간 등과 같은 생산량과 직접적으로 관련이 있는 것들이다. 가령, 기계를 많이 사용하는 제조부문의 간접원가를 제품에 할당하는 원가동인은 기계작업시간을 사용하고, 노동집약적인 제조부문은 직접노동시간을 사용하는 식이다.

02 제품원가의 왜곡

이상에서 설명한 조업도 관련 배부기준을 사용하는 2단계 배부방법은 실제로 제품원가를 왜곡시킬 수 있다. 다음 예제를 통해 전통적인 원가계산제도가 어떻게 제품원가를 왜곡시킬 수 있는지 살펴보자.

예제 5-1

㈜한라산은 제품 A, B를 조립부문과 절단부문을 통해 생산·판매하고 있다. 20×1년 4월의 제품 A, B의 생산과 관련된 자료는 다음과 같다.

	절단부문	조립부문	전 체
부문별 제조간접원가	₩400,000	₩630,000	₩1,030,000
직접노동시간	300시간	700시간	1,000시간
기계사용시간	500시간	300시간	800시간

㈜한라산은 20×1년 4월 제품 A, B를 각각 50단위와 200단위를 생산하였으며, 각 제조부문의 활동량은 다음과 같다.

	절단부문		조립부문	
	직접노동시간	기계사용시간	직접노동시간	기계사용시간
제품 A	100시간	150시간	200시간	150시간
제품 B	200시간	350시간	500시간	150시간

㈜한라산의 단위당 직접재료원가 및 직접노무원가는 다음과 같다.

	제품 A	제품 B
직접재료원가	₩15,000	₩12,000
직접노무원가	2,500	1,500

(요구사항)

1. 공장전체 제조간접원가 배부율을 사용할 경우 제품단위당 원가를 산출하시오. 단, 제조간접원가를 공장전체 배부율에 따라 배부할 경우 배부기준은 직접노동시간으로 한다.
2. 부문별 제조간접원가 배부율을 사용할 경우 제품단위당 원가를 산출하시오. 단, 제조간접원가 배부기준으로 절단부문은 기계사용시간을, 조립부문은 직접노동시간을 사용하는 것으로 가정한다.
3. 활동기준원가계산에 의한 제품단위당 원가를 산출하시오. 제조간접원가는 다음과 같은

항목으로 구성되어 있다.

활 동	원 가	원가동인	제품 A 활동량	제품 B 활동량
작업준비활동	₩400,000	준비횟수	60회	40회
부품검사활동	375,000	부 품 수	10개	5개
재료처리활동	255,000	처리횟수	6회	4회

(해 답)

1. 공장전체 제조간접원가 배부율

$$\text{공장전체 제조간접원가 배부율} = \frac{\text{공장전체 제조간접원가}}{\text{공장전체 직접노동시간}} = \frac{₩1,030,000}{1,000\text{시간}}$$

$$= ₩1,030/\text{시간}$$

제품 A 제조간접원가 배부액 = ₩1,030 × 300시간 = ₩309,000

제품 B 제조간접원가 배부액 = ₩1,030 × 700시간 = ₩721,000

	제품 A	제품 B
직접재료원가	₩15,000	₩12,000
직접노무원가	2,500	1,500
제조간접원가	6,180[a)]	3,605[b)]
	₩23,680	₩17,105

a) ₩309,000/50단위 = ₩6,180 b) ₩721,000/200단위 = ₩3,605

2. 부문별 제조간접원가 배부율

$$\text{절단부문 제조간접원가 배부율} = \frac{₩400,000}{500\text{시간}} = ₩800/\text{기계사용시간}$$

$$\text{조립부문 제조간접원가 배부율} = \frac{₩630,000}{700\text{시간}} = ₩900/\text{직접노동시간}$$

	절단부문	조립부문	
제품A 제조간접원가 배부액 =	₩800 × 150시간 +	₩900 × 200시간	= ₩300,000
제품B 제조간접원가 배부액 =	₩800 × 350시간 +	₩900 × 500시간	= ₩730,000

	제품 A	제품 B
직접재료원가	₩15,000	₩12,000
직접노무원가	2,500	1,500
제조간접원가	6,000[a)]	3,650[b)]
	₩23,500	₩17,150

a) ₩300,000/50단위 = ₩6,000 b) ₩730,000/200단위 = ₩3,650

3. 활동기준원가계산

–활동별 제조간접원가 배부율

활 동	원 가	원가동인	활 동 량	배 부 율
작업준비활동	₩400,000	준비횟수	100회	₩4,000/회
부품검사활동	375,000	부 품 수	15개	25,000/개
재료처리활동	255,000	처리횟수	10회	25,500/회

–제품별 제조간접원가 배부액

활 동	배 부 율	제품 A	제품 B
작업준비활동	₩4,000/회	₩240,000	₩160,000
부품검사활동	25,000/개	250,000	125,000
재료처리활동	25,500/회	153,000	102,000
제조간접원가 배부액		₩643,000	₩387,000

	제품 A	제품 B
직접재료원가	₩15,000	₩12,000
직접노무원가	2,500	1,500
제조간접원가	12,860[a)]	1,935[b)]
	₩30,360	₩15,435

a) ₩643,000/50단위 = ₩12,860 b) ₩387,000/200단위 = ₩1,935

[예제 5-1]에서와 같이 제품의 원가를 계산함에 있어 전통적인 원가계산 방법 중 공장전체 제조간접원가 배부율을 적용한 경우에 제품 A의 원가는 ₩23,680으로 활동기준원가계산의 ₩30,360보다 과소계상되고 있다. 반대로 제품 B의 원가는 ₩17,105으로 ₩15,435보다 과대계상되어 있음을 알 수 있다.

이와 같이 전통적인 원가계산에서 원가 왜곡이 발생되는 이유는 제조부문의 활동을 일으키는 원인이 절단부문은 기계사용시간, 조립부문은 직접노동시간인데, 개별제품에 제조간접원가를 배부하는 기준은 직접노동시간으로 서로 일치하지 않기 때문이다. 전통적인 2단계 배부방법은 두 번째 단계에서 제조간접원가를 배부하는 데 단위관련 원가동인을 사용한다. 그러나 제조간접원가의 많은 부분은 기계준비 및 제품설계서 변경 등과 같은 배치관련 원가동인이나 제품유지 등의 원가동인에 의해 발생된다. 단위관련 원가동인은 생산량이 증가함에 따라 늘어나는 비용을 잘 설명해 준다. 반면에 배치

관련 원가동인은 작업준비원가에서 본 것처럼 생산량과 관계없이 배치의 횟수가 늘어남에 따라 증가하는 원가를 잘 설명해 준다. 원가동인의 유형에 관해서는 절을 바꿔 설명할 것이다. 이와 같이 개별 제품들간에 자원의 소모량이 서로 상이함에 불구하고 원가할당을 균일하게 하는 전통적인 원가계산방법을 땅콩버터원가계산(peanut-butter costing)이라고 한다.

03 활동기준원가계산

3.1 ABC의 의의

전통적인 원가계산방법으로 제조간접원가를 배부하여 산출된 제품원가는 제품종류가 다양할수록 그 왜곡정도가 더욱 심각하게 나타난다. 제품에 따라서 그 특성과 생산량, 그리고 수명주기 등이 각각 다르기 때문에 각 제품을 지원하는 각종 간접자원의 사용량도 차이가 나기 마련이다. 즉, 제품의 다양성이 증가할수록 그에 대한 지원활동의 양도 증가하게 되므로 전통적인 원가회계시스템에서 원가정보의 왜곡은 더욱 심해진다고 할 수 있다.

활동기준원가계산(activity-based costing : ABC)은 기업의 자원을 소비하는 활동을 기본적인 원가풀로 하여 제조간접원가를 집계하고, 활동의 원가를 제품, 서비스, 고객 등의 다양한 원가대상에 배부하는 원가계산방법으로서, 원가의 발생과 자원의 소비에 있어서 기존의 전통적인 원가계산과 본질적인 인식의 차이를 가지고 있다. 즉, 원가의 발생과정에서 전통적인 원가계산에서는 원가대상이 자원을 직접 소비한다는 견해를 갖고 있으나, ABC에서는 원가대상이 활동을 소비하고 활동(activity)이 자원을 소비한다는 견해를 갖고 있다. 따라서 ABC는 원가를 원가대상에 직접 추적하는 것이 아니라 원가를 소비하는 활동과 활동을 소비하는 원가대상 간의 인과관계를 추적하여 계산한다.

기업에서 활동이란 기업의 원가를 발생시키는 원천이며 동시에 기업이 제공하는 제품이나 서비스의 최종사용자인 고객의 가치를 창출하는 기능을 수행한다. 따라서 ABC를 통한 활동의 관리는 생산성의 측면에서 볼 때 투입(활동의 관리를 통한 원가발생의 통제, 관리)과 산출(활동의 관리를 통한 고객에게의 가치창출)의 양면을 모두 목표로 하는 이상적인 관리라 할 수 있다. 이러한 기업의 재화조달측면, 재화사용의 측면(원가발생), 재화의 사용을 통한 가치창조의 측면이 모두 연계되어 관리될 수 있을 때에만 기업활동의 생산성과 이윤이 증대되고, 기업자체가 발전된 형태로 진화될 수 있다고 하겠다. 특히 시장의 개방화·범세계화에 따른 경쟁의 심화에 직면한 우리나라 기업들로서는 원가의 절감뿐만 아니라, 보다 더 정확한 원가정보의 산출을 통한 미래지향적이고 전략적인 의사결정, 그리고 기업이 생산해 내는 가치의 분석과 개선이 더욱 절실한 시점에 와 있다고 하겠다.

3.2 ABC의 계층적 모형

3.2.1 단위수준활동

단위수준활동(unit-related activities)은 그 활동량이 생산량 또는 생산량에 비례하는 직접노동시간과 기계작업시간에 비례하는 활동을 말한다. 직접재료원가나 직접노무원가와 같은 직접원가를 발생시키는 활동은 모두 단위수준활동에 속한다. 그 외에도 단위수준활동의 예로 생산된 모든 제품이나 그중 10%만 조사하는 품질검사에 소요되는 간접노무원가는 생산량과 관련이 있게 되어 단위수준활동으로 분류된다. 직접작업자들에 의해 수행된 모든 활동의 균일한 감독은 직접노동시간의 숫자와 비례되는 감독노력을 필요로 한다. 또한 기계의 윤활유 소비량, 기계를 작동하는 데 소요되는 에너지, 기계작업 매 10,000시간마다 수행하는 정기점검 등도 기계작업시간에 비례하는 제조간접원가의 예이다.

3.2.2 배치수준활동

배치수준활동(또는 묶음수준활동)(batch-related activities)은 생산된 제품의 숫자가 아니라 생산된 배치의 숫자에 의해 발생되는 활동이다. 가령, 제품의 새로운 배치를 생산하기 전에 작업준비(setup)가 필요하다. 한번 작업준비가 이루어지면 한 배치에서 100단위를 생산하든 1,000단위를 생산하든 추가적인 준비활동이 요구되지 않는다. 또한 한 배치에 투여되는 가공 중인 원재료는 한 작업공정에서 다른 작업공정으로 한데 모여서 이동되기 때문에 원재료 취급원가도 배치 속의 생산량보다 배치의 숫자와 관련이 있다.

구매주문서를 발급하는 데 소요되는 사무적 노력이나 공급자로부터 원재료를 수납하는 데 소요되는 사무적 노력도 주문량보다는 주문횟수나 수납횟수와 관련 있는 보조활동이기 때문에 배치수준활동으로 분류된다. 또한 생산스케줄링도 배치수준활동으로 간주된다. 왜냐하면 생산스케줄링은 한 생산배치에서 생산된 생산량보다는 각 생산배치별로 수행되기 때문이다.

3.2.3 제품유지활동

제품유지활동(product-sustaining activities)은 개별제품의 생산과 판매를 보조한다. 그러므로 제품이나 제품라인의 숫자가 늘어나면 늘어날수록 제품유지활동원가는 그만큼 늘어나게 된다. 이의 예로는 각 부품별 설계도를 유지하는 데 소요되는 관리노력, 개별제품 및 그 구성부품에 대한 자재소요서와 같은 명세서를 유지하는 데 소요되는 제품엔지니어링 노력, 그리고 설계변경을 수행하는 데 요구되는 프로세스 엔지니어링 등이 있다. 제품을 위한 프로세스 루틴을 설계하고 점검하는 엔지니어링 노력과 제품향상을 꾀하는 엔지니어링 노력도 제품유지활동의 예이다. 또한 제품 및 고객의 숫자가 증가하게 되면 생산지시를 신속히 처리해야 하는 필요성이 늘어나게 된다. 의료제품이나 식품의 경우에는 규제기관의 승인을 획득하는 비용도 제품의 숫자가 늘어남에 따라 증가한다고 볼 수 있다.

3.2.4 설비유지활동

설비유지활동(facility-sustaining activities)은 생산을 가능하게 만드는 공장 및 관련 설비 등을 수선·유지하는 것과 관련된 활동이다. 이러한 활동은 개별제품의 숫자나 생산 착수의 숫자 또는 생산량 그 어느 것과도 관련이 없다. 이의 예로는 공장임차 및 감가상각, 공장유지, 보험 및 세금, 청소, 조경, 그리고 보안 등이 있다. 이에 추가로 공장장, 공장 회계담당자, 그리고 인력담당관리자 등에 의해 수행된 기능도 설비유지활동에 속한다.

설비유지활동은 활동 중 제일 높은 위치에 있다. 그 다음은 제품유지활동과 배치수준활동이 뒤따르고 맨 아래 위치에 단위수준활동이 있다. 이렇게 서열을 매기고 있는 이유는 높은 서열 활동의 원가는 낮은 서열의 활동과 독립적임을 나타내기 위해서이다. 즉, 배치수준활동의 원가는 단위수준활동과는 상관없이 발생된다. 마찬가지로 제품유지활동의 원가는 배치수준활동이나 단위수준활동의 측정치에 대해서는 고정원가이다. 마지막으로 설비유지활동의 원가는 제품의 수, 배치의 수 또는 생산량과 전혀 관계없이 발생된다. 활동의 이러한 서열적 분류는 우리로 하여금 개별제품에 다양한 유형의 활동원가를 할당하기 위해서 활동원가동인으로 알려진 측정치들을 어떻게 선정해야 하는지에 대하여 생각토록 만든다. 이상에서 설명한 내용을 유형별 활동원가동인과 함께 요약하면 [도표 5-2]와 같다.

[도표 5-2] 활동 유형과 유형별 활동원가동인

활동 유형	대표적 활동	활동원가동인
설비유지활동	• 공장경영 • 회계 및 인사 • 보험 및 세금 • 임차, 감가상각	• 점유면적 • 작업자수
제품유지활동	• 제품설계 • 부품관리 • 엔지니어링	• 제품수 • 부품수 • 설계변경 횟수
배치수준활동	• 기계준비 • 첫 단위 품질검사 • 원재료 취급 • 생산스케줄링	• 준비시간 • 검사시간 • 원재료 이동수 • 생산착수 횟수
단위수준활동	• 모든 제품 품질검사 • 직접작업자의 감독 • 동력 및 윤활유 소모	• 생산량 • 직접노무시간 • 기계사용시간

3.3 계층적 모형의 시사점

이러한 계층적 모형이 시사하는 바는 다음과 같다.

첫째, ABC의 계층모형에서는 전통적인 사고에 추가해서 배치관련활동과 제품유지활동이라는 새로운 활동이 도입된다. 전통적인 방법에서는 배치 및 제품유지 활동비용을 단위수준활동에 준해 제품에 배부(부과)하였다. 따라서 이러한 비용은 생산량에 비례하여 발생한다고 가정하고 있었다. 그러나 ABC시스템의 계층모형에서는 제품에 배부되는 비용 중 많은 부분이 생산량에 따라 달라지는 것이 아니라는 점을 지적하고 있다. 이러한 비용들은 생산량보다는 작업준비·원재료이동·검사 등의 다양한 원가동인의 사용정도에 따라 변화한다. 따라서 일정한 기준에 의해 제품에 배부되는 비용 중 많은 부분은 다양한 활동을 기준으로 해서 직접 배부될 수 있다.

둘째, 계층모형은 특정의사결정에 따른 비용의 변화를 추정하는 데 유용하게 사용될 수 있다. 예를 들어, 어떤 의사결정으로 말미암아 배치수준의 활동량을 감소시킬 수 있다면 의사결정자는 감소된 활동량에 그러한 활동을 한 번 수행하는 데 소모되는 자원량을 곱하여 비용이 어느 정도 감소하는지 추정할 수 있을 것이다. 반대로 공장에서 제품의 수를 증가시키는 의사결정을 하려 한다면, 그 의사결정으로 인해 제품유지활동의 수가 얼마나 증가하는지, 그리고 그러한 활동수행에 자원이 얼마나 소모되는지를 추정하여 관련비용의 증가액을 추정할 수 있다.

[도표 5-3] ABC의 계층적 모형

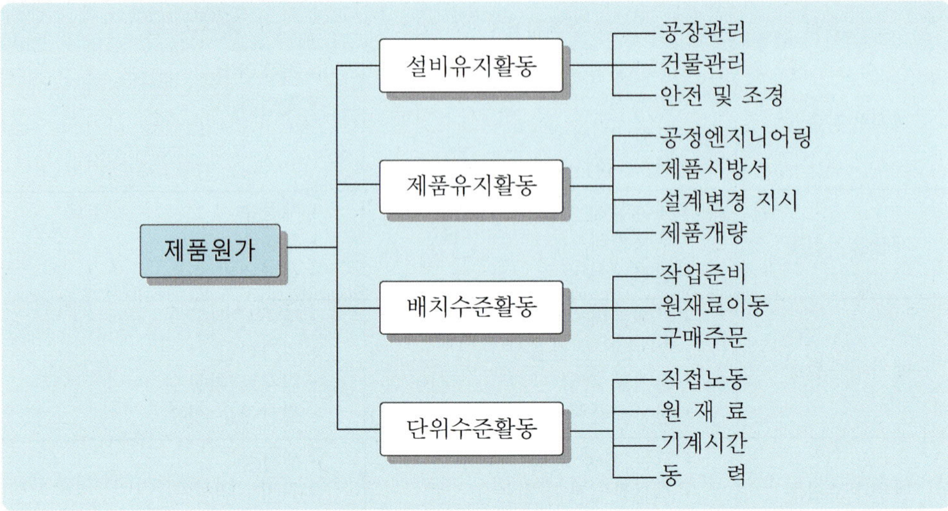

셋째, 계층모형은 ABC를 개발하는 데 도움을 준다. ABC를 도입하려면 먼저 공장에서 이루어지고 있는 주요 활동들을 규명하여야 하고, 그 활동들을 단위·배치·제품유지·설비유지 활동 범주로 구분하여야 한다. 이에 따라 이러한 활동의 소비를 기준으로 개별제품에 대하여 단위·배치·제품유지·설비유지 활동 등의 비용을 부가하여야 한다는 점을 알 수 있다.

3.4 ABC의 설계

ABC의 일차적 목적은 보다 정확한 원가정보를 산출하는 데 있다. ABC 도입의 기초가 되는 것은 각 부문에서 행하고 있는 다양한 업무를 단위활동들로 규명하는 것이다. 이를 활동분석이라 하며, 각 부분에서 어떠한 활동을 하고 있느냐를 파악하게 된다. 이렇게 파악된 각 활동에 대해서 원가를 집계한 후, 해당 활동을 유발시키는 근본원인을 인과적으로 파악하여 원가유발요인(cost driver, 이하 "원가동인"이라 함)을 결정한다. 이를 바탕으로 원가동인 단위당 원가를 산출하고, 각 원가대상별로 소비한 활동량을 반영하여 원가를 부과함으로써 원가계산이 이루어진다.

3.4.1 1단계 : 활동분석

활동분석이란 경영활동을 기술하고 그 활동의 원가 및 성과를 결정할 수 있는 기준을 확립하기 위하여 기업의 주요 활동을 규명하는 것이다. 이것은 이익, 품질, 그리고 적시성 등과 같은 성과를 개선시키기 위하여 기업이 어떠한 기능을 수행해야 하는지 파악할 수 있게 한다. 활동분석은 전체시스템이 너무 커서 관리하기가 어렵지만 개별 구성요소들은 그렇지 않다는 점에 기초하고 있다. 이때 사용될 수 있는 방법은 각 조직의 직무차트를 이용할 수 있으며, 또한 부문관리자들과 함께 일련의 구조화된 인터뷰를 실시할 수도 있다. 인터뷰에서 수집된 자료는 질문서와 같은 방법을 통하여 확인할 수도 있으며, 이러한 방법들은 이외에도 많은 보충자료들을 제공해 주기도 한다. 비록 활동분석이 한 시점에서의 스냅사진이기는 하지만 그 목적은 활동이 수행되는 과정을 이해하는 데 있다. 활동의 수행과정에 초점을 두게 되면 활동원가에 영향을 미치는 요소들을 보다 쉽게 이해할 수 있다.

3.4.2 2단계 : 활동별 원가집계

이 단계는 앞서 실시한 활동분석자료를 이용하여 각 활동에 대한 원가를 집계하는 과정이다. 활동분석에서 규명된 각 활동들이 어느 정도 자원을 소비하였는지 활동별 총원가를 계산하는 것이다. 이때 어느 정도 정확한 원가를 원하느냐에 따라 비용-효익분석에 입각하여 유사한 활동들을 통합하여 사용할 수 있다. 예를 들어, 아주 정확한 원가정보를 필요로 하고, 그 측정비용이 효익에 비하여 크지 않은 아주 이상적인 상황에서는 모든 분석된 활동에 대하여 원가를 추적하여 그에 대한 원가동인을 구할 수 있을 것이다.

예제 5-2

㈜한라산은 활동기준원가계산을 도입하기 위하여 활동을 분석한 결과 다음과 같은 자료를 확보하였다. 각 활동별 원가를 집계하시오.

	자원원가	활동별 자원소비량					
		고객주문	제품설계	작업준비	고객관리	기타	합계
생산부서							
간접노무원가	₩60,000	25%	40%	20%	10%	5%	100%
기계감가상각비	25,000	20%	0%	60%	0%	20%	100%
공장동력비	15,000	0%	10%	50%	0%	40%	100%
공장임차료	30,000	0%	0%	0%	0%	100%	100%
일반관리부서							
본사임원급여	40,000	15%	5%	10%	30%	40%	100%

본사장비감가상각비	20,000	30%	0%	0%	25%	45%	100%
본사건물임차료	15,000	0%	0%	0%	0%	100%	100%
판매부서							
판매부서 급여	30,000	22%	8%	0%	60%	10%	100%
기타 판매비	15,000	10%	0%	0%	70%	20%	100%
합 계	₩250,000						

(해 답)

각 활동별로 자원을 소비한 비율에 따라 자원원가를 배부하면 다음과 같다.

	활동별 자원소비량					
	고객주문	제품설계	작업준비	고객관리	기타	합계
생산부서						
간접노무원가	₩15,000	₩24,000	₩12,000	₩6,000	₩3,000	₩60,000
기계감가상각비	5,000	0	15,000	0	5,000	25,000
공장동력비	0	1,500	7,500	0	6,000	15,000
공장임차료	0	0	0	0	30,000	30,000
일반관리부서						
본사임원급여	6,000	2,000	4,000	12,000	16,000	40,000
본사장비감가상각비	6,000	0	0	5,000	9,000	20,000
본사건물임차료	0	0	0	0	15,000	15,000
판매부서						
판매부서 급여	6,600	2,400	0	18,000	3,000	30,000
기타 판매비	1,500	0	0	10,500	3,000	15,000
합 계	₩40,100	₩29,900	₩38,500	₩51,500	₩90,000	₩250,000

3.4.3 3단계 : 원가동인의 규명

ABC가 전통적인 조업도기준 원가시스템보다 정확한 원가정보를 제공할 수 있는 것은 다양한 원가동인(cost driver)을 사용하기 때문이다. 원가동인이란 활동을 유발시키는 요인으로, 이는 생산과정에서 특정 자원을 소비한 제품에 대하여 생산활동원가를 추적하는 데 사용된다. 그러나 기업 내에는 수많은 활동들이 수행되고 있기 때문에 각 활동에 대하여 각각의 원가동인을 사용하는 것은 경제적이지 못하다. 따라서 실무에서는 몇 가지의 활동들을 통합하여 하나의 원가동인으로 활동원가를 추적하는 방법이 사용된다.

ABC에서 활용하는 최소한의 원가동인의 수는 얼마나 정확한 제품원가정보를 요구하고 있느냐와 제품믹스의 복잡성에 달려 있다. 먼저 원가의 정확성 측면에서 살펴보면 원가동인의 수가 증가함에 따라 원가의 정확성도 상승한다. 즉, 희망하는 정확성 수준이 높으면 높을수록 더 많은 원가동인이 필요하다. 그러나 원가동인의 수를 결정함에 있어 제품믹스의 복잡성은 두 가지 이상의 활동을 통합하여 하나의 원가동인으로 측정할 수 있는지를 결정하는 데 큰 어려움을 가져다준다. 이러한 어려움은 첫째, 두 가지 이상의 제품이 서로 다른 비율로 활동들을 소비할 때, 즉 제품의 다양성이 높을 때, 둘째, 생산공정의 총원가 가운데 특정 활동원가가 차지하는 비율이 높을 때, 즉 다양한 활동들 가운데 상대적 원가가 높을 때, 셋째, 생산량이 서로 다를 때, 즉 조업도가 다양할 때 이러한 문제는 더욱 심각하다. 따라서 적절한 원가동인을 선택하기 위해서는 다음과 같은 세 가지 요소를 고려하여야 한다.

첫째, 측정비용으로, 이는 원가동인에서 요구되는 자료획득의 용이성과 관련이 있다. ABC는 많은 원가동인을 사용함으로써 더욱 정확한 원가정보를 얻을 수 있다. 이러한 원가동인과 관련된 측정비용을 감소시키기 위하여 ABC에서는 쉽게 자료를 획득할 수 있는 원가동인을 사용하여야 한다. 이때 기업활동으로 인하여 발생하는 거래의 수를 포착할 수 있는 원가동인을 사용하는 것이 측정비용을 감소시키는 데 중요한 역할을 한다.

둘째, 실제활동소비와의 상관관계를 고려하여야 한다. 상관관계의 정도란 원가동인에 의해 측정된 활동의 소비와 실제활동의 소비와의 상관관계를 나타낸다. 활동소비를 간접적으로 포착하는 원가동인을 사용한다는 것은 실제활동소비를 정확하게 포착하지 못하기 때문에 왜곡된 원가정보를 제공할 수 있는 위험이 수반된다. 예를 들어, 제품에 따라 검사에 필요한 시간이 다양함에도 불구하고 원가동인으로 검사횟수를 사용하게 되면 실제소비시간과의 상관관계가 낮아지게 된다. 즉, 횟수기준의 원가동인은 생산량에 관계없이 매 검사가 동일한 양의 활동을 소비하였다고 가정하기 때문에 활동의 실제소비량과 상관관계가 낮게 된다.

마지막으로 행위에 미치는 영향을 고려하여야 한다. 특정 원가동인을 선택할 때 고려해야 할 것은 종업원들에게 어떤 영향을 미치는가 하는 점이다. 만약 원가동인의 단위당 원가 혹은 그 양에 따라서 종업원들의 성과가 측정된다면 원가동인은 그들의 행동에 영향을 미칠 수 있기 때문이다. 원가동인의 선정이 종업원의 행동에 미치는 영향을 과소평가해서는 안 된다. 왜냐하면 어떤 기업에서 ABC의 도입목적으로 이러한 행위적 영향만을 고려하기도 하기 때문이다.

3.4.4 4단계 : 원가동인 단위당 원가산출과 활동원가계산

이 단계는 앞의 2단계와 3단계를 합한 단계로서 2단계에서 산출된 활동별 총원가를 3단계에서 규명된 원가동인으로 나누어 활동별 단위당 원가를 산출한다. 엄밀하게 이야기하면 각 활동의 대용치로 사용하고 있는 원가동인 단위당 원가가 얼마인지를 산출하는 것이다. 이렇게 산출된 단위당 원가는 각 활동을 사용한 수만큼 곱하여 그 제품에 배부함으로써 원가계산은 완료된다. 이때 전통적으로 직접원가로 인식되어 오던 원가에 대해서는 전통적인 방법 그대로 각 제품에 직접 부과할 수 있을 것이다.

3.5 전통적 원가계산과 활동기준원가계산의 비교

3.5.1 전통적 원가계산

직접노동시간을 기준으로 제조간접원가를 제품에 할당하는 전통적 원가계산과 비교하여 활동기준원가계산을 살펴보기로 하자. 직접노동시간은 단위관련 원가동인으로서 직접노무원가의 비중이 큰 과거에서부터 기업들이 많이 사용해 온 제조간접원가 배부기준이다. 전통적인 원가계산에서 예산상의 제조간접원가는 다음 연도 동안 예산상의 직접노동시간으로 나뉘어져 제조간접원가 예정배부율이 결정된다.

한라산㈜는 세 종류의 제품을 생산하고 있는데, 관련자료는 다음과 같다.

〈기본자료〉

㈜한라산은 세 종류의 제품 A, B, 그리고 C를 생산·판매하고 있다. 20×1년 5월 중에 발생한 생산관련 자료는 다음과 같다.

	제품 A	제품 B	제품 C
직접재료원가	₩150,000	₩600,000	₩750,000
직접노무원가	30,000	150,000	420,000
직접노동시간	150시간	750시간	2,100시간
생산량	100단위	300단위	1,000단위

5월 중에 발생한 제조간접원가는 ₩1,200,000이며, 전통적인 원가계산에서는 직접노동시간을 기준으로 제조간접원가를 배부한다.

활동별 원가 및 활동량 :

활 동	원 가	원가동인	활동량			
			제품 A	제품 B	제품 C	합계
작업준비활동	₩480,000	준비횟수	100회	60회	40회	200회
부품검사활동	320,000	부 품 수	50개	20개	30개	100개
구매주문활동	400,000	주문횟수	40회	20회	40회	100회

〈기본자료〉를 보면 제품 A 100단위를 생산하는 데 직접노동시간은 150시간이 소요되고, 직접재료원가와 직접노무원가는 각각 ₩150,000과 ₩30,000이 소요되며, 작업준비는 100회, 부품수 50개, 그리고 구매주문은 40회가 이루어졌음을 알 수 있다. 또한 위의 자료에서 제조간접원가 발생액은 ₩1,200,000인데, 그중 ₩480,000은 작업준비활동에서 발생된 제조간접원가이고, ₩320,000은 부품검사활동에서, 그리고 ₩400,000은 구매주문활동에서 발생된 제조간접원가이다. 위의 자료를 이용하여 전통적인 원가계산에서 제조간접원가 배부율은 직접노동시간 한 시간당 ₩400이다.

$$\text{제조간접원가 배부율} = \frac{₩1,200,000}{3,000\text{직접노동시간}} = ₩400/\text{직접노동시간}$$

이에 따라 각 제품별 제조간접원가 배부액은 다음과 같이 계산할 수 있다.

제 품	제조간접원가 배부액	생산량	단위당 제조간접원가
A	150시간×₩400＝₩60,000	100단위	₩600
B	750시간×₩400＝ 300,000	300단위	1,000
C	2,100시간×₩400＝ 840,000	1,000단위	840

또한 전통적 원가계산에서 단위당 제품원가는 [도표 5-4]와 같다.

경영자들은 이러한 원가정보를 바탕으로 어떤 제품을 강조할 것인지, 어떤 제품을 폐쇄시킬 것인지, 그리고 어떤 제품을 얼마나 판매할 것인지 등의 의사결정을 내릴 것

[도표 5-4] 전통적 원가계산에서 단위당 제품원가

제 품	직접재료원가	직접노무원가	제조간접원가	합 계	생산량	단위당원가
A	₩150,000	₩30,000	₩60,000	₩240,000	100	₩2,400
B	600,000	150,000	300,000	1,050,000	300	3,500
C	750,000	420,000	840,000	2,010,000	1,000	2,010

이다. 그런데 〈기본자료〉를 보면 우선 총제조간접원가 발생액은 ₩1,200,000으로 총직접노무원가 ₩600,000에 비해 상당히 큼을 알 수 있다. 또한 제품 A를 100단위 생산하는 데는 제품 B와 제품 C에 비해 작업준비횟수, 부품수, 그리고 구매주문횟수가 많이 소요됨을 알 수 있다. 그럼에도 불구하고 전통적 원가계산에서 제품 A 한 단위에 부과된 제조간접원가는 직접노동시간을 기준으로 한 결과 ₩600(=₩400×150시간÷100단위)으로 가장 낮게 나타났다. 이는 직접노동시간을 기준으로 한 배부액이 간접자원의 소비를 정상적으로 반영시키지 못함을 의미한다.

3.5.2 활동기준원가계산

활동기준원가계산에서는 우선 하나의 원가풀로 묶여진 제조간접원가를 작업준비활동, 부품검사활동, 그리고 구매주문활동으로 나누어서 집계한다. 원가풀의 숫자가 늘어나면 그만큼 같은 풀 내에서의 원가동질성이 높아지게 된다. 그 다음 각 원가풀마다 적절한 원가동인을 설정한다. 가령, 작업준비활동의 원가동인은 작업준비횟수이며, 부품검사활동은 부품수, 그리고 구매주문활동은 구매주문횟수가 원가동인이다. 원가동인은 전통적 원가계산에서의 배부기준과 똑같은 역할을 한다. 즉, 다음 단계에서 전통적 원가계산에서는 배부기준별 배부율을 산정하듯이 활동기준원가계산에서는 원가동인별 배부율이 산정될 것이다. 한 가지 크게 다른 점이 있다면 전통적 원가계산에서 사용되는 배부기준은 직접노동시간, 기계작업시간 등과 같은 단위수준 원가동인으로 생산량의 증가에 따라 증가되는 간접원가의 행태만을 잘 설명해 줄 수 있다는 점이다. 그러나 활동기준원가계산에서 사용되는 배부기준은 원가풀의 특성에 맞추어 다양하고 적절한 원가동인이 사용되므로 제품과 제품의 자원소모 간의 인과관계를 잘 반영시켜줄 수 있다. 제조간접원가 활동별 원가동인 배부율은 다음과 같다.

원가동인배부율				
활 동	제조간접원가	원가동인	원가동인 활동량	원가동인별 배부액
작업준비활동	₩480,000	작업준비횟수	200회	₩2,400
부품검사활동	320,000	부 품 수	100개	3,200
구매주문활동	400,000	구매주문횟수	100회	4,000

위의 표에 나타난 바와 같이 작업준비활동 1회를 수행하는 데 소요되는 원가는 ₩2,400이다. 마찬가지로 부품수가 한 가지 늘어나는 데에는 ₩3,200이, 그리고 구매주문 1회에 ₩4,000의 원가가 발생함을 알 수 있다. 이는 경영자에게 제품을 생산하는 데

[도표 5-5] 활동기준원가계산에서 제조간접원가 배부액

활 동	원가동인	활동별 배부율	제품A		제품B		제품C	
			활동수	배부액	활동수	배부액	활동수	배부액
작업준비	준비횟수	₩2,400	100회	₩240,000	60회	₩144,000	40회	₩96,000
부품검사	부품수	3,200	50개	160,000	20개	64,000	30개	96,000
구매주문	주문횟수	4,000	40회	160,000	20회	80,000	40회	160,000
제조간접원가 배부액				₩560,000		₩288,000		₩352,000
생산량				÷ 100		÷ 300		÷ 1,000
단위당 제조간접원가				₩5,600		₩960		₩352

[도표 5-6] 활동기준 원가계산에서 단위당 제품원가

제 품	직접재료원가	직접노무원가	제조간접원가	합 계	생산량	단위당원가
A	₩150,000	₩30,000	₩560,000	₩740,000	100	₩7,400
B	600,000	150,000	288,000	1,038,000	300	3,460
C	750,000	420,000	352,000	1,522,000	1,000	1,522

위의 활동을 줄일 수 있으면 그 만큼은 원가를 절감시킬 수 있다는 정보를 제공해 준다. 가령 어떤 제품을 생산하는 데 설계변경에 의해 부품수를 한 가지 줄였다면 그 제품을 생산하는 데 소요되는 제조간접원가는 ₩3,200만큼 감소된다는 것을 알려준다. 앞에서 구한 원가동인별 배부율을 사용하여 제품별 제조간접원가 배부액을 산정하면 [도표 5-5]와 같다. 이를 바탕으로 활동기준원가계산에서 제품 단위당원가를 산출하면 [도표 5-6]과 같다.

위에서 계산한 결과를 바탕으로 전통적인 원가계산과 활동기준원가계산에서의 단위당 제품원가를 비교하면 [도표 5-7]과 같다.

활동기준원가계산에서의 단위당 제품원가는 전통적 원가계산에서의 단위당 제품원가와 다르게 나타남을 알 수 있다. 활동기준원가계산에 의하면 제품 A의 단위당 원가는

[도표 5-7] 전통적 원가계산과 활동기준원가계산의 단위당 제품원가 비교

제 품	생 산 량	제품 단위당 원가	
		전통적 원가계산	활동기준원가계산
A	100단위	₩2,400	₩7,400
B	300단위	3,500	3,460
C	1,000단위	2,010	1,522

₩7,400으로 가장 높게 나타나고 있다. 또한 전통적 원가계산에서 나타난 단위당 원가 ₩2,400에 비해 매우 크게 높아진 것을 볼 수 있다. 제품 A는 생산량이 100단위로 제품 B나 C에 비해 훨씬 적다. 이와 같이 전통적 원가계산에서는 소량생산제품(low-volume product)의 원가를 과소계상하는 경향이 있다. 반면에 활동기준원가계산에서 제품 C의 단위당원가는 ₩1,522이다. 이는 전통적인 원가계산에서의 단위당원가는 ₩2,010이었으므로 상당히 감소하였음을 볼 수 있다. 즉, 전통적 원가계산에서는 대량생산제품(high-volume product)의 원가가 과대계상되는 경향이 있다. 제품 C는 생산량이 1,000단위로 대량생산제품(high-volume product)인 반면, 간접자원에 대한 소비량은 상대적으로 적은 제품이기 때문에 활동기준원가계산에서 제품단위당 원가는 낮게 계산된다. 활동기준원가계산을 사용하지 않으면 원가계산에 각 제품간의 불균등한 간접자원의 소비를 제대로 반영하지 못하기 때문에 왜곡된 정보를 제공하게 된다. 이러한 왜곡된 정보는 경영자들로 하여금 잘못된 의사결정을 하도록 유도할 수 있다.

3.6 활동기준원가계산의 한계

활동기준원가계산은 제조간접원가 배부와 관련해서 경영자에게 보다 정확한 정보를 제공해 주지만 일정부분 한계를 지닌다. 첫째, 활동기준원가계산은 전통적 원가계산에 비해서 복잡하고 정교한 시스템이기 때문에 운영비용이 많이 소요된다. 정보기술이 발전함에 따라 정교한 정보시스템의 운영비용은 점점 감소되는 추세에 있지만, 경영자는 활동기준원가계산의 도입에 앞서 운영효익과 운영비용을 면밀히 검토할 필요가 있다.

둘째, 활동기준원가계산은 제조간접원가의 배부와 관련해서 정보의 정확성을 제고시켜 주고 있기 때문에 제조간접원가의 비중이 크지 않은 기업에서는 큰 효익이 없을 수 있다. 또한 제조간접원가 중에 시설점유비용, 보험료, 재산세, 그리고 경영자 급여 등과 같은 소위 설비유지비용의 배부는 활동기준원가계산으로 개선되지 않는다. 즉, 이들 비용은 전통적인 원가계산과 마찬가지로 자의적인 배부방법에 의존할 수밖에 없다.

04 ABC의 효익

ABC에서 제공되는 정보로 얻을 수 있는 효익은 크게 의사결정의 개선과 관련원가 결정의 용이성 두 가지로 요약할 수 있으며, 이를 활동기준관리(activity-based management : ABM)로 확대하였을 때 나타날 수 있는 효익으로는 크게 지속적인 개선활동, 성과평가 방법의 개선, 조직구조의 변화, 그리고 경영전략의 지원 등으로 나누어 볼 수 있다. 이에 대하여 간략히 살펴보면 다음과 같다.

4.1 의사결정의 개선

ABC를 채택한 경영자들은 ABC에서 보고된 정확한 제품원가가 잘못된 의사결정을 내릴 가능성을 감소시킨다고 보고 있다. 잘못된 의사결정은 전통적인 원가시스템에서 보고되는 원가정보의 왜곡수준을 과소평가하기 때문이다. 경쟁이 심할수록 잘못된 제품가격 결정과 제품믹스 결정, 비효율적인 제조설비 사용, 제품디자인의 오류 등이 발생할 가능성이 크다. 따라서 정확한 제품원가정보는 심한 경쟁압력에 직면한 기업에서는 특히 중요하다.

4.2 관련원가 결정의 용이성

기업의 원가시스템에서 제공된 제품원가 자료는 종종 원가조정을 거쳐서 특수의사결정에 적합한 정보로 전환된다. 그런데 원가조정에는 많은 비용이 소비된다. 주어진 의사결정을 위해 요구되는 원가조정의 정도는 부정확한 원가정보가 제공됨으로써 발생하는 위험의 크기에 따라, 그리고 보고된 제품원가의 정확성과 수정의 용이성에 따라 달라진다. ABC는 전통적인 원가시스템과는 달리 보고된 제품원가의 정확성을 증가시키고 그 외에 다양한 원가정보를 제공하기 때문에, 관련원가계산에 있어서 특별한 노력의 필요성은 감소하게 된다. ABC를 실행함으로써 기업관리자는 제품의 수익성 변화라는 최종 결과보다는 작업준비 혹은 정전 등의 작업중지에서 발생하는 기계시간, 노동시간의 소비에 그들의 관심을 돌리게 된다. 이것은 제조활동의 효율성을 개선하는 주요 프로젝트를 시작하는 데 도움을 준다. 그러나 이러한 비용은 지금까지 간접원가 배부에 의해 묻혀 있었기 때문에 관리자가 관심을 가지지 않고 있었던 것이다.

4.3 지속적인 개선활동

전통적인 원가시스템에서 원가절감은 원재료의 구입가격을 낮추고, 직접노동을 더욱 효율적으로 운용하며, 그리고 기계를 더 빨리 가동시킴으로써 달성할 수 있다고 본다. 따라서 엔지니어는 원재료·노동·기계시간 등과 같은 간접원가의 배부기준이 되는 자원의 소비를 감소시킴으로써 제품원가를 더 낮게 보고하려는 경향을 나타낸다. 그러나 ABC에서 비용절감은 작업준비비용의 감소, 생산계획과 자재취급의 효율적 운용, 그리고 소비자의 제품수요에 일치시키면서도 그 부품의 수를 줄이는 활동 등을 수행함으로써 달성하게 된다. 특히 관리자들이 개선의 기회를 제시하고, 종업원들이 이에 동의하는 과정을 거치게 됨으로써, 종업원들로 하여금 지속적인 개선에 관심을 가지게 할 뿐만 아니라 이를 적극적으로 수행할 수 있도록 유도할 수 있다.

ABC정보는 또한 다음과 같은 방법으로 성과개선 활동을 지원한다. 첫째, 본질적인 성과개선을 기대할 수 있는 활동에 대해 현재까지 소비된 비용을 밝혀 낼 수 있다. 따라서 FMS(flexible manufacturing system), CIM(computer integrated manufacturing) 도입으로 인한 수많은 효익을 명확하게 규명할 수 있다. 둘째, 이미 품질개선과 JIT활동을 도입하고 있는 조직에서도 개선의 여지가 가장 많은 활동에 중점을 두게 하는 데 도움을 준다. 셋째, 활동개선이 수익향상과 비용절감을 통해 수익성 개선으로 나타났는지를 판단할 수 있다.

4.4 성과평가방법의 개선

ABC를 도입한다는 것은 단순히 정확한 원가를 계산한다는 측면만을 나타내는 것은 아니다. 기업목표 달성에 필수적으로 요구되는 활동들을 규명하고 활동분석을 통하여 성과측정치의 개선을 이룰 수 있다. 특히 기업활동 가운데 원가발생 요인인 원가동인을 파악함으로써 종업원들로 하여금 이러한 원가동인의 발생빈도를 감소시키게 하는 유인을 제공한다. 따라서 ABC의 도입은 지금까지 사용되어 왔던 재무적 측정치 외에도 비재무적 측정치를 사용할 수 있게 함으로써 지속적인 성과개선을 기대할 수 있게 한다.

또한 ABC는 전통적으로 문제가 되어 왔던 단기적 성과 위주의 의사결정이 장기적 관점에서 효율성 향상으로 나타날 수 있게 한다. 활동분석과 경영프로세스 분석이 이루어짐에 따라 각 활동들의 흐름을 쉽게 파악할 수 있으며, 원가동인을 규명함으로써 작업자는 원가발생 요인을 감소시키는 방향으로 관심을 돌릴 수 있다. 예를 들어, 작업준비의 경우 작업준비시간을 원가동인으로 사용하고 있다면 작업준비시간을 줄이려는 유인이 종업원들에게 주어지며, 이것은 곧 기업의 성과향상으로 나타날 것이라고 본다.

4.5 조직구조의 변화

부적절한 조직구조에서도 불필요한 원가가 발생한다. 따라서 지속적인 개선노력을 통하여 비효율적인 통제의 폭(span of control)과 관리사슬(management chain)을 수정하는 등의 조직변화를 이끌어 낼 수 있다. 예를 들어, 어떤 유사한 활동들이 두 개 이상의 부문에서 이루어지고 있거나 혹은 특정부문의 업무특성상 관련성이 없는 활동들이 이루어지고 있다면 이것은 업무의 중복, 조직의 비효율성을 나타내는 것이다. 따라서 이러한 활동들을 통합 혹은 분리시킴으로써 조직의 효율성을 증대시킬 수 있을 것이다.

4.6 경영전략의 지원

경영전략이란 기업의 목표를 달성하기 위한 장기적인 계획이라고 할 수 있다. 장기적인 계획을 수행하기 위하여 단기적인 수행정책 및 절차가 개발되어야 한다. 이러한 기업의 정책 및 절차는 일반적으로 원가를 발생시키는 공통된 원천이다. 왜냐하면 기업의 활동은 기업정책 및 절차에 의해 통제되기 때문이다. 만약 생산활동에서 기업정책 및 절차가 비부가가치 활동을 수행하게 된다면 활동분석을 통하여 변화 또는 제거시킬 수 있다. 장기적으로 볼 때 최선의 실무를 찾아내어 이를 실행할 수 있게 되는 것이다. 또한 활동은 기업의 전략적인 선택에 의해 결정된다고 볼 때 가장 높은 전략적 효익을 산출하는 활동에 자원을 이동시킬 수 있을 것이다.

05 종합예제

㈜한라산은 냉장고와 세탁기 두 제품을 생산하고 있다. 냉장고는 매년 2,000개씩 생산하여 판매하고 있으며, 세탁기는 매년 10,000개씩 생산·판매하고 있다. 각 제품의 생산과 관련된 자료는 다음과 같다.

활 동	원가동인	활동원가	활동사용량		
			냉장고	세탁기	총사용량
노동관련활동	직접노동시간	₩500,000	10,000	40,000	50,000
작업준비활동	작업준비횟수	480,000	600	200	800
품질검사활동	검사시간	220,000	1,400	600	2,000
공장관리활동	기계시간	300,000	20,000	40,000	60,000
		₩1,500,000			

(요구사항)

1. 원가정보는 다음과 같다.

	직접재료원가	직접노무원가(시간당 ₩15)
냉장고	₩150	₩75
세탁기	200	60

㈜한라산은 제조간접원가 배부기준으로 직접노동시간을 사용한다. 각 제품의 단위당 원가를 산출하시오.

2. 활동기준원가계산을 적용할 때 각 제품의 단위당 원가를 산출하시오.

(해 답)

1. 전통적인 원가계산

제조간접원가 배부율 = ₩1,500,000/50,000시간 = ₩30/직접노동시간

	냉장고		세탁기	
직접재료원가		₩150		₩200
직접노무원가		75		60
제조간접원가	₩30×5시간	150	₩30×4시간	120
		₩375		₩380

2. 활동기준원가계산

(1) 원가동인 단위당 원가

활 동	활동원가	총활동사용량	활동별 배부율
노동관련활동	₩500,000	50,000	₩10
작업준비활동	480,000	800	600
품질검사활동	220,000	2,000	110
공장관리활동	300,000	60,000	5

(2) 각 제품원가

		냉장고		세탁기	
활 동	배부율	활동사용량	배부액	활동사용량	배부액
노동관련활동	₩10	10,000	₩100,000	40,000	₩400,000
작업준비활동	600	600	360,000	200	120,000
품질검사활동	110	1,400	154,000	600	66,000
공장관리활동	5	20,000	100,000	40,000	200,000
제조간접원가 할당액			₩714,000		₩786,000
생산량			÷2,000		÷10,000
단위당 제조간접원가			₩357		₩78.6
직접재료원가			150		200
직접노무원가			75		60
단위당 제품원가			₩582		₩338.6

연습문제

EXERCISES

객관식 문제

[5-1] 다음 중 활동기준원가계산제도가 생겨나게 된 배경으로 틀린 것은? (기업회계 1급)

① 제품 및 생산공정의 다양화
② 원가정보의 수집 및 처리기술의 발달
③ 개별제품이나 작업에 직접 추적이 가능한 원가의 증가
④ 수익성 높은 제품의 선별을 통한 기업역량 집중의 필요성

[5-2] 활동기준원가계산 시스템에 대한 설명이다. 틀린 것은? (기업회계 1급)

① 제품과 고객이 매우 다양하고 생산공정이 복잡한 경우, 일반적으로 활동기준원가계산이 전통적 원계계산보다 정확한 제품원가 정보를 제공한다.
② 활동기준원가계산은 원가 발생형태보다 원가를 소모하는 활동에 초점을 맞추어 원가를 집계하여 배부하기 때문에 전통적 원가계산보다 정확한 제품원가 정보를 제공한다.
③ 활동기준원가계산은 전통적 원가계산보다 원가발생액과 원가동인과의 인과관계를 제대로 반영할 수 없는 한계점이 있다.
④ 생산과정에서 거액의 간접원가가 발생하는 경우 활동기준원가계산이 전통적 원가계산보다 원가관리에 효과적이다.

[5-3] 다음은 활동기준원가계산에서 어느 활동 수준을 설명한 것인가? (기업회계 1급)

> 용량수준활동이라고 불리는 이 활동수준은 다양한 제품의 생산을 위해서 필요한 활동수준이다. 특정작업에 국한되지 않고 전반적인 생산과 관련되는 활동으로 공장관리, 건물관리, 안전유지 및 조경 등이 포함된다.

① 제품단위수준활동 ② 묶음단위수준활동
③ 제품수준활동 ④ 설비수준활동

[5-4] 활동기준원가계산(Activity Based Costing)의 절차를 표시한 것이다. 적용하는 순서로 올바른 것은? (기업회계 1급)

> ㉮ 활동분석 ㉯ 원가동인의 선택
> ㉰ 제조간접원가의 배부 ㉱ 활동중심점의 설정
> ㉲ 활동별 제조간접원가배부율의 계산

① ㉮ – ㉱ – ㉯ – ㉲ – ㉰　　② ㉯ – ㉲ – ㉮ – ㉰ – ㉱
③ ㉮ – ㉰ – ㉲ – ㉱ – ㉯　　④ ㉱ – ㉮ – ㉲ – ㉯ – ㉰

[5-5] 금형을 제작하는 남한강제조㈜는 활동기준원가계산 방법에 의하여 제품(금형A)의 가공원가를 계산하고 있다. 각 활동과 활동별 원가배부율은 다음과 같다. 금형A 1단위를 제조하기 위해서는 절단시간 2시간, 드릴작업시간 3시간, 검사 1시간이 요구되며 단위당 직접재료원가는 ₩1,000이다. 당기에 회사가 금형A를 50단위 생산할 경우 제품제조원가는 얼마인가?

(기업회계 1급)

구 분	원가동인	단위당 배부율
원재료 절단작업	절단시간	₩100
드릴작업	작업시간	150
검사	검사시간	50

① ₩35,000　② ₩50,000　③ ₩85,000　④ ₩170,000

[5-6] ㈜목련은 현재 직접노동시간에 기초하여 제조간접원가를 직접노동시간 1시간당 ₩150,000씩 배부하는 방법을 사용하고 있다. ㈜목련은 보다 정확한 원가계산을 위해 활동기준원가계산을 도입하고자 하며, 이를 위해 파악된 활동중심점별 원가동인과 활동원가 배부율은 다음과 같다.

활 동	원가동인	배부율
재료취급	부품의 수	부품당 ₩1,000
조 립	직접노동시간	시간당 ₩12,000
검 사	검사시간	분당 ₩10,000

500개의 부품, 직접노동시간 5시간, 검사시간 5분이 소요되는 1회의 작업(batch)으로 100대의 제품이 제조되었다면 활동기준원가계산방법을 적용하는 경우에는 전통적 원가계산방법에 비해 제품 단위당 제조간접원가가 얼마나 증가 또는 감소하는가? (기업회계 1급)

① ₩1,400 감소　② ₩1,600 증가　③ ₩1,800 감소　④ ₩2,000 증가

[5-7] ㈜평택은 활동기준원가계산을 적용하는데 아래와 같은 활동별 관련자료를 수집하였다. 생산제품 중 하나인 제품 AA에 대해 생산준비횟수는 60회, 기계사용시간은 400시간, 검사수행횟수가 150회, 제품생산량은 1,000단위, 단위당 기초원가는 ₩800이었다. 제품 AA의 총제조원가는 얼마인가? (기업회계 1급)

활 동	원가동인	원가동인수	원가총액
생산준비	생산준비횟수	200회	₩300,000
기계사용	기계사용시간	1,000시간	900,000
품질검사	검사수행횟수	500회	400,000

① ₩1,360,000 ② ₩1,370,000 ③ ₩1,380,000 ④ ₩1,390,000

[5-8] 활동기준원가계산을 채택하고 있는 ㈜대한은 제품A와 제품B를 생산하고 있다. 제품A와 제품B의 연간 생산량은 각각 600단위와 400단위이다. 활동구분, 원가동인, 활동별원가 및 활동사용에 대한 자료는 다음과 같다. 이 자료에 기초하여 제품A의 단위당 제조간접원가를 계산하면 얼마인가? (기업회계 1급)

활동구분 (원가동인)	활동별원가	활동사용		
		제품A	제품B	합 계
작업준비활동 (작업준비횟수)	₩24,000	10회	6회	16회
절삭작업활동 (기계작업시간)	60,000	24시간	36시간	60시간
품질검사활동 (검사시간)	54,000	6시간	12시간	18시간

① ₩95 ② ₩105 ③ ₩125 ④ ₩245

[5-9] ㈜혜강은 활동기준원가계산을 사용하며 제조과정은 다음의 3가지 활동으로 구분된다. 제품 단위당 필요한 부품의 수는 4개, 직접작업시간은 2시간이며, 제품의 직접재료원가가 단위당 ₩700이고 총 300단위의 제품을 생산한다면 총제조원가는 얼마인가? (기업회계 1급)

작업활동	원가동인	연간원가동인수	연간가공원가총액(변동원가)
재료처리	부품의 개수	30,000개	₩6,000,000
조 립	직접작업시간	1,000시간	480,000
포 장	포장 개수	4,000개	200,000

① ₩500,000 ② ₩632,000 ③ ₩753,000 ④ ₩820,000

[5-10] ㈜재민은 개별 제품의 수익성분석을 위해 다음과 같은 원가배분자료를 검토하고 있다. 예산상의 재료처리비는 ₩500,000이다. 활동기준원가계산에 의하여 재료처리비를 배부하고 원가동인으로 재료처리시간을 결정한 경우에 제품B 한 단위에 배분되는 재료처리비는 얼마인가? (기업회계 1급)

구 분	제품A	제품B
생산량	500개	500개
제품별 재료처리횟수	10회	30회
재료처리횟수당 필요시간	2시간	1시간
단위당 직접노무원가	₩2,000	₩2,000

① ₩500 ② ₩600 ③ ₩750 ④ ₩1,000

[5-11] ㈜재민은 활동기준원가계산을 사용하며, 제조과정은 다음의 3가지 활동으로 구분된다.

작업활동	원가동인	연간원가동인수	연간가공원가총액
재료처리	부품의 수	100,000개	₩6,000,000
조 립	직접작업시간	10,000시간	3,600,000
포 장	포장된 제품수	20,000개	4,200,000

재료처리활동의 원가 중 ₩2,000,000은 고정원가이며, 조립 및 포장활동의 원가는 모두 변동원가이다. 제품 한 단위당 필요한 부품의 수는 5개, 직접작업시간은 0.5시간이며, 제품의 단위당 판매가격과 재료원가가 각각 ₩2,000과 ₩600일 경우 제품의 단위당 매출총이익은? (기업회계 1급)

① ₩710 ② ₩810 ③ ₩990 ④ ₩1,010

[5-12] ㈜화성은 활동기준원가계산 방법을 사용하고 있다. ㈜화성은 갑과 을의 두 가지 제품을 생산하고 있다. 갑제품의 연간 생산 및 판매량은 8,000단위이고 을제품은 6,000단위이다. ㈜화성은 세 가지 활동을 수행하고 있으며, 이에 관한 정보는 다음과 같다. 활동기준원가계산 방법을 적용하여 갑제품의 단위당 제조간접원가를 구한다면 얼마인가? (기업회계 1급)

활동 집합	제조간접원가	원가동인의 수	
		갑 제품	을 제품
활동 1	₩20,000	100	400
활동 2	37,000	800	200
활동 3	91,200	800	3,000

① ₩6.6 ② ₩5.5 ③ ₩3.9 ④ ₩2.4

[5-13] ㈜화성은 활동기준원가계산을 사용하며 제조과정은 다음 3가지 활동으로 구분된다. 2016년도 A제품의 원가자료는 다음과 같다. 분쇄공정의 원가 중 ₩600,000은 고정원가로 A제품과 관련되어 발생하였고, 그 외에는 모두 변동활동원가이다. A제품 한 단위당 재료부피는 25리터, 압착기계시간은 20분, 분쇄기계시간은 5시간이다. A제품의 단위당 재료원가가 ₩3,000이면 다음 1년간 A제품을 300단위 생산하는 경우 총제조원가는 얼마인가? (기업회계 1급)

활 동	원가동인	연간 원가동인 수	연간 가공원가 총액
세 척	재료의 부피	10,000리터	₩400,000
압 착	압착기계시간	5,000시간	4,000,000
분 쇄	분쇄기계시간	30,000시간	1,500,000

① ₩1,625,000 ② ₩1,720,000 ③ ₩1,860,000 ④ ₩1,925,000

[5-14] ㈜화성은 병점동 영업점을 폐쇄하고자 해당 영업점의 다음과 같은 수익과 원가자료를 검토하고 있다. 활동 및 활동원가동인율이 다음과 같은 경우 활동기준원가를 통해 계산한 병점동 영업점 폐쇄시 연간 영업이익 변화액은 얼마인가? 단, 영업점관리활동원가 ₩8,000 중에서 ₩3,200은 본사로부터 배부받은 고정원가이다. (기업회계 1급)

• 매출총이익 : ₩35,000
• 관리고객인원 : 120명
• 연간 주문처리건수 : 400건
• 평균재고보유수량 : 150개

활 동	주문처리활동	고객유지활동	재고보관활동	영업점관리활동
배부율	₩50/주문처리건수	₩40/고객	₩30/보유수량	₩8,000/영업점

① ₩900 감소 ② ₩900 증가 ③ ₩2,300 감소 ④ ₩2,300 증가

[5-15] 다음 중 (가) 활동원가계층구조(activity cost hierarchy) 분류, (나) 해당원가의 예, (다) 원가동인(cost driver)의 조합이 적절하지 않은 것은? (CPA)

	(가)	(나)	(다)
①	단위수준 활동원가	기계동력원가	기계작동시간
②	배치수준 활동원가	전수(제품전량) 검사원가	검사횟수
③	제품유지 활동원가	제품설계원가	제품의 종류 수
④	배치수준 활동원가	기계작업준비원가	준비횟수
⑤	단위수준 활동원가	소모품원가	제품의 생산량

주관식 문제

[5-1] ㈜한라산은 여객운송 및 픽업서비스를 제공하는 회사이며, 20×1년 5월 중에 발생한 원가는 다음과 같다.

운전기사급여	₩500,000
차량유지비	300,000
차량 감가상각비	200,000
판매부서 급여	250,000
사무실 임차료	150,000
기타관리비	100,000
총원가 발생액	₩1,500,000

㈜한라산은 정확한 원가분석을 위하여 활동기준원가계산 제도를 도입하기로 하고 활동분석을 실시하였다. 활동분석결과 기업의 활동은 크게 4개로 분류되었으며, 각 활동별로 자원소비량은 다음과 같다.

	운송서비스	픽업서비스	고객관리	기타	합계
운전기사급여	40%	30%	20%	10%	100%
차량유지비	75%	5%	10%	10%	100%
차량 감가상각비	60%	10%	0%	30%	100%
판매부서 급여	0%	0%	80%	20%	100%
사무실 임차료	0%	30%	30%	40%	100%
기타관리비	10%	5%	50%	35%	100%

(요구사항)

위의 자료를 이용하여 각 활동별 원가를 집계하시오.

[5-2] ㈜한라산은 냉장고와 세탁기를 생산·판매하고 있다. 제품생산과 관련된 자료는 다음과 같다.

	냉장고	세탁기
단위당 직접재료원가	₩350	₩250
단위당 직접노동시간	4시간	2시간
예정 생산량	5,000단위	20,000단위

㈜한라산의 직접노동시간당 임률은 ₩20이며, 제조간접원가 배부기준으로 직접노동시간

을 사용하고 있다. 연간 제조간접원가 예상액은 ₩1,800,000이다. ㈜한라산의 경영자는 활동기준원가계산을 적용하기 위해 활동분석을 실시하고, 활동별 제조간접원가를 집계하여 다음과 같은 자료를 얻었다.

			원가동인 사용량		
활 동	원가동인	예상 제조간접원가	냉장고	세탁기	합 계
작업준비	준비횟수	₩600,000	40회	20회	60회
재료처리	처리횟수	360,000	50회	40회	90회
품질검사	검사시간	840,000	900시간	1,200시간	2,100시간
		₩1,800,000			

(요구사항)

1. 전통적인 원가계산에 의한 각 제품별 단위당 원가는 얼마인가?
2. 활동기준원가계산에 의한 각 제품별 단위당 원가는 얼마인가?

[5-3] ㈜한라산은 현재 직접노동시간에 기초하여 제조간접원가를 직접노동시간 1시간당 ₩15,000씩 배부하는 방법을 사용하고 있다. ㈜한라산은 보다 정확한 원가계산을 위해 활동기준원가계산을 도입하고자 하며, 이를 위해 파악된 활동중심점별 원가동인과 활동원가 배부율은 다음과 같다. 제품A는 한 번의 작업(batch)에서 20개의 부품, 5시간의 직접노동시간, 1시간의 검사시간이 소요된다. 한 번의 작업으로 100단위의 제품이 생산된다.

활 동	원가동인	배부율
재료취급	부품의 수	부품당 ₩1,500
조 립	직접노동시간	시간당 ₩5,000
검 사	검사시간	시간당 ₩2,000

(요구사항)

1. 전통적인 원가계산에 의한 제품A의 단위당 제조간접원가는 얼마인가?
2. 활동기준원가계산에 의한 제품A의 단위당 제조간접원가는 얼마인가?

[5-4] ㈜한라산은 활동기준원가계산방법을 사용하고 있다. 회사는 에어컨과 선풍기를 생산·판매하고 있다. 20×1년 한 해 동안 ㈜한라산은 에어컨과 선풍기를 각각 20,000단위와 40,000단위를 생산·판매하였다. 회사가 수행하고 있는 활동에 관한 정보는 다음과 같다.

활 동	원가동인	원가발생액	제품별 활동량 에어컨	선풍기	합 계
작업준비활동	준비횟수	₩350,000	200회	80회	280회
자재수불활동	수불횟수	270,000	400회	80회	480회
품질검사활동	검사시간	250,000	2,000시간	3,000시간	5,000시간
공장유지활동	기계시간	120,000	10,000시간	20,000시간	30,000시간
		₩990,000			

(요구사항)

1. 제조간접원가 배부기준으로 기계사용시간을 사용하는 전통적인 원가계산에 의한 각 제품별 단위당 제조간접원가를 산출하시오.
2. 활동기준원가계산 방법을 적용하여 각 제품별 단위당 제조간접원가를 산출하시오.

[5-5] ㈜한라산은 상품매매기업으로 활동기준원가계산에 의하여 판매비용을 고객별로 배부한다. 활동기준원가계산을 적용하기 위해 20×1년 초에 분석한 판매관련 활동에 대한 연간 예산 및 관련 자료는 아래와 같다.

활 동	활동별원가	원가동인	활동량
주문처리	₩600,000	주문횟수	500회
고객지원	800,000	고객수	80명

20×1년 중 고객 A가 12회 주문할 경우, ㈜한라산이 고객 A로부터 얻는 총 매출액은 ₩100,000이며, 동사의 매출원가율은 60%이다.

(요구사항)

활동기준원가계산을 통해 판매비용을 배부할 경우 고객 A로부터의 기대되는 연간 판매이익은 얼마인가?

[5-6] ㈜한라산은 원가계산을 위해 활동기준원가계산을 사용하며, 제품생산에 관련된 활동은 다음과 같다.

활 동	원가동인	연간 원가동인 수	연간 가공원가총액
작업준비	준비횟수	1,000회	₩400,000
재료처리	처리횟수	2,500회	500,000
절단작업	기계사용시간	20,000시간	3,000,000
조립작업	직접노동시간	15,000시간	1,800,000

제품A는 1회 생산으로 200단위를 생산하며, 1회 생산시 작업준비 1회, 재료처리 2회, 기계사용시간 100시간, 직접노동시간 80시간이 요구된다. 제품A의 단위당 직접재료원가는 ₩500이며, 단위당 판매가격은 ₩900이다.

(요구사항)

활동기준원가계산을 적용할 경우 제품A의 단위당 매출총이익은 얼마인가?

[5-7] ㈜한라산은 지금까지 직접노동시간을 기준으로 제조간접원가를 배부하는 방법으로 원가계산을 하였다. 경영자는 보다 정확한 원가계산을 위하여 활동기준원가계산제도를 도입하고자 한다. 이를 위해 다음과 같은 자료를 수집하였다.

활 동	원가동인	활동량	가공원가
작업준비	준비횟수	90회	₩540,000
절삭작업	기계사용시간	3,000시간	1,500,000
세척작업	세척시간	2,000시간	500,000
조립작업	직접노동시간	5,000시간	1,000,000
			₩3,540,000

제품A와 제품B의 생산에 관한 활동자료는 다음과 같다.

제품명	준비횟수	기계사용시간	세척시간	직접노동시간
A	50회	1,000시간	800시간	1,000시간
B	40회	2,000시간	1,200시간	4,000시간

제품A와 제품B의 연간 생산량은 각각 500단위와 2,000단위이며, 단위당 직접재료원가는 제품A가 ₩3,000, 제품B가 ₩2,000이다.

(요구사항)

1. 전통적인 원가계산에 의한 제품별 단위당 원가를 산출하시오.
2. 활동기준원가계산에 의한 제품별 단위당 원가를 산출하시오.

[5-8] ㈜한라산은 활동기준원가계산을 이용하여 개별작업에 대한 원가계산을 실시하고 있다. 20×1년 수행한 활동과 원가에 관한 정보는 다음과 같다.

활 동	원 가	원가동인	최대활동량
생산준비	₩450,000	생산준비시간	4,500시간

재료처리	800,000	재료처리횟수	2,000회
기계사용	1,500,000	기계작업시간	10,000시간
품질관리	600,000	품질관리횟수	2,500회
수선유지	320,000	수선작업시간	4,000시간

작업A에서는 2,000단위의 제품을 생산하였으며, 직접재료원가 ₩900,000과 직접노무원가 ₩300,000이 발생하였으며, 각 활동에 대한 사용량은 다음과 같다.

작 업	생산준비	재료처리	기계작업	품질관리	수선시간
A	600시간	200회	2,500시간	150회	800시간

(요구사항)

1. 각 활동을 활동의 계층적 모형에 따라 단위수준활동, 배치수준활동, 제품유지활동, 설비유지활동으로 구분하시오.
2. 활동기준원가계산을 사용할 경우 작업A에 집계될 총원가를 산출하시오.

[5-9] ㈜한라산은 다품종 소량생산을 하는 기업으로 원가계산을 위해 직접노동시간을 기준으로 제조간접원가를 각 제품에 배부하여 왔다. 최근 경영자는 보다 정확한 원가계산을 위해 활동기준원가계산의 도입을 검토하고 있다. 다음은 ㈜한라산이 생산하고 있는 제품A에 관한 생산 및 원가 관련 자료이다.

생산 및 판매량	1,000개
단위당 직접노무원가	₩300(단위당 직접노동시간 2시간)
연간 제조간접원가 예상액	₩2,500,000
연간 예정 직접노동시간	10,000시간

㈜한라산은 활동기준원가계산을 도입하기 위하여 활동을 분석한 결과는 다음과 같다.

활 동	원가동인	원가동인당 원가
작업준비	준비시간	₩1,000
제품설계	설계변경횟수	4,000
제품검사	검사시간	150
제품포장	포장시간	150

제품A는 1회 생산으로 100단위의 제품을 생산하며, 작업준비시간은 1회당 5시간이 소요된다. 또한 제품단위당 2시간의 검사시간, 20분의 포장시간이 소요된다. 제품A는 연간 10회의 설계변경이 이루어졌다.

(요구사항)

활동기준원가계산에 의할 경우 지금까지의 방법에 비해 제품A의 단위당 제조간접원가는 얼마나 증가 혹은 감소하는가?

[5-10] ㈜한라산은 법률서비스를 제공하고 있으며, 고객별로 정확한 원가계산을 실시하기 위해 활동기준원가계산을 도입하고자 한다. 이에 따라 회계당담자는 20×1년 회사의 활동을 다음과 같이 분류하고 활동별 연간 예상원가 및 예상활동량을 추정하였다.

활 동	원가동인	연간 예상원가	연간 예상활동량
소송관련	재판일수	₩2,500,000	500일
고객상담	상담시간	1,800,000	1,500시간
자료조사	조사시간	1,200,000	800시간
경영지원	고 객 수	1,500,000	200명
		₩7,000,000	

㈜한라산은 20×1년 1년 동안 고객 홍길동을 위해 다음과 같은 활동을 수행하였다.
재판일수 20일, 고객상담 100시간, 자료조사 60시간

(요구사항)

고객 홍길동에게 배부될 총원가는 얼마인가?

[5-11] ㈜한라산은 보급형 휴대폰과 고급형 휴대폰을 생산하고 있다. 20×1년 제조간접원가 예상발생액은 ₩20,000,000이며, 보급형은 10,000개, 고급형은 40,000개가 생산·판매될 것으로 예상된다. 활동기준원가계산을 적용하기 위하여 활동분석 등을 통하여 다음과 같은 자료를 수집하였다.

활 동	활동원가	원가동인	활동사용량		
			보 급 형	고 급 형	계
구매주문	₩1,640,000	주문횟수	?	?	?
설계변경	2,640,000	설계변경횟수	2	8	10
작업준비	4,920,000	준비시간	?	?	?
제품검사	10,800,000	검사시간	?	?	?
총제조간접원가	₩20,000,000				

보급형은 500단위를 1묶음으로 배치(batch)생산하며, 고급형은 100단위를 1묶음으로 배치생산한다. 구매주문은 보급형은 2묶음 생산에 필요한 원재료를 한 번에 주문하며, 고급형은 1묶음 생산에 필요한 원재료를 한 번에 주문한다. 작업준비시간은 보급형은 1회에 2시간, 고

급형은 4시간이 소요된다. 각 제품은 전수검사를 실시하며, 단위당 검사시간은 보급형 1시간, 고급형 2시간이다.

(요구사항)

활동기준원가계산을 적용할 경우 20×1년 고급형에 배분될 제조간접원가는 얼마인가?

[5-12] ㈜한라산은 3가지 제품을 판매하고 있다. 최근에 경영자는 판매관리비를 효과적으로 배부하기 위해 활동기준원가계산을 도입하기로 하고 판매관리비와 관련된 활동을 분석한 결과 다음과 같은 자료를 수집하였다.

활 동	원가동인	활동별 배부율
구 매	구매주문건당	₩200
입 고	입고건당	100
진 열	시간당	50
포 장	시간당	30
고객관리	판매수량	10

다음은 각 제품의 판매 및 원가자료이다.

	제품A	제품B	제품C
매 출 액	₩150,000	₩200,000	₩250,000
매출원가	75,000	120,000	150,000
판매관리비	45,000	60,000	75,000
영업이익	₩30,000	₩20,000	₩25,000
제품별 활동량			
주문건수	50건	30건	20건
입고건수	100건	50건	40건
진열시간	200시간	120시간	80시간
포장시간	150시간	120시간	100시간
판매수량	1,500단위	2,000단위	1,000단위

(요구사항)

지금까지 ㈜한라산은 판매관리비를 모든 제품에 일률적으로 매출액의 30%를 배부하여 왔다. 활동기준원가계산에 의할 경우 각 제품의 영업이익을 산출하시오.

[5-13] ㈜한라산은 지금까지 기계사용시간을 기준으로 제조간접원가를 각 제품에 배부하여 왔다. 경영자는 보다 정확한 원가계산을 위해 활동기준원가계산을 도입하고자 한다. 이에 따라 회계담당자가 분석한 20×1년 제조간접원가에 관한 자료는 다음과 같다.

활 동	원가동인	예상원가	예상활동량	활동별 배부율
작업준비활동	준비횟수	₩300,000	300회	₩1,000/회
구매주문활동	주문횟수	200,000	100회	2,000/회
폐기물처리활동	폐기물처리량	150,000	1,000톤	150/톤
제품세척활동	세척시간	100,000	2,000시간	50/시간
기타제조활동	기계사용시간	250,000	10,000시간	25/시간
		₩1,000,000		

20×1년 생산한 제품X에 관한 자료는 다음과 같다.

생산량	500단위
작업준비횟수	10회
원재료 주문횟수	6회
폐기물처리량	100톤
제품세척시간	150시간
기계사용시간	1,500시간
직접재료원가	₩200,000
직접노무원가	₩50,000

(요구사항)

1. 기계사용시간을 제조간접원가 배부기준으로 사용하는 전통적인 원가계산에 의한 제품X의 단위당 제조간접원가는 얼마인가?
2. 활동기준원가계산을 사용하여 제조간접원가를 배부할 경우 제품X의 단위당 제조간접원가는 얼마인가?

[5-14] ㈜한라산은 제품 A와 제품 B를 생산·판매하는 기업으로 생산 및 원가 관련 자료는 다음과 같다.

	제품 A	제품 B
생산량(판매량)	15,000개	5,000개
직접재료원가	₩5,000,000	₩3,000,000
직접노무원가	1,000,000	1,000,000

전통적인 원가계산방식에 의하면 제조간접원가는 직접노무원가를 기준으로 각 제품에 200%씩 배부한다. 한편, 활동기준원가계산에 의하면 생산지원활동은 다음과 같이 4가지로 구분할 수 있으며 활동별 배부율은 다음과 같다.

작업준비활동	작업준비시간	₩1,200
품질검사활동	검사시간당	300
제품포장활동	제품단위당	?
설비유지활동	기계사용시간	30

- 제품 A는 1배치(묶음)가 500개이고, 배치당 작업준비시간은 10시간, 제품 단위당 품질검사시간은 10분, 기계사용시간은 2시간이다.
- 제품 B는 1배치가 100개이며, 배치당 작업준비시간은 5시간, 품질검사시간은 30분, 기계사용시간은 1시간이 소요된다.

(요구사항)

제품포장활동에 집계된 원가는 얼마인가?

[5-15] ㈜한라산은 TV와 컴퓨터를 생산·판매하고 있다. 20×1년도의 제품별 손익계산서는 다음과 같다.

	TV	컴퓨터	합 계
매출액	₩18,000,000	₩4,250,000	₩22,250,000
매출원가	10,980,000	2,820,000	13,800,000
매출총이익	₩7,020,000	₩1,430,000	₩8,450,000
판매관리비	6,900,000	450,000	7,350,000
영업이익	₩120,000	₩980,000	₩1,100,000
생산량	30,000단위	5,000단위	

㈜한라산의 경영자는 상대적으로 수익성이 크게 떨어지는 TV 제품 담당자에게 수익성이 낮은 이유를 설명할 것을 요구하였다. 이에 TV 제품 담당자는 현재 직접노동시간을 기준으로 제조간접원가를 배부하고 있어 제품생산량이 많은 TV가 부당하게 제조간접원가를 많이 부담하고 있다고 하였다. 따라서 활동기준원가계산에 의해 제조간접원가를 배부할 것을 요구하였다. 그리고 활동분석, 활동별 원가, 그리고 원가동인에 대한 제품별 사용량을 분석한 결과를 다음과 같이 제시하였다.

활 동	예상제조간접원가	원가동인사용량 TV	컴퓨터	합 계
작업준비활동	₩624,000	1,000회	600회	1,600회
품질관리활동	1,080,000	4,000시간	5,000시간	9,000시간
구매주문활동	270,000	840회	360회	1,200회
제품설계활동	1,350,000	300회	700회	1,000회
재료처리활동	396,000	400회	200회	600회
공장유지활동	1,680,000	3,000시간	4,000시간	7,000시간
	₩5,400,000			

(요구사항)

1. 전통적인 원가계산에 의한 제품별 제조간접원가 예정배부율을 산출하시오.
2. 단위당 직접재료원가와 직접노무원가가 다음과 같을 때 전통적인 원가계산에 의한 제품별 단위당 원가를 산출하시오.

	TV		컴퓨터	
직접재료원가		₩150		₩240
직접노무원가	2시간×₩36	72	3시간×36	108

3. 활동기준원가계산에 의한 제품별 단위당 원가는 얼마인가?
4. 활동기준원가계산에 의해 제조간접원가를 배부할 경우 제품별 손익계산서를 작성하시오.

제 6 장

종합원가계산

01 종합원가계산의 의의

종합원가계산(process costing)은 동일한 제품을 연속적으로 반복하여 대량생산하는 제조환경에 적합한 제품원가계산방법이다. 즉, 생산되는 제품이 표준화되어 있으며, 생산공정도 표준화되어 있는 생산환경에 적합한 원가계산방법이다. 따라서 표준화된 생산라인에 원재료를 투입하게 되면 표준화된 제품이 생산된다. 소품종 대량생산이 가능한 산업에 적합하며, 주로 식음료나 섬유, 화학, 자동차 제조업 등에 적합한 방법이다. 개별원가계산에서는 작업이 완성될 때마다 제품원가를 계상하지만, 종합원가계산에서는 제품이 연속적인 생산흐름을 통해 생산되므로 제품별로 완성되는 시점을 별도로 파악하기가 어렵기 때문에 월간 또는 주간 등 인위적인 기간을 정해 제품원가를 계상한다.

개별원가계산과는 달리 종합원가계산에서 제품원가를 산출할 때는 직접원가와 간접원가의 구분이 중요하지 않다. 제품이 표준화되어 있으며, 생산되는 제품들도 동질적인 단일 혹은 소품종이기 때문이다. 아주 간단한 단일 품종 선풍기를 생산한다고 가정해 보자. 단일 품종이기 때문에 투입된 모든 원가요소들은 선풍기를 생산하는 데만 소비된 것이다. 따라서 단위당 제품원가는 다음 (식 6-1)과 같이 쉽게 구할 수 있을 것이다.

$$\text{단위당 제품원가} = \frac{\text{일정기간 동안의 총제조원가}}{\text{일정기간 동안의 제품생산수량}} \qquad \text{(식 6-1)}$$

선풍기의 단위당 원가는 일정기간, 즉 원가계산기간 동안 발생한 총제조원가를 동일한 기간 동안의 제품생산수량으로 나누어 구할 수 있다. 원가계산기간은 주별, 월별 혹은 분기별 등이 있을 수 있다. 그러나 (식 6-1)의 분자인 총제조원가와 분모인 제품생산수량에 포함된 재공품을 어떻게 처리할 것인가의 문제가 있다. 100% 완성된 완성품과 가공 중인 재공품을 동일하게 평가할 수는 없기 때문이다. 예를 들어, 선풍기 기말재공품이 500단위 남아 있고, 완성품이 9,500단위라고 하자. 기말재공품 500단위와 완성품 9,500단위를 단순히 합산하여 당기 생산수량이 10,000단위라고 할 수 있을까? 아니면 당기에 완성된 제품 9,500단위만을 제품원가계산에 사용하여야 할까? 완성품은 모든 원가요소들이 100% 발생한 것이지만, 재공품은 아직 100%에 미달되는 미완성제품이다. 따라서 완성품과 기말재공품을 단순히 합산할 수는 없다. 이 문제를 해결하기 위하여 완성품 환산량(equivalent unit)이라는 개념을 사용하여 원가계산을 한다.

02 완성품 환산량과 원가계산

2.1 완성품 환산량

앞서 지적한 바와 같이 종합원가계산에서는 완성품 환산량이라는 개념을 사용하여 재공품의 문제를 해결한다. 완성품 환산량을 이해하기 위해서는 완성도 또는 진척도의 개념을 이해해야 한다. 완성도란 말 그대로 제품의 완성 정도를 말한다. 즉, 재공품 1단위를 완성품 1단위와 비교할 때 원가부담률을 말한다. 예를 들어, 가공 중인 재공품이 500단위 남아 있으며 이들의 평균적인 완성도가 60%이고, 완성품이 9,500단위라고 하자. 완성품의 완성도는 당연히 100%이다. 이때 기말재공품의 완성품 환산량은 300단위[=500단위×60%]이다. 즉, 평균적으로 60%가 완성된 기말재공품 500단위는 완성품 300단위와 같다는 의미로 보면 된다. 따라서 재공품의 완성품 환산량은 (식 6-2)와 같이 구할 수 있다.

완성품 환산량=물량(수량)×완성도(진척도) (식 6-2)

완성품 환산량을 구할 때 주의해야 할 점을 살펴보면 첫째, 일반적으로 직접재료원가와 가공원가의 발생시점에 차이가 있다는 것이다. 즉, 직접재료원가는 재료를 생산공정에 투입할 때 발생하지만, 가공원가는 전공정을 통하여 균등하게 발생한다. 직접재료가 모두 공정시작시점에 투입되어 그 시점에서 재료원가가 모두 발생한 것이라면, 가공원가는 그 재료를 완제품으로 완성해 가는 정도에 따라 발생하게 된다. 따라서 직접재료원가와 가공원가의 완성도가 다르기 때문에 완성품 환산량도 직접재료원가와 가공원가에 대해 각각 구해야 한다.

둘째, 기초재공품과 기말재공품이 존재한다는 것이다. 따라서 기초재공품을 먼저 완성할 것인지 아니면 당기에 투입된 재료부터 완성할 것인지를 결정하여야 한다. 여기에서 원가흐름의 가정, 즉 가중평균법과 선입선출법의 가정이 필요하다. 가중평균법은 기초재공품의 제조를 당기 이전에 착수하였음에도 불구하고 당기에 착수한 것으로 가정한다. 선입선출법은 기초재공품이 먼저 완성되고 그 후에 당기에 착수한 것이 완성된다고 가정한다. 기초재공품이 없는 경우에는 원가흐름의 가정이 필요 없으며, 가중평균법과 선입선출법의 결과는 같다. 왜냐하면 모든 원가가 당기발생원가로 이루어져 있기 때문이다. 다음 [예제 6-1]을 이용하여 완성품 환산량의 개념을 살펴보자.

예제 6-1

소백산㈜는 냉장고를 생산·판매하고 있다. 20×1년 5월의 생산자료는 다음과 같다.

기초재공품	2,000단위(완성도 40%)
당기착수량	10,000단위
당기완성수량	11,000단위
기말재공품	1,000단위(완성도 70%)

소백산㈜는 원재료를 공정 초에 전량투입하고 있으며, 가공원가는 전공정에 걸쳐 균등하게 발생한다.

(요구사항)

1. 가중평균법에 의해 완성품 환산량을 산출하시오.
2. 선입선출법에 의해 완성품 환산량을 산출하시오.

(해 답)

물량흐름

기초	2,000	완성	11,000
착수	10,000	기말	1,000

1. 가중평균법에 의한 완성품 환산량

	물 량	재료원가	가공원가
완 성 품	11,000	11,000	11,000
기말재공품	1,000	1,000(1,000×1.0)	700(1,000×0.7)
총완성품 환산량		12,000	11,700

2. 선입선출법에 의한 완성품 환산량

	물 량	재료원가	가공원가
완 성 품			
기초재공품	2,000	0(2,000×0)	1,200(2,000×0.6)
당기투입	9,000	9,000	9,000
기말재공품	1,000	1,000(1,000×1.0)	700(1,000×0.7)
당기완성품 환산량		10,000	10,900

2.2 원가계산절차

종합원가계산은 원칙적으로 개별원가계산의 원가흐름과 동일하다. 다만, 개별원가계산과 달리 종합원가계산에서는 각 공정별로 재공품 계정이 존재한다. 생산공정의 수만큼 재공품 계정이 존재한다는 것이다. 또한 종합원가계산은 단일 제품 혹은 소품종의 제품을 연속적으로 생산하기 때문에 원가요소에 대하여 직접원가 혹은 간접원가의 구분이 중요하지 않다는 것이다. 대신 직접재료원가와 가공원가의 구분이 중요하다. 앞서 언급한 바와 같이 일반적으로 재료원가와 가공원가의 완성도가 다르기 때문이다.

종합원가계산은 일반적으로 5단계의 절차를 거치게 되는데, 이를 요약해 보면 다음과 같다.

1단계 : 물량흐름의 파악
2단계 : 완성품 환산량 산출
3단계 : 총제조원가 집계
4단계 : 완성품 환산량 단위당 원가계산
5단계 : 원가의 배부

종합원가계산은 제품의 종류, 작업 성질 혹은 생산형태 등에 따라 여러 가지의 원가계산방법으로 구분된다. 첫째, 제품의 종류에 따라 제품이 한 종류일 경우 단일제품 종합원가계산, 복수제품일 경우 조별 종합원가계산으로 구분된다. 둘째, 생산공정의 수에 따라 공정이 하나일 경우 단일공정 종합원가계산, 복수공정일 경우 공정별 종합원가계산으로 구분된다. 먼저 단일제품 단일공정 종합원가계산을 살펴본 후 공정별 종합원가계산을 살펴보기로 한다.

03 단일공정하의 종합원가계산

3.1 선입선출법

선입선출법은 실제의 물량흐름을 가장 잘 반영해 주는 방법이다. 즉, 전기에 투입된 기초재공품을 먼저 완성하고, 그 후에 당기 투입분을 완성한다. 선입선출법은 당기에 투입된 물량과 원가만을 집계하여 완성품 환산량과 당기투입원가 그리고 완성품 환산량 단위당 원가를 산출한다. 이 원칙은 선입선출법을 이용한 모든 종합원가계산에 적용되는 핵심적인 개념이기 때문에 반드시 기억하고 있어야 한다. 선입선출법에 의하여 원가배분하는 것을 재공품 계정에서 간단히 나타내면 다음과 같다.

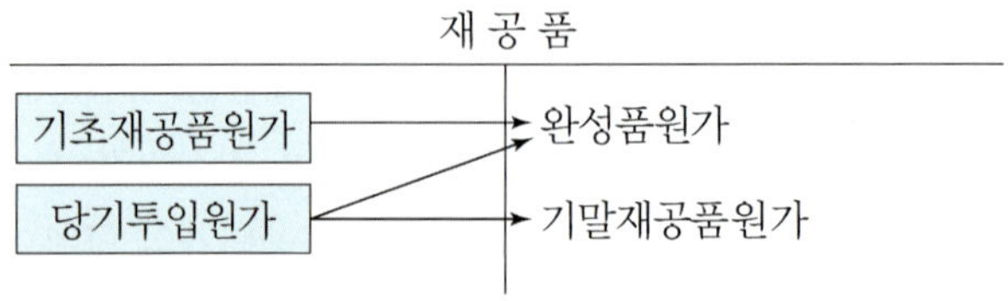

다음 [예제 6-2]를 이용하여 선입선출법에 의한 종합원가계산 절차를 살펴보자.

예제 6-2

소백산㈜는 냉장고를 생산·판매하고 있으며, 원가계산은 선입선출법에 의한 종합원가계산제도를 채택하고 있다. 제품은 금형공정을 통해 완성되며, 재료는 공정의 시점에서 투입된다. 가공원가는 제품완성도에 따라 균등하게 발생한다. 20×1년 5월의 생산자료는 다음과 같다.

1. 금형공정에서 재공품의 기초재고는 1,500개(완성도 60%)이며, 직접재료원가 ₩105,000, 가공원가 ₩78,000이다.
2. 금형공정에서 5월 중 당기착수량은 7,500개이며, 완성품 수량은 7,000개이며, 기말재공품 수량은 2,000개(완성도 50%)이다.
3. 금형공정에서 5월 중 발생한 직접재료원가는 ₩750,000이며, 가공원가는 ₩426,000 (직접노무원가 ₩115,000, 제조간접원가 ₩311,000)이다.

3.1.1 물량흐름의 파악

종합원가계산을 위해 가장 먼저 파악되어야 하는 것이 물량흐름이다. 1단계의 물량흐름 파악은 완성품 환산량을 고려한 것이 아니라 실제 물량을 그대로 반영하여 산출한다. 즉, 투입수량과 산출수량이 일치하는지를 파악하는 것이다. 이때 투입수량은 재공품 계정의 차변에 기록하며, 산출수량은 대변에 기록한다. 선입선출법에 의한 물량흐름을 파악해 보면 [도표 6-1]과 같다.

[도표 6-1]에서 투입량을 보면 기초재공품 1,500개와 당기착수량 7,500개, 총 9,000개가 투입되었다. 산출량을 보면 완성품과 기말재공품으로 구분된다. 다만 선입선출법이기 때문에 완성품(7,000개)은 다시 두 가지로 구분할 수 있다. 먼저 기초재공품

[도표 6-1] 선입선출법하의 물량흐름

재공품(금형공정)			
기초재공품수량	1,500	기초재공품 완성량	1,500
당기착수량	7,500	당기착수완성량	5,500
		기말재공품수량	2,000
총투입량	9,000	총산출량	9,000

1,500개가 완성품에 포함되며, 당기착수량 7,500개가 가운데 5,500개가 완성품에 포함된다. 그리고 당기착수량 중에서 나머지 2,000개가 기말재공품으로 남게 된다. 선입선출법에서는 기초재공품완성량과 당기착수완성량을 구분하는데, 이는 완성도가 서로 다르기 때문에 계산의 편의를 위하여 구분하는 것이다. 그리고 여기서 물량흐름을 파악할 때 재공품의 완성도는 전혀 고려되지 않는다.

3.1.2 완성품 환산량 산출

재공품에 포함된 재료원가와 가공원가는 원가의 투입시기가 달라 완성도가 서로 다르기 때문에 구분하여 완성품 환산량을 구해야 한다. 예를 들어, 기말재공품의 경우 재료원가는 공정 초에 모두 투입되기 때문에 100%가 발생하였으며, 가공원가는 50%가 발생하였다. 또한 선입선출법은 실제 물량흐름을 반영하고 있기 때문에 반드시 당기에 수행된 작업에 대한 완성품 환산량만을 산출해야만 한다. 예를 들어, 기초재공품의 재료원가는 이미 전기에 모두 투입되었기 때문에 기초재공품의 재료원가 완성품 환산량은 0개이다. 선입선출법을 이용하여 완성품 환산량을 산출해 보면 [도표 6-2]와 같다.

[도표 6-2]에서 먼저 재료원가는 공정 초에 모두 투입되기 때문에 기초재공품의 재료원가는 이미 전기에 모두 투입되었으며, 당기착수완성량과 기말재공품의 모든 재료원가는 당기에 투입되었다. 따라서 선입선출법은 당기에 발생한 원가만으로 완성품 환

[도표 6-2] 선입선출법하의 완성품 환산량

	재료원가		가공원가	
기초재공품 완성량	1,500×0	0	1,500×(1−0.6)	600
당기착수완성량		5,500		5,500
기말재공품수량	2,000×1.0	2,000	2,000×0.5	1,000
당기완성품환산량		7,500		7,100

산량을 산출하기 때문에 재료원가의 완성품 환산량은 당기투입량과 같은 7,500개이다. 그리고 가공원가를 보면 기초재공품은 60%의 완성도를 보이고 있는데, 이는 전기에 완성된 것이다. 따라서 당기에 투입된 가공원가는 나머지 40%이기 때문에 가공원가의 완성품 환산량은 600개이다. 당기착수완성량은 당연히 당기에 착수하여 당기에 완성하였기 때문에 가공원가 100%가 모두 당기에 투입되었다. 기말재공품은 당기에 착수한 수량이 남아 있는 것이기 때문에 당기의 가공정도 50%가 당기에 투입된 가공원가이다. 이렇게 하여 가공원가의 완성품 환산량을 구해 보면 7,100개이다.

3.1.3 제조원가 집계

제조원가의 집계도 앞서 구한 완성품 환산량의 논리가 동일하게 적용된다. 즉, 재료원가와 가공원가의 완성도가 다르기 때문에 제조원가를 집계할 때 재료원가와 가공원가를 구분하여야 하며, 또한 당기에 발생된 원가만을 집계하여야 한다. 이는 완성품 환산량을 구할 때도 당기에 작업한 것만을 대상으로 하였다는 점과 같다. 선입선출법에서의 제조원가를 집계해 보면 [도표 6-3]과 같다.

[도표 6-3]은 이미 [예제 6-2]의 정보를 통해 주어져 있다. 즉, 당기에 발생된 원가는 재료원가가 ₩750,000, 가공원가가 ₩426,000이었다. 그 자료가 그대로 반영되어 있다.

[도표 6-3] 선입선출법하의 제조원가

	재료원가	가공원가
당기투입원가	₩750,000	₩426,000

3.1.4 완성품 환산량 단위당 원가계산

앞서 2단계에서 완성품 환산량을 구하였고, 3단계에서 제조원가를 집계하였다. 완성품 환산량 단위당 원가는 3단계에서 구한 제조원가를 2단계에서 구한 완성품 환산량으로 나눈 값이다. 이 개념은 선입선출법뿐만 아니라 가중평균법에서도 동일하다. 완성품 환산량 단위당 원가를 구해 보면 [도표 6-4]와 같다.

[도표 6-4] 완성품 환산량 단위당 원가

	재료원가	가공원가
당기투입원가	₩750,000	₩426,000
당기완성품환산량	÷ 7,500	÷ 7,100
완성품환산량 단위당원가	₩100	₩60

3.1.5 원가의 배부

마지막 단계인 원가의 배부는 앞서 2단계에서 구한 완성품 환산량과 4단계에서 구한 환산량 단위당 원가를 이용하여 제품원가를 계산한다. 여기에는 완성품뿐만 아니라 기말재공품도 있기 때문에 각각을 분리하여 산출한다. 선입선출법하의 완성품과 기말재공품 원가를 구해 보면 [도표 6-5]와 같다.

[도표 6-5]에서 보는 것과 같이 선입선출법에서 완성품원가는 세 가지로 구성되어 있다. 기초재공품원가와 기초재공품을 추가가공하여 완성하는 데 소요된 원가, 그리고 당기에 착수해서 완성한 제품원가이다. 먼저 기초재공품원가는 전기발생원가이며, 기초재공품도 당기에 완성된 것이기 때문에 당연히 완성품원가에 포함되어야 한다. 만약 기초재공품원가가 완성품원가에 포함되지 않는다면 제품원가는 실제보다 과소평가될 것이다. 그리고 기초재공품은 당기 초까지는 미완성이었으며, 당기에 완성한 부분만큼의 추가발생원가도 당기완성품원가에 포함되어야 한다. 그리고 당기착수완성품도 당연히 완성품이므로 완성품원가에 포함되어야 한다. 기말재공품원가를 보면, 기초재공품은 물량흐름에 따라 모두 완성품에 포함되었기 때문에 기말재공품에는 포함되지 않는다. 2단계에서 산출된 기말재공품에 대한 환산량에 대해서만 적용한다.

[도표 6-5] 선입선출법하의 완성품과 기말재공품 원가

완성품원가	재료원가		가공원가		합 계
기초재공품원가		₩105,000		₩78,000	₩183,000
기초재공품완성		0	600×₩60	36,000	36,000
당기착수완성	5,500×₩100	550,000	5,500×₩60	330,000	880,000
합 계					₩1,099,000
기말재공품원가	2,000×₩100	200,000	1,000×₩60	60,000	260,000
총원가					₩1,359,000

3.2 가중평균법

가중평균법은 기초재공품을 당기에 착수한 것으로 가정한다. 실제로 기초재공품은 전기에 투입된 것이지만 이를 무시하겠다는 것이다. 따라서 기초재공품과 당기착수분을 정확하게 구분하기가 어렵게 된다. 즉, 가중평균법은 당기총제조원가에 기초재공품원가를 가산하여 총제조원가를 완성품과 기말재공품에 균등하게 배분하고자 하는 방법이다. 가중평균법에 의하여 원가배분하는 것을 재공품 계정에서 간단히 나타내면 다음과 같다.

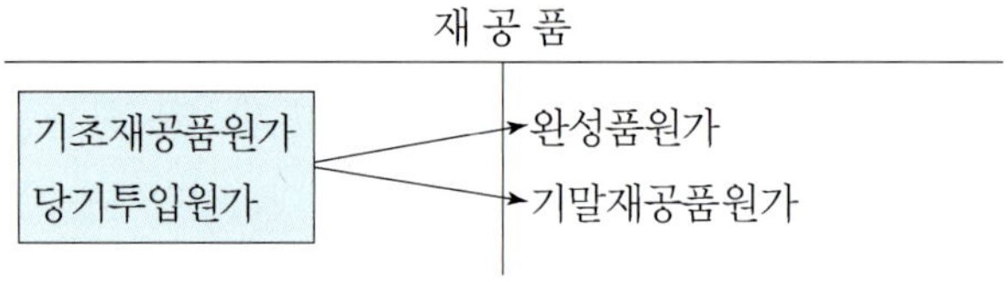

[예제 6-2]를 그대로 사용하여 가중평균법에 의한 종합원가계산을 해 보기로 하자.

3.2.1 물량흐름의 파악

가중평균법은 기초재공품을 당기에 착수한 것으로 가정한다고 하였다. 이 가정에 의하여 물량흐름을 파악해 보면 [도표 6-6]과 같다.

[도표 6-6]에서 기초재공품 1,500개와 당기착수량 7,500개, 총 9,000개가 투입되었다. 산출량을 보면 선입선출법과는 달리 기초재공품의 완성량과 당기착수완성량을 구분하지 않고 있다. 이는 기초재공품이 당기에 착수된 것으로 가정하고 있기 때문이다. 산출물량은 9,000개로 선입선출법과 동일하다. 선입선출법의 물량흐름도 기초재공품을 따로 분리하여 파악하지 않고, 가중평균법의 물량흐름과 같이 파악해도 무방하다. 다만, 선입선출법에서는 기초재공품의 완성도를 고려하여 완성품 환산량을 구한다는 것을 기억해야 한다.

[도표 6-6] 가중평균법하의 물량흐름

재공품(금형공정)

기초재공품수량	1,500	당기완성량	7,000
당기착수량	7,500	기말재공품수량	2,000
총투입량	9,000	총산출량	9,000

3.2.2 완성품 환산량 산출

가중평균법에서도 선입선출법과 마찬가지로 재공품의 완성도가 다르기 때문에 재료원가와 가공원가를 구분하여 완성품 환산량을 구해야 한다. 그리고 기초재공품은 당기에 착수한 것으로 가정한다는 점을 상기한다면, 가중평균법에서의 완성품 환산량을 [도표 6-7]과 같이 구할 수 있다.

[도표 6-7] 가중평균법하의 완성품 환산량

	재료원가		가공원가	
당기완성량		7,000		7,000
기말재공품수량	2,000×1.0	2,000	2,000×0.5	1,000
총완성품환산량		9,000		8,000

[도표 6-7]에서 선입선출법에서는 기초재공품을 분리하여 환산량을 구했지만, 가중평균법은 구분할 필요가 없다. 기초재공품은 당기에 착수한 것으로 가정하기 때문이다. 따라서 기초재공품의 재료원가가 비록 전기에 100% 투입되었고, 가공원가 60%가 전기에 투입되었다 하더라도 모두 당기에 투입된 것으로 가정한다. 따라서 총완성품환산량은 9,000개가 된다. 기말재공품은 재료원가가 100% 투입되었고, 가공원가는 50% 투입되었기 때문에 그에 따라 환산량을 구해 보면 각각 2,000개와 1,000개이다.

3.2.3 총제조원가 집계

총제조원가의 집계에서도 앞서 구한 완성품 환산량에서의 논리가 적용된다. 즉, 재료원가와 가공원가의 완성도가 다르기 때문에 총제조원가를 집계할 때 구분하여야 하며, 또한 기초재공품의 전기발생원가가 당기에 발생한 것으로 가정한다. 따라서 전기에 발생한 기초재공품의 원가도 총제조원가에 포함되어야 한다. 가중평균법에서의 총제조원가를 집계해 보면 [도표 6-8]과 같다.

[도표 6-8] 가중평균법하의 총제조원가

	재료원가	가공원가	합 계
기초재공품	₩105,000	₩78,000	₩183,000
당기투입원가	750,000	426,000	1,176,000
총제조원가	₩855,000	₩504,000	₩1,359,000

[도표 6-8]에서 기초재공품 전기발생원가도 당기에 발생한 것으로 가정하기 때문에 재료원가와 가공원가의 전기 발생액이 총제조원가에 포함된다. 앞서 살펴보았던 선입선출법에서는 당기발생원가만을 집계하였기 때문에 기초재공품의 전기발생원가는 제외되었다.

3.2.4 완성품 환산량 단위당 원가계산

완성품 환산량 단위당 원가를 구하는 방법은 선입선출법과 동일하다. 즉, 앞서 2단계와 3단계에서 구한 완성품 환산량과 총제조원가를 이용하여 구한다. 완성품 환산량 단위당 원가를 구해 보면 [도표 6-9]와 같다.

[도표 6-9] 완성품 환산량 단위당 원가

	재료원가	가공원가
총제조원가	₩855,000	₩504,000
총완성품환산량	÷ 9,000	÷ 8,000
완성품환산량 단위당원가	₩95	₩63

3.2.5 원가의 배부

마지막 단계인 제품원가의 배부는 선입선출법에서와 마찬가지로 앞서 2단계에서 구한 완성품 환산량과 4단계에서 구한 환산량 단위당 원가를 이용하여 제품원가를 계산한다. 여기에는 완성품뿐만 아니라 기말재공품도 있기 때문에 각각을 분리하여 산출한다. 그러나 가중평균법이 선입선출법과 다른 것은 가중평균법에서는 기초재공품의 전기발생원가를 당기에 발생한 것으로 가정하여 이미 완성품 환산량과 총제조원가를 구할 때 포함시켰기 때문에 제품원가 산출시 포함시켜서는 안 된다는 점이다. 가중평균법하의 제품원가를 구해 보면 [도표 6-10]과 같다.

[도표 6-10] 가중평균법하의 완성품과 기말재공품 원가

	재료원가		가공원가		합 계
완성품원가	7,000×₩95	₩665,000	7,000×₩63	441,000	₩1,106,000
기말재공품원가	2,000×₩95	190,000	1,000×₩63	63,000	253,000
총원가					₩1,359,000

지금까지 선입선출법과 가중평균법을 사용하여 제품원가계산을 하였다. 모두 5단계의 절차를 거쳐 제품원가가 산출되었으며, 두 방법 간에는 다소간 차이가 있었다. 그러나 그 차이는 두 방법이 가지고 있는 가정의 차이 때문에 발생하는 것임을 알 수 있었다. 즉, 선입선출법은 당기에 작업하고 당기에 발생한 원가만을 집계하여 완성품 환산량과 제조원가를 구하였다. 따라서 선입선출법에서는 기초재공품의 전기작업이나 전기발생원가는 완성품 환산량 단위당원가를 산출하는 과정에서는 제외되었다. 그러나 가중평균법은 기초재공품을 당기에 착수한 것으로 가정하여 완성품 환산량과 총제조원가 산출시 포함시켰다.

3.3 회계처리

여기서는 20×1년 5월 중 금형공정에서 발생한 거래에 대해 분개와 T계정을 이용한 재공품 계정에서의 원가흐름을 파악해 보기로 하자. 우선 5월 중 금형공정에서 발생된 거래를 분개하면 다음과 같다.

직접재료원가의 투입 : (차) 재공품-금형공정 750,000 (대) 원 재 료 750,000

직접노무원가의 발생 : (차) 재공품-금형공정 115,000 (대) 현 금 115,000

제조간접원가의 배부 : (차) 재공품-금형공정 311,000 (대) 제조간접원가 311,000

여기서는 편의상 제조간접원가의 배부액과 발생액이 같다고 가정하였다. 만약 배부액과 발생액이 같지 않다면 개별원가계산에서 설명한 것과 마찬가지로 먼저 배부액이 재공품 계정에 차기되며, 부족배부(또는 초과배부) 제조간접원가가 중요하지 않다면 매출원가 계정에서, 중요하다면 매출원가, 재공품 그리고 완제품 계정에서 각 계정의 조정전 잔액을 기준으로 배부한다.

앞에서의 단일공정하의 종합원가계산 결과를 보면, 금형공정에서 제품이 완성되었을 완성품의 원가가 선입선출법에서는 ₩1,099,000, 가중평균법에서는 ₩1,106,000이었다. 따라서 이 금액이 재공품 계정에서 완성품 계정으로 차기된다. 선입선출법과 가중평균법하에서 제품완성에 대한 분개는 다음과 같이 할 수 있으며, 각 방법의 재공품 계정을 보면 [도표 6-11]과 같다.

선입선출법 :	(차) 제 품	1,099,000	(대) 재 공 품	1,099,000
가중평균법 :	(차) 제 품	1,106,000	(대) 재 공 품	1,106,000

[도표 6-11] 선입선출법과 가중평균법하의 재공품 계정

재공품(선입선출법)				재공품(가중평균법)			
기초재공품	183,000	제품	1,099,000	기초재공품	183,000	제품	1,106,000
직접재료원가	750,000	기말재공품	260,000	직접재료원가	750,000	기말재공품	253,000
직접노무원가	115,000			직접노무원가	115,000		
제조간접원가	311,000			제조간접원가	311,000		
	1,359,000		1,359,000		1,359,000		1,359,000

위와 같은 분개는 단일공정일 경우에 해당된다. 만약 복수공정을 통해 제품생산이 이루어진다면 분개는 달라진다. 예를 들어, 생산공정이 금형공정과 조립공정으로 구성되어 있다면 금형공정의 완성품은 조립공정으로 투입되어 완성되기 때문에 이때 투입되는 금형공정의 완성품원가를 차공정대체원가라 한다. 이를 분개해 보면 다음과 같다.

선입선출법 :	(차) 재공품－조립공정	1,099,000	(대) 재공품－금형공정	1,099,000
가중평균법 :	(차) 재공품－조립공정	1,106,000	(대) 재공품－금형공정	1,106,000

04 공정별 종합원가계산

4.1 복수공정의 원가흐름

제품생산은 복수의 공정에 의해 이루어지고 있는 것이 현실이다. 표준화된 여러 연속공정을 거쳐 제품을 생산할 때 적합한 원가계산을 공정별 종합원가계산이라고 한다. 공정별 종합원가계산에서는 각 공정별로 원가요소가 집계되고 제품원가가 산출되어야 한다. 이때도 앞서 살펴본 단일공정 종합원가계산의 논리가 그대로 적용된다.

그러나 복수공정이기 때문에 선행공정의 완성품은 후행공정의 원재료로 간주된다. 예를 들어, 금형공정(1공정)과 조립공정(2공정)이 있다고 하자. 1공정인 금형공정의 완성품이 2공정인 조립공정의 재료로 투입된다. 즉, 1공정에서 완성되어야 2공정의 작업을 할 수 있다는 의미이다. 이때 1공정에서 2공정으로 투입되는 완성품을 전공정대체라 하고, 그 원가를 전공정대체원가(혹은 전공정원가)라 한다. 전공정대체는 후행공정에서는 원재료의 일종으로 간주한다. 전공정대체는 공정의 성격상 후행공정 초에 투입되는 것이 보통이다. 왜냐하면 앞선 공정에서 물량이 대체되어 오면 이를 후행공정에서 추가가공하기 때문이다. 이를 원가흐름으로 나타내면 [도표 6-12]와 같다.

[도표 6-12] 복수공정의 원가흐름

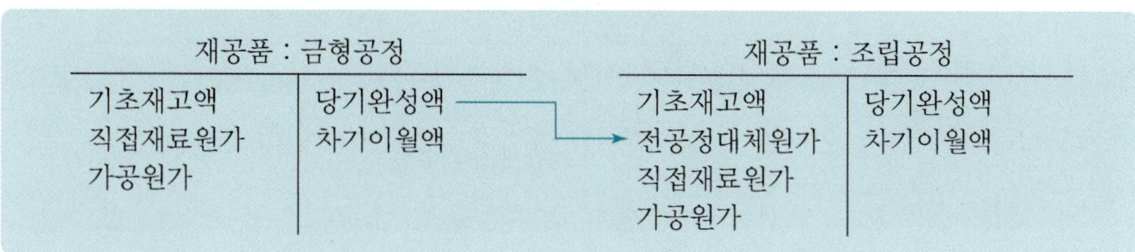

예제 6-3

[예제 6-2]의 자료를 1공정(금형공정)이라고 가정하고, 그 자료를 그대로 이용한다. 2공정(조립공정)에서는 재료가 제품완료시에 투입된다. 가공원가는 제품완성도에 따라 발생한다. 금형공정의 완성품은 모두 조립공정에 투입된다. 20×1년 5월의 조립공정의 생산자료는 다음과 같다.

1. 조립공정은 기초재공품이 1,200개(완성도 70%)이며, 전공정원가가 ₩206,000, 가공원가가 ₩36,040이다.
2. 조립공정은 5월 중 완성품 수량이 6,500개이며, 기말재공품 수량이 1,700개(완성도

40%)이다.

3. 조립공정에서는 직접재료원가가 ₩260,000, 가공원가가 ₩380,400(직접노무원가 ₩120,000, 제조간접원가 ₩260,400) 발생하였다.
4. 1공정과 2공정의 물량흐름은 동일한 방법을 사용한다.

4.2 선입선출법(2공정)

4.2.1 물량흐름의 파악

금형공정(1공정)은 앞서 [예제 6-2]에서 이미 제품원가를 산출했다. 선입선출법에서는 완성품의 원가가 ₩1,099,000이었으며, 기말재공품의 원가가 ₩260,000이었다. 여기서는 조립공정(2공정)에 대한 종합원가계산 절차를 살펴보도록 한다. 복수공정에서도 단일공정과 마찬가지로 물량흐름을 파악하는 것으로부터 원가계산이 이루어진다. 기본적인 논리는 선입선출법의 가정이 그대로 적용된다. 즉, 당기에 작업한 것과 당기에 발생한 원가만을 집계하여 완성품 환산량과 제조원가를 산출한다. 조립공정의 물량흐름을 선입선출법에 따라 파악해 보면 [도표 6-13]과 같다.

[도표 6-13] 물량흐름

재공품(조립공정)			
기초재공품수량	1,200	기초재공품완성량	1,200
당기착수량	7,000	당기착수완성량	5,300
		기말재공품수량	1,700
총투입량	8,200	총산출량	8,200

[도표 6-13]의 차변을 보면 당기착수량 7,000개가 기록되어 있는데, 이는 선행공정인 금형공정의 완성수량이다. 대변에는 산출수량이 기재되어 있는데, 단일공정일 경우 선입선출법하의 종합원가계산과 같다. 선입선출법에서는 기초재공품완성량과 당기착수완성량의 완성도가 서로 다르기 때문에 완성량을 따로 구분하여 기재하였다.

4.2.2 완성품 환산량 산출

완성품 환산량을 구할 때 중요한 점은 선입선출법의 가정, 즉 당기에 수행된 작업

[도표 6-14] 완성품 환산량

	전공정원가		재료원가		가공원가	
기초재공품완성량	1,200×0	0	1,200×1.0	1,200	1,200×(1−0.7)	360
당기착수완성량		5,300		5,300		5,300
기말재공품수량	1,700×1.0	1,700	1,700×0	0	1,700×0.4	680
		7,000		6,500		6,340

에 대한 완성품 환산량만을 사용한다는 것이다. 조립공정의 완성품 환산량을 선입선출법에 따라 파악해 보면 [도표 6-14]와 같다.

[도표 6-14]에서 먼저 전공정원가를 보면, 기초재공품완성량은 이미 전기에 투입된 것이기 때문에 전공정대체원가는 0개[=1,200개×0%]가 된다. 당기착수완성량과 기말재공품수량은 당기에 투입된 것이기 때문에 모두 100%가 된다. 선입선출법에서는 당기에 투입된 물량만을 집계한다는 점을 기억해야 한다. 재료원가를 보면, 기초재공품완성량은 추가재료가 조립공정 완료시에 투입되기 때문에 완성도 100%로 환산한 것이다. 기말재공품수량은 완성도가 40%이기 때문에 아직 추가재료가 투입되지 않았으므로 재료의 완성도는 0%이다. 따라서 완성품 환산량은 0이다. 그리고 가공원가를 보면, 기초재공품완성량은 전기에 70%가 완성되었고 당기에 나머지 30%가 완성되었으며, 기말재공품수량은 당기에 40%가 완성되었음을 알 수 있다.

4.2.3 제조원가 집계

제조원가도 당기에 발생된 원가만을 집계하여야 한다. 이는 완성품 환산량을 구할 때도 당기에 작업한 것만을 대상으로 하였다는 점과 같다. 조립공정에 대하여 선입선출법에서의 제조원가를 집계해 보면 [도표 6-15]와 같다.

[도표 6-15]의 재료원가 그리고 가공원가의 당기발생원가는 [예제 6-3]에서 이미 주어진 자료이다. 전공정원가는 선행공정인 금형공정에서 당기에 완성한 완성품원가 ₩1,099,000이 그대로 반영되어 있다. 이는 선행공정의 완성품이 당해공정인 조립공정의 원재료가 되기 때문이다.

[도표 6-15] 총제조원가

	전공정원가	재료원가	가공원가
당기투입원가	₩1,099,000	₩260,000	₩380,400

4.2.4 완성품 환산량 단위당 원가계산

완성품 환산량 단위당 원가는 2단계와 3단계에서 구한 완성품 환산량과 총제조원가를 기초로 산출하게 된다. 산출결과는 [도표 6-16]과 같다.

[도표 6-16] 완성품 환산량 단위당 원가

	전공정원가	재료원가	가공원가
당기투입원가	₩1,099,000	₩260,000	₩380,400
	÷7,000	÷6,500	÷6,340
	₩157	₩40	₩60

4.2.5 원가의 배부

원가의 배부는 앞서 단일공정의 논리와 동일하다. 즉, 2단계에서 구한 완성품 환산량과 4단계에서 구한 환산량 단위당 원가를 이용하여 산출된다. 다만, 전공정 대체원가가 존재한다는 것이 차이일 뿐이다. 제품원가를 산출한 결과는 [도표 6-17]과 같다.

[도표 6-17] 원가의 배부

완성품원가	전공정원가	재료원가	가공원가	합 계
기초재공품	₩206,000	₩0	₩36,040	₩242,040
기초재공품완성	0	1,200×₩40	360×₩60	
		=₩48,000	=₩21,600	69,600
당기착수완성	5,300×₩157	5,300×₩40	5,300×₩60	
	=₩832,100	=₩212,000	=₩318,000	1,362,100
합 계				₩1,673,740
기말재공품원가	1,700×₩157	0	680×₩60	
	=₩266,900		=₩40,800	307,700
총원가				₩1,981,440

4.3 가중평균법(2공정)

가중평균법을 이용한 원가계산방법은 단일공정 종합원가계산과 동일하다. 또한 여기서도 전공정대체라는 개념이 포함되기 때문에 앞서 살펴본 복수공정의 선입선출법하의 종합원가계산과 동일하다. 다만, 서로 가정이 다르다는 점만 상기하면 될 것이다. 가중평균법하에서 금형공정(1공정)에 대해서는 이미 원가를 산출하였다. 완성품원가는 ₩1,106,000, 기말재공품의 원가는 ₩253,000었다. 여기서는 조립공정(2공정)에 대한 종합원가계산 절차를 살펴보기로 한다.

물량흐름의 파악 :

재공품(조립공정)

기초재공품수량	1,200	당기완성량	6,500
당기착수량	7,000	기말재공품수량	1,700
총투입량	8,200	총산출량	8,200

완성품 환산량 산출 :

	전공정원가	재료원가	가공원가
당기완성량	6,500	6,500	6,500
기말재공품수량	1,700	0	1,700×0.4= 680
합 계	8,200	6,500	7,180

총제조원가 집계 :

	전공정원가	재료원가	가공원가
기초재공품	₩206,000	-(재료 미투입)	₩36,040
당기발생원가	1,106,000	₩260,000	380,400
합 계	₩1,312,000	₩260,000	₩416,440

완성품 환산량 단위당 원가계산 :

	전공정원가	재료원가	가공원가	합 계
총제조원가	₩1,312,000	₩260,000	₩416,440	₩1,988,440
완성품 환산량	÷8,200	÷6,500	÷7,180	
단위당 원가	₩160	₩40	₩58	

원가의 배부 :

	전공정원가	재료원가	가공원가	합 계
완성품원가	6,500×₩160	6,500×₩40	6,500×₩58	
	=₩1,040,000	=₩260,000	=₩377,000	₩1,677,000
기말재공품원가	1,700×₩160	0	680×₩58	
	=₩272,000		=₩39,440	311,440
총 원 가				₩1,988,440

4.4 회계처리 및 원가흐름

여기서는 20×1년 5월 중 조립공정(2공정)에서 발생한 거래에 대해 분개와 T계정을 이용한 재공품 계정에서의 원가흐름을 파악해 보기로 하자. 우선 5월 중 조립공정에서 발생된 거래를 분개하면 다음과 같다.

직접재료원가의 투입 : (차) 재공품−조립공정 260,000 (대) 원재료 260,000

직접노무원가의 발생 : (차) 재공품−조립공정 120,000 (대) 현 금 120,000

제조간접원가의 배부 : (차) 재공품−조립공정 260,400 (대) 제조간접원가 260,400

여기서는 편의상 제조간접원가의 배부액과 발생액이 같다고 가정하였다. 앞서 복수공정하의 종합원가계산 결과를 보면 조립공정에서 완성된 완성품의 원가가 선입선출법에서는 ₩1,673,740, 가중평균법에서는 ₩1,677,000이었다. 따라서 이 금액이 재공품 계정에서 완성품 계정으로 차기된다. 선입선출법과 가중평균법하 제품완성에 대한 분개는 다음과 같이 할 수 있으며, 각 방법의 재공품 계정을 보면 [도표 6-18]과 같다.

조립공정 제품완성시

선입선출법 : (차) 완제품 1,673,740 (대) 재공품−조립공정 1,673,740

가중평균법 : (차) 완제품 1,677,000 (대) 재공품−조립공정 1,677,000

[도표 6-18] 선입선출법과 가중평균법의 재공품 계정 원가흐름

〈선입선출법〉

재공품(금형공정)

차변	금액	대변	금액
기초재공품	183,000	조립공정	1,099,000
직접재료원가	750,000	기말재공품	260,000
직접노무원가	115,000		
제조간접원가	311,000		
	1,359,000		1,359,000

재공품(조립공정)

차변	금액	대변	금액
기초재공품	242,040	제품	1,673,740
전공정원가	1,099,000	기말재공품	307,700
직접재료원가	260,000		
직접노무원가	120,000		
제조간접원가	260,400		
	1,981,440		1,981,440

〈가중평균법〉

재공품(금형공정)

차변	금액	대변	금액
기초재공품	183,000	조립공정	1,106,000
직접재료원가	750,000	기말재공품	253,000
직접노무원가	115,000		
제조간접원가	311,000		
	1,359,000		1,359,000

재공품(조립공정)

차변	금액	대변	금액
기초재공품	242,040	제품	1,677,000
전공정원가	1,106,000	기말재공품	311,440
직접재료원가	260,000		
직접노무원가	120,000		
제조간접원가	260,400		
	1,988,440		1,988,440

05 공손품회계

5.1 합격품과 불합격품

우리는 앞서 종합원가계산을 학습하면서 생산한 모든 제품은 품질에 문제가 없는 비교적 단순한 제조상황을 가정하였다. 그러나 현실은 좀 더 복잡해서 품질검사를 통과하지 못하는 불합격품이 있게 마련이다. 이를 반영하여 보다 현실적인 상황의 원가계산과 회계처리에 대하여 논의해 보고자 한다.

제품을 생산하기 위해서는 필요한 원재료가 공정에 투입되어야 하고, 이를 가공하는 데 필요한 노동력과 각종 제조간접원가의 발생이 필연적이다. 제품을 생산하는 단계별 작업과정을 우리는 공정이라고 하였다. 생산공정에는 직접 제품생산에 기여하는 작업단계뿐만 아니라 제품이 일정한 규격 혹은 품질수준을 유지하고 있는지를 판단하는

검사단계가 있다. 일반적으로 검사를 하기 전에는 소비자에게 판매할 수 있는 합격품인지 불합격품인지 여부를 판단하기 어렵다. 검사단계는 제품의 특성 혹은 공정에 따라 그 시점이 다르다.

검사단계에서 합격품은 정상품으로, 그리고 불합격품은 불량품과 공손품으로 분류된다. 정상품(good units)은 검사단계를 하자 없이 통과한 완성품으로서 정상적인 판매가치를 지닌 제품이다. 즉, 정상적으로 소비자에게 판매가능한 제품이다. 공손품(spoiled units)이란 정상품에 비하여 규격이나 품질수준이 미달하는 불합격품을 말한다. 공손품은 폐기처분하거나 낮은 가격에 매각하는 것이 일반적이다. 불량품(defected units)은 공손품과 같이 정상품에 비하여 규격이나 품질수준이 미달하는 불합격품이지만 재작업을 통하여 정상품으로 만들 수 있는 경우를 말한다. 일반적으로 검사단계를 거치기 전에는 제품(혹은 재공품)이 일정한 규격이나 품질수준을 유지하고 있는지 판단하기 어렵기 때문에 검사단계에서 일시적으로 공손품이 발생하는 것으로 간주한다.

5.2 공손의 회계처리

5.2.1 정상공손과 비정상공손의 수량 파악

공손은 크게 정상공손과 비정상공손 두 가지로 구분한다. 정상공손(normal spoilage)은 능률적인 생산환경에서도 발생하는 공손을 말한다. 비정상공손(abnormal spoilage)은 능률적인 생산환경에서는 발생하지 않았을 공손을 말한다. 그러나 정상공손과 비정상공손을 구분해 낸다는 것은 쉽지가 않다. 일반적으로 공손허용한도(정상공손 허용률)를 정해 두고, 그 한도 내에서 공손이 발생한 경우 정상공손으로 처리하며, 그 한도를 초과한 물량을 비정상공손으로 처리한다.

$$\text{정상공손수량} = \text{검사시점 통과수량(또는 도달수량)} \times \text{공손허용한도} \quad \text{(식 6-3)}$$

$$\text{비정상공손수량} = \text{공손수량} - \text{정상공손수량} \quad \text{(식 6-4)}$$

이처럼 공손의 회계처리에서 가장 먼저 해야 하는 것은 정상공손과 비정상공손의 수량을 파악하는 것이다. 수량을 파악하는 방법은 제품의 검사시점이 가장 중요하다. 첫 번째 방법은 검사시점 통과기준인데, 당기에 검사시점을 통과한 정상품에 대해 공손

[도표 6-19] 재공품의 완성도와 공손수량의 예

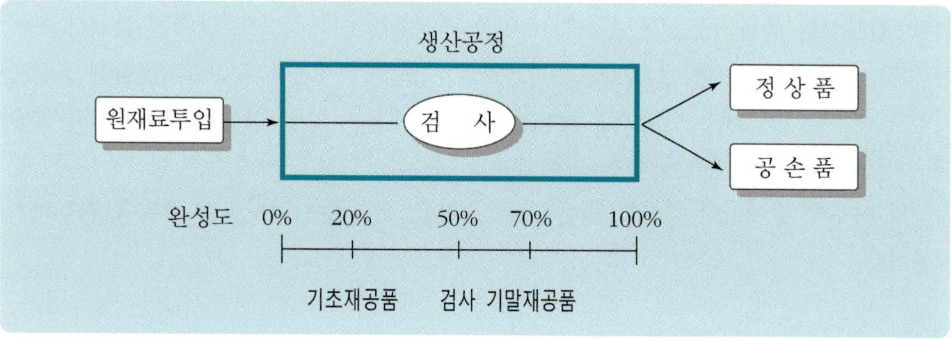

허용한도만큼 정상공손을 인정한다. 두 번째 방법은 검사시점 도달기준인데, 정상품 여부에 관계없이 당기에 검사를 실시한 모든 수량에 대하여 공손허용한도만큼 정상공손을 인정한다. 여기서 한 가지 중요한 점은 가중평균법이나 선입선출법이나 모두 공손수량이 동일하다는 것이다. 즉, 공손수량을 파악할 때 실제 물량흐름을 가정하고 있기 때문에 선입선출법의 논리가 그대로 적용된다.

[도표 6-19]을 보면 생산공정의 50% 시점에서 검사가 이루어지며, 기초재공품과 기말재공품의 완성도는 각각 20%, 70%로 가정하였다. 제품이 정상품인가 아니면 공손품인가의 여부는 검사단계에서 결정된다. 이때 기초재공품과 기말재공품이 당기에 검사를 받았는지 여부는 정상공손수량을 결정하는 데 큰 영향을 미치게 된다. 정상공손수량을 결정하는 방법에는 다음과 같은 두 가지가 있다.

첫째, 검사시점 통과기준을 적용할 때는 검사를 통과하여 합격한 정상품만을 대상으로 정상공손의 수량을 산출한다. 따라서 검사단계에서 공손품으로 인정된 것은 정상공손 수량산출에 포함되지 않는다. 이때 문제는 기초재공품과 기말재공품을 포함할 것인가 여부를 판단해야 하는 것이다. 먼저 기초재공품은 완성도가 20%이기 때문에 전기가 아닌 당기에 검사시점을 통과하여 완제품이 되었다. 따라서 기초재공품에 대한 정상품과 공손품의 판단은 당기에 이루어졌다. 즉, 기초재공품 가운데 상당부분은 정상품에 포함되어 있다는 말이다. 따라서 기초재공품 가운데 정상품은 정상공손 수량을 산출하는 데 포함되어야 한다. 그러면 기말재공품을 보자. 기말재공품의 완성도가 70%이기 때문에 기말재공품은 당기에 검사시점을 이미 통과하였다. 즉, 기말재공품은 당기에 검사가 실시되어 합격품으로 판정된 정상품이다. 따라서 기말재공품은 모두 정상공손 수량을 산출하는 데 포함되어야 한다.

둘째, 검사시점 도달기준을 적용할 때는 정상품이냐 공손품이냐의 여부에 관계없이 검사가 이루어진 모든 재공품(혹은 제품)이 정상공손의 수량을 산출하는 데 포함되어야 한다. 검사시점 통과기준은 공손품을 제외한 정상품만을 대상으로 한다는 점에서 차이가 있다. 여기서도 검사시점 통과기준과 마찬가지로 기초재공품과 기말재공품을 포함할 것인가 여부를 판단해야 한다. 검사시점 도달기준에서는 항상 정상품뿐만 아니라 공손품 수량을 포함해야 한다는 점을 명심해야 한다. 검사시점 도달기준은 정상품 혹은 공손품의 여부에 관계없이 검사를 받은 모든 수량을 포함하여 정상공손 수량을 결정하기 때문이다.

예제 6-4

소백산㈜의 생산자료는 다음과 같다. 품질검사가 10%, 50% 혹은 100%에서 이루어질 경우 요구사항의 상황하에서 정상공손과 비정상공손의 수량을 각각 산출하시오.

기초재공품	3,000단위(진척도 60%)
당기착수량	15,000단위
당기완성량	14,000단위
기말재공품	2,000단위(진척도 40%)

(요구사항)

1. 공손수량은 얼마인가?
2. 당기 중 검사를 통과한 정상품의 10%를 정상공손으로 허용하는 경우
3. 당기 중 검사를 받은 수량의 10%를 정상공손으로 허용하는 경우

(해 답)

1. 공손수량

재 공 품

기초재공품수량	3,000	기초재공품완성량	3,000
당기착수량	15,000	당기착수완성량	11,000
		공손수량	**2,000**
		기말재공품수량	2,000
총투입량	18,000	총산출량	18,000

–공정진척도와 검사단계

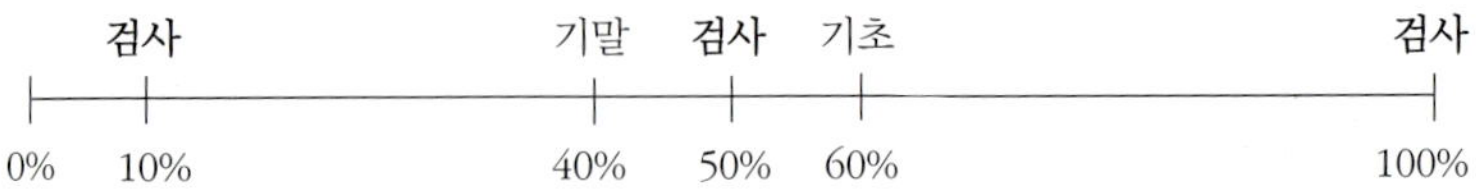

2. 검사시점 통과기준 : 정상품의 10%를 정상공손으로 허용

구 분 \ 검사시점	10%	50%	100%
기초재공품완성량	–	–	3,000
당기착수완성량	11,000	11,000	11,000
기말재공품수량	2,000	–	–
검사통과정상품	13,000	11,000	14,000
정상공손허용률	10%	10%	10%
정상공손수량	1,300	1,100	1,400
비정상공손수량	700	900	600

3. 검사시점 도달기준 : 검사수량의 10%를 정상공손으로 허용

구 분 \ 검사시점	10%	50%	100%
기초재공품완성량	–	–	3,000
당기착수완성량	11,000	11,000	11,000
기말재공품수량	2,000	–	–
검사통과정상품	13,000	11,000	14,000
공손수량	2,000	2,000	2,000
당기검사수량	15,000	13,000	16,000
정상공손허용률	10%	10%	10%
정상공손수량	1,500	1,300	1,600
비정상공손수량	500	700	400

5.2.2 회계처리방법

공손을 회계처리하는 방법은 크게 공손을 인식하지 않는 방법과 공손을 인식하는 방법 두 가지가 있다. 첫 번째 방법인 공손을 인식하지 않는 방법은 말 그대로 공손원가를 별도로 산출하지 않고 회계처리하는 방법이다. 따라서 공손원가가 모두 제품원가와 기말재공품 원가에 포함된다. 그러나 공손을 인식하지 않는 방법은 기말재공품의 완성도에 관계없이 공손원가가 완성품과 기말재공품에 포함된다. 이 경우 기말재공품이 검사시점을 통과하지 않은 경우에도 정상공손을 배부받는 문제점이 발생한다. 또한 이 방법은 공손원가가 무조건 완성품 및 기말재공품 원가에 포함되므로, 발생한 공손이 모두 정상공손인 것처럼 회계처리된다. 이는 발생한 공손 중에서 비정상공손이 존재할 경

우 기간비용으로 처리되어야 할 원가가 제품원가에 포함되어 부정확한 원가를 산출하게 된다는 문제점도 있다.

따라서 일반적으로 공손을 인식하는 두 번째 방법을 많이 사용한다. 이 방법은 정상공손을 정상품(완성품과 기말재공품)의 원가에 포함시키고, 비정상공손은 기간비용으로 처리하는 방법이다. 즉, 정상공손은 정상품을 만들기 위해서는 불가피하게 발생하는 것으로서, 단기적으로는 통제할 수 없는 것이기 때문에 정상공손원가는 제품원가에 포함되어야 한다는 논리이다. 비정상공손은 기계고장이나 작업자의 부주의 혹은 생산계획의 미비 등과 같이 효율적인 생산활동이 이루어졌다면 발생하지 않았을 것이기 때문에 비정상공손원가는 제품원가로 처리하지 않고 기간비용으로 처리한다는 논리이다. 간략히 이에 대한 회계처리를 요약하면 다음과 같다.

정 상 품	: (차) 제 품	×××	(대) 재 공 품	×××
비정상공손	: (차) 공손손실	×××	(대) 재 공 품	×××
정상공손	: (차) 제 품	×××	(대) 재 공 품	×××

위의 분개에서 비정상공손과 정상공손의 대변에 공손품 혹은 재공품의 계정을 기재하도록 되어 있는데, 이는 공손발생(집계)시 공손품으로 회계처리했을 경우 대변의 계정과목이 공손품이 될 것이며, 회계처리를 하지 않았을 경우 재공품 계정으로 처리해야 한다. 또한 정상공손에 대한 분개는 선입선출법 혹은 가중평균법 등에 따라 산출되는 금액이 달라지고, 재공품이 검사시점을 통과하였는지 여부에 따라 그 금액이 달라지게 된다.

5.3 선입선출법에 따른 공손의 회계처리

공손품 원가를 산출하는 데 있어서 가공원가에 대한 완성품 환산량은 검사시점까지만 가공원가가 투입되고, 검사시점 이후에는 가공원가가 투입되지 않은 것으로 본다. 즉, 공손품에 대한 가공원가 완성도는 항상 검사시점이 된다.

다음 [예제 6-5]를 이용하여 선입선출법하의 공손품 회계처리에 대해 살펴보기로 하자. 여기서는 종합원가계산 절차를 이해하고 있으면 쉽게 접근할 수 있다.

예제 6-5

소백산㈜는 선입선출법으로 종합원가계산을 적용하고 있는데, 공정시점에서 원재료가 투입되고, 가공원가는 공정의 완성도에 따라 발생한다. 품질검사는 완성도 60%에서 이루어지며, 정상공손의 허용한도는 검사시점 통과기준 정상품의 10%이다.

1. 기초재공품은 1,500개(완성도 40%)이다.
2. 기초재공품 원가는 재료원가가 ₩72,000이며, 가공원가는 ₩49,200이다.
3. 당기에 생산착수된 수량은 7,500개이며, 당기에 완성된 제품은 7,000개이다. 기말재공품은 1,000개(완성도 80%)이다.
4. 당기에 발생된 원가는 재료원가가 ₩450,000, 가공원가가 ₩312,000이다.

(요구사항)

선입선출법을 이용하여 완성품 및 기말재공품 그리고 공손품의 원가를 산출하시오.

(해　답)

1. 물량흐름의 파악 :

물량흐름

기초재공품수량	1,500	기초재공품완성량	1,500
당기착수량	7,500	당기착수완성량	5,500
		정상공손수량	800
		비정상공손수량	200
		기말재공품수량	1,000
총투입량	9,000	총산출량	9,000

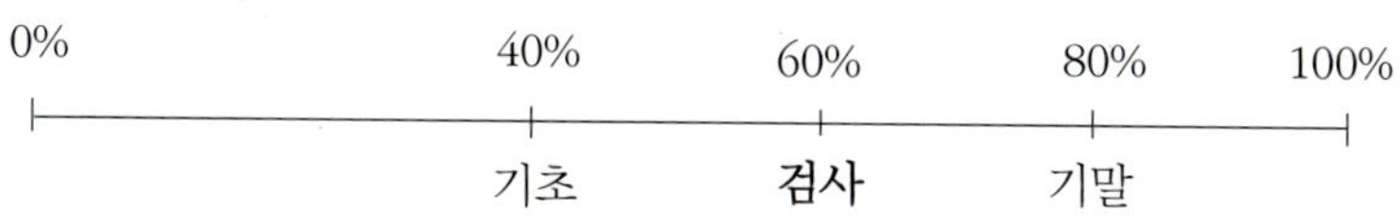

－정상공손과 비정상공손

	당기검사통과수량
기초재공품완성량	1,500
당기착수완성량	5,500
기말재공품수량	1,000
검사통과정상품	8,000
정상공손허용률(%)	×10%
정상공손수량	800
비정상공손수량	200

2. 완성품 환산량 산출 :

	재료원가	가공원가
기초재공품완성량	0	1,500×(1−0.4)= 900
당기착수완성량	5,500×1.0=5,500	5,500×1.0 =5,500
정상공손수량	800×1.0= 800	800×0.6 = 480
비정상공손수량	200×1.0= 200	200×0.6 = 120
기말재공품수량	1,000×1.0= 1,000	1,000×0.8 = 800
합 계	7,500	7,800

3. 제조원가 집계 :

	재료원가	가공원가
당기발생원가	₩450,000	₩312,000

4. 완성품 환산량 단위당 원가계산 :

	재료원가	가공원가
당기투입원가	₩450,000	₩312,000
당기완성품환산량	÷7,500	÷7,800
합 계	₩60	₩40

5. 원가의 배부 :

완성품원가	재료원가	가공원가	합 계
기초재공품	₩72,000	₩49,200	₩121,200
기초재공품완성	0	900×₩40= 36,000	36,000
당기투입원가	5,500×₩60=330,000	5,500×₩40=220,000	550,000
			₩707,200
정상공손원가	800×₩60= 48,000	480×₩40= 19,200	67,200
비정상공손원가	200×₩60= 12,000	120×₩40= 4,800	16,800
기말재공품원가	1,000×₩60= 60,000	800×₩40= 32,000	92,000
총원가			₩883,200

정상공손원가 ₩67,200은 제품생산과정에서 정상적으로 발생한 것이므로 정상품

의 원가에 배부되어야 한다. 비정상공손원가인 ₩16,800은 제품생산을 효율적으로 하였다면 발생하지 않았을 원가이기 때문에 이는 기간비용으로 처리한다. 이때 정상공손원가를 정상품에 어떻게 배부할 것인가라는 배부문제가 발생한다.

정상공손원가는 정상적인 제품생산과정에서 불가피하게 발생하는 원가이기 때문에 제품원가의 일부로 간주하여 정상품의 원가에 배부하여야 한다. 이때 배부기준은 검사시점을 통과한 정상품의 수량인데, 정상품에는 완성품과 기말재공품이 있다. 따라서 완성품과 기말재공품의 상대적인 수량을 기준으로 정상공손원가를 배부하면 된다. 그러나 가중평균법이냐 선입선출법이냐에 따라 정상공손원가의 배부금액이 달라진다. 이는 가중평균법과 선입선출법의 물량흐름에 대한 가정이 다르기 때문이다. 다만, 재공품 수량을 파악할 때 완성품 환산량이 아니라 실제 물량을 기준으로 하여야 한다. 이에 대해 좀 더 자세하게 설명해 보자.

선입선출법의 물량흐름에 대한 가정은 기초재공품이 먼저 완성되고, 당기 착수분이 그 후에 완성된다는 것이다. 따라서 완성품은 기초재공품을 추가가공한 것과 당기에 착수한 것이 포함되어 있는데, 선입선출법에서는 이를 구분해야 한다. 가중평균법에서는 기초재공품을 당기에 착수한 것으로 가정하였기 때문에 이러한 구분이 필요하지 않았다. 따라서 선입선출법에서는 기초재공품도 당기에 검사단계를 통과하였는지를 별도로 파악하여야 한다.

기초재공품이 당기에 검사단계를 통과하지 않았다면, 즉, 전기에 검사단계를 통과하여 당기에 완성되었다면, 기초재공품을 추가가공한 완성품에 당기의 정상공손원가를 배부할 필요가 없다. 왜냐하면 이미 전기에 정상공손원가를 배부받았기 때문이다. 이 말은 결국 기말재공품의 당기 검사통과 여부에 따라 정상공손원가가 당기착수완성품과 기말재공품에 배부된다는 것이다. 따라서 기초재공품이 당기에 검사단계를 통과하지 않았고, 기말재공품이 당기에 검사를 통과하였다면 (식 6-5)와 같이 정상공손원가를 배부한다. 만약 기초재공품이 당기에 검사단계를 통과하지 않았고, 기말재공품도 당기에 검사단계를 통과하지 않았다면 정상공손원가는 당연히 당기착수완성품에만 배부되어야 한다.

그러나 기초재공품이 당기에 검사를 받았다면 정상공손원가를 배부하여야 한다. 따라서 기초재공품도 정상공손원가를 당기에 배부받아야 한다. 기초재공품이 당기에 검사단계를 통과하고, 기말재공품도 당기에 검사를 통과한 경우 (식 6-6)와 같이 정상공손원가를 배부한다. 만약 기초재공품이 당기에 검사단계를 통과하고 기말재공품이 검사단계를 통과하지 않았다면, 당연히 기초재공품과 당기착수완성품에 정상공손원가가 배부되어야 한다.

〈기초재공품이 당기에 검사를 받지 않은 경우〉

$$\text{완성품 : 정상공손원가} \times \frac{\text{당기착수완성량}}{\text{당기착수완성량} + \text{기말재공품수량}}$$

$$\text{기말재공품 : 정상공손원가} \times \frac{\text{기말재공품수량}}{\text{당기착수완성량} + \text{기말재공품수량}} \qquad (\text{식 6-5})$$

〈기초재공품이 당기에 검사를 받은 경우〉

$$\text{완성품 : 정상공손원가} \times \frac{\text{기초재공품완성량} + \text{당기착수완성량}}{\text{기초재공품완성량} + \text{당기착수완성량} + \text{기말재공품수량}}$$

$$\text{기말재공품 : 정상공손원가} \times \frac{\text{기말재공품수량}}{\text{기초재공품완성량} + \text{당기착수완성량} + \text{기말재공품수량}} \qquad (\text{식 6-6})$$

예제 6-6

[예제 6-5]의 소백산㈜의 자료를 그대로 이용한다. 자료를 요약해 보면 검사는 완성도 60%에서 이루어지며, 기초재공품은 1,500개(완성도 40%), 당기에 생산착수된 수량은 7,500개, 당기에 완성된 제품은 7,000개, 그리고 기말재공품은 1,000개(완성도 80%)이다. 그리고 선입선출법에 의한 완성품원가는 ₩707,200, 기말재공품원가는 ₩92,000이며, 정상공손원가는 ₩67,200, 비정상공손원가는 ₩16,800이다.

(요구사항)

1. 정상공손원가를 완성품과 기말재공품에 각각 배부하시오.
2. 배부된 금액을 분개하시오.

(해 답)

이 예제는 기초재공품이 당기에 검사단계를 통과하였고, 기말재공품도 당기에 검사단계를 통과한 경우임.

1. 정상공손 원가배부

구 분	근 거	배부금액
완 성 품	₩67,200×{(1,500+5,500)/(1,500+5,500+1,000)}	₩58,800
기말재공품	67,200×{1,000/(1,500+5,500+1,000)}	8,400

2. 분 개

정 상 품 :	(차) 제 품	707,200	(대) 재 공 품	707,200
비정상공손 :	(차) 공손손실	16,800	(대) 재 공 품	16,800
정상공손 :	(차) 제 품	58,800	(대) 재 공 품	58,800

5.4 가중평균법에 따른 공손품회계

예제 6-7

[예제 6-5]의 소백산㈜에 대한 자료를 사용하여 완성품 및 기말재공품 그리고 공손품의 원가를 산출하시오. 다만, 종합원가계산은 가중평균법을 적용한다.

(해 답)

1. 물량흐름의 파악 :

물량흐름

기초재공품수량	1,500	당기완성량	7,000
당기착수량	7,500	정상공손수량	800
		비정상공손수량	200
		기말재공품수량	1,000
총투입량	9,000	총산출량	9,000

2. 완성품 환산량 산출 :

	재료원가	가공원가
당기완성량	7,000×1.0=7,000	7,000×1.0=7,000
정상공손수량	800×1.0= 800	800×0.6= 480
비정상공손수량	200×1.0= 200	200×0.6= 120
기말재공품 수량	1,000×1.0=1,000	1,000×0.8= 800
합 계	9,000	8,400

3. 총제조원가 집계 :

	재료원가	가공원가
기초재공품원가	₩72,000	₩49,200
당기발생원가	450,000	312,000
합 계	₩522,000	₩361,200

4. 완성품 환산량 단위당 원가계산 :

	재료원가	가공원가
총제조원가	₩522,000	₩361,200
완성품 환산량	÷9,000	÷8,400
합 계	₩58	₩43

5. 원가의 배부 :

	재료원가		가공원가		합 계
완성품원가	7,000×₩58=₩406,000		7,000×₩43=₩301,000		₩707,000
정상공손원가	800×₩58=	46,400	480×₩43=	20,640	67,040
비정상공손원가	200×₩58=	11,600	120×₩43=	5,160	16,760
기말재공품원가	1,000×₩58=	58,000	800×₩43=	34,400	92,400
총원가					₩883,200

[예제 6-7]에서 정상공손원가인 ₩67,040은 제품생산과정에서 정상적으로 발생한 것이므로 정상품의 원가에 배분되어야 한다. 그러나 비정상공손원가인 ₩16,760은 제품생산을 효율적으로 하였다면 발생하지 않았을 원가이기 때문에 이는 기간비용으로 처리한다.

가중평균법에서도 선입선출법과 마찬가지로 정상공손원가에 대해서는 정상품에 어떻게 배부할 것인가라는 배부문제가 발생한다. 가중평균법의 물량흐름에 대한 가정은 기초재공품이 당기에 착수된 것으로 본다는 점이다. 즉, 기초재공품이 비록 전기에 일부 가공된 것이긴 하지만 당기에 착수한 것과 동일하게 취급하는 방법이다. 따라서 기초재공품의 완성도를 고려하여 완성품 환산량을 별도로 산출할 필요가 없으며, 기초재공품이 당기에 검사시점을 통과하였는지 여부를 파악할 필요가 없다. 결국 가중평균법에서는 기말재공품이 문제가 된다.

기말재공품은 당기에 검사시점을 통과하였는지를 반드시 파악하여야 한다. 만약 기말재공품이 검사시점을 통과하지 않았다면 정상공손원가는 완성품에만 배부된다. 기말재공품은 아직 정상품인지 여부가 확정 혹은 검사되지 않았기 때문이다. 그러나 기말재공품이 검사시점을 통과하였다면 기말재공품과 완성품 수량의 비율에 따라 정상공손원가를 배부하여야 한다. 즉, 정상공손원가를 완성품과 기말재공품이 부담하게 되는 셈이다. 이때 정상공손원가를 배부할 때 기초재공품이나 기말재공품의 수량은 환산량을 기준으로 하지 않고, 완성품과 같이 실제 물량을 기준으로 한다. 검사시점을 통과하여 정상품임이 확인되었기 때문에 검사시점에서 보면 완성품과 기말재공품이 동등한 입장이기 때문이다. 기말재공품이 검사시점을 통과하였을 때 완성품과 기말재공품에 배부되는 정상공손원가는 (식 6-7)에 의해 구해진다.

$$\text{완성품 : 정상공손원가} \times \frac{\text{당기완성품수량}}{\text{당기완성품수량} + \text{기말재공품수량}}$$

$$\text{기말재공품 : 정상공손원가} \times \frac{\text{기말재공품수량}}{\text{당기완성품수량} + \text{기말재공품수량}} \quad \text{(식 6-7)}$$

예제 6-8

[예제 6-7]의 소백산㈜의 자료를 그대로 이용한다. 자료를 요약해 보면 검사는 완성도 60%에서 이루어지며, 기초재공품은 1,500개(완성도 40%), 당기에 생산착수된 수량은 7,500개, 당기에 완성된 제품은 7,000개, 그리고 기말재공품은 1,000개(완성도 80%)이다. 그리고 가중평균법에 의한 완성품원가는 ₩707,000, 기말재공품원가는 ₩92,400이며, 정상공손원가는 ₩67,040, 비정상공손원가는 ₩16,760이다.

(요구사항)

1. 정상공손원가를 완성품과 기말재공품에 각각 배부하시오.
2. 배부된 금액을 분개하시오.

(해 답)

1. 정상공손 원가배부

구 분	근 거	배부금액
완 성 품	₩67,040×{7,000/(7,000+1,000)}	₩58,660
기말재공품	67,040×{1,000/(7,000+1,000)}	8,380

2. 분 개

정 상 품 :	(차) 제 품	707,000	(대) 재 공 품	707,000
비정상공손 :	(차) 공손손실	16,760	(대) 재 공 품	16,760
정상공손 :	(차) 제 품	58,660	(대) 재 공 품	58,660

5.5 공손품의 처분가치

앞서 정상공손원가를 정상품에 배부하는 방법을 설명하였다. 이는 공손품이 아무런 가치가 없어 폐기처분하는 경우이다. 그러나 공손품이 외부에 판매될 수 있는 경우 그만큼의 가치를 가지는데, 그 가치만큼은 배부되는 공손원가에서 차감하여야 한다. 즉, 공손품의 순실현가치를 공손원가에서 차감한 나머지를 앞서 설명한 방법대로 배부하면 된다. 공손품의 순실현가치는 (식 6-8)에 의해 산출되며, 공손품의 순원가는 (식 6-9)에 의해 산출된다.

공손품의 순실현가치 = 예상판매가치 − 예상판매비 (식 6-8)

정상공손의 순원가 = 정상공손원가 − 정상공손품의 순실현가치
비정상공손의 순원가 = 비정상공손원가 − 비정상공손품의 순실현가치 (식 6-9)

예제 6-9

소백산㈜의 자료를 그대로 이용한다. 자료를 요약해 보면 정상공손수량이 800개이며, 비정상공손수량이 200개이다. 공손품 한 단위당 ₩50에 판매할 수 있으며, 이때 단위당 판매비가 ₩10씩 발생한다. 공손품의 순원가를 산출하시오.

(요구사항)

1. 정상공손원가는 ₩67,200이며, 비정상공손원가가 ₩16,800일 때(선입선출법)
2. 정상공손원가는 ₩67,040이며, 비정상공손원가가 ₩16,760일 때(가중평균법)

(해 답)

1. 공손품의 순원가 − 선입선출법

정상공손원가 = ₩67,200 − 800 × (₩50 − ₩10) = ₩35,200
비정상공손원가 = ₩16,800 − 200 × (₩50 − ₩10) = ₩8,800

2. 공손품의 순원가 − 가중평균법

정상공손원가 = ₩67,040 − 800 × (₩50 − ₩10) = ₩35,040
비정상공손원가 = ₩16,760 − 200 × (₩50 − ₩10) = ₩8,760

06 종합예제

소백산㈜는 2개의 공정(절단공정과 조립공정)을 통해 제품을 생산하고 있으며, 원가계산을 위해 공정별 종합원가계산을 적용하고 있다. 절단공정의 완성품은 모두 조립공정에 투입되며, 조립공정의 원재료는 완성도 50% 시점에서 전량 투입되며, 가공원가는 공정의 완성도에 따라 균등하게 발생한다. 조립공정의 생산 및 원가자료는 다음과 같다.

1. 기초재공품은 3,000개(완성도 60%)이다.
2. 기초재공품 원가는 전공정원가가 ₩210,000, 재료원가가 ₩96,000, 그리고 가공원가가 ₩88,800이다.
3. 당기에 생산착수된 수량은 15,000개이며, 당기에 완성된 제품은 16,000개이다. 기말재공품은 2,000개(완성도 70%)이다.
4. 당기에 발생된 원가는 전공정원가가 ₩600,000, 재료원가가 ₩300,000, 가공원가가 ₩468,000이다.

(요구사항)

1. 선입선출법에 따라 제조원가보고서를 작성하시오.
2. 가중평균법에 따라 제조원가보고서를 작성하시오.

(해　답)

1. 선입선출법

(1) 물량흐름

재공품(조립공정)

기초재공품수량	3,000	기초재공품완성량	3,000
당기착수량	15,000	당기착수완성량	13,000
		기말재공품수량	2,000
총투입량	18,000	총산출량	18,000

(2) 완성품 환산량 산출

	전공정원가		재료원가		가공원가	
기초재공품 완성량	3,000×0	0	3,000×0	0	3,000×(1−0.6)	1,200
당기착수완성량		13,000		13,000		13,000
기말재공품수량	2,000×1.0	2,000	2,000×1.0	2,000	2,000×0.7	1,400
		15,000		15,000		15,600

(3) 제조원가 집계

	전공정원가	재료원가	가공원가
당기투입원가	₩600,000	₩300,000	₩468,000

(4) 완성품 환산량 단위당 원가계산

	전공정원가	재료원가	가공원가
당기투입원가	₩600,000	₩300,000	₩468,000
당기완성품환산량	÷ 15,000	÷ 15,000	÷ 15,600
완성품 환산량 단위당원가	₩40	₩20	₩30

(5) 원가의 배부

완성품원가	전공정원가	재료원가	가공원가	합 계
기초재공품	₩210,000	₩96,000	₩88,800	₩394,800
기초재공품완성	0	0	1,200×₩30	
			₩36,000	36,000
당기착수완성	13,000×₩40	13,000×₩20	13,000×₩30	
	₩520,000	₩260,000	₩390,000	1,170,000
				₩1,600,800
기말재공품원가	2,000×₩40	2,000×₩20	1,400×₩30	
	₩80,000	₩40,000	₩42,000	162,000
총원가				₩1,762,800

2. 가중평균법

(1) 물량흐름

재공품(조립공정)

기초재공품수량	3,000	당기완성수량	16,000
당기착수량	15,000	기말재공품수량	2,000
총투입량	18,000	총산출량	18,000

(2) 완성품 환산량 산출

	전공정원가		재료원가		가공원가	
완성품수량		16,000		16,000		16,000
기말재공품수량	2,000×1.0	2,000	2,000×1.0	2,000	2,000×0.7	1,400
		18,000		18,000		17,400

(3) 총제조원가 집계

	전공정원가	재료원가	가공원가
기초재공품원가	₩210,000	₩96,000	₩88,800
당기투입원가	600,000	300,000	468,000
총제조원가	₩810,000	₩396,000	₩556,800

(4) 완성품 환산량 단위당 원가계산

	전공정원가	재료원가	가공원가
당기투입원가	₩810,000	₩396,000	₩556,800
당기완성품환산량	÷ 18,000	÷ 18,000	÷ 17,400
완성품 환산량 단위당원가	₩45	₩22	₩32

(5) 원가의 배부

	전공정원가	재료원가	가공원가	합 계
완성품원가	16,000×₩45	16,000×₩22	16,000×₩32	
	₩720,000	₩352,000	₩512,000	₩1,584,000
기말재공품원가	2,000×₩45	2,000×₩22	1,400×₩32	
	₩90,000	₩44,000	₩44,800	178,800
총원가				₩1,762,800

연습문제 EXERCISES

객관식 문제

[6-1] 다음 중 종합원가계산과 개별원가계산에 대한 설명으로 틀린 것은? (기업회계 1급)

① 주문제작을 하는 조선업에는 종합원가계산방법이 부적절하다.

② 개별원가계산보다 종합원가계산시 회계기록에 많은 비용이 발생한다.

③ 종합원가계산은 개별원가계산에 비해 상대적으로 원가계산의 정확성이 낮다.

④ 종합원가계산은 개별원가계산처럼 제조간접원가를 각 제품별로 배부할 필요가 없다.

[6-2] 다음 중 종합원가계산의 설명 중 틀린 것은? (기업회계 1급)

1. 종합원가계산은 소품종 대량생산에 적합한 원가계산방법이다.
2. 종합원가계산에서 물량은 환산량보다 항상 작거나 같다.
3. 기말재공품이 300단위이고 완성도가 70%라면 완성품환산량은 90단위이다.
4. 선입선출법에 따른 종합원가계산은 먼저 제조착수된 것이 먼저 완성된다고 가정한다.
5. 평균법에 의한 종합원가계산에서는 기초재공품이 그 기간에 착수되어 생산된 것처럼 취급한다.

① 1, 2 ② 2, 3 ③ 3, 4 ④ 4, 5

[6-3] ㈜보석은 종합원가계산을 채택하고 있다. 기말재공품에 대한 완성도가 실제보다 과대평가되어 있다면 이 오류가 각 항목에 끼치는 영향으로 옳은 것은? (기업회계 1급)

	완성품환산량	완성품환산량 단위당 원가	완성품 원가	기말재공품 원가
①	과소평가	과대평가	과대평가	과대평가
②	과대평가	과대평가	과소평가	과소평가
③	과소평가	과소평가	과대평가	과소평가
④	과대평가	과소평가	과소평가	과대평가

[6-4] 공손(spoilage)과 관련된 다음의 설명 중에서 틀린 것은? (기업회계 1급)

① 공손은 정상공손이나 비정상공손으로 분류된다.

② 제조공정과정에서 불량률 0을 달성하려는 기업들은 모든 공손을 비정상공손으로 간주하려 한다.

③ 개별원가계산(job order costing)에서 정상공손원가와 비정상공손원가는 재고가능원가로 간주되지 않으며, 그 공손이 발견된 기간의 비용으로 처리된다.
④ 공정별원가계산(process costing)에서 정상공손원가는 관련된 양품(정상제품)의 원가에 가산된다.

[6-5] 다음 자료에 의하여 선입선출법으로 원가계산을 실행할 경우, 직접재료원가와 가공원가의 완성품환산량의 차이로 옳은 것은? (기업회계 1급)

- 당기완성수량 : 2,400단위
- 직접재료원가의 기초재공품과 기말재공품의 완성품환산량 합계 수량 : 540단위
- 가공원가의 기초재공품과 기말재공품의 완성품환산량 합계 수량 : 760단위
- 기말재공품의 완성품환산량 : 직접재료원가는 기초재공품 완성품환산량의 80%
  가공원가는 기초재공품 완성품환산량의 90%

① 40단위 ② 30단위 ③ 20단위 ④ 10단위

[6-6] 다음은 가공원가에 대한 자료이다. 기초재공품의 완성도는 몇 %인가? (기업회계 1급)

- 기초재공품 : 650단위(완성도 ?%)
- 당기 착수량 : 2,700단위
- 당기완성량 : 2,850단위
- 기말재공품 : 완성도 60%
- 가공원가는 공정의 진행에 따라 균일하게 발생된다.
- 선입선출법에 의한 완성품환산량은 평균법에 의한 완성품환산량보다 520단위 적음.

① 65% ② 70% ③ 75% ④ 80%

[6-7] 종합원가계산을 사용하고 있는 ㈜남우제조의 2018년 12월 생산 및 원가 자료는 다음과 같다. 선입선출법을 가정할 때, 기말재공품원가를 계산하면 얼마인가? (단, 원재료는 공정의 초기에 전부 투입되고 가공원가는 공정전반에 걸쳐 균등하게 발생된다.) (기업회계 1급)

1. 물량의 흐름

	물 량	완성도	재료원가	가공원가
월초재공품	500개	60%	₩10,000	₩6,000
당월착수량	1,500개		30,000	?
당월완성품	1,700개			
월말재공품	300개	20%		

2. 12월 중 가공원가와 기간비용
   - 생산직근로자 급여 : ₩20,000
   - 기계장치 수선비 : ₩6,280
   - 관리직 책상 감가상각비 : ₩1,000
   - 영업용 트럭 감가상각비 : ₩1,200

① ₩1,080 ② ₩6,000 ③ ₩7,080 ④ ₩11,400

[6-8] 다음 자료에 의하여 평균법에 의한 가공원가의 투입원가를 구하면 얼마인가? (기업회계 1급)

- 당기완성품 수량 : 900단위
- 기말재공품 수량 : 200단위(완성도 80%)
- 기초재공품 수량 : 150단위(완성도 60%)
- 가공원가의 단위당원가 : ₩500

① ₩500,000 ② ₩510,000 ③ ₩530,000 ④ ₩540,000

[6-9] 다음은 제2공정에 대한 자료이다. 선입선출법으로 원가계산을 실행할 경우, 〈보기〉에서 옳은 것을 모두 나열한 것은? (기업회계 1급)

1. 기초재공품 : 800단위
   - 직접재료원가 완성도 : 40%
   - 가공원가 완성도 : 60%
2. 당기투입 : 2,700단위
   - 전공정대체액 ₩81,000
   - 직접재료원가 ₩132,975
   - 가공원가 ₩161,150
3. 기말재공품 : 900단위
   - 직접재료원가 : 75%
   - 가공원가 : 90%

〈보기〉

1. 전공정원가와 직접재료원가의 단위당원가 차액은 ₩15이다.
2. 직접재료원가와 가공원가의 단위당원가 차액은 ₩15이다.
3. 전공정원가와 직접재료원가의 완성품환산량 차이는 255단위이다.
4. 직접재료원가와 가공원가의 완성품환산량 차이는 85단위이다.
5. 기말재공품 평가액은 ₩101,925이다.
6. 기말재공품 평가액은 ₩109,925이다.

① 1, 3, 5 ② 1, 3, 6 ③ 2, 4, 5 ④ 2, 4, 6

[6-10] 남일㈜는 단일공정에서 단일제품을 생산하고 있다. 4월에 8,000단위를 착수하여 6,000단위를 완성하였다. 기말재공품 완성도는 60%이다. 원재료는 공정초기에 일시에 모두 투입되고 가공원가는 공정전반에 걸쳐 균등하게 발생된다. 4월에 발생한 당기투입원가와 물량흐름이 다음과 같을 경우, 선입선출법에 의한 기말재공품원가를 계산하면 얼마인가?

(기업회계 1급)

	물량흐름	재료원가	가공원가
기초재공품(40%)	500개	₩1,000	₩2,000
당기착수량	8,000개	48,000	73,000
당기완성량	6,000개		
기말재공품(60%)	2,500개		

① ₩15,000　② ₩25,000　③ ₩30,000　④ ₩40,000

[6-11] ㈜대구는 단일제품을 대량으로 생산하고 있다. 원재료는 공정의 초기에 모두 투입되고 가공원가는 공정전반에 걸쳐서 균등하게 발생한다. 품질검사를 합격한 수량의 10%에 해당하는 공손수량은 정상공손으로 간주한다. 검사가 공정의 20%, 60%, 100% 완성시점에 이루어진다고 각각 가정할 경우 정상공손수량으로 맞는 것은? 5월의 원가계산에 대한 기초자료는 다음과 같다.

(기업회계 1급)

- 기초재공품수량 : 400단위(진척도 25%)
- 당기착수량 : 1,600단위
- 당기완성량 : 1,000단위
- 공손수량 : 200단위
- 기말재공품수량 : 800단위(진척도 75%)

	검사시점 20%	검사시점 60%	검사시점 100%
①	140단위	140단위	180단위
②	140단위	140단위	100단위
③	180단위	180단위	100단위
④	140단위	180단위	100단위

[6-12] 다음 자료에 의하여 비정상공손수량으로 옳은 것은? (기업회계 1급)

- 기초재공품 : 300단위(완성도 30%)
- 공정의 25% 시점에서 공손을 검사한 후 합격품은 끝까지 제조 진행
- 기말재공품 : 600단위(완성도 80%)

- 직접재료는 공정의 시작과 동시에 모두 투입
- 당기착수량 : 2,800단위
- 당기에 검사시점을 통과한 합격품 수량의 4%는 정상공손
- 당기완성수량 : 2,350단위

① 40단위 ② 44단위 ③ 54단위 ④ 66단위

[6-13] 종합원가계산제도를 채택하고 있는 ㈜논리는 두 가지 직접재료를 이용해서 단일제품을 생산하고 있다. 직접재료 A는 공정 초기에 전량 투입되고, 직접재료 B는 가공원가 완성도 60% 시점에서 한꺼번에 전량 투입된다. 가공원가는 공정 전반을 통해 균등하게 발생한다. 2015년 10월의 생산 관련자료가 다음과 같을 때, 선입선출법하에서 직접재료원가A, 직접재료원가B, 가공원가 각각에 대한 당월 완성품환산량은 얼마인가? (기업회계 1급)

구 분	월초재공품	완성품	월말재공품
물량단위	1,500단위 (가공원가 완성도 75%)	7,000단위	3,000단위 (가공원가 완성도 45%)

	재료원가A	재료원가B	가공원가		재료원가A	재료원가B	가공원가
①	8,500단위	5,500단위	7,225단위	②	8,500단위	5,200단위	5,725단위
③	7,000단위	5,000단위	5,725단위	④	7,000단위	6,500단위	6,225단위

[6-14] ㈜정연은 종합원가계산에 의하여 제품을 생산한다. 재료는 공정의 초기에 전량 투입이 되며, 가공원가는 전체 공정에 고르게 투입된다. 2012년 3월 1일의 재공품 30,000단위에 대해서는 공정이 60% 진행되었고, 동년 3월 31일의 재공품 40,000단위에 대해서는 공정이 75% 진행되었다. 품질검사는 공정이 70% 진행되었을 때에 실시하며, 불합격품에 대해서는 재작업을 실시하지 않는다. 정상공손은 당월의 품질검사에서 합격한 제품의 5%로 설정하고 있다. 3월 중 65,000단위가 착수되었으며, 총 50,000단위가 완성이 되었다. 3월에 발생한 비정상공손품의 가공원가 완성품환산량은 얼마인가? (기업회계 1급)

① 350단위 ② 500단위 ③ 1,400단위 ④ 2,000단위

[6-15] ㈜화성은 종합원가계산제도에 의하여 제품원가를 계산하고 있는데, 월말재공품의 평가는 선입선출법을 사용하고 있다. 2013년 5월의 생산 및 원가자료는 다음과 같다. 원재료는 공정의 초기에 모두 투입되며 가공원가는 전공정을 통해 균등하게 발생된다. 공정의 70%시점에서 검사를 실시하며, 그 이후의 공정에서는 공손이 발생하지 않는다. 당월에는 검사를 받은 합격품의 10%가 공손으로 판명되었으며, 모두 정상적인 것으로 간주된다. 정상공손원가에 포

함된 직접재료원가는 얼마인가? (기업회계 1급)

	물량단위	가공원가 완성도	직접재료원가	가공원가
월초재공품	12,000	50%	₩132,000	₩73,200
당월투입량	76,000		456,000	612,800
완성품수량	65,000			
월말재공품	(?)	80%		

① ₩44,800　② ₩48,000　③ ₩72,000　④ ₩90,000

주관식 문제

[6-1] 소백산㈜는 참치가공업을 하고 있으며, 세척부문과 포장부문을 통해 제품을 생산하고 있다. 다음 자료는 세척부문의 20×1년 5월 중의 자료이다.

	수량	완성도
기초재공품	1,500	40%
당기착수량	12,000	
당기완성량	11,000	
기말재공품	2,500	70%

모든 재료는 공정 초에 전량 투입되며, 가공원가는 전 공정을 통해 균등하게 발생한다.

(요구사항)

1. 선입선출법에 따라 완성품환산량을 산출하시오.
2. 가중평균법에 따라 완성품환산량을 산출하시오.

[6-2] 소백산㈜는 두 개의 공정(절단공정과 조립공정)을 통해 제품을 생산·판매하고 있다. 절단공정의 완성품은 전량 조립공정에 투입되며, 조립공정의 원재료는 완성도 70% 시점에서 일괄적으로 투입된다. 조립공정의 가공원가는 전공정을 통해 균등하게 발생한다. 소백산㈜의 20×1년 5월 생산관련 자료는 다음과 같다.

기초재공품	2,000단위(완성도 50%)
절단공정에서 대체량	8,000단위
당월완성량	8,500단위
기말재공품	1,500단위(완성도 40%)

(요구사항)

1. 선입선출법에 따라 전공정원가, 재료원가, 그리고 가공원가의 완성품환산량을 산출하시오.
2. 가중평균법에 따라 전공정원가, 재료원가, 그리고 가공원가의 완성품환산량을 산출하시오.

[6-3] 소백산㈜는 두 개의 제조공정(혼합공정과 정제공정)을 통해 제품을 생산하고 있다. 혼합공정에서는 모든 원재료가 공정 초에 투입되며, 정제공정에서는 원재료가 완성도 60% 시점에서 전량 투입된다. 두 공정 모두 가공원가는 전공정을 통해 균등하게 발생한다. 또한 혼합부문의 완성품은 전량 정제공정에 대체된다. 두 공정의 20×1년 5월 생산관련 자료는 다음과 같다.

	혼합공정	정제공정
기초재공품	2,000단위(완성도 40%)	2,500단위(완성도 70%)
당월착수량	8,000단위	–
전공정대체수량	–	?
기말재공품	2,500단위(완성도 60%)	1,500단위(완성도 80%)

(요구사항)

1. 선입선출법을 이용하여 두 공정의 완성품 환산량을 산출하시오.
2. 가중평균법을 이용하여 두 공정의 완성품 환산량을 산출하시오.

[6-4] 소백산㈜는 단일제품을 대량으로 생산하고 있다. 20×1년 5월의 생산 및 원가자료는 다음과 같다. 원재료는 공정초기에 모두 투입되고, 가공원가는 공정전반에 걸쳐 균등하게 발생한다.

기초재공품	• 수 량 : 3,500개 • 재료원가 : ₩245,000 • 가공원가 : ₩105,000 • 완 성 도 : 60%	당기완성량	• 수 량 : 9,500개
당기발생원가	• 착 수 량 : 8,500개 • 재료원가 : ₩612,000 • 가공원가 : ₩462,000	기말재공품	• 수 량 : 2,500개 • 완 성 도 : 40%

(요구사항)

선입선출법에 따라 제조원가보고서를 작성하시오.

[6-5] 소백산㈜는 의류를 생산·판매하는 기업이며, 재단부문과 미싱부문을 통해 제품을 생산한다. 다음 자료는 재단부문의 생산 및 원가 자료이다.

	수량	완성도	원가
기초재공품	6,000단위	60%	
직접재료원가			₩255,000
가공원가			148,200
당기착수량	15,000		
당기완성량	18,000		
기말재공품	3,000	70%	
당기투입원가			
직접재료원가			₩900,000
가공원가			495,000

원재료는 공정초에 전량 투입되며, 가공원가는 전공정을 통해 균등하게 발생한다.

(요구사항)

1. 선입선출법을 통해 완성품원가와 기말재공품원가를 산출하시오.
2. 가중평균법을 통해 완성품원가와 기말재공품원가를 산출하시오.

[6-6] 소백산㈜는 두 개의 공정(절단공정과 조립공정)을 통해 제품을 생산하고 있으며, 종합원가계산을 통해 원가계산을 하고 있다. 절단공정의 완성품은 모두 조립공정에 투입되며, 조립공정의 원재료는 완성도 50%에서 일시에 투입된다. 20×1년 5월의 생산 및 원가관련 자료는 다음과 같다.

	절단공정	조립공정
기초재공품	1,200단위(완성도 60%)	1,500단위(완성도 70%)
직접재료원가	₩100,000	₩42,000
가공원가	66,000	34,250
전공정원가	–	225,000
당기착수량	5,800단위	?
당기완성량	5,000단위	5,500단위
기말재공품	2,000단위(완성도 70%)	1,000단위(완성도 40%)
당기투입원가		
재료원가	₩580,000	₩150,000
가공원가	284,000	169,750

(요구사항)

1. 선입선출법을 이용하여 절단공정의 제조원가보고서를 작성하시오.
2. 선입선출법을 이용하여 조립공정의 제조원가보고서를 작성하시오.

[6-7] 소백산㈜는 두 개의 공정(X공정과 Y공정)을 통해 제품을 생산하고 있으며, X공정의 완성품은 전량 Y공정에 투입된다. Y공정의 원재료는 제품완성시점에서 전량 투입된다. 다음은 20×1년 5월 중 Y공정의 생산 및 원가관련 자료이다.

- 기초재공품 3,000단위(완성도 70%)
  - 전공정원가 ₩350,000
  - 가공원가 115,000
- 당월투입원가
  - 전공정원가 ₩1,260,000
  - 직접재료원가 420,000
  - 가공원가 588,000
- 당기완성수량 12,000단위
- 기말재공품 1,500단위(완성도 40%)

(요구사항)

선입선출법을 이용하여 Y공정의 제조원가보고서를 작성하시오.

[6-8] 소백산㈜는 단일제품을 대량으로 생산하여 판매하는 회사로 종합원가계산제도를 통해 원가계산을 하고 있다. 제품은 단일공정을 통해 생산되며, 제품생산에는 두 종류의 원재료가 투입된다. 원재료A는 공정 초에 전량 투입되며, 원재료B는 공정의 80% 시점에서 일괄적으로 투입된다. 20×1년 5월 중 소백산㈜의 생산 및 원가자료는 다음과 같다.

기초재공품	800단위(완성도 75%)
직접재료원가A	₩32,000
가공원가	18,000
당월착수량	3,200단위
당월완성량	3,400단위
기말재공품	600단위(완성도 50%)
당월투입원가	
직접재료원가A	₩136,000
직접재료원가B	68,000
가공원가	104,100

(요구사항)

가중평균법을 이용하여 제조원가보고서를 작성하시오.

[6-9] 소백산㈜는 선입선출법 하의 종합원가계산을 적용하고 있으며, 당기 생산관련 자료는 다음과 같다. 품질검사는 완성도 70% 시점에서 이루어지며, 당기 검사를 통과한 정상품의 5%를 정상공손으로 간주한다.

구 분	물 량
기초재공품	3,000단위(완성도 60%)
당기착수량	15,000단위
당기완성량	11,000단위
기말재공품	5,000단위(완성도40%)

(요구사항)

당기의 정상공손수량과 비정상공손수량은?

[6-10] 소백산㈜는 선입선출법을 이용한 종합원가계산을 통해 원가계산을 실시하고 있으며, 제품은 완성도 60% 시점에서 품질검사를 거친 후에 완성된다. 동사는 품질검사를 통과한 정상품의 5%를 정상공손으로 간주하고 있다. 원재료는 공정 초에 전량 투입되며, 가공원가는 전공정을 통해 균등하게 발생한다.

기초재공품	4,000단위(완성도 30%)
당기착수량	12,000단위
당기완성량	13,000단위
기말재공품	2,000단위(완성도 70%)

(요구사항)

1. 정상공손수량과 비정상공손수량을 산출하시오.
2. 재료원가와 가공원가의 완성품 환산량을 산출하시오.

[6-11] 소백산㈜는 종합원가계산을 통해 원가계산을 하고 있으며, 원재료는 공정 초에 전량 투입되며, 가공원가는 전공정을 통해 균등하게 발생한다. 품질검사는 공사진척도 50% 시점에 이루어진다. 20×1년 5월 중 생산관련 자료는 다음과 같다.

기초재공품	1,500단위(완성도 60%)
당기착수량	7,500단위

당기완성량 6,000단위
기말재공품 2,500단위(완성도 80%)

(요구사항)
다음 각 요구사항은 독립적이다.

1. 정상공손을 당월에 검사시점을 통과한 정상품의 5%로 할 때, 정상공손수량과 비정상공손수량을 산출하시오.
2. 정상공손을 당월에 검사시점에 도달한 물량의 5%로 할 때, 정상공손수량과 비정상공손수량을 산출하시오.
3. 선입선출법을 적용하여 종합원가계산을 할 경우, 정상공손원가가 ₩105,000일 때 완성품에 배분될 정상공손원가는 얼마인가?

[6-12] 소백산㈜는 종합원가계산을 통해 원가계산을 하고 있다. 원재료는 생산공정의 시점에서 전량 투입되며, 가공원가는 전공정을 통해 균등하게 발생한다. 품질검사는 공정진척도 50% 시점에서 이루어지며, 검사를 통과한 합격품의 10%를 정상공손으로 간주한다. 동사의 생산 및 원가 자료는 다음과 같다.

구분	수량	완성도	재료원가	가공원가
기초재공품	2,500단위	70%	₩70,000	₩45,000
당기투입	10,000단위		300,000	185,000
완성품	9,000단위			
기말재공품	2,500단위	60%		

(요구사항)
선입선출법을 이용하여 제조원가보고서를 작성하시오.

[6-13] 소백산㈜에서는 제조공정 초기에 원재료가 투입되며 가공원가는 전공정을 통해 균등하게 발생한다. 20×1년 5월의 제조공정과 관련한 원가발생 자료는 다음과 같다. 단, 품질검사는 완성도 70% 시점에서 실시하고, 검사를 통과한 합격품의 5%를 정상공손으로 간주한다.

기초재공품 6,000단위(완성도 40%)
  직접재료원가 ₩250,000
  가공원가 75,000
당기착수량 25,000단위

당기투입원가		
직접재료원가	1,300,000	
가공원가	792,000	
당기완성량		26,000단위
기말재공품		3,000단위(완성도 50%)

(요구사항)

가중평균법을 이용하여 제조원가보고서를 작성하시오.

[6-14] 소백산㈜는 선입선출법을 이용하여 종합원가계산을 하고 있다. 직접재료는 생산공정 초에 전량 투입되고 가공원가는 공정전반에 걸쳐 균등하게 발생한다. 품질검사는 생산공정이 60% 진행되었을 때 이루어지며, 당기 중 품질검사를 통과한 합격품의 5%를 정상공손으로 간주한다. 20×1년 5월 중의 생산 및 원가관련 자료는 다음과 같다.

1. 수량자료

구 분	물량단위	완 성 도
기초재공품	500	40%
당기착수	1,500	
당기완성	1,400	
기말재공품	400	80%

2. 원가자료

구 분	직접재료원가	가공원가
기초재공품	₩70,000	₩17,910
당기투입	225,000	155,800

(요구사항)

1. 제조원가보고서를 작성하시오.
2. 정상공손원가를 배부한 후 완성품의 단위당원가는 얼마인가?

[6-15] 소백산㈜는 두 개의 제조공정(혼합공정과 성형공정)을 통해 단일제품을 생산하고 있다. 혼합공정의 완성품은 모두 성형공정에 투입되며, 성형공정의 원재료는 완성도 70% 시점에서 전량 투입된다. 성형공정의 품질검사는 완성도 50% 시점에서 이루어지며, 품질검사 시점에 도달한 수량의 5%를 정상공손으로 간주한다. 성형공정의 생산 및 원가자료는 다음과 같다.

생산자료 :

기초재공품(완성도 : 25%)	6,000개
전공정대체량	16,000개
당기완성품	17,000개
기말재공품(완성도 : 60%)	3,000개

원가자료 :

	기초재공품	당기투입원가
전공정원가	₩120,000	₩352,000
직접재료원가	0	170,000
가공원가	20,000	274,500

(요구사항)

선입선출법을 이용하여 제조원가보고서를 작성하시오.

제 7 장

결합제품 원가계산

01 결합제품과 원가계산

우리는 제6장에서 종합원가계산에 대해서 학습을 하였다. 종합원가계산은 생산되는 제품의 특성에 따라 다양한 원가계산방법이 적용된다. 결합제품 원가계산도 그중의 하나이다. 결합제품(combined product)이란 동일한 원재료를 하나의 생산공정을 통해 가공하면 두 가지 이상의 제품이 동시에 생산되는 제품을 말한다. 예를 들어, 석유정제업을 생각해 보자, 원유(석유)를 가공하면 휘발유, 경유, 등유, 그리고 항공유 등 다양한 제품이 동시에 생산된다. 결합제품의 특징은 산출되는 제품의 구성을 임의적으로 조정할 수 없다는 것이다. 유사한 산업으로는 우유가공업, 육가공업 등이 있다.

결합제품 원가계산과 유사한 원가계산방법으로는 조별 원가계산, 등급별 원가계산 등이 있다. 조별 원가계산은 다른 종류의 제품을 조별로 연속하여 생산하는 생산형태에 적용하며, 등급별 원가계산은 동일 종류의 제품이 동일공정에서 연속적으로 생산되나 그 제품의 품질 등이 다른 경우에 적용하는 원가계산방법이다.

결합제품 원가계산을 위해서는 몇 가지 용어를 이해해야 하는데, [도표 7-1]을 보자. [도표 7-1]에서 먼저 분리점(split-off point)이란 1차가공을 거치고, 각기 다른 제품으로 분리될 때 그 지점을 말한다. 결합원가(joint costs)란 분리점 이전에 동일한 공정을 거치면서 발생된 원가를 말한다. 석유정제업의 경우 원유를 가공하여 휘발유, 경유, 등유 등을 1차적으로 생산하는 과정에서 공통적으로 발생한 원가를 의미한다. 따라서 결합원가는 1차적으로 생산되는 모든 제품이 공동으로 부담해야 하는 원가이다. 결합제품 원가계산은 이 결합원가를 어떻게 휘발유, 경유, 등유 등에 합리적으로 배부하느냐가 핵심 과정이다.

분리점 이후에도 제조원가가 발생할 수 있는데, 이런 원가를 추가가공원가(further

[도표 7-1] 결합제품과 결합원가

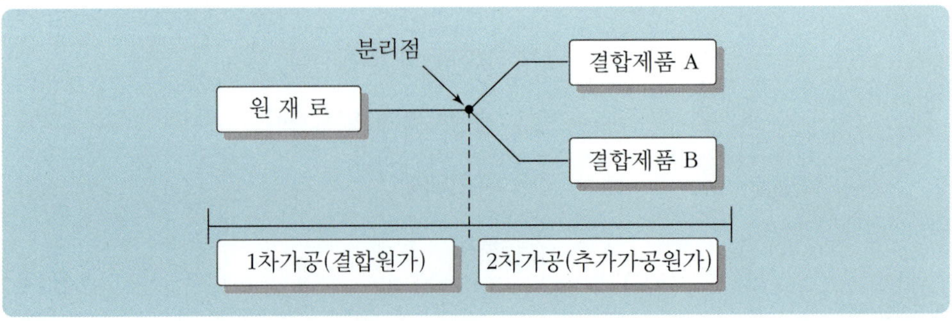

processing costs) 또는 분리가능원가(separable costs)라 한다. 추가가공원가는 해당제품에 직접적으로 연계되어 추적할 수 있기 때문에 결합원가와는 달리 복잡한 원가배부 문제가 발생되지 않는다. 따라서 본 장의 주 내용은 분리점 이전에 발생된 결합원가를 분리점 이후에 개별적으로 식별되는 결합제품 또는 부산물에 어떻게 배부시키는가에 관한 것이다.

02 결합원가의 배부방법

결합원가를 결합제품에 배부하는 방법에는 물량기준법, 상대적 판매가치법, 순실현가치법, 그리고 균등이익률법 등 네 가지 방법이 있다. 재고자산이 없다면, 즉 당기에 생산된 모든 제품이 당기에 판매된다면 어떤 방법을 통해 결합원가를 배부하여도 회사 전체의 당기순이익은 동일하나, 제품별 수익성에는 차이가 있다.

2.1 물량기준법

물량기준법(physical quantities method)은 분리점에서 개별 제품의 수량이나 중량, 부피 혹은 면적 등과 같은 물리적 단위를 기준으로 결합원가를 배부하는 방법이다. 이 방법은 배부되어야 하는 결합원가와 배부기준이 되는 물량단위 간의 밀접한 상관관계가 존재할 때 잘 활용될 수 있다. 만약 부피를 기준으로 결합원가를 배부한다면 결합제품의 결합원가가 부피에 비례하여 발생했다고 볼 수 있는 상당한 근거가 있어야 한다.

예제 7-1

계양산㈜는 원재료A 2,500kg을 생산공정에 투입하여 제품X와 제품Y를 각각 1,000단위와 1,500단위를 생산하고 있다. 결합공정에서 발생한 결합원가는 ₩4,000,000이며, 분리점에서 제품X의 단위당 판매가격은 ₩1,700이며, 제품Y의 단위당 판매가격은 ₩2,200이다. 물량기준법에 따라 결합원가를 배부하시오. 단, 배부기준은 생산량이다.

(해 답)

$$\text{제품X에 배부되는 결합원가} = ₩4,000,000 \times \frac{1,000\text{개}}{1,000\text{개} + 1,500\text{개}} = ₩1,600,000$$

$$\text{제품Y에 배부되는 결합원가} = ₩4,000,000 \times \frac{1,500\text{개}}{1,000\text{개} + 1,500\text{개}} = ₩2,400,000$$

2.2 상대적 판매가치법

상대적 판매가치법(relative sales value method)은 분리점에서 개별 제품의 상대적인 판매가치를 기준으로 결합원가를 배부하는 방법이다. 이 방법을 분리점에서의 판매가치법(sales value at split-off method)이라고도 한다. 이 방법을 적용하기 위해서는 분리점에서 개별 제품의 판매가치를 측정할 수 있어야 한다. 분리점에서의 개별 제품을 판매할 수 있는 시장이 존재한다면 쉽게 판매가치를 파악할 수 있을 것이다. 만약, 분리점에서 개별제품의 판매가치를 측정할 수 없다면 이 방법은 사용할 수 없다. 이 경우에는 다음에 설명하는 순실현가치법을 사용하여야 한다.

예제 7-2

[예제 7-1]을 그대로 이용하여 상대적 판매가치법에 따라 결합원가를 각 제품에 배부하시오.

(해 답)

제 품	생 산 량	판매가격	판매가치	결합원가배부액
X	1,000개	₩1,700	₩1,700,000	₩1,360,000*
Y	1,500	2,200	3,300,000	2,640,000
합 계	2,500개		₩5,000,000	₩4,000,000

$$* : ₩4,000,000 \times \frac{₩1,700,000}{₩5,000,000} = ₩1,360,000$$

이상에서 설명한 두 방법, 즉 물량기준법과 상대적 판매가치법을 비교해 보자. 생산된 모든 제품이 예상대로 판매되었다고 가정하고, 각 방법에 따라 제품별 손익계산서를 작성해 보면 [도표 7-2]와 같다.

[도표 7-2]의 (a)에 나타난 바와 같이 물량기준법에 의하면 제품Y의 수익성이 제품X의 수익성에 비해 높게 나타나고 있다. 따라서 제품X보다 제품Y의 판매를 강조하면 전체 수익성은 보다 좋게 나타날 것이다. 이와 같이 물량기준법은 원가계산을 왜곡시켜

[도표 7-2] 제품별 손익계산서(물량기준법 및 상대적 판매가치법)

(a) 제품별 손익계산서(물량기준법)

	제품X	제품Y	합 계
판매량	1,000단위	1,500단위	2,500단위
매출액	₩1,700,000	₩3,300,000	₩5,000,000
매출원가	1,600,000	2,400,000	4,000,000
매출총이익	₩100,000	₩900,000	₩1,000,000
매출총이익률	≒ 5.9%	≒ 27.3%	20%

(b) 제품별 손익계산서(상대적 판매가치법)

	제품X	제품Y	합 계
판매량	1,000단위	1,500단위	2,500단위
매출액	₩1,700,000	₩3,300,000	₩5,000,000
매출원가	1,360,000	2,640,000	4,000,000
매출총이익	₩340,000	₩660,000	₩1,000,000
매출총이익률	20%	20%	20%

그릇된 의사결정을 내리게 하는 위험을 지니게 된다. 반면에 상대적 판매가치법에 의하면 [도표 7-2]의 (b)에 나타난 바와 같이 각 제품의 매출총이익률은 똑같이 보고되고 있다. 추가적인 활동이 없다고 가정하면 동일한 생산공정을 통해서 산출된 결합제품의 수익성은 같은 것이 보다 합리적이라고 할 수 있다. 이런 점에서는 각 제품의 판매가치를 고려한 상대적 판매가치법이 물량기준법보다 우월하다고 할 수 있다.

2.3 순실현가치법

순실현가치법(net realizable value method)은 정상적인 경영활동에서 예측된 최종 판매가치에서 분리점 이후의 추가가공원가와 판매비용을 차감한 순실현가치를 기준으로 결합원가를 배부하는 방법이다. 결국 이렇게 되면 결합원가만이 이익을 창출하는 데 기여한다는 가정을 암묵적으로 하게 된다. 즉, 분리점 이후에 발생하는 추가가공으로 인한 부가가치는 없다는 모순에 빠지게 된다. 따라서 순실현가치법은 일반적으로 분리점에서 개별제품의 판매가치를 알 수 없는 경우에 많이 사용된다. [예제 7-3]을 통해서 살펴보자.

예제 7-3

계양산㈜는 원재료A 2,500kg을 생산공정에 투입하여 제품X와 제품Y를 각각 1,000단위와 1,500단위를 생산하였으며, 결합공정에서 발생한 결합원가는 ₩4,000,000이다. 제품X는 추가가공을 통하여 제품XX가 생산되며, 이때 추가가공원가 ₩1,000,000과 판매비용 ₩200,000이 발생한다. 제품XX의 단위당 최종판매가격은 ₩3,000이다. 제품Y는 추가가공을 통해 제품YY가 생산되며, 이때 추가가공원가 ₩1,300,000과 판매비용 ₩500,000이 발생한다. 제품YY의 단위당 최종판매가격은 ₩4,000이다. 순실현가치법에 따라 결합원가를 각 제품에 배부하시오.

(해 답)

1. 물량흐름도

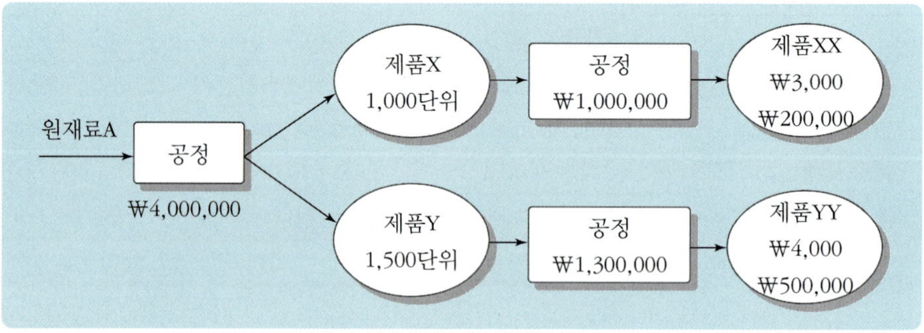

2. 결합원가 배부

제품	생산량	판매가격	최종판매가치	추가가공원가	판매비용	순실현가치	배 부 액
XX	1,000개	₩3,000	₩3,000,000	₩1,000,000	₩200,000	₩1,800,000	₩1,200,000*
YY	1,500	4,000	6,000,000	1,300,000	500,000	4,200,000	2,800,000
	2,500개		₩9,000,000	₩2,300,000	₩700,000	₩6,000,000	₩4,000,000

* : $₩4,000,000 \times \frac{₩1,800,000}{₩6,000,000} = ₩1,200,000$

2.4 균등이익률법

균등이익률법(uniform percentage contribution method)은 개별 제품의 최종 판매가치를 기준으로 동일한 매출총이익률을 갖도록 결합원가를 배부하는 방법이다. 앞서 순실현가치법의 문제점은 분리점 이전의 결합원가만이 이익을 창출하는 데 기여한다는 가정이라고 지적한 바 있다. 이에 비해 균등이익률법은 추가가공을 통해서도 부가가치를 창출할 수 있다는 것이 다른 점이다. 또한 상대적 판매가치법은 분리점에서 개별 제품의 매출총이익률이 동일하도록 결합원가를 배부하였다. 그러나 균등이익률법은 최종 판매가치를 기준으로 한다는 점에서 차이가 있다.

균등이익률법을 적용하기 위해서는 먼저 생산된 모든 제품이 판매되었다고 가정할 경우 회사 전체의 매출총이익률을 산출하고, 이를 모든 제품에 동일하게 적용되도록 결합원가를 배부한다.

예제 7-4

[예제 7-3]의 자료를 그대로 이용하였을 때 균등이익률법에 따라 결합원가를 각 제품에 배부하시오.

(해 답)

1. 결합제품의 매출총이익률

	제품XX	제품YY	합계
매출액	1,000개×₩3,000=₩3,000,000	1,500×₩4,000=₩6,000,000	₩9,000,000
결합원가			4,000,000
추가가공원가	1,000,000	1,300,000	2,300,000
매출총이익			₩2,700,000

∴ 매출총이익률=₩2,700,000÷₩9,000,000=30%

2. 균등이익률법에 의한 결합원가 배부

제품	매출액	매출총이익률	매출총이익	매출원가	추가가공원가	결합원가배부액
XX	₩3,000,000	30%	₩900,000	₩2,100,000	₩1,000,000	₩1,100,000
YY	6,000,000	30%	1,800,000	4,200,000	1,300,000	2,900,000
	₩9,000,000		₩2,700,000	₩6,300,000	₩2,300,000	₩4,000,000

이상에서 설명한 두 방법, 즉 순실현가치법과 균등이익률법을 비교해 보자. 각 방법에 따라 모든 제품이 예상대로 판매되었다고 가정하고, 각 제품별 손익계산서를 작성해 보면 [도표 7-3]과 같다.

[도표 7-3]에 나타난 바와 같이 균등이익률법에 의해 결합원가를 배부하여 제품별 손익계산서를 작성해 보면 각 제품별 매출총이익률은 전체 매출총이익률과 같은 30%로 나타난다. 이와 같이 매출총이익률이 같게 나타난다는 점에서 이 방법은 순실현가치법에 비해 우월한 방법이라 할 수 있다.

[도표 7-3] 제품별 손익계산서(순실현가치법 및 균등이익률법)

(a) 제품별 손익계산서(순실현가치법)

	제품XX	제품YY	합 계
판매량	1,000단위	1,500단위	2,500단위
매출액	₩3,000,000	₩6,000,000	₩9,000,000
매출원가	2,200,000	4,100,000	6,300,000
매출총이익	₩800,000	₩1,900,000	₩2,700,000
매출총이익률	≒ 26.7%	≒ 31.7%	30%

(b) 제품별 손익계산서(균등이익률법)

	제품XX	제품YY	합 계
판매량	1,000단위	1,500단위	2,500단위
매출액	₩3,000,000	₩6,000,000	₩9,000,000
매출원가	2,100,000	4,200,000	6,300,000
매출총이익	₩900,000	₩1,800,000	₩2,700,000
매출총이익률	30%	30%	30%

03 복수분리점의 결합원가 배부

복수분리점이란 결합제품을 생산하는 과정에서 분리점이 두 개 이상인 경우를 말한다. 여러 개의 분리점이 있는 경우 원가계산이 보다 복잡하게 이루어지는데, 기본적인 원가계산방법은 분리점이 하나일 때와 동일하다. 복수분리점인 경우 원가계산을 위해서는 정확한 물량흐름을 파악하는 것이 중요한데, 이때 물량흐름도를 이용하면 편리하다.

결합원가를 배부하는 과정은 첫째, 결합원가의 배부비율을 정해야 하는데, 이는 마지막 분리점에서 시작하여 1차 분리점의 순서로 결정한다. 둘째, 배부비율에 따라 결합원가를 배부하는 것은 1차 분리점에서 시작하여 마지막 분리점의 순서로 한다. 이때 두 번째 분리점에서 배분될 결합원가는 두 번째 분리점 자체 결합원가와 첫 번째 분리점에서 배분받은 금액을 합한 것이 된다.

예제 7-5

계양산㈜는 결합제품 X를 1,000개, Y를 1,500개 생산하였다. 이때 결합원가는 ₩4,000,000이며, 제품X를 완성하기 위해서는 ₩1,000,000의 추가가공원가가 발생하며, 판매비용은 ₩200,000이 발생한다. 그리고 제품Y를 추가가공하면, 결합제품 P와 Q를 각각 500단위와 1,000단위를 생산할 수 있다. 제품Y를 추가공하는 데는 추가가공원가 ₩1,300,000이 발생한다. 결합제품 P를 완성하기 위해서는 추가가공원가 ₩300,000이 투입되며, 판매비용은 ₩190,000이 발생한다. 결합제품 Q를 완성하기 위해서는 추가가공원가 ₩900,000이 투입되며, 판매비용은 ₩410,000이 발생한다. 제품X, 제품P, 그리고 제품Q의 단위당 최종판매가격은 각각 ₩3,000, ₩5,000, 그리고 ₩6,000이다. 순실현가치법으로 결합원가를 각 제품에 배부하시오.

(해 답)

1. 결합제품의 흐름도

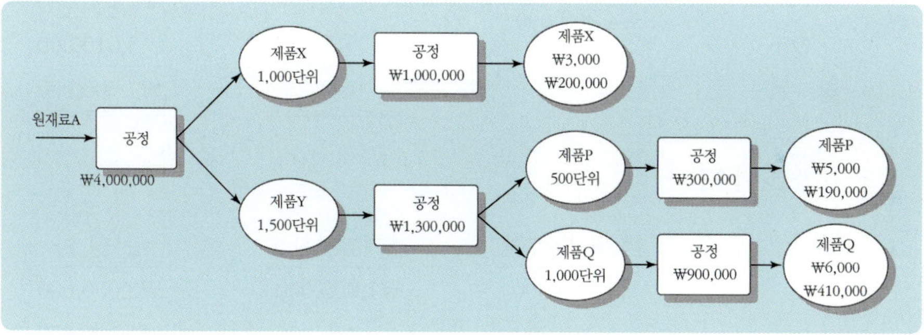

2. 두 번째 분리점 배부율

제 품	최종판매가치	추가비용	순실현가치	배 부 율
P	₩2,500,000	₩490,000	₩2,010,000	30%
Q	6,000,000	1,310,000	4,690,000	70%
합 계	₩8,500,000	₩1,800,000	₩6,700,000	100%

3. 첫 번째 분리점 배부율

제 품	최종판매가치	추가비용	순실현가치	배 부 율
X	₩3,000,000	₩1,200,000	₩1,800,000	25%
Y	6,700,000[a)]	1,300,000	5,400,000	75%
합 계	₩9,700,000	₩2,500,000	₩7,200,000	100%

a) : 두 번째 분리점에서의 순실현가치를 최종판매가치 대신 사용한다.

4. 첫 번째 분리점의 결합원가 배부

제 품	결합원가	배 부 율	배 부 액
X	₩4,000,000	25%	₩1,000,000
Y		75%	3,000,000
합 계		100%	₩4,000,000

5. 두 번째 분리점에서 배부되어야 할 결합원가

= ₩3,000,000 + ₩1,300,000 = ₩4,300,000

6. 두 번째 분리점의 결합원가 배부

제 품	결합원가	배 부 율	배 부 액
P	₩4,300,000	30%	₩1,290,000
Q		70%	3,010,000
합 계		100%	₩4,300,000

7. 제품별 최종원가

제 품	결합원가배부액	추가가공원가	총 원 가
X	₩1,000,000	₩1,000,000	₩2,000,000
P	1,290,000	300,000	1,590,000
Q	3,010,000	900,000	3,910,000
	₩5,300,000	₩2,200,000	₩7,500,000

04 부산물의 회계처리

주산물(main product)은 두 가지 이상의 제품을 생산할 때 상대적으로 판매가치가 높은 제품이며, 부산물(by-product)은 주산물에 비하여 상대적으로 판매가치가 낮은 제품을 말한다. 생산공정은 부산물을 목적으로 가동되지는 않는다. 주제품을 생산하는 과정에서 부수적인 결과로 부산물이 얻어지는 것이다. 예를 들어, 콩으로 두부를 만들 때

두부는 주산물이며, 콩비지는 부산물이다. 부산물과 유사한 용어로 스크랩(scrap)이 있는데 이는 생산공정에서 사용되는 원재료에서 나온 짜투리 조각을 의미한다. 부산물은 적지만 판매가치를 지니는 데 반해 스크랩이나 폐기물(waste product)은 판매가치가 없는 경우가 많으며, 경우에 따라 처분하는 데 비용이 들기도 한다.

공손은 이미 설명한 바와 같이 완전하지 않은 주제품 단위를 의미한다. 반면에 스크랩이나 폐기물은 처음부터 주제품이 될 수 없는 폐기되는 원재료나 산출물을 의미한다. 여기서는 부산물에 초점을 맞춰 그 회계처리방법을 설명하려 한다. 부산물의 회계처리는 부산물의 가치를 생산시점에서 인식할 것인가 아니면 판매시점에서 인식할 것인가의 문제와 관련된다.

4.1 생산시점의 순실현가치법

순실현가치법은 부산물의 가치를 생산시점에 인식하는 방법이다. 부산물의 가치를 생산시점에서 인식한다는 것은 결합원가 가운데 일부를 부산물의 제조원가로 인식하겠다는 의미이다. 즉, 분리점에서 부산물의 순실현가치만큼 결합원가에서 차감하고, 차감된 금액만큼 부산물의 재고자산으로 인식하며, 차감 후 잔액은 앞서 살펴본 절차에 따라 주산물에 배부된다. 이와 같이 순실현가치법을 적용할 경우에는 부산물 처분에 따른 손익이 발생하지 않는다.

부산물 생산시	(차) 부 산 물	×××	(대) 재 공 품	×××
부산물 판매시	(차) 현금(매출채권)	×××	(대) 부 산 물	×××

4.2 판매시점의 잡수익법

잡수익법은 판매시점에서 부산물의 가치를 인식하는 방법이다. 생산시점에서는 부산물의 가치를 무시하고, 부산물이 외부로 판매될 때만 그에 따른 이익을 인식하는 방법이다. 따라서 재고자산이 인식될 수 없다. 즉, 부산물이 생산되더라도 판매될 때까지는 아무런 회계처리를 하지 않는다. 만약 부산물의 판매가 이루어질 경우 매출원가에서 차감시키거나 혹은 잡수익으로 처리한다. 결합원가는 모두 주산물에 배부된다.

부산물 생산시	회계처리 없음			
부산물 판매시	(차) 현금(매출채권)	×××	(대) 잡 수 익	×××

예제 7-6

계양산㈜는 주산물 생산의 과정에서 200단위의 부산물이 생산되었으며, 부산물의 단위당 판매가격은 ₩200이며, 이때 단위당 ₩50의 판매비용이 발생한다. 결합원가는 ₩500,000이 발생하였다.

(요구사항)

1. 생산시점의 순실현가치법에 따른 주산물 및 부산물의 결합원가 배부액
2. 판매시점의 잡수익법에 따른 주산물 및 부산물의 결합원가 배부액

(해 답)

1. 순실현가치법

결합원가의 부산물 배부액 = 부산물의 순실현가치
= 200단위 × (₩200 − ₩50) = ₩30,000

결합원가의 주산물 배부액 = 결합원가 − 부산물의 순실현가치
= ₩500,000 − (₩150 × 200단위) = ₩470,000

2. 잡수익법
   - 결합원가를 부산물에 배부하지 않음.
   - 따라서 결합원가 ₩500,000은 전액 주산물에 배부됨.

05 결합제품과 의사결정

5.1 결합제품의 추가가공 여부 결정

어떤 제품을 분리점에서 판매할 것인가 아니면 분리점 이후 추가가공해서 판매할 것인가에 대한 의사결정을 결합제품에 관한 의사결정이라 한다. 이러한 의사결정은 각 대안별로 상이한 미래의 원가와 수익에 기초하여 내려져야 한다. 추가가공 여부는 이미 결합제품을 분리점까지 가공한 후에 결정된다. 따라서 그 이전에 발생된 결합원가는 아무리 그 금액이 크더라도 추가가공에 관한 의사결정에 영향을 줄 수 없으며, 합목적적이지 않다. 의사결정에 유용한 합목적적 원가가 되려면 적어도 미래에 발생될 원가여야

하기 때문이다. 그런데 이미 발생된 결합원가는 미래 어떤 의사결정을 내리더라도 변경될 수 없으며, 똑같기 때문이다. 그러므로 결합원가를 어떤 방법으로 결합제품에 배부하더라도 이는 추가가공에 대한 의사결정에 영향을 미쳐서는 안 된다.

어떤 제품에 대한 분리점에서 추가가공 여부의 결정은 추가가공에 따른 증분수익과 증분원가에 관심의 초점을 맞추어야 한다. 이때 증분수익과 증분원가가 합목적적인 정보이다. 여기서 증분수익이란 추가가공을 하는 경우 그렇지 않는 경우에 비해 늘어날 것으로 예상되는 수익의 증가분이며, 증분원가는 추가가공을 하는 경우 늘어날 것으로 예상되는 원가의 증가분이다. 증분수익이 증분원가보다 크다면 추가가공하는 것이 더 좋을 것이며, 반대로 오히려 증분원가가 증분수익보다 크다면 추가가공하지 않고 분리점에서 판매하는 것이 더 유리할 것이다.

예제 7-7

[예제 7-3]의 자료를 다시 살펴보자. 계양산㈜는 원재료A 2,500kg을 생산공정에 투입하여 제품X와 제품Y를 각각 1,000단위와 1,500단위를 생산하였으며, 결합공정에서 발생한 결합원가는 ₩4,000,000이다. 제품X는 추가가공을 통하여 제품XX가 생산되며, 이때 추가가공원가 ₩1,000,000과 판매비용 ₩200,000이 발생한다. 제품XX의 단위당 최종판매가격은 ₩3,000이다. 제품Y는 추가가공을 통해 제품YY가 생산되며, 이때 추가가공원가 ₩1,300,000과 판매비용 ₩500,000이 발생한다. 제품YY의 단위당 최종판매가격은 ₩4,000이다.

(요구사항)

제품X와 제품Y는 추가가공하지 않고 분리점에서 각각 ₩1,700과 ₩2,200에 판매할 수 있으며, 이때 판매비용이 각각 ₩100,000과 ₩300,000이 발생한다. 제품X와 제품Y 중에서 어떤 제품을 추가가공하여야 하는가?

(해 답)

	제품X		제품Y	
추가가공시 증분수익	(₩3,000 − ₩1,700) × 1,000	= ₩1,300,000	(₩4,000 − ₩2,200) × 1,500	= ₩2,700,000
추가가공시 증분원가				
추가가공원가	₩1,000,000		₩1,300,000	
판매비용증가분	100,000	1,100,000	200,000	1,500,000
추가가공시 증분이익		₩200,000		₩1,200,000

–두 제품 모두 증분수익이 증분원가보다 크기 때문에 모두 추가가공하여야 한다.

5.2 결합제품의 재고관리

결합제품은 생산공정의 특성상 제품의 상대적 생산비율이 고정되어 있는 경우가 많다. 따라서 결합제품의 재고평가 및 관리는 다른 제품에 비해 한층 복잡해진다. 결합제품의 재고관리에 있어서 주요 이슈는 어떻게 각 결합제품별로 바람직한 재고수준을 유지하느냐에 있다. 어떤 결합제품은 판매활동이 원활하게 이루어지는 데 반해 다른 결합제품은 그렇지 않다면 한 쪽은 재고수준이 너무 낮게 나타나는 데 비해 다른 한 쪽은 재고수준이 너무 높게 나타날 것이다. 결합제품간 상대적 생산비율이 고정되어 있으면 어느 한 쪽의 생산량을 늘리면서 다른 한 쪽의 생산량은 줄일 수가 없게 된다. 따라서 결합제품의 경우 최적 재고관리 방법을 일관성 있게 시행하기가 어렵다.

경영자들이 이와 같이 복잡한 결합제품의 재고관리 문제를 해결할 수 있는 방안으로는 다음 몇 가지를 생각할 수 있다. 첫째, 꾸준한 연구개발 활동을 통하여 결합제품 산출물 믹스를 바람직한 방향으로 변경시켜 나간다. 둘째, 판매가 부진하여 재고가 많이 쌓이는 결합제품에 대해선 추가적인 마케팅 활동으로 판매를 늘려 나가도록 노력한다. 셋째, 두 번째 방법과 결부시켜 판매가 부진한 결합제품에 대해선 가격을 조정하여 판매를 늘린다.

06 종합예제

계양산㈜는 결합공정을 통하여 3개의 결합제품을 생산하고 있다. 20×1년 5월 한 달 동안 각 제품의 생산과 관련된 자료는 다음과 같다.

	제품 A	제품 B	제품 C
생 산 량	1,600단위	2,400단위	1,000단위
분리점에서의 판매가격	₩1,500	₩2,000	₩300
추가가공원가	1,000,000	1,700,000	−
최종판매가격	2,500	3,500	−

20×1년 5월 한 달 동안 결합공정에서 발생한 결합원가는 ₩5,682,000이다.

(요구사항)

1. 모든 제품을 주산물로 간주할 경우 다음 각 방법에 따라 결합원가를 배부하시오.
   1) 물량기준법
   2) 상대적 판매가치법
   3) 순실현가치법
   4) 균등이익률법
2. 제품 C를 부산물로 간주하고, 부산물의 회계처리를 다음 각 방법에 따를 경우 상대적 판매가치법에 따라 결합원가를 배부하시오.
   1) 생산시점의 순실현가치법
   2) 판매시점의 잡수익법

(해 답)

1. 모든 제품을 주산물로 간주할 경우의 결합원가 배부

1) 물량기준법

제 품	생산량	배부액
A	1,600단위	$₩5,682,000 \times \frac{1,600}{5,000} = ₩1,818,240$
B	2,400	$₩5,682,000 \times \frac{2,400}{5,000} = ₩2,727,360$
C	1,000	$₩5,682,000 \times \frac{1,000}{5,000} = ₩1,136,400$
	5,000단위	₩5,682,000

2) 상대적 판매가치법

제 품	생산량	판매가격	판매가치	배부액
A	1,600단위	₩1,500	₩2,400,000	₩1,818,240[a)]
B	2,400	2,000	4,800,000	3,636,480
C	1,000	300	300,000	227,280
			₩7,500,000	₩5,682,000

a) $₩5,682,000 \times \frac{₩2,400,000}{₩7,500,000} = ₩1,818,240$

3) 순실현가치법

제 품	생산량	판매가격	판매가치	추가가공원가	순실현가치	배부액
A	1,600단위	₩2,500	₩4,000,000	₩1,000,000	₩3,000,000	₩1,704,600[b)]
B	2,400	3,500	8,400,000	1,700,000	6,700,000	3,806,940

C	1,000	300	300,000	–	300,000	170,460
			₩12,700,000	₩2,700,000	₩10,000,000	₩5,682,000

b) $₩5,682,000 \times \frac{₩3,000,000}{₩10,000,000} = ₩1,704,600$

4) 균등이익률법

$$\text{회사전체 매출총이익률} = \frac{₩12,700,000 - ₩5,682,000 - ₩2,700,000}{₩12,700,000} = 34\%$$

제품	최종판매가치	매출총이익률	매출원가	추가가공원가	배부액
A	₩4,000,000	34%	₩2,640,000	₩1,000,000	₩1,640,000
B	8,400,000	34%	5,544,000	1,700,000	3,844,000
C	300,000	34%	198,000	–	198,000
	₩12,700,000		₩8,382,000	₩2,700,000	₩5,682,000

2. 제품 C를 부산물로 간주하는 경우

1) 생산시점의 순실현가치법

부산물의 순실현가치를 결합원가에서 차감하고 순결합원가를 주산물에 배부한다.

순결합원가 = ₩5,682,000 − ₩300,000 = ₩5,382,000

제 품	생산량	판매가격	판매가치	배부액
A	1,600단위	₩1,500	₩2,400,000	₩1,794,000[c)]
B	2,400	2,000	4,800,000	3,588,000
			₩7,200,000	₩5,382,000

c) $₩5,382,000 \times \frac{₩2,400,000}{₩7,200,000} = ₩1,794,000$

2) 판매시점의 잡수익법

− 잡수익법에서는 부산물의 가치를 인식하지 않고 판매시점에 잡수익으로 인식하는 방법이다. 그러므로 결합원가 전부를 주산물인 제품 A와 제품 B에 배부한다.

제 품	생산량	판매가격	판매가치	배부액
A	1,600단위	₩1,500	₩2,400,000	₩1,894,000[d)]
B	2,400	2,000	4,800,000	3,788,000
			₩7,200,000	₩5,682,000

d) $₩5,682,000 \times \frac{₩2,400,000}{₩7,200,000} = ₩1,894,000$

연습문제

EXERCISES

객관식 문제

[7-1] 다음 중 결합원가와 관련된 설명으로 옳지 않은 것은? (기업회계 1급)

① 분리점이란 연산품과 부산품 등 결합제품을 개별적인 제품으로 식별할 수 있게 되는 제조과정 중의 한 점을 말한다.

② 상대적 판매가치법을 사용하면 판매가치가 높은 제품에 원가가 적게 배분되므로 수익성이 높게 분석된다.

③ 순실현가치법에서는 개별원가의 비중이 높은 결합제품의 매출총이익률이 개별원가가 없는 결합제품보다 낮다.

④ 기업이익을 극대화하기 위한 추가가공 의사결정을 할 때에는 이미 배분된 결합원가를 고려하지 않는다.

[7-2] 다음 중 결합원가 배분방법 중 순실현가치법에 대한 설명으로 옳지 않은 것은? (기업회계 1급)

① 순실현가치법은 분리점에서 판매가치를 알 수 없는 경우에도 사용할 수 있다.

② 순실현가치법은 결합제품의 수익성이 고려되어 왜곡되지 않는다.

③ 원가가산결정방식 또는 원가기준가격결정방법은 이용할 수 없다.

④ 추가가공원가도 이익창출에 기여한다고 보고 있다.

[7-3] 다음 중 부산물의 회계처리에 대한 설명으로 옳지 않은 것은? (기업회계 1급)

① 판매기준법은 생산시점에 부산물에 가치를 부여하지 않는다.

② 생산기준법은 결합원가 중에서 생산시점에 부산물의 순실현가치에 해당하는 원가를 부산물원가로 기록한다.

③ 판매기준법은 판매시점에 부산물 판매수익을 잡이익으로 처리하거나 매출원가에서 차감한다.

④ 생산기준법은 판매시점에 부산물 판매수익을 부산물에 가산한다.

[7-4] ㈜대한은 결합공정을 통하여 갑제품과 을제품을 제조하고 있다. 분리시점에서의 판매가치는 갑제품 10,000개에 대하여 ₩1,400,000이고, 을제품 15,000개에 대하여 ₩600,000이다. 분리시점에서 판매가치에 의해서 결합원가를 배분한다면 갑제품에 대한 배부액은 ₩280,000이 될 것이다. 을제품의 배부액과 총결합원가는 각각 얼마인가? (기업회계 1급)

	을제품 배부액	결합원가 총액		을제품 배부액	결합원가 총액
①	₩120,000	₩400,000	②	₩220,000	₩500,000
③	₩320,000	₩600,000	④	₩420,000	₩700,000

[7-5] 색깔㈜는 연산품(결합제품)으로 공장용 페인트, 가정용 페인트, 자동차용 페인트를 생산하며, 이 제품들의 결합원가는 ₩100,000이다. 결합원가는 분리점에서의 상대적 판매가치에 의해 배분되며 모든 제품은 추가가공 후 판매될 예정이다. 자동차용 페인트에 배분된 결합원가는 ₩20,000이며, 기타 자료는 다음과 같다. 가정용 페인트의 분리점에서의 판매가치는 얼마인가? (기업회계 1급)

구 분	공장용 페인트	가정용 페인트	자동차용 페인트	합 계
분리점에서의 판매가치	₩200,000	?	?	₩400,000
결합원가	?	?	₩20,000	100,000
추가가공원가	5,000	₩10,000	15,000	
추가가공후 판매가치	300,000	400,000	250,000	

① ₩80,000 ② ₩90,000 ③ ₩120,000 ④ ₩150,000

[7-6] ㈜원가는 결합원가의 지출을 통한 연산품을 아래와 같이 생산하고 있다. A와 B에 배분된 결합원가의 합계액은 얼마인가? (기업회계 1급)

	A	B
1kg당 추가가공원가	₩100	₩350
최종 1kg당 판매가격	₩1,500	₩6,500
생산량(모두 판매됨)	100kg	50kg
매출총이익률	25%	20%

① ₩320,000 ② ₩345,000 ③ ₩372,500 ④ ₩395,000

[7-7] ㈜화성은 두 가지 제품 A, B를 생산하여 판매하고 있다. 이 제품들은 결합공정을 통해 생산되며 4월 중의 결합원가는 ₩500,000이다. 두 제품은 모두 분리점 이후 추가가공을 거친 다음 판매된다. 4월의 생산 및 판매자료는 다음과 같다. 기초재고자산은 없으며, 결합원가는 순실현가능가치에 의해 배분하고 있다. 4월의 당기순이익은 얼마인가? (기업회계 1급)

구 분	A	B	합 계
단위당 판매가격	₩800	₩1,500	
추가가공원가	₩400,000	₩700,000	₩1,100,000
생산량	2,000개	1,000개	3,000개
판매량	1,300개	800개	2,100개

① ₩815,000　② ₩945,000　③ ₩985,000　④ ₩1,065,000

[7-8] ㈜대전은 A, B, C 제품으로 구성된 세 개의 연산품을 생산하고 있는데, 9월의 결합원가는 ₩7,000,000이다. 분리점 이후 제품을 판매가능한 형태로 전환하는 데 필요한 추가가공원가는 아래와 같다. 순실현가능가치를 기준으로 결합원가를 배분한다면 9월의 결합원가 중 B제품에 배분될 금액은 얼마인가? (기업회계 1급)

종류	분리점에서 생산량	분리점후 총 추가가공원가	최종 판매가격
A	월 5,000단위	₩400,000	단위당 ₩500
B	월 10,000단위	₩500,000	단위당 ₩200
C	월 20,000단위	₩600,000	단위당 ₩350

① ₩1,000,000　② ₩1,050,000　③ ₩1,100,000　④ ₩1,150,000

[7-9] ㈜경남은 두 종류의 주산품 A, B와 부산품 X를 생산하며, 부산품 X는 생산기준법하에서의 원가차감법을 사용한다. 당기의 결합원가 발생액은 ₩20,000이며, 각 제품에 관한 자료는 다음과 같다. ㈜경남이 순실현가치를 기준으로 결합원가를 배분한다면, 주산품 A에 배부되는 결합원가는 얼마인가? (단, 기초재고와 기말재공품은 없다.) (기업회계 1급)

제품	분리점 이후 추가가공원가	생산량	최종판매가치
A	₩10,000	2,000개	₩70,000
B	15,000	1,700개	55,000
X	2,000	300개	6,000

① ₩9,600　② ₩6,400　③ ₩8,200　④ ₩7,800

[7-10] ㈜대전은 결합제품 A와 B를 생산한다. 결합원가의 배분방법으로는 순실현가치법을 사용하고 있을 때, 다음 자료와 같은 원가가 발생하였다. 제품 A의 당기 결합원가배분액이 ₩100,000이라면 당기의 총결합원가 발생액은 얼마인가? (기업회계 1급)

제 품	생산량	최종 총판매가치	추가가공원가
A	2,000단위	₩2,600,000	₩600,000
B	1,500단위	₩3,300,000	₩300,000

① ₩410,000 ② ₩250,000 ③ ₩200,000 ④ ₩180,000

[7-11] 일선축산㈜는 연산품(결합제품)으로 도매용 등심과 소매용 등심을 생산한다. 결합공정에서 발생하는 재료원가는 ₩60,000이고 가공원가는 ₩40,000이다. 순실현가치법에 의해 결합원가를 배분할 때, 소매용 등심의 영업이익은 얼마인가? (기업회계 1급)

구 분	도매용 등심	소매용 등심	합 계
분리점에서의 판매가치	₩500,000	판매불가	–
추가가공원가	없음	₩100,000	₩100,000
추가가공후 판매가치	₩500,000	₩400,000	₩900,000

① ₩260,000 ② ₩262,500 ③ ₩280,000 ④ ₩300,000

[7-12] 다음 자료에 의하여 연산품 원가계산을 실행할 경우, 두 제품의 단위당 추가가공원가로 옳은 것은? (기업회계 1급)

- 제품별 총매출액 : '갑' ₩75,000, '을' ₩30,000
- 제품별 생산량 : '갑' 150단위, '을' 100단위
- 제품별 결합원가 배분액 : '갑' ₩42,000, '을' ₩16,800
- 두 제품의 순실현가능가액 총합계액 : ₩84,000
- 재고자산 없음

	'갑'제품	'을'제품		'갑'제품	'을'제품
①	₩100	₩60	②	₩60	₩100
③	₩60	₩240	④	₩100	₩240

[7-13] 대전회사는 A, B, C 세 가지 결합제품을 생산하고 있으며, 결합원가는 분리점에서의 상대적 판매가치에 의해 배분된다. 관련자료는 다음과 같다. 만약 A, B, C 중 하나만을 추가가공한다면 어느 제품을 추가가공하는 것이 가장 유리하며, 이때 추가가공으로 인한 이익은 얼마인가? (기업회계 1급)

	A	B	C	합계
결합원가	?	₩10,000	?	₩50,000
분리점에서의 판매가치	₩80,000	?	?	200,000
추가가공원가	3,000	2,000	₩5,000	
추가가공후 판매가격	85,000	42,000	90,000	

① A, ₩2,000 ② B, ₩1,000 ③ C, ₩3,000 ④ C, ₩5,000

[7-14] ㈜화성은 동일한 원재료를 가공하여 두 개의 결합제품 A와 B를 생산한다. 2015년 결합공정에서 발생한 직접재료원가는 ₩1,000,000, 가공원가는 ₩1,000,000이었으며, 결합원가는 순실현가치법으로 배분한다. 분리점에서의 A의 판매가치는 ₩2,800,000인 반면, B는 추가가공을 거쳐 C라는 제품으로 전환되어 ₩5,000,000에 판매되며, 추가공정에서 ₩800,000의 가공원가가 발생된다. 최종판매시점에서 C제품의 매출총이익률은 몇 %인가? (기업회계 1급)

① 40% ② 50% ③ 60% ④ 71%

[7-15] ㈜대구는 제품생산 과정에서 발생한 부산물 1kg을 판매하는 데 ₩100의 비용이 소요된다. 한편, 회사는 동 부산물의 순실현가치를 주제품의 매출원가에서 차감하는 회계처리를 하고 있다. 회사는 당월에 부산물 100kg을 총 ₩100,000에 판매하였다. 만약 ㈜대구가 부산물의 순실현가치를 주제품의 매출액에 더하는 방법으로 회계처리방법을 바꾼다면 종전의 방법에 비하여 매출총이익은 어떻게 달라지는가? (기업회계 1급)

① ₩100,000 증가 ② ₩110,000 증가
③ ₩90,000 증가 ④ 동일함

주관식 문제

[7-1] 계양산㈜는 결합공정을 통해 제품A와 제품B를 생산하고 있다. 20×1년 5월 중에 제품A 3,000개와 제품B 5,000개를 생산하였으며, 분리시점에서 단위당 판매가치는 제품A는 ₩2,500, 제품B는 ₩1,000이다. 상대적 판매가치법(relative sales value method)에 따라 제품A에 배분되는 결합원가가 ₩4,200,000이었다.

(요구사항)

20×1년 5월에 발생한 총 결합원가는 얼마인가?

[7-2] 다음은 계양산㈜가 결합공정을 통해 생산하고 있는 결합제품 A, B, C에 대한 생산 및 원가 관련 자료이다.

구 분	A	B	C	합 계
생산량	1,500개	2,000개	500개	4,000개
결합원가	₩60,000	?	?	₩400,000
분리점에서 판매가치	?	?	₩200,000	800,000
추가가공시 추가가공원가	30,000	₩170,000	100,000	300,000
추가가공후 최종 판매가치	200,000	750,000	350,000	1,300,000

(요구사항)

1. 결합원가가 분리점에서 상대적 판매가치에 의하여 배부된다고 가정할 때 A제품의 분리점에서의 판매가치는 얼마인가?
2. 결합원가가 분리시점에서의 상대적 판매가치에 의하여 배부될 때 제품 B와 제품 C에 배부되는 결합원가는 각각 얼마인가?

[7-3] 계양산㈜는 20×1년 5월에 결합제품 X와 Y를 각각 1,000개와 1,500개를 생산하고 있으며 결합원가 ₩1,500,000이 발생되었다. 제품X는 추가가공 없이 단위당 ₩900에 판매되지만, 제품Y는 추가가공원가 ₩300,000을 투입하여 추가가공한 후 단위당 ₩1,600에 판매된다.

(요구사항)

1. 물량기준법을 이용하여 결합원가를 배부하시오.
2. 순실현가치법을 이용하여 결합원가를 배부하시오.

[7-4] 다음 자료는 계양산㈜의 결합제품에 관한 자료이다. 20×1년 5월 중에 발생한 결합원가는 ₩200,000이며, 결합제품의 생산관련 자료는 다음과 같다.

제품	생산량	최종판매가격	단위당 추가가공원가
X	1,000단위	₩800	₩400
Y	2,000단위	500	200

(요구사항)

순실현가치법으로 결합원가를 배부할 경우 제품X의 매출총이익은 얼마인가? 단 재고자산은 없는 것으로 가정한다.

[7-5] 계양산㈜는 결합공정을 통해 제품A와 제품B를 생산하고 있다. 공정1에서는 원재료X를 1,500kg 투입하여 제품A와 제품B를 각각 1,000단위와 500단위를 생산한다. 이때 결합원가

₩300,000이 발생하였다. 제품A는 공정2에서 추가가공원가 ₩200,000을 투입하여 완성한 후 단위당 ₩600에 판매된다. 제품B는 공정3에서 추가가공원가 ₩100,000을 투입하여 완성한 후 단위당 ₩1,000에 판매된다.

(요구사항)

순실현가치법을 사용하여 결합원가를 배부할 때 각 제품의 단위당 원가는 얼마인가?

[7-6] 계양산㈜는 결합공정을 통해 보급형, 표준형, 그리고 고급형 등 3가지 제품을 생산하고 있다. 공정A에 원재료를 3,000kg을 투입하여 보급형 1,500단위, 표준형 1,000단위, 그리고 고급형 500단위가 생산된다. 이때 결합원가 ₩1,500,000이 발생한다. 보급형 제품은 추가가공 없이 분리점에서 단위당 ₩500에 즉시 판매된다. 표준형 제품은 추가가공 없이 분리점에서 단위당 ₩800에 판매할 수 있으나, 동사는 공정B에서 추가가공원가 ₩100,000을 투입하여 완성한 후 단위당 ₩1,100에 판매하고 있다. 고급형 제품은 분리점에서 판매할 경우 단위당 ₩900에 판매할 수 있으나, 동사는 공정C에서 추가가공원가 ₩150,000을 투입하여 추가가공한 후 단위당 ₩1,800에 판매하고 있다.

(요구사항)

1. 분리점에서 상대적 판매가치법을 이용하여 결합원가를 배부하시오.
2. 순실현가치법을 이용하여 결합원가를 배부하시오.

[7-7] 계양산㈜는 원재료를 결합공정에 투입하여 두 개의 제품X와 제품Y를 생산하고 있다. 원재료의 kg당 구입가격은 ₩40이며, 20×1년 5월 중에 10,000kg의 원재료가 생산에 투입되었으며, 직접노무원가 ₩200,000, 제조간접원가 ₩350,000이 발생하였다. 결합공정에서는 제품X 4,000단위와 제품Y 6,000단위가 생산되었으며, 제품X는 분리점에서 즉시 판매되며, 제품Y는 분리점에서 판매시장이 없어 추가가공원가 ₩240,000을 투입하여 추가가공하고 있다. 제품X의 단위당 판매가격은 ₩200이며, 제품Y의 판매가격은 ₩150이다.

(요구사항)

1. 물량기준법으로 결합원가를 배부할 경우 각 제품의 단위당 원가를 산출하시오.
2. 균등이익률법으로 결합원가를 배부할 경우 각 제품의 단위당 원가를 산출하시오.

[7-8] 계양산㈜는 결합공정을 통해 X, Y, 그리고 Z 등 세 가지 제품을 생산하고 있다. 결합공정에서 발생하는 결합원가는 분리점에서의 상대적 판매가치를 이용하여 배분하고 있다. 20×1년 5월 생산관련 자료는 다음과 같다. 제품 X와 Y는 분리점에서 즉시 판매되며, 제품 Z는 분리점 이후에 ₩50,000의 추가가공원가를 투입하여 추가가공을 거쳐서 단위당 ₩500에 판매된다.

구 분	X	Y	Z	합계
생산량	1,000개	600개	400개	2,000개
결합원가	₩120,000	?	?	₩300,000
분리점에서의 판매가치	?	?	₩138,000	500,000

(요구사항)

각 제품의 매출총이익을 산출하시오. 단, 재고자산은 없는 것으로 가정한다.

[7-9] 계양산㈜는 결합공정을 통하여 제품A와 제품B를 생산하고 있으며, 두 제품 모두 분리점에서는 판매시장이 존재하지 않아 추가가공을 거쳐서 완성한 후 판매되고 있다. 20×1년 5월의 생산 및 원가자료는 다음과 같다.

	제품A	제품B	합 계
생산량	2,000단위	1,500단위	3,500단위
추가가공원가	₩1,500,000	₩2,500,000	₩4,000,000
최종판매가격	₩1,500	₩4,000	−
결합원가	−	−	₩2,300,000

(요구사항)

1. 순실현가치법을 이용하여 결합원가를 배부하시오.
2. 균등이익률법을 이용하여 결합원가를 배부하시오.

[7-10] 다음 자료는 계양산㈜의 20×1년 5월의 생산 및 원가관련 자료이다. 계양산㈜는 결합공정에서 제품A와 제품B를 생산하고 있으며, 제품A는 분리점에서 즉시 판매되며, 제품B는 추가가공한 후 판매되고 있다.

	제품A	제품B	합 계
생산량	700단위	500단위	1,200단위
추가가공원가	−	₩120,000	₩120,000
최종판매가격	₩600	₩800	−
결합원가	−	−	₩420,000

(요구사항)

1. 물량기준법을 이용하여 결합원가를 배부하는 경우 각 제품의 매출총이익률을 산출하시오. 단, 재고자산은 없는 것으로 가정한다.
2. 순실현가치법을 이용하여 결합원가를 배부하는 경우 각 제품의 매출총이익률을 산출하시오. 단, 재고자산은 없는 것으로 가정한다.

[7-11] 계양산㈜는 결합공정을 통해 주산품인 제품A와 제품B를 생산하고 있으며, 주산품 생산과정에서 부산물X가 같이 생산되고 있다. 결합공정에서 발생한 결합원가는 ₩350,000이다. 제품A와 부산물X는 분리점에서 즉시 판매되며, 제품B는 추가가공을 거쳐서 판매된다. 계양산㈜는 결합원가를 순실현가치법에 따라 각 제품에 배부한다. 다음은 20×1년 5월 중의 생산 및 원가관련 자료이다.

	제품A	제품B	부산물X
생산량	1,000단위	500단위	500단위
추가가공원가	–	₩100,000	–
최종판매가격	₩400	₩700	₩70
판매비용	₩40,000	₩10,000	₩5,000

(요구사항)

부산물에 대한 회계처리를 생산기준법에 따를 경우 결합원가를 배부하시오.

[7-12] 계양산㈜는 결합공정을 통해 제품X, 제품Y, 그리고 제품Z를 생산하고 있다. 20×1년 5월 중의 결합원가 발생액은 ₩500,000이다. 제품X와 제품Y는 분리점에서 판매시장이 존재하지 않아 추가가공을 거친 후에 판매된다. 제품Z는 분리점 이후에 즉시 판매된다. 20×년 5월 중의 생산 및 원가자료는 다음과 같다. 동사는 결합원가를 순실현가치법에 따라 각 결합제품에 배부한다.

	제품X	제품Y	제품Z
생산량	800단위	400단위	800단위
추가가공원가	₩120,000	₩40,000	–
최종판매가격	₩800	₩800	₩70
판매비용	₩26,000	₩14,000	₩16,000

(요구사항)

모든 제품을 주산물로 간주하는 경우 순실현가치법을 통해 결합원가를 배부하시오.

[7-13] [7-12]의 자료를 그대로 이용한다. 상대적으로 판매가치가 낮은 제품Z를 부산물로 간주할 경우 물음에 답하시오. 결합원가는 순실현가치법에 따라 배부한다.

(요구사항)

1. 부산물에 대한 회계처리를 생산기준법에 따를 경우 결합원가를 배부하시오.
2. 부산물에 대한 회계처리를 판매기준법에 따를 경우 결합원가를 배부하시오.

[7-14] 계양산㈜는 두 개의 주제품 A, B와 부산물 C를 생산하고 있다. 20×1년 5월 중 생산활동에 관한 자료는 다음과 같다.

	5월 1일 재고		5월 중 생산량
	단 위	원 가	단 위
제품 A	4,000	₩800,000	15,000
제품 B	2,000	1,000,000	10,000
제품 C	1,500	75,000	4,000

분리점 이후 주제품 A, B의 단위당 판매가격은 각각 ₩400과 ₩900이다. 부산물 C의 단위당 판매가격은 ₩80인데, 부산물 판매와 관련하여 단위당 ₩30의 판매비용이 발생한다. 20×1년 5월 중의 결합원가는 직접재료원가 ₩5,000,000, 직접노무원가 ₩1,000,000, 그리고 제조간접원가 ₩2,200,000이 발생하였다. 20×1년 5월 중 판매량은 제품 A 16,000단위, 제품 B 9,000단위 그리고 부산물 C 4,000단위이다. 주제품인 A, B의 판매와 관련된 비용은 ₩3,000,000이며, 이들 비용은 제품 A, B의 판매수량에 비례하여 배부한다.

부산물에 대한 회계처리는 생산시점에서 부산물의 순실현가치를 주제품에 배부될 결합원가에서 차감하는 방법을 사용하고 있다. 또한 결합원가는 분리점에서의 상대적 판매가치를 기준으로 주제품에 배부하고 있다. 단, 재고자산에 대한 평가는 선입선출법을 사용하고 있다.

(요구사항)

1. 주제품 A, B에 배부될 결합원가는 각각 얼마인가?
2. 제품 A는 분리점에서 판매할 수도 있으나 추가가공원가 ₩1,300,000을 투입하여 추가가공하면 단위당 ₩500에 판매할 수 있다. 또한 제품 B는 추가가공원가 ₩1,200,000을 투입하여 추가가공하면 단위당 ₩1,000에 판매할 수 있다. 제품 A와 제품 B의 추가가공 여부를 결정하시오.
3. 요구사항 2의 결과를 반영하여 각 제품별 손익계산서를 작성하시오.

[7-15] 계양산㈜는 결합공정을 통해 4개의 제품을 생산·판매하고 있다. 현재 모든 제품은 분리점 이후 즉시 판매되고 있다. 동사의 경영자는 수익성을 제고하기 위해 각 제품의 추가가공 여부를 결정하고자 한다. 각 제품의 추가가공에 따른 원가와 추가가공 후의 판매가격 등에 대한 조사결과는 다음과 같다.

	제품A	제품B	제품C	제품D
생산량	1,000단위	600단위	800단위	500단위
분리점에서 판매가격	₩1,500	₩1,200	₩1,000	₩2,000
추가가공원가	₩300,000	₩150,000	₩100,000	₩200,000
최종판매가격	₩2,000	₩1,500	₩1,300	₩3,000
추가가공시 증분판매비용	₩100,000	₩50,000	₩80,000	₩100,000

(요구사항)

각 제품별로 추가가공 여부를 결정하고, 추가가공시 증분이익을 산출하시오.

제 8 장

원가 · 조업도 · 이익분석

01 사업성 분석

새로운 사업을 시작하려면 수많은 의사결정 상황에 놓이게 된다. 그중에서도 가장 중요한 것은 아마도 지금 하려는 사업에서 이익을 얻을 수 있을까라는 점일 것이다. 이는 사업의 존폐를 가늠할 중요한 질문이다. 특히 새로운 사업을 시작하면서 과연 얼마나 팔아야 이익을 얻을 수 있을지 반드시 살펴보아야 할 문제이다. 여성복을 생산·판매하고 있는 북한산㈜는 새롭게 아동복을 생산하고자 한다. 아동복에 대한 시장조사 결과 다음 [예제 8-1]과 같은 자료를 얻었다.

예제 8-1

북한산㈜는 아동복을 단위당 ₩3,000에 판매하고자 한다. 아동복 생산을 위해서는 단위당 직접재료원가는 ₩800, 직접노무원가는 ₩300, 그리고 변동제조간접원가는 ₩500으로 예상된다. 그리고 매월 공장임차료 ₩1,000,000, 기계감가상각비 ₩1,800,000, 그리고 공장감독자 급여 ₩1,000,000이 발생할 것으로 예상된다. 아동복 판매를 위해서는 단위당 ₩200의 변동판매관리비가 발생할 것으로 예상되며, 또한 매월 광고선전비 ₩1,600,000, 매월 판매사원급여 ₩600,000이 발생할 것으로 예상된다.

(요구사항)

주어진 자료를 변동원가와 고정원가로 구분하고, 그 금액이 얼마인지를 제시하시오.

(해 답)

원가항목	원가행태	단위당 변동원가	총고정원가
직접재료원가	변동원가	₩800	–
직접노무원가	변동원가	300	–
변동제조간접원가	변동원가	500	–
공장임차료	고정원가	–	₩1,000,000
기계감가상각비	고정원가	–	1,800,000
공장감독자 급여	고정원가	–	1,000,000
변동판매관리비	변동원가	200	–
광고선전비	고정원가	–	1,600,000
판매사원 급여	고정원가	–	600,000
합 계		₩1,800	₩6,000,000

위와 같이 새로운 사업을 시작할 때 혹은 기존 사업을 지속하면서 많은 경영자들은 다음과 같은 다양한 문제들에 봉착하게 된다. CVP분석(cost-volume-profit analysis)은 이러한 의사결정 상황 외에도 다양한 질문에 대해 그 해법을 얻을 수 있다.

- 몇 단위를 판매해야 이익을 낼 수 있는가?
- 신규사업의 기회비용이 ₩2,400,000이라면 최소한 ₩2,400,000의 이익을 얻으려면 얼마나 판매하여야 하는가?
- 현재 판매량보다 1,000단위를 더 판매할 수 있다면 이익은 얼마나 증가하는가?
- 판매사원의 급여를 매월 고정급에서 판매량에 따른 성과급으로 변경하면 어떻게 되는가?
- 원가 이하의 가격으로 특별주문이 들어왔는데 이를 받아들여야 하는가?
- 판매가격을 낮출 것인가, 또는 홍보비를 늘릴 것인가? 등등

02 공헌이익

2.1 공헌이익의 산출

CVP분석을 적용하기 위해서는 공헌이익(contribution margin)에 대하여 명확하게 이해할 수 있어야 한다. 우선 다음과 같은 이익산출공식에서 공헌이익의 개념을 도출해 보기로 하자.

$$이익 = 총수익 - 총비용$$

이때 총수익의 대표적인 것은 매출액이며, 총비용의 대표적인 것은 매출원가와 판매관리비이다. 모든 비용은 변동원가와 고정원가로 구분할 수 있다고 할 때, 위 식은 다음과 같이 전개할 수 있다.

이익=(단위당 판매가격×판매량)−(총변동원가+총고정원가)
=(단위당 판매가격×판매량)−(단위당 변동원가×판매량+총고정원가)
=(단위당 판매가격−단위당 변동원가)×판매량−총고정원가
=단위당 공헌이익×판매량−총고정원가

즉, 단위당 공헌이익은 단위당 판매가격에서 단위당 변동원가를 차감한 것이다. 그러면 단위당 공헌이익은 무엇을 의미하는가? 이것을 좀 더 자세히 알아보기 위해 다음과 같은 그림을 생각해 보기로 하자. 이 그림은 단지 이해를 돕기 위해 사용한 것뿐이다.

[도표 8-1] 공헌이익

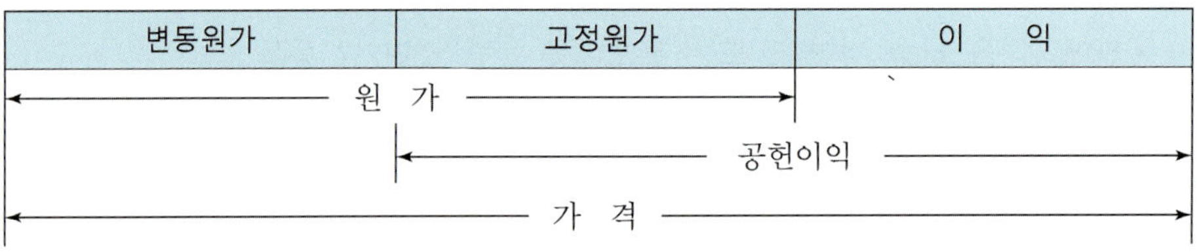

위의 그림은 가격의 구성요소를 세부적으로 나타낸 것이다. 제품의 가격에는 다양한 비용이 포함되어 있는데, 비용은 크게 변동원가와 고정원가로 구분될 수 있다. 이 가운데 변동원가를 제외한 나머지가 공헌이익이다. 따라서 공헌이익 속에는 변동원가를 제외한 이익과 고정원가가 포함되어 있다. 즉, 공헌이익은 제품을 판매할 때 고정원가와 이익을 어느 정도 회수(기여 또는 공헌)할 수 있는지를 나타낸다.

2.2 공헌이익의 의미

공헌이익은 다음과 같이 산출된다.

공헌이익=단위당 공헌이익×판매량

공헌이익과 고정원가를 비교해 보자. 이때 나타날 수 있는 상황은 크게 다음과 같은 세 가지이다. 첫째, 공헌이익>고정원가인 경우 이익이 발생할까, 손실이 발생할까? 둘째, 공헌이익<고정원가인 경우에는 어떤가? 셋째, 공헌이익=고정원가인 경우에는 이익인가 손실인가? 이에 대한 해답을 얻기 위하여 [도표 8-1]을 이용하여 다음과 같이

[도표 8-2] 공헌이익과 고정원가

나타내 보자.

첫 번째, 공헌이익>고정원가의 상황을 보면, 공헌이익 속에 고정원가와 이익이 포함되어 있는 경우이다. 예를 들어, 공헌이익이 ₩100이라면 그 속에는 고정원가 ₩70, 이익 ₩30이 포함되어 있다는 의미이다. 따라서 이 경우에는 이익이 발생한다.

두 번째, 공헌이익<고정원가인 경우는 공헌이익이 고정원가에 미치지 못하는 경우이다. 예를 들어, 공헌이익이 ₩100이라면 고정원가는 ₩130이라는 의미이다. 따라서 이 경우에는 손실이 ₩30 발생하게 된다.

세 번째, 공헌이익=고정원가인 경우는 공헌이익이 고정원가와 동일한 경우이다. 예를 들어, 공헌이익이 ₩100이라면 고정원가도 ₩100이라는 의미이다. 따라서 이 경우에는 손실도 이익도 발생하지 않는, 즉 이익이 ₩0이다. 이를 손익분기점(break-even point : BEP)이라고 한다.

한편, 가격은 단위당 공헌이익과 단위당 변동원가로 구분되므로 각각이 가격에서 차지하는 비율, 즉 공헌이익률과 변동원가율을 구할 수 있다. 공헌이익률은 판매가격에서 단위당 공헌이익이 차지하는 비율을 말한다. 공헌이익률을 제외한 나머지를 변동원가율이라고 한다. 즉, 매출액에서 변동원가가 차지하는 비율을 말한다. 이를 식으로 나타내면 다음과 같다.

$$\text{공헌이익률} = \frac{\text{단위당 공헌이익}}{\text{단위당 판매가격}} \quad \text{또는} \quad \frac{\text{공헌이익}}{\text{매출액}}$$

$$\text{변동원가율} = \frac{\text{단위당 변동원가}}{\text{단위당 판매가격}} \quad \text{또는} \quad \frac{\text{변동원가}}{\text{매출액}}$$

위의 식에서 좌측은 단위당 개념으로 구한 것이며, 우측은 총액의 개념으로 구한 것이다. 공헌이익률과 변동원가율의 합은 항상 1이다. 가격은 단위당 공헌이익과 단위당 변동원가로 분리되기 때문이다. 따라서 공헌이익률은 다음과 같은 방법으로도 구할 수 있다.

공헌이익률 = 1 − 변동원가율

예제 8-2

[예제 8-1]의 북한산㈜의 사례를 이용하여 단위당 공헌이익과 공헌이익률 그리고 변동원가율을 구하시오.

(해 답)

- 단위당 공헌이익 = 단위당 판매가격 − 단위당 변동원가
  = ₩3,000 − ₩1,800 = ₩1,200
- 공헌이익률 = ₩1,200 ÷ ₩3,000 = 40%
- 변동원가율 = ₩1,800 ÷ ₩3,000 = 60% 또는 1 − 0.4 = 0.6(60%)

03 손익분기점

앞서 손익분기점(BEP)은 공헌이익과 고정원가가 동일한 경우라고 하였다. 즉, 이익이 ₩0 되는 지점이 손익분기점 판매량이 된다. 그러면 이것을 다음과 같이 풀이해 볼 수 있다.

이익 = 총수익 − 총비용
= (단위당 판매가격 − 단위당 변동원가) × 판매량 − 고정원가

이익을 ₩0으로 놓고, 판매량을 산출하면 이것이 손익분기점 판매량이 된다.

$$\text{손익분기점 판매량} = \frac{\text{고정원가}}{(\text{단위당 판매가격} - \text{단위당 변동원가})}$$
$$= \frac{\text{고정원가}}{\text{단위당 공헌이익}}$$

따라서 고정원가를 단위당 공헌이익으로 나눈 값이 손익분기점에서의 판매량이다. 이때 손익분기점 매출액은 다음과 같이 구할 수 있다.

$$\text{손익분기점 매출액} = \text{손익분기점 판매량} \times \text{단위당 판매가격}$$
$$\text{또는} = \frac{\text{고정원가}}{\text{단위당 공헌이익}} \times \text{단위당 판매가격}$$
$$= \text{고정원가} \times \frac{1}{\text{공헌이익률}}$$

예제 8-3

[예제 8-1]의 북한산㈜ 사례를 이용하여 손익분기점의 판매량과 매출액을 구하라.

(해　답)

- 손익분기점 판매량 = ₩6,000,000 ÷ ₩1,200 = 5,000단위
- 손익분기점 매출액 = 5,000단위 × ₩3,000 = ₩15,000,000
  (또는 ₩6,000,000 ÷ 40% = ₩15,000,000)

만약 손익분기점 판매량인 5,000단위에서 1단위를 더 판매한다면 이익은 얼마나 생길까? 그 해답은 단위당 공헌이익만큼, 즉 ₩1,200의 이익이 발생한다. 손익분기점인 5,000단위를 판매하면 고정원가는 모두 회수하였다. 따라서 추가로 1단위 더 판매하면 수익이 단위당 판매가격인 ₩3,000만큼 증가하고, 단위당 변동원가 ₩1,800이 증가한다. 더 이상 회수해야 할 고정원가가 없기 때문에 나머지가 이익이 된다. 따라서 손익분기점을 초과하여 판매하는 경우 단위당 ₩1,200의 이익이 발생하게 된다.

이와 같은 개념을 이용하여 6,000단위의 아동복을 판매한다면 얼마의 이익이 얻어지는지 쉽게 구할 수 있다. 즉, 손익분기점을 초과하는 1,000단위에 단위당 공헌이익

[도표 8-3] CVP 도표

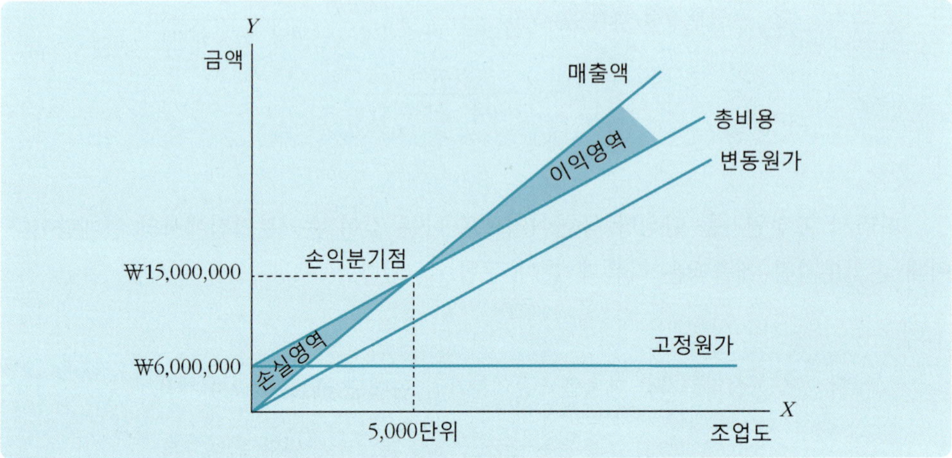

₩1,200을 곱함으로써 이익은 ₩1,200,000임을 쉽게 알 수 있다. 이 외에 다른 상황, 예를 들어 판매가격을 낮춘다든지 아니면 판매사원을 고용한다든지 하는 것은 후에 다시 언급하기로 한다.

위의 북한산㈜의 운영사례를 그래프로 분석해 볼 수 있다. 이 그래프는 조업도의 변화에 따라 이익이 어떤 변화를 보이는지 시각적으로 보여주는 것이다. 북한산㈜의 사례를 그래프로 나타내 보면 [도표 8-3]과 같다. [도표 8-3]을 CVP 도표(cost-volume-profit chart) 또는 손익분기도표(break-even chart)라고 하며, [도표 8-4]는 PV 도표(profit-volume chart)라 한다.

[도표 8-3]의 CVP 도표는 총비용과 조업도 그리고 이익 간의 관계를 보여주고 있다. 그림을 보면 매출액선의 기울기가 총비용선의 기울기보다 크다. 이것은 단위당 판매가격이 단위당 변동원가보다 더 크기 때문이다. 손익분기점은 매출액선과 총비용선이 만나 교차하는 지점이다. 손익분기점보다 낮은 조업도(판매량) 수준에서는 손실이 발생하며, 손익분기점보다 높은 조업도 수준에서는 이익이 발생한다.

[도표 8-4]는 이익과 조업도와의 관계만을 나타낸 것이다. 조업도가 증가함에 따라 이익 또는 손실이 어떻게 변화하는지를 보여주고 있다. 조업도가 0일 때, 즉 판매량이 하나도 없을 때는 변동원가는 발생하지 않으며, 고정원가만 발생한다. 이후 조업도가 증가함에 따라 손실의 폭이 줄어들면서 손익분기점에서는 이익이 ₩0이 되며, 손익분기점보다 더 높은 조업도 수준에서는 이익이 점점 증가하게 된다.

[도표 8-4] PV 도표

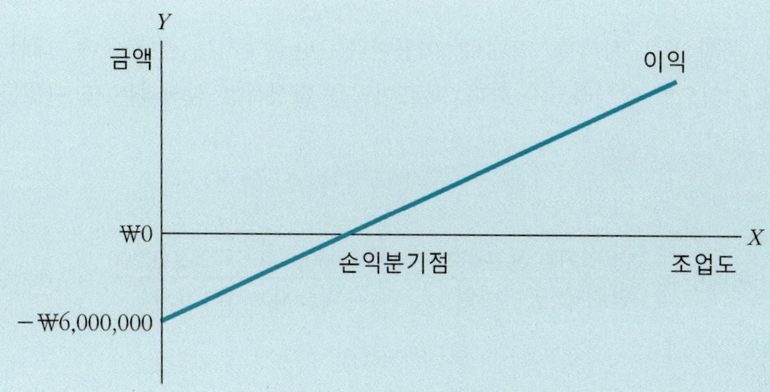

04 목표이익을 고려한 CVP분석

기업은 손익분기점을 목표로 경영되지 않는다. 즉, 기업은 일정 수준의 이익을 목표로 경영되는 것이 보다 일반적이다. 이와 같이 기업이 달성하고자 하는 목표이익이 있는 경우에도 앞에서 살펴본 손익분기점 분석방법을 그대로 활용할 수 있다. 손익분기점은 이익이 ₩0인 지점이라고 하였다. 이에 따라 고정원가를 단위당 공헌이익으로 나누어 손익분기점 판매량을 구했다. 이것은 공헌이익으로 고정원가를 완전히 회수할 수 있어야 이익이 ₩0인 판매량을 달성할 수 있음을 의미한다. 그렇다면 목표이익도 고정원가와 같은 성격으로 볼 수 있다. 즉, 이제는 고정원가만을 회수해야 하는 것이 아니라 목표이익도 회수해야만 하는 상황으로 좀 더 확대되었을 뿐이다. 따라서 목표이익을 고려할 경우 CVP분석은 다음과 같은 식에 의해 산출된다.

$$\text{목표이익 판매량} = \frac{\text{고정원가} + \text{목표이익}}{\text{단위당 공헌이익}}$$

$$\text{목표이익 매출액} = \text{목표판매량} \times \text{단위당 가격}$$

$$\text{또는} = \frac{\text{고정원가} + \text{목표이익}}{\text{공헌이익률}}$$

예제 8-4

[예제 8-1]의 북한산㈜ 사례를 그대로 이용한다. 단, 동사는 투자금에 대한 기회비용 ₩2,400,000을 이익으로 달성하고자 한다. 목표이익을 달성하기 위해서는 몇 단위를 판매하여야 하는가?

(해 답)

$$\text{목표이익 판매량} = \frac{\text{고정원가} + \text{목표이익}}{\text{단위당 공헌이익}} = \frac{₩6{,}000{,}000 + ₩2{,}400{,}000}{₩3{,}000 - ₩1{,}800} = 7{,}000\text{단위}$$

05 법인세를 고려한 CVP분석

앞서 살펴본 목표이익을 고려한 CVP분석은 법인세를 고려하지 않은 것이다. 즉, 목표이익 ₩2,400,000에는 세금까지 포함된 것이기 때문에 실제로 내 손에 들어오는 금액은 세금을 제외한 나머지이다. 그러나 북한산㈜는 세금을 제외한 세후이익으로 ₩2,400,000을 얻고 싶다. 이 경우 CVP분석을 어떻게 할 것인가? 이때도 앞서 사용한 산식을 그대로 이용할 수 있다. 즉, 앞서 살펴본 목표이익 ₩2,400,000은 법인세차감전 순이익이기 때문에 법인세차감후순이익 ₩2,400,000을 법인세차감전순이익으로 바꿔주면 된다. 법인세차감전순이익을 계산하는 방법은 다음과 같다.

$$\text{법인세차감후순이익} = \text{법인세차감전순이익} \times (1 - \text{법인세율})$$

$$\therefore \text{ 법인세차감전순이익} = \frac{\text{법인세차감후순이익}}{(1 - \text{법인세율})}$$

위의 산식에 의해 법인세차감후순이익은 법인세차감전순이익으로 바뀌어졌다. 이를 앞서 살펴본 목표이익을 고려한 CVP분석의 산식으로 그대로 대입하면 다음과 같이 변형시킬 수 있다.

$$세후목표이익\ 판매량 = \frac{고정원가 + \frac{법인세차감후순이익}{(1-법인세율)}}{단위당\ 공헌이익}$$

$$세후목표이익\ 매출액 = 세후목표이익\ 판매량 \times 단위당\ 판매가격$$

$$또는 = \frac{고정원가 + \frac{법인세차감후순이익}{(1-법인세율)}}{공헌이익률}$$

예제 8-5

[예제 8-1]의 북한산㈜ 사례를 그대로 이용한다. 단, 동사는 법인세차감후순이익으로 매월 ₩2,400,000의 이익을 얻고자 한다. 이때 세율은 20%이다. 몇 단위를 판매하여야 세후목표이익을 달성할 수 있는가?

(해 답)

$$세후목표이익\ 판매량 = \frac{₩6,000,000 + \frac{₩2,400,000}{1-0.2}}{₩3,000 - ₩1,800} = 7,500단위$$

06 안전한계

안전한계(safety margin)는 안전여유, 안전이익 혹은 여유한계 등으로 불리기도 하는데, 이것은 현재의 실제매출액(혹은 예산매출액)이 손익분기점까지 얼마나 여유가 있는지를 나타내 준다. 즉, 실제매출액이 손익분기점 미만으로 떨어지게 되면 손실이 발생하기 때문에 안전한계는 적어도 손실을 보지 않기 위해서는 현재 매출수준이 어느 정도 여유가 있는지를 보여주고자 하는 것이다. 수영장에 빠진 키가 큰 사람과 작은 사람을 연상하면 될 것이다. 수면이 손익분기점이라고 한다면 키가 큰 사람은 그만큼 많은 여유가 있는 것이며, 키가 작은 사람은 그만큼 여유가 없는 것이다. 안전한계율은 안전한계를 비율로 나타낸 것이다. 안전한계와 안전한계율은 다음과 같이 구할 수 있다.

안전한계 = 실제매출액 − 손익분기점매출액

$$안전한계율 = \frac{안전한계}{실제매출액} \quad 또는 \quad \frac{영업이익}{공헌이익}$$

예제 8-6

[예제 8-1]의 북한산㈜ 사례를 그대로 이용한다. 단, 현재 매출액이 ₩20,000,000일 때 안전한계와 안전한계율은 얼마인가?

(해 답)

- 안전한계 = ₩20,000,000 − ₩15,000,000 = ₩5,000,000
- 안전한계율 = ₩5,000,000 ÷ ₩20,000,000 = 25%

07 영업레버리지

경영환경의 변화, 예를 들어 판매량이 급격하게 변화하는 기업환경이라면 순이익은 판매량의 변화에 따라 어떤 영향을 받을 것인가? 어떤 기업은 판매량이 변화하더라도 영업이익의 변화폭은 크지 않는 반면 어떤 기업은 상당히 큰 폭으로 변화한다. 다음의 [예제 8-7]을 보면서 그 이유를 알아보기로 하자.

예제 8-7

다음과 같이 A사와 B사 두 기업의 손익구조가 현재와 같다. 두 기업의 판매량이 각각 40% 증가 혹은 감소하였을 때 영업이익에 어떤 영향을 미치는지를 살펴보면 다음과 같다. 단, 판매량의 증감 40%는 관련범위 내에 있다고 가정한다.

	현재		판매량 40% 증가시		판매량 40% 감소시	
	A사	B사	A사	B사	A사	B사
총매출	₩100,000	₩100,000	₩140,000	₩140,000	₩60,000	₩60,000
총변동원가	60,000	30,000	84,000	42,000	36,000	18,000
공헌이익	₩40,000	₩70,000	₩56,000	₩98,000	₩24,000	₩42,000
고정원가	20,000	50,000	20,000	50,000	20,000	50,000
영업이익	₩20,000	₩20,000	₩36,000	₩48,000	₩4,000	(₩8,000)

위의 사례를 좀 더 자세히 살펴보자. 두 기업 모두 현재의 매출액과 영업이익은 각각 ₩100,000과 ₩20,000으로 동일하다. 다만 다른 것은 변동원가와 고정원가의 구성에 차이가 있다. A사는 변동원가가 높은 기업으로 주로 경공업분야의 기업이 여기에 속한다고 볼 수 있다. B사는 고정원가가 높은 기업으로 장치산업(주로 중공업분야)가 여기에 속한다고 볼 수 있다.

만약 판매량이 40% 증가했다면 변동원가도 40% 늘어나게 된다. 반대로 판매량이 40% 감소했을 때도 변동원가는 40% 감소하게 된다. 그러나 고정원가는 판매량이 40% 늘어나든지 감소하든지 관계없이 관련범위 내에서는 항상 일정하게 발생한다.

따라서 그 결과를 살펴보면 판매량이 40% 늘어났을 때 고정원가가 높은 B사가 훨씬 많은 이익의 증가를 보여주고 있다. 반면에 판매량이 40% 줄었을 때는 B사가 훨씬 큰 폭으로 이익이 감소하게 된다. 이렇게 나타난 이유는 B사의 높은 고정원가 때문이다. 즉, 판매량이 늘어나게 되면 단위당 고정원가가 A사보다 더 큰 폭으로 줄어들며, 판매량이 줄어들게 되면 단위당 고정원가는 A사보다 더 늘어나기 때문이다.

이것을 일명 '지렛대효과'라고 하며, 이를 영업레버리지(operating leverage)라고 한다. 영업레버리지의 측정치를 영업레버리지도(degree of operating leverage : DOL)라고 한다. 고정원가가 적고 변동원가가 큰 기업(A사)은 영업레버리지도가 낮으며, 고정원가가 크고 변동원가가 적은 기업(B사)은 영업레버리지도가 높게 나타난다.

$$\text{영업레버리지도(DOL)} = \frac{\text{공헌이익}}{\text{영업이익}} \quad \text{또는} \quad \frac{1}{\text{안전한계율}}$$

A사와 B사의 영업레버리지도를 구해 보면 A사는 2(=₩40,000÷₩20,000), B사는

3.5(=₩70,000÷₩20,000)이다. 이러한 영업레버리지도를 사용하여 영업이익의 증감률을 다음과 같이 구할 수 있다.

영업이익 증감률=영업레버리지도×매출액 증감률

A사와 B사의 영업이익 증감률을 구해 보면 판매량이 40% 증가했을 때 A사는 80%(=2×40%)이며, B사는 140%(=3.5×40%)이다. 이를 검산해 보았을 때 A사의 현재 영업이익이 ₩20,000이므로 ₩20,000+(₩20,000×80%)하면 ₩36,000이 산출된다. 마찬가지로 B사도 현재 영업이익이 ₩20,000이므로 ₩20,000+(₩20,000×140%)하면 ₩48,000이 된다.

08 민감도 분석 – CVP분석의 활용

민감도 분석(sensitivity analysis)은 모형에서 하나 또는 그 이상의 독립변수가 변화함에 따라 종속변수가 어떻게 반응하는지를 분석하는 것이다. 만약에 독립변수의 변화에 대해 종속변수가 민감하게 반응한다면 그 독립변수는 민감도가 높기 때문에 그 값을 예측하는 데 세심한 주의가 요구된다. CVP분석에서 민감도 분석의 개념을 적용하여 다음과 같은 질문을 던질 수 있다.

- 단위당 판매가격이 ₩300 인상된다면 이익은 어떻게 변할까?
- 원재료 가격이 10% 인하된다면 이익은 어떻게 변할까?
- 광고비 예산이 40% 증액되고 이에 따라 생산판매량이 10% 늘어난다면 이익은 또한 어떻게 변할까?

이러한 질문에 대답하기 위해서 경영자들은 불확실성이 미치는 잠재적 영향을 파악해야만 한다. 그리고 종속변수에 가장 큰 영향을 줄 수 있는 민감한 변수의 예측에 대해선 세심한 주의를 기울여야 한다. 민감도 분석은 유용한 도구이지만 나타날 수 있는 변화에 대한 확률을 명시적으로 고려하지 않는 한계를 지니고 있다. 즉, 독립변수의 변화에 대해 확률로 표시하지 못한다는 한계가 있다.

여기서는 다양한 사례를 중심으로 그 적용 예를 살펴보기로 하자. 앞에서 살펴본 북한산㈜의 사례를 그대로 사용하면서 일부 내용을 추가하기로 한다.

〈기본자료〉

> 북한산㈜는 아동복을 단위당 ₩3,000에 판매하고자 한다. 아동복 생산을 위해서는 단위당 직접재료원가는 ₩800, 직접노무원가는 ₩300, 그리고 변동제조간접원가는 ₩500으로 예상된다. 그리고 매월 공장임차료 ₩1,000,000, 기계감가상각비 ₩1,800,000, 그리고 공장감독자 급여 ₩1,000,000이 발생할 것으로 예상된다. 아동복 판매를 위해서는 단위당 ₩200의 변동판매관리비가 발생할 것으로 예상되며, 또한 매월 광고선전비 ₩1,600,000, 매월 판매사원급여 ₩600,000이 발생할 것으로 예상된다. 현재 북한산㈜는 매월 6,000단위의 아동복을 판매하고 있는 것으로 가정한다.

예제 8-8

매월 광고선전비를 추가로 ₩500,000 증가시키면 판매량이 매월 500단위 증가할 것으로 예상된다. 광고선전비를 추가로 지출하는 것이 타당한가?

(해　답)

• 증분분석법

공헌이익의 증가(₩1,200×500단위)	₩600,000
광고비의 증가	500,000
이익의 증감	₩100,000

• 총액분석법

	현재	광고비 추가지출시
매출액	₩18,000,000	₩19,500,000
변동원가	10,800,000	11,700,000
공헌이익	₩7,200,000	₩7,800,000
고정원가	6,000,000	6,500,000
영업이익	₩1,200,000	₩1,300,000

위의 [예제 8-8]에서 광고선전비를 추가 지출하게 되면 이익이 ₩100,000 증가하

므로 광고선전비를 추가로 지출하는 방안은 채택하는 것이 바람직하다. 이 사례의 분석 방법을 보면 과거 판매량이나 매출액에 대한 정보를 전혀 고려하지 않고 광고선전비 추가지출이라는 사건이 유발하는 변동항목만을 고려하여 분석하였다. 이와 같은 방법을 증분분석법(incremental method)이라고 한다. 이에 대비되는 개념으로 총액분석법이 있는데, 이 방법은 미래에 발생할 모든 수익 및 원가항목을 추정하여 비교한다. 따라서 두 대안 간에 차이가 없는 항목에 대해서도 수익이나 원가를 추정해야 하므로 많은 노력이 투입되어야 한다. 따라서 실무에서는 총액분석법보다는 증분분석법을 많이 사용하고 있다.

예제 8-9

원재료의 구입가격을 단위당 ₩800에서 ₩900으로 인상하고자 한다. 판매부서에서는 원재료 가격을 인상하면 전반적으로 품질수준이 향상되어 매월 판매량이 15% 증가할 것으로 예상하고 있다. 원재료 가격을 인상하는 것이 타당한가?

(해 답)

예상 공헌이익(₩1,100×6,900단위)	₩7,590,000
현재 공헌이익(₩1,200×6,000단위)	7,200,000
이익의 증감	₩390,000

위의 [예제 8-9]에서는 원재료의 구입가격을 ₩100 인상하면 단위당 변동원가가 ₩100 증가하기 때문에 단위당 공헌이익은 ₩100 감소한 ₩1,100이 된다. 그러나 판매량은 현재 6,000단위에서 15% 증가한 6,900단위가 된다. 따라서 예상 공헌이익과 기존의 공헌이익을 비교해 보면 이익이 ₩390,000 증가하였다. 고정원가에 변화가 없으므로 공헌이익의 증가는 영업이익 증가로 나타난다. 그러므로 원재료 가격을 인상하는 것이 타당하다.

예제 8-10

아동복의 판매가격을 ₩200 인상하고 광고선전비를 매월 ₩2,000,000 증가시키려 한다. 이 경우 아동복의 판매량이 500단위 늘어날 것으로 예상한다. 이 의사결정은 타당한가?

(해 답)

예상 공헌이익(₩1,400×6,500단위)	₩9,100,000
현재 공헌이익(₩1,200×6,000단위)	7,200,000
증분 공헌이익	₩1,900,000
광고선전비 증가	2,000,000
이익의 증감	(₩100,000)

위의 [예제 8-10]에서는 판매가격이 ₩3,000에서 ₩3,200으로 인상되기 때문에 단위당 공헌이익이 ₩200이 증가하는 것과 같다. 이때 추가로 발생하는 광고선전비는 고정원가다. 아동복의 판매량(조업도)이 늘어난다고 해서 광고선전비가 비례적으로 늘어나는 것이 아니기 때문이다. 분석결과를 보면 이와 같은 의사결정은 ₩100,000의 이익을 감소시키므로 타당하다고 볼 수 없다.

예제 8-11

북한산㈜는 현재 판매사원의 급여를 매월 ₩600,000 지급하고 있다. 동사의 경영자는 판매사원의 급여를 판매단위당 ₩150의 성과급으로 변경하는 방안을 고려하고 있다. 성과급으로 변경시 판매사원의 동기부여가 향상되어 매월 판매량이 현재보다 10% 증가할 것으로 예상된다. 판매사원의 급여를 성과급으로 변경하는 것이 바람직한가?

(해 답)

예상 공헌이익(₩1,050×6,600단위)	₩6,930,000
현재 공헌이익(₩1,200×6,000단위)	7,200,000
증분 공헌이익	(₩270,000)
판매사원 급여 감소	(600,000)
이익의 증감	₩330,000

위의 [예제 8-11]에서 판매사원의 급여를 성과급으로 변경하면 단위당 변동원가가 ₩150 증가하므로 단위당 공헌이익은 ₩150 감소하게 된다. 반면에 매월 지급되는 ₩600,000의 급여가 지급되지 않기 때문에 고정원가가 그만큼 감소하게 된다. 분석결과에 따르면 판매사원의 급여를 성과급으로 변경하는 것이 현재보다 매월 영업이익이

₩330,000 증가하는 것으로 나타났다. 따라서 판매사원의 급여를 고정급에서 성과급으로 변경하는 것은 타당한 방안이라 할 수 있다.

예제 8-12

북한산㈜는 현재 수작업에 의존하고 있는 일부 생산라인을 자동화할 것을 검토하고 있다. 자동화로 변경할 경우 단위당 직접노무원가는 ₩100 감소할 것으로 예상되며, 매월 기계장치 감가상각비는 ₩700,000 증가할 것으로 예상된다. 수작업과 자동화에 의한 생산방식이 동일하게 되는 판매량은 얼마인가?

(해 답)

수작업에서의 이익＝₩1,200Q－₩6,000,000

자동화에서의 이익＝₩1,300Q－₩6,700,000

∴ 1,200Q－₩6,000,000＝1,300Q－₩6,700,000

Q－7,000단위

위의 [예제 8-12]에서 자동화를 할 경우 단위당 직접노무원가가 ₩100 감소하므로 단위당 공헌이익이 ₩100 증가하게 된다. 반면에 기계장치 감가상각비가 증가하므로 고정원가가 ₩700,000 증가하게 된다. 따라서 두 조건하에서 영업이익이 같아지는 판매량을 산출하면 7,000단위가 되고, 이때 영업이익은 동일하게 ₩2,400,000이 된다. 따라서 판매량이 7,000단위를 초과하면 자동화하는 것이 유리하고, 7,000단위에 미치지 못하면 수작업이 유리하다.

예제 8-13

인천시내 한 초등학교에서 교복으로 사용하기 위해 단위당 ₩2,000에 아동복 1,000단위를 특별주문하였다. 특별주문을 받아들이면 단위당 ₩100의 원재료가 추가적으로 투입되며, 변동판매관리비는 발생하지 않는다. 특별주문을 받아들일 만큼의 생산시설에 여유는 충분하며, 이 특별주문으로 정상적인 판매시장에는 영향을 미치지 않을 것이다.

(해 답)

특별주문에 따른 단위당 공헌이익

＝특별주문 판매가격－기존 변동원가－원재료 추가＋변동판매관리비

= ₩2,000 − ₩1,800 − ₩100 + ₩200
= ₩300

증분공헌이익	₩300 × 1,000단위	₩300,000
고정원가 증가		0
증분이익		₩300,000

위의 [예제 8-13]은 현재 ₩3,000에 판매하고 있는 아동복을 ₩2,000에 구매하려는 특별주문에 대한 것이다. 이때 단위당 변동원가는 ₩1,700(₩1,800 + ₩100 − ₩200)으로 단위당 공헌이익은 ₩300으로 감소한다. 그러나 추가로 발생하는 고정원가는 없다. 즉, 특별주문을 수락하면 단위당 공헌이익 ₩300은 그대로 이익으로 남는다. 1,000단위의 특별주문을 받아들일 경우 ₩300,000의 추가적인 이익이 발생하게 된다. 그러나 예제에서 가정한 것과 달리 특별주문이 기존시장에서의 판매가격 인하요구로 나타나는 등과 같은 상황이 발생하면 특별주문의 수락 여부는 신중하게 검토할 필요가 있다.

예제 8-14

[예제 8-13]의 자료를 그대로 이용한다. 북한산㈜가 1,000단위의 특별주문을 통해 최소한 ₩500,000의 이익을 얻고자 한다면, 특별주문을 수락할 수 있는 최소한의 판매가격은 얼마인가?

(해 답)

특별주문의 단위당 변동원가	₩1,700
단위당 목표이익(₩500,000/1,000단위)	500
단위당 판매가격	₩2,200

위의 [예제 8-14]는 앞의 사례와 유사하다. 즉, 특별주문의 경우 판매가격에서 변동원가를 제외한 나머지는 모두 이익이 된다. 따라서 적어도 ₩1,700의 단위당 변동원가를 회수할 수 있어야 하며, 단위당 ₩500의 목표이익도 회수할 수 있어야 하기 때문에 판매가격은 최소한 ₩2,200 이상으로 책정하여야 한다.

09 CVP분석의 확장

9.1 CVP분석의 가정과 한계

지금까지 살펴본 CVP분석은 상당히 모형을 단순화시킨 가정 위에서 출발한 것이다. 이러한 가정이 현실적으로 성립되기가 불가능한 경우도 있다. 또 많은 연구를 통해 분석의 가정이 상당히 완화되기도 하였지만 그러기 위해서는 좀 더 복잡한 과정을 거쳐야 한다. 우선 CVP분석의 중요한 가정 몇 가지를 살펴보면 다음과 같다.

첫째, 원가는 관련범위 내에서 선형이다. 즉, 모든 원가는 변동원가와 고정원가로 구분할 수 있고, 변동원가는 관련범위 내에서 조업도에 비례하며, 그리고 고정원가는 관련범위 내에서 항상 일정하다.

둘째, 제품의 판매가격, 생산요소의 가격, 능률과 생산성 등은 일정하다. 즉, 조업도만이 원가에 영향을 미치는 유일한 요소라고 가정한다.

셋째, 단일제품을 생산한다. 복수제품을 생산할 경우 제품의 매출배합은 항상 일정하다.

넷째, 생산량과 판매량이 동일하다. 즉, 재고자산에 변화가 없다.

다섯째, 단기적 분석이다.

이외에도 몇 가지의 가정이 더 있기도 하다. 이러한 가정들을 완화하기 위하여 비선형함수하의 CVP분석, 복수제품 CVP분석, 전부원가계산하의 CVP분석, 다기간 CVP분석 등 다양한 방법들이 연구되어 왔다. 그러나 여기에서도 또 다른 가정들이 필요하다. CVP분석이 많은 가정을 가지고 있기 때문에 비현실적이라는 비판을 가할 수도 있지만, CVP분석은 실제의 상황을 단순화함으로써 우리가 얻고자 하는 목표에 적은 비용으로 근접하도록 한다는 큰 장점이 있다. 즉, 관리회계의 기본적인 사고인 비용-효익 측면에서 상당히 유용한 모형이라 할 수 있다.

9.2 매출배합 – 다품종일 경우 CVP분석

9.2.1 정의

지금까지는 북한산㈜의 사례에서는 한 종류의 아동복을 생산·판매하는 것을 가정하여 CVP분석을 실시하였다. 그러나 현실은 하나의 품목만 있는 것이 아니고 여러 가지 품목을 같이 생산·판매하는 경우가 대부분이다. 북한산㈜의 경우에도 아동복 외에 여성복도 생산·판매하고 있다. 이와 같이 여러 가지 품목을 같이 판매할 때 회사 전체의 CVP분석은 어떻게 할 것인가? 매출배합이라는 개념에 대한 학습을 통해 알아보자.

매출배합(sales mix)은 수량을 기준으로 정의할 수도 있고 금액을 기준으로 정의할 수도 있는데, 본서에서는 여러 제품을 판매하는 경우 총매출액에서 각 제품 매출액이 차지하는 상대적인 비율 또는 총매출수량에서 각 제품의 매출수량이 차지하는 상대적 비율을 매출배합으로 정의하기로 한다. 경영자들은 총이익의 극대화가 나타나는 배합을 달성하려 할 것이다.

대부분의 기업들은 여러 제품을 판매하고 있으며, 이들 제품은 각기 다른 공헌이익률을 지니고 있다. 따라서 총매출액이 같은 경우라 할지라도 공헌이익률이 큰 제품을 상대적으로 많이 판매하면 공헌이익률이 작은 제품을 많이 판매하는 경우보다 순이익이 더 크게 나타날 것이다. 따라서 우리는 단일제품을 판매하는 경우에는 매출액의 크기에 의해 순이익이 결정되지만 여러 제품을 판매하는 경우에는 순이익은 매출액의 크기뿐만 아니라 매출배합에 따라서도 좌우된다는 사실을 기억해야 한다.

9.2.2 매출배합과 손익분기점 분석

한 기업이 두 개 이상의 제품을 판매하는 경우 손익분기점 분석은 앞서 논의한 것보다 훨씬 복잡해진다. 제품마다 상이한 판매가격·변동원가·공헌이익을 갖고 있는데, 여러 제품의 경우 손익분기점은 매출배합에 따라 달라지기 때문이다. 여러 제품의 경우 손익분기점을 산출하는 방법으로는 제품패키지 접근방법(package of goods approach)과 가중평균공헌이익률 접근방법(weighted average contribution margin approach)이 있다. 다음의 예를 사용하여 설명하기로 하자.

예제 8-15

북한산㈜는 앞에서 살펴본 아동복 외에 여성복을 생산·판매하고 있다. 아동복은 단위당 판매가격이 ₩3,000, 단위당 변동원가는 ₩1,800이었다. 이에 비해 여성복은 단위당 판매가격이 ₩5,000, 단위당 변동원가가 ₩3,500이다. 북한산㈜의 매월 고정원가는 아동복의 ₩6,000,000을 포함하여 ₩15,750,000이고, 아동복이 5단위 판매되면, 여성복은 3단위 판매된다. 이 매출배합은 항상 일정하다. 이때 이 회사의 손익분기점을 달성하기 위해서는 아동복과 여성복을 각각 얼마나 판매하여야 하는가?

(해 답)

1. 제품패키지(꾸러미) 접근방법

북한산㈜의 매출배합은 아동복이 5단위 판매될 때마다 여성복이 3단위씩 판매되므로 제품패키지 한 단위 속에는 아동복 5단위와 여성복 3단위로 구성된다. 그러면 제품패키지 한 단위당 공헌이익은 다음과 같다.

	아동복 5단위	여성복 3단위	합 계
판매가격	₩15,000	₩15,000	₩30,000
차감 : 변동원가	(9,000)	(10,500)	(19,500)
공헌이익	₩6,000	₩4,500	₩10,500

즉, 제품패키지 한 단위를 판매하면 총공헌이익은 ₩10,500이 된다. 따라서 손익분기점 패키지는 다음과 같이 계산된다.

$$\text{손익분기점 패키지} = \frac{\text{고정원가}}{\text{패키지 한 단위당 공헌이익}}$$

$$= \frac{₩15,7500,000}{₩10,500} = 1,500\text{패키지}$$

하나의 제품 패키지에는 아동복이 5단위, 여성복이 3단위씩 들어 있으므로, 제품별 손익분기점은 아동복이 7,500단위(1,500패키지×5단위), 그리고 여성복 4,500단위(1,500패키지×3단위)가 된다. 이때의 손익계산서를 작성해 보면 다음과 같다.

	아동복	여성복	합 계
매 출	₩22,500,000	₩22,500,000	₩45,000,000
차감 : 변동원가	(13,500,000)	(15,750,000)	(29,250,000)
공헌이익	₩9,000,000	₩6,750,000	₩15,750,000
차감 : 고정원가			(15,750,000)
순 이 익			₩0

즉, 총매출액이 ₩45,000,000일 때 손익분기점이 된다. 이는 매출배합이 아동복 5단위와 여성복 3단위를 판매할 때의 손익분기점이다. 매출배합이 달라지면 손익분기점 매출액도 달라진다. 아동복의 공헌이익률은 40%(₩1,200÷₩3,000)이고, 여성복의 공헌이익률은 30%(₩1,500÷₩5,000)다. 따라서 공헌이익률이 높은 아동복의 판매비중이 현재 매출배합보다 높아지면 손익분기점 매출액이 현재 ₩45,000,000보다 낮아질 것이고, 반대로 공헌이익률이 낮은 여성복 판매비중이 현재 매출배합보다 높아지면 손

익분기점 매출액은 현재 ₩45,000,000보다 높아질 것이다.

2. 가중평균공헌이익률 접근방법
아동복의 공헌이익률은 40%이며 여성복의 공헌이익률은 30%이므로, 가중평균공헌이익률은 30%에서 40% 사이에 있게 된다. 즉, 매출배합이 아동복만 거의 100% 판매하는 경우에는 가중평균공헌이익률이 40%에 육박하게 되며, 반대로 여성복만 거의 100% 판매하는 경우에는 가중평균공헌이익률이 30%에 가깝게 된다. 그리고 아동복과 여성복을 각각 50%씩 판매하는 경우에는 가중평균공헌이익률이 40%와 30%의 중간인 35%가 될 것이다. 여기서 각각 50%씩 판매한다는 의미는 전체매출액에서 각 개별제품의 매출액이 차지하는 비율이 각각 50%씩을 차지한다는 것이다. 그러므로 가중평균공헌이익률은 다음과 같이 산정된다.

$$\text{가중평균공헌이익률} = \text{아동복의 공헌이익률} \times \frac{\text{아동복 매출액}}{\text{전체 매출액}} + \text{여성복의 공헌이익률} \times \frac{\text{여성복 매출액}}{\text{전체 매출액}}$$

북한산㈜의 매출배합은 아동복 5단위가 판매될 때 여성복 3단위가 판매되므로 두 제품의 매출액 구성은 아동복이 ₩15,000 판매될 때마다 여성복도 ₩15,000씩 판매되는 것이다. 따라서 전체 매출액에서 아동복과 여성복이 차지하는 비중은 각각 50%가 된다.

그러므로 북한산㈜의 가중평균공헌이익률은 다음과 같이 산출된다.

$$\text{가중평균공헌이익률} = 40\% \times \frac{₩15,000}{₩30,000} + 30\% \times \frac{₩15,000}{₩30,000} = 20\% + 15\% = 35\%$$

즉, 북한산㈜는 현재 매출배합을 유지할 경우 매출이 ₩1씩 증가할 때마다 공헌이익이 평균적으로 ₩0.35씩 증가됨을 알 수 있다. 따라서 북한산㈜의 손익분기점 매출액은 다음과 같다.

$$\text{손익분기점 매출액} = \frac{\text{고정원가}}{\text{가중평균공헌이익률}} = \frac{₩15,750,000}{35\%} = ₩45,000,000$$

총매출액에서 아동복이 차지하는 비중이 50%, 그리고 여성복이 차지하는 비중이 50%이므로 제품별 손익분기점 매출액은 아동복이 ₩22,500,000 그리고 여성복이 ₩22,500,000이 된다.

9.3 비선형함수인 경우 CVP분석

앞서 살펴본 CVP분석에서는 조업도가 변동할 때 원가나 수익이 일정하게 변동하는 선형함수를 가정한 것이다. 그러나 실제 경영활동에서는 원가나 수익이 비선형함수로 변동하는 경우가 많다. 예를 들어, 조업도가 증가하면 추가적인 고정원가의 지출이 필요할 수 있으며, 생산성 향상 등으로 단위당 변동원가가 감소할 수도 있다. 여기서는 원가함수나 수익함수가 비선형일 때 CVP분석이 어떻게 이루어지는지 예제를 통해 살펴보고자 한다.

예제 8-16

북한산㈜는 단위당 판매가격 ₩3,000, 단위당 변동원가가 ₩1,800인 아동복을 생산 · 판매하고 있다. 북한산㈜는 판매량 4,000단위까지는 광고선전비 ₩1,600,000을 포함하여 고정원가가 ₩6,000,000이 발생하며, 4,000단위를 초과하여 10,000단위까지는 광고선전비가 추가로 ₩1,800,000이 발생할 것으로 예상된다.

(요구사항)

손익분기점 판매량을 구하시오.

(해 답)

1) ~4,000단위인 경우

$$=\frac{₩6,000,000}{₩1,200}=5,000\text{단위(모순)}$$

2) 4,001단위~10,000단위인 경우

$$=\frac{₩7,800,000}{₩1,200}=6,500\text{단위(적합)}$$

따라서 연간 손익분기점 판매량은 6,500단위이다.

조업도에 따라 고정원가가 달라지는 경우 각 조업도 범위별로 손익분기점을 계산하여야 한다. 그 계산결과가 그 조업도 범위 내에 있다면 의미 있는 손익분기점이 되지만 그 범위 밖에 있다면 모순된 결과이기 때문에 손익분기점으로 타당하지 않다. 또한 조업도 범위별로 손익분기점이 각각 다르게 산출되기 때문에 여러 개의 손익분기점이 존재할 수도 있다.

예제 8-17

북한산㈜는 판매가격 ₩3,000, 단위당 변동원가는 직접재료원가 ₩800을 포함하여 ₩1,800인 아동복을 생산·판매하고 있다. 동사는 현재 A사로부터 원재료를 전량 구입하고 있다. A사는 현재 제품생산량 4,000단위까지는 단위당 ₩800에 공급하고, 4,000단위를 초과하는 물량에 대해서는 단위당 ₩700에 공급한다. 북한산㈜의 고정원가는 매월 ₩6,000,000이다.

(요구사항)

손익분기점 판매량을 구하시오.

(해　답)

1) ~4,000단위 생산인 경우

$$=\frac{₩6,000,000}{₩1,200}=5,000\text{단위(부적합)}$$

2) 4,000단위 초과생산인 경우

$₩3,000\times x=₩1,800\times 4,000+₩1,700(x-4,000)+₩6,000,000$

$x \fallingdotseq 4,924$단위(적합)

∴ 손익분기점은 4,924단위이다.

제품단위당 변동원가가 변동하는 경우 모든 제품의 변동원가가 증감하는 것이 아니라 일정 조업도를 초과한 생산량에 대해서만 변동원가가 증감한다. 총 5,000단위의 제품을 생산한다고 했을 때 4,000단위까지는 직접재료원가가 단위당 ₩800이 발생하지만 나머지 1,000단위에 대해서는 ₩700이 발생한다. 따라서 $(x-4,000)$은 x를 판매량이라고 했을 때 4,000단위를 초과하는 판매량을 말한다.

예제 8-18

북한산㈜는 아동용 수영복을 개발하여 판매하고자 한다. 수영복은 홈쇼핑을 통해 판매할 예정이며, 수영복의 단위당 변동원가는 ₩1,500으로 예상되며, 예상 고정원가는 ₩3,600,000이다. 판매가격은 판매량에 따라 다음과 같이 조정하고자 한다.

판매량	단위당 판매가격
~2,000단위	₩3,000
2,001~4,000단위	2,500
4,001~8,000단위	2,000

(요구사항)

손익분기점 판매량을 구하시오.

(해 답)

1) ~2,000단위인 경우

$$= \frac{₩3,600,000}{₩1,500} = 2,400\text{단위(부적합)}$$

2) 2,001~4,000단위인 경우

$$= \frac{₩3,600,000}{₩1,000} = 3,600\text{단위(적합)}$$

3) 4,001~8,000단위인 경우

$$= \frac{₩3,600,000}{₩500} = 7,200\text{단위(적합)}$$

∴ 손익분기점은 판매가격 ₩2,500인 경우 3,600단위, 판매가격이 ₩2,000인 경우 7,200단위를 판매하여야 한다.

---

10 종합예제

북한산㈜의 20×1년 공헌이익 손익계산서는 다음과 같다.

매출액	20,000단위×₩500	₩10,000,000
변동원가		6,000,000
공헌이익		₩4,000,000
고정원가		3,600,000
영업이익		₩400,000

위의 자료를 이용하여 상호 독립적인 아래 물음에 답하시오.

(요구사항)

1. 공헌이익률과 변동원가율을 구하시오.
2. 손익분기점 판매량과 매출액을 구하시오.
3. 20×2년 판매량이 5,000단위 증가하면, 영업이익은 얼마나 증가하는가? 해답을 도출하기 위해 단위당 공헌이익을 사용하시오.

4. 20×2년 판매가격이 10% 하락할 경우의 손익분기점 판매량은?
5. 20×2년 직접노무원가가 단위당 ₩20 인상될 경우의 손익분기점 판매량은?
6. 예상판매량이 25,000단위라면 안전한계와 안전한계율은 얼마인가?
7. 목표이익 ₩1,000,000을 얻기 위한 판매량과 매출액은 얼마인가?
8. 북한산㈜의 경영자는 20×2년 판매량 증대를 위해 광고비를 ₩1,000,000 증액하고자 한다. 광고비를 증액할 경우 20×1년과 동일한 영업이익을 얻기 위해서는 몇 단위의 제품을 판매하여야 하는가?
9. 이 회사에 적용되는 법인세율은 40%이다. 세후순이익 ₩900,000을 얻기 위한 판매량은 얼마인가?

(해　답)

1. 단위당 변동원가 $= \dfrac{₩6,000,000}{20,000\text{단위}} = ₩300$

   공헌이익률 $= \dfrac{\text{단위당 공헌이익}}{\text{판매가격}} = \dfrac{₩500 - ₩300}{₩500} = 40\%$

   변동원가율 $= 1 - 40\% = 60\%$

2. 손익분기점

   손익분기점 판매량 $= \dfrac{₩3,600,000}{₩200} = 18,000\text{단위}$

   손익분기점 매출액 $= \dfrac{₩3,600,000}{0.4} = 18,000\text{단위} \times ₩500 = ₩9,000,000$

3. 영업이익 증가액 = 판매량 증가 × 단위당 공헌이익

   = 5,000단위 × ₩200 = ₩1,000,000

4. 판매가격 10% 하락시

   단위당 공헌이익 = ₩450 − ₩300 = ₩150

   손익분기점 판매량 $= \dfrac{₩3,600,000}{₩150} = 24,000\text{단위}$

5. 직접노무원가 단위당 ₩20 인상시

   단위당 공헌이익 = ₩500 − ₩320 = ₩180

   손익분기점 판매량 $= \dfrac{₩3,600,000}{₩180} = 20,000\text{단위}$

6. 안전한계

	판매량	매출액	비율
예상판매	25,000단위	₩12,500,000	100%
손익분기점	(18,000)	(9,000,000)	(72)
안전한계(M/S)	7,000단위	₩3,500,000	28%

7. 목표이익 매출액

목표이익 달성을 위한 판매량 $= \frac{₩3,600,000 + ₩1,000,000}{₩200} = 23,000$단위

목표이익 달성을 위한 매출액 $= \frac{₩3,600,000 + ₩1,000,000}{0.4} = ₩11,500,000$

8. 광고비 증액

목표이익 $= ₩400,000$

고정원가 $= ₩3,600,000 + ₩1,000,000 = ₩4,600,000$

목표이익 판매수량 $= \frac{₩4,600,000 + ₩400,000}{₩500 - ₩300} = 25,000$단위

9. 세후이익 ₩900,000의 세전이익 $= \frac{₩900,000}{(1-0.4)} = ₩1,500,000$

세후목표이익 판매수량 $= \frac{₩3,600,000 + ₩1,500,000}{₩200} = 25,500$단위

연습문제

EXERCISES

객관식 문제

[8-1] 다음은 원가-조업도-이익분석과 관련된 설명이다. 바른 것은? (기업회계 1급)

1. 모든 비용은 고정원가와 변동원가로 분류되어야 분석이 가능하다.
2. 비용 중 고정원가의 비중이 상대적으로 높을수록 레버리지는 낮아진다.
3. 손익분기점 달성 후, 1단위를 추가로 판매할 때마다 제품단위당 공헌이익만큼 이익이 증가한다.
4. 복수 종류의 제품을 판매하는 경우에는 손익분기점 분석이 불가능하다.
5. 회귀분석법에 의한 비용의 분류를 통해서 고정원가와 변동원가의 적용이 가능하다.

① 1, 2, 4　② 1, 3, 5　③ 2, 3, 5　④ 2, 4, 5

[8-2] 다음 중 원가-조업도-이익분석(CVP분석)의 기본가정으로 틀린 것은?
(기업회계 1급)

① 원가와 수익의 형태는 결정되어 있고, 관련범위 내에서는 선형이다.
② 고정원가는 관련범위 내에서 항상 일정하다.
③ 단일제품을 생산한다. 다만, 복수제품을 생산할 경우에는 제품배합은 일정하다.
④ 수익과 원가는 복수의 기준에 따라 비교된다.

[8-3] 다음 자료에 원가-조업도-이익분석을 할 때, 단위당 변동원가로 바른 것은?
(기업회계 1급)

• 손익분기점 판매액 : ₩640,000　• 총 고정원가 : ₩384,000
• 단위당 판매가격 : ₩800

① ₩280　② ₩320　③ ₩360　④ ₩480

[8-4] 원가-조업도-이익(CVP) 분석에 대한 다음 설명 중에서 가장 타당하지 않은 것은?
(기업회계 1급)

① 고정원가가 ₩300,000이고 변동원가율이 80%인 회사가 납세후 순이익(법인세율 20%) ₩112,000을 벌었다면, 매출액은 ₩2,200,000이었을 것이다.

② 원가함수를 조업도에 대한 1차함수로 추정하는 것은 관련범위 내에서 원가함수가 선형이라는 가정에 따른 것이다.

③ 이익 규모가 비슷한 경우 고정원가의 비중이 큰 원가구조를 가지고 있는 기업일수록 레버리지 효과가 커져서 불경기에도 큰 타격을 입지 않을 것이다.

④ 이익－조업도 도표에서 이익선의 기울기는 단위당 공헌이익에 의해서 결정된다.

[8-5] 2012년도에 대전산업은 ₩750,000의 매출(25,000단위)로부터 ₩25,000의 영업이익을 달성하였다. 손익분기점에서의 총공헌이익은 ₩500,000이다. 이와 같은 상황에서 다음 중 옳은 것은? (기업회계 1급)

① 공헌이익률은 40%이다.
② 손익분기점은 24,000단위이다.
③ 단위당 변동원가는 ₩9이다.
④ 변동원가는 매출액의 60%이다.

[8-6] 대전산업의 다음 자료를 보고 세금을 차감한 후의 당기순이익이 ₩1,000,000이 되려면 몇 개를 판매하여야 하는가? (기업회계 1급)

• 단위당 판매가격 : ₩600
• 단위당 변동제조원가 : ₩80
• 단위당 변동판매비 및 관리비 : ₩20
• 고정제조원가 : ₩2,000,000
• 고정판매비 및 관리비 : ₩1,000,000
• 법인세율 : 50%

① 8,000개 ② 10,000개 ③ 11,000개 ④ 12,000개

[8-7] A, B, C회사의 올해 영업활동에 관한 자료가 다음과 같다면, 다음 설명 중 틀린 것은? (기업회계 1급)

	A회사	B회사	C회사
매 출 액	₩1,000,000	₩1,000,000	₩1,000,000
변동원가	400,000	600,000	800,000
공헌이익	₩600,000	₩400,000	₩200,000
고정원가	400,000	200,000	－
영업이익	₩200,000	₩200,000	₩200,000

① A회사의 영업레버리지도는 3이다.
② B회사의 안전한계율은 50%이다.
③ 공헌이익률이 가장 큰 회사는 A회사이다.
④ 매출액변화에 영업이익이 가장 크게 변하는 회사는 C회사이다.

[8-8] 다음 자료에 의하여 원가-조업도-이익 분석을 실시할 경우, 적용된 세율은 얼마인가?(단, 단일세율임) (기업회계 1급)

- 목표 매출액 ₩336,875
- 제품 단위당 판매가격 ₩1,400
- 제품 단위당 변동원가 ₩200
- 목표 세후이익 ₩15,000
- 총 고정원가 ₩270,000

① 10% ② 20% ③ 30% ④ 40%

[8-9] ㈜인천의 매출액은 ₩500,000이며, 영업레버리지도는 4이고, 공헌이익률이 35%일 때 영업이익은 얼마인가? (기업회계 1급)

① ₩43,750 ② ₩50,000 ③ ₩175,000 ④ ₩200,000

[8-10] 제품의 단위당 판매가격은 ₩400이고 단위당 변동원가는 ₩280이다. 현재의 매출액이 ₩5,000,000이고, 총고정원가가 ₩960,000인 경우 안전한계와 안전한계율의 곱을 구하면? (기업회계 1급)

① ₩648,000 ② ₩750,000 ③ ₩810,000 ④ ₩900,000

[8-11] ㈜대한은 다음과 같은 조건과 목표를 설정하고 있다. 동 조건과 목표를 충족하기 위하여 동사가 고려한 세율로 바른 것은? (기업회계 1급)

- 목표 판매수량 : 500단위
- 제품 단위당 판매가격 : ₩2,400
- 제품 단위당 변동원가 : ₩900
- 총 고정원가 : ₩650,000
- 목표 세후이익 : ₩75,000

① 20% ② 25% ③ 30% ④ 40%

[8-12] ㈜화성은 산업용과 가정용 고무벨트를 생산하고 있다. 산업용은 매출액의 60%, 가정용은 매출액의 40%를 차지하고 있으며, 판매가격 대비 변동원가의 비율은 산업용은 60%, 가정용은 85%이다. 고정원가 총액이 ₩150,000인 경우에 손익분기점 매출액은 얼마인가? (기업회계 1급)

① ₩150,000 ② ₩250,000 ③ ₩400,000 ④ ₩500,000

[8-13] 당사는 세 가지 제품 A, B, C를 생산하고 있다. 묶음 단위당 제품A 1개, 제품B 3개, 그리고 제품C 6개를 판매한다. 단위당 공헌이익은 A, B, C 제품 각각 ₩50, ₩30, ₩20이다.

연간 고정원가는 ₩1,040,000이다. 손익분기점에서의 C제품의 판매량으로 올바른 것은?

(기업회계 1급)

① 30,000개 ② 24,000개 ③ 12,000개 ④ 4,000개

[8-14] 다음은 ㈜화성의 각 제품별 판매단가와 변동원가이다. 다음 자료에 의한 각 제품별 매출수량 비율을 고려한 손익분기점에서의 A, B, C 매출수량은 얼마인가? 단, 고정원가는 ₩510,000이며, 제품별 매출수량 배합비율은 [A : B : C = 1 : 2 : 1]이다. (기업회계 1급)

구 분	A	B	C
단위당 판매단가	₩200	₩100	₩200
단위당 변동원가	100	40	80

	A	B	C
①	1,500개	3,000개	1,500개
②	1,000개	2,000개	1,000개
③	2,000개	4,000개	2,000개
④	1,000개	600개	1,200개

[8-15] ㈜화성이 개발하고 있는 신제품의 판매가격은 단위당 ₩1,000, 변동제조원가는 단위당 ₩600, 신제품 관련 2014년 총고정제조간접원가는 ₩8,000,000으로 예상된다. 신제품의 2014년 중 예상판매량은 다음과 같은 확률분포를 이룰 것으로 기대하고 있다. 신제품의 생산 및 판매와 관련하여 ㈜화성이 2014년 중 이익을 보고하게 될 확률은 몇 %인가?

(기업회계 1급)

판 매 량	확 률	판 매 량	확 률
10,000 초과	15%	30,000 초과	20%
15,000 초과	10%	40,000 초과	10%
20,000 초과	15%	50,000 초과	30%

① 30% ② 40% ③ 60% ④ 75%

주관식 문제

[8-1] 북한산㈜는 20×1년 총 40,000단위의 제품을 판매하였으며, 매출액은 ₩3,000,000, 총변동원가는 ₩2,100,000, 그리고 총고정원가는 ₩750,000이다.

(요구사항)

1. 북한산㈜의 공헌이익률을 산출하시오.
2. 20×2년에 매출액이 ₩300,000 증가한다면, 영업이익은 얼마나 증감하는가?

[8-2] 가방을 생산·판매하는 북한산㈜의 20×1년 예산자료는 다음과 같다.

단위당 판매가격	₩250
단위당 변동원가	150
연간 고정원가	
고정제조간접원가	₩2,500,000
고정판매관리비	1,500,000
연간 예상판매량	50,000단위

(요구사항)

1. 북한산㈜의 20×1년 손익분기점 판매량 및 매출액을 산출하시오.
2. 북한산㈜의 20×1년 안전한계 및 안전한계율을 산출하시오.

[8-3] 북한산㈜의 20×1년 5월의 공헌이익 손익계산서는 다음과 같다.

매출액	₩1,200,000
변동원가	780,000
공헌이익	₩420,000
고정원가	350,000
영업이익	₩70,000

(요구사항)

1. 북한산㈜의 20×1년 5월의 안전한계는 얼마인가?
2. 북한산㈜의 20×1년 5월의 영업레버리지도는 얼마인가?
3. 북한산㈜의 20×1년 6월 매출액이 10% 증가한다면 영업이익은 얼마인가?

[8-4] 북한산㈜의 20×1년 생산 및 원가관련 자료는 다음과 같다.

단위당 판매가격	₩300
제조원가	
단위당 직접재료원가	₩100
단위당 직접노무원가	₩30
단위당 변동제조간접원가	₩60

연간 고정제조간접원가	₩2,600,000
판매관리비	
단위당 변동판매관리비	₩20
연간 고정판매관리비	₩1,000,000
연간 판매량	50,000단위

북한산㈜는 기초 및 기말재고는 없는 것으로 가정한다.

(요구사항)

1. 북한산㈜의 공헌이익률은 얼마인가?
2. 북한산㈜의 손익분기점 판매량과 매출액은 얼마인가?
3. 20×2년 법인세차감전 순이익 ₩1,800,000을 달성하기 위한 매출액은 얼마인가?
4. 20×2년 법인세차감후 순이익 ₩1,350,000을 달성하기 위한 판매량은 얼마인가? 북한산㈜의 법인세율은 40%이다.
5. 북한산㈜의 20×1년 안전한계 매출액은 얼마인가?
6. 북한산㈜의 20×1년 영업레버리지도는 얼마인가? 20×2년 매출액이 10% 증가하면 영업이익 증가율은 얼마인가?

[8-5] 법률상담서비스를 제공하는 북한산㈜의 원가관련 자료는 다음과 같다.

시간당 상담료	₩100,000
시간당 변동원가	₩40,000
월간 고정원가	₩18,000,000
20×1년 5월 상담시간	400시간

(요구사항)

1. 20×1년 5월의 손익분기점을 달성하기 위한 상담시간은 몇 시간인가?
2. 20×1년 5월의 안전한계(시간)와 안전한계율을 산출하시오.
3. 20×1년 5월의 영업레버리지도는 얼마인가?
4. 20×1년 6월부터 시간당 상담료를 10% 인하하면 월간 상담시간이 60시간 증가할 것으로 예상된다. 시간당 상담료를 인하할 경우 영업이익 증감액은 얼마인가?
5. 매월 급여 ₩2,000,000에 사무장을 고용하면 상담시간이 매월 50시간 증가할 것으로 예상된다. 사무장을 고용하여야 하는가?

[8-6] 다음은 한정식을 전문으로 하는 북한산㈜의 20×1년 원가관련 자료이다.

고객수	30,000명
고객 1인당 판매가격	₩30,000
고객 1인당 변동원가	15,000
연간 고정원가	₩300,000,000

(요구사항)

1. 손익분기점을 달성하기 위한 연간 고객수는 얼마인가?
2. 20×1년 영업이익은 얼마인가?
3. 세후 목표이익 ₩84,000,000을 달성하기 위해서는 고객수가 얼마나 되어야 하는가? 북한산㈜의 세율은 30%이다.
4. 판매가격을 1인당 10% 인하하고, 광고비를 ₩50,000,000 증가시키면, 고객수가 현재보다 50% 증가할 것으로 예상된다. 가격을 인하하고 광고비를 증가시키는 것이 타당한가?

[8-7] 북한산㈜는 여행서비스를 제공하는 기업이며, 20×1년 3월 중에 K여대 세무회계과의 MT를 진행하고자 한다. MT 진행에 소요될 것으로 예상되는 비용은 다음과 같다.

1인당 변동원가	
숙박비	₩10,000
식 대	15,000
기타경비	10,000
고정원가	
~90명	1,500,000
91명~135명	1,800,000

북한산㈜는 1인당 MT 참가비를 ₩50,000으로 책정하였다.

(요구사항)

1. 손익분기점을 달성하기 위해서는 몇 명의 학생이 MT에 참가해야 하는가?
2. MT에 참가하고자 하는 학생수가 80명밖에 없다면 손익분기점을 달성하기 위해서는 1인당 MT 참가비는 최소한 얼마가 되어야 하는가?
3. MT에 참가하고자 하는 학생수가 100명밖에 없으며, 북한산㈜는 이번 MT를 통해 최소한 ₩200,000의 이익을 얻고자 한다. 이를 위해서는 1인당 MT 참가비는 얼마가 되어야 하는가?

[8-8] 피자를 판매하는 북한산㈜는 현재 매월 1,000판의 피자를 판매하고 있다. 북한산㈜의 원가정보는 다음과 같다.

피자 1판당 변동원가	₩5,000
월간 고정원가	3,000,000
피자 1판당 판매가격	9,000

북한산㈜는 현재 피자 토핑을 2개를 하고 있으나, 젊은 층의 고객을 끌어들이기 위해 치즈토핑을 추가한 피자를 판매하고자 한다. 치즈토핑을 추가할 경우 1판당 ₩1,000의 원가가 추가로 발생할 것으로 예상되며, 판매량은 매월 250판이 증가할 것으로 예상된다.

(요구사항)

1. 현재 북한산㈜의 손익분기점 판매량은 얼마인가?
2. 현재 북한산㈜의 영업이익은 얼마인가?
3. 판매가격을 그대로 유지하고, 치즈토핑을 추가하여 판매할 경우 손익분기점 판매량은 얼마인가?
4. 치즈를 추가하여 판매할 경우 현재 동일한 영업이익을 달성하기 위해서는 판매가격을 얼마로 하여야 하는가?

[8-9] 북한산㈜는 주문량에 따라 판매가격을 변동시키는 판매정책을 채택하고 있다. 판매량에 따른 판매가격 및 원가정보는 다음과 같다.

판매량	판매가격	단위당 변동원가
~20,000단위	₩2,000	₩1,400
20,001단위~30,000단위	1,800	1,300
30,001단위~	1,600	1,200

북한산㈜의 연간 고정원가는 ₩13,500,000이다.

(요구사항)

1. 손익분기점 판매량을 산출하시오.
2. 법인세차감후 순이익으로 ₩2,100,000을 달성하기 위한 판매량은 얼마인가? 단, 북한산㈜의 법인세율은 30%이다.

[8-10] 북한산㈜는 스마트 워치를 판매하는 대리점이다. 스마트 워치 판매와 관련된 정보는 다음과 같다.

단위당 판매가격	₩200,000
단위당 구입가격	100,000
단위당 판매수수료	30,000
고정원가	
월간 임차료	₩5,000,000
월간 광고비	2,000,000
직원급여	7,000,000

(요구사항)

1. 월별 손익분기점 판매량과 매출액은 얼마인가?
2. 월간 250단위의 스마트 워치를 판매할 경우 영업이익은 얼마인가?
3. 대리점주에게 판매단위당 ₩10,000의 성과급을 추가로 지급할 경우 손익분기점 판매량은 얼마인가?
4. 대리점주에게 손익분기점을 초과하는 판매량의 대해서 단위당 ₩10,000의 성과급을 지급한다면, 300단위를 판매할 경우 영업이익은 얼마인가?
5. 단위당 판매수수료 ₩30,000 대신에 연간 고정급 ₩7,500,000을 지급하는 경우 새로운 손익분기점 판매량은 몇 단위이며, 현재 300단위를 판매하고 있다면 고정급으로 전환하는 것이 바람직한가?

[8-11] 다음은 학생복을 제작·판매하는 북한산㈜의 20×1년 원가관련 정보이다.

단위당 판매가격		₩50,000
단위당 변동제조원가		
직접재료원가	₩10,000	
직접노무원가	10,000	
변동제조간접원가	5,000	25,000
단위당 변동판매관리비		5,000
연간 고정제조간접원가		300,000,000
연간 고정판매관리비		200,000,000
20×1년 판매량		30,000단위

(요구사항)

다음 각 요구사항은 상호 독립적이다.

1. 20×1년 북한산㈜의 손익분기점 판매량, 영업이익, 영업레버리지도, 그리고 안전한계는 얼마인가?
2. 20×2년 주 52시간 근무시간제 적용으로 인해 직접노무원가가 40% 인상될 것으로 예

상된다. 판매가격에 변화가 없다면 20×2년 손익분기점 판매량은 얼마인가?

3. 20×2년 직접노무원가가 40% 인상되고, 판매가격에 변화가 없다면 20×1년과 동일한 영업이익을 달성하기 위해서는 몇 단위를 판매하여야 하는가?
4. 20×2년 직접노무원가가 40% 인상된다면, 북한산㈜의 경영자는 가격인상을 검토하고 있다. 20×1년 판매량이 동일한 경우 20×2년에 법인세차감후 순이익으로 ₩96,000,000을 얻고자 한다면 판매가격을 얼마로 인상하여야 하는가? 단, 북한산㈜의 법인세율은 40%로 가정한다.
5. 북한산㈜는 생산공정을 자동화할 것을 검토하고 있다. 생산공정이 자동화되면 직접노무원가는 50% 감소할 것으로 예상되며, 고정제조간접원가는 ₩100,000,000이 증가할 것으로 예상된다. 생산공정을 자동화할 경우 새로운 손익분기점 판매량은 몇 단위인가?
6. (요구사항 5)와 같이 생산공정을 자동화한다면,
   1) 20×1년과 동일한 영업이익을 얻기 위한 판매량은 몇 단위인가?
   2) 35,000단위를 판매할 경우 영업이익은 얼마인가?
   3) 생산공정을 자동화하는 것이 바람직한가?
7. (요구사항 5)와 같이 생산공정을 자동화할 경우 법인세차감후 순이익으로 ₩150,000,000을 얻고자 한다면 몇 단위를 판매하여야 하는가? 단, 북한산㈜의 법인세율은 40%로 가정한다.

[8-12] 북한산㈜는 산업용기계를 생산 · 판매하고 있으며, 제품은 모두 위탁판매사를 통해 판매하고 있으며, 북한산㈜는 위탁판매사에 매출액의 15%를 판매수수료로 지급하고 있다. 20×1년 예산손익계산서는 다음과 같다.

매출액	10,000단위×₩3,000	₩30,000,000
매출원가		
변동원가	₩15,500,000	
고정원가	4,000,000	19,500,000
매출총이익		₩10,500,000
판매관리비		
판매수수료	₩4,500,000	
고정광고비	1,500,000	
고정일반관리비	2,500,000	8,500,000
영업이익		₩2,000,000

예산손익계산서를 작성한 후, 경영자는 위탁판매사로부터 판매수수료를 매출액의 20%로

인상해 줄 것을 요구받았다. 이에 경영자는 판매사원을 직접 고용하는 것을 검토하고 있다. 위탁판매사의 업무를 대체하기 위해서는 10명의 판매사원이 필요하며, 이들의 연봉총액은 ₩2,000,000으로 예상되며, 매출액의 5%를 성과급으로 지급받을 것이다. 또한 이들 판매사원을 관리하기 위한 관리자 1명을 고용해야 하며, 관리자는 ₩600,000의 연봉을 지급받을 것이다. 위탁판매사가 수행하던 판촉활동을 위해 연간 ₩1,000,000의 광고비가 증가할 것이다.

(요구사항)

다음 각 요구사항은 상호 독립적이다.

1. 10,000단위 판매할 경우 다음의 공헌이익 손익계산서를 작성하시오.
   1) 위탁판매사에 대한 판매수수료가 15%로 유지되는 경우
   2) 위탁판매사에 대한 판매수수로가 20%로 인상되는 경우
   3) 판매사원을 직접 고용하는 경우
2. 다음 각 경우에 손익분기점 판매량을 산출하시오.
   1) 위탁판매사에 대한 판매수수료가 15%로 유지되는 경우
   2) 위탁판매사에 대한 판매수수로가 20%로 인상되는 경우
   3) 판매사원을 직접 고용하는 경우
3. 판매사원을 직접 고용하는 경우, 10,000단위의 제품을 위탁판매사에 판매수수료 20%를 지급하고 판매하는 경우에 얻을 수 있는 영업이익과 동일한 영업이익을 얻기 위해서는 몇 단위를 판매해야 하는가?
4. 판매사원을 직접 고용하는 경우와 위탁판매사에 판매수수료로 20%를 지급하는 것이 같아지는 판매량은 몇 단위인가?
5. 회계담당자로서 당신은 판매수수료를 20%로 인상하는 것과 판매사원을 직접 고용하는 것 중에서 어떤 것을 경영자에게 추천하겠는가? 근거를 제시하시오.

[8-13] 다음은 가방을 생산·판매하는 북한산㈜의 원가관련 자료이다.

단위당 판매가격	₩4,000
단위당 직접재료원가	1,000
직접노무원가	500
변동제조간접원가	700
변동판매관리비	400
고정제조간접원가	7,000,000
고정판매관리비	3,500,000

20×1년 판매량은 9,000단위이며, 북한산㈜의 법인세율은 30%이다.

(요구사항)

다음 각 요구사항은 상호 독립적이다.

1. 20×1년의 손익분기점 판매수량은 얼마인가?
2. 20×1년의 법인세차감후 순이익은 얼마인가?
3. 20×1년의 안전한계 및 안전한계율은 각각 얼마인가?
4. 20×1년의 영업레버리지도(DOL)는 얼마인가? 계산한 영업레버리지도를 이용하여 20×2년도 판매량이 20% 증가한다면, 영업이익은 얼마나 증가하겠는가?
5. 20×2년에 법인세차감후 순이익 ₩2,450,000을 얻기 위해서는 몇 단위를 판매해야 하는가?
6. 북한산㈜는 20×2년에 판매량을 증대시키기 위해 광고비를 ₩900,000 증가시키고, 단위당 판매가격을 5% 인하하고자 한다. 이 경우 판매량은 2,500단위 증가할 것으로 예상하고 있다. 광고비를 제외한 다른 원가구조에는 변함이 없을 것으로 가정할 때, 광고비를 추가로 ₩900,000 증가시킬 경우
   1) 20×2년의 손익분기점 판매량은 얼마인가?
   2) 20×2년의 예상 법인세차감후 순이익은 얼마인가?
7. (요구사항 6)과 같이 20×2년 광고비를 추가로 ₩900,000 증가시키고, 단위당 판매가격을 5% 인하할 경우 법인세차감후 순이익 ₩2,100,000을 얻기 위해 필요한 판매수량은 얼마인가?
8. (요구사항 6)과 같이 20×2년, 단위당 판매가격을 5% 인하할 경우, 20×2년에 법인세차감후 목표순이익이 ₩1,470,000이고, 판매수량이 11,500단위일 때 광고비로 지급할 수 있는 최대 금액은 얼마인가?

[8-14] 다음은 카메라를 생산 · 판매하는 북한산㈜의 제품관련 자료이다.

	일반용	전문가용
단위당 판매가격	₩3,000	₩6,000
단위당 변동원가	2,250	3,600

북한산㈜는 일반용 카메라와 전문가용 카메라를 생산하고 있으며, 일반용 카메라 3대가 판매될 때 전문가용 카메라는 1대가 판매되고 있으며, 이 비율은 당분간 지속적으로 유지될 것으로 예상된다. 북한산㈜의 20×1년 고정원가는 ₩13,950,000이다.

(요구사항)

1. 20×1년 제품별 손익분기점 판매량은 얼마인가?
2. 20×1년에 총판매량이 14,000단위일 경우 영업이익은 얼마인가?
3. 20×2년에도 20×1년과 동일한 14,000단위가 판매되었으나, 일반용과 전문가용이

4 : 1의 비율로 판매되었을 경우 영업이익은 얼마인가? 이와 같은 결과가 나타난 이유는 무엇인가?

4. 20×2년에도 동일한 판매비율과 원가구조가 유지될 경우 법인세차감후 순이익 ₩1,953,000을 얻기 위한 제품별 판매량은 얼마인가? 단, 북한산㈜의 법인세율은 30%이다.

[8-15] 다음은 아동복과 학생복을 생산·판매하는 북한산㈜의 원가관련 자료이다.

	아동복	학생복	합 계
매출액	₩7,000,000	₩3,000,000	₩10,000,000
변동원가	4,200,000	2,100,000	6,300,000

북한산㈜의 전체 고정원가는 ₩5,550,000이다.

(요구사항)

1. 제품별 손익분기점 매출액은 얼마인가?
2. 다음연도 매출액이 ₩2,000,000 증가하면 영업이익은 얼마나 증가하는가?

제 9 장

관련원가와 특수의사결정

우리는 제1장에서 경영자의 기능으로 계획기능, 통제기능, 조직화기능, 그리고 의사결정기능에 대해 학습하였다. 경영자들은 기업을 경영하는 과정에서 다양한 형태의 의사결정을 하게 된다. 경영자들은 주어진 목적 또는 목표를 달성하기 위해 다양한 대안들 중에서 최적의 대안을 선택하는 의사결정을 하게 된다. 이때, 각 대안에 대해서 모든 관련원가 정보 및 필요한 정보를 제공받을 수 있다면 보다 최적의 의사결정을 할 수 있을 것이다. 경영자들에게 이러한 정보를 제공해 줌으로써 그들의 의사결정을 도와주는 것이 관리회계담당자의 주요기능이다. 의사결정에서 회계정보의 유용성을 목적적합성(relevance)이라 한다. 기업은 많은 유형의 정보를 산출하지만 모든 정보가 경영자의 의사결정에 유용한 것은 아니다. 따라서 관리회계담당자는 경영자의 의사결정 유형에 따라 적합한 회계정보를 제공하여야 한다. 본장에서는 우선 관련원가 개념을 소개하고 관련원가가 단기의사결정에 어떻게 활용될 수 있는지를 설명한다.

01 관련원가의 의의

가정에서 세탁기를 구입한다고 가정해 보자, 세탁기를 구입하는 방법에는 온라인 쇼핑몰, 대형 전자제품할인매장, 제조사 대리점, 그리고 백화점 등 다양한 방법이 있다. 소비자는 여러 유통경로에서 제시하는 가격, 기능, 브랜드, 그리고 무이자 할부 여부 등 다양한 정보를 비교한 후 자신에게 가장 유리한 구매방법을 선택하여 구매할 것이다. 이와 같이 의사결정에는 다양한 형태의 정보들이 사용되게 된다. 이제 기업의 예를 들어보자. 대형 할인매장의 경우에도 어떤 제품은 A사에서 가장 낮은 가격에 판매되고, 다른 제품의 경우 B사에서 가장 낮은 가격에 판매되는 등 제품, 할인매장 등에 따라 가격에 차이가 있다. 이에 따라 대형 할인매장의 점장 혹은 경영자는 상품가격을 얼마로 설정하는 것이 좋을지에 대해 많은 고민을 하게 된다. 다른 경쟁사보다 비싸다면 소비자들은 외면할 것이기 때문이다.

이와 같이 경영자들은 항상 어떠한 제품을, 얼마에 판매할 것인가, 어떠한 생산방법을 채택할 것인가, 야간근무를 하도록 할 것인가, 어떤 유통경로를 이용할 것인가, 그리고 특정가격조건의 주문을 수락할 것인가 등의 다양한 의사결정 문제에 직면하고 있다. 잘못된 의사결정은 치명적인 타격을 가져다주기 때문에 경영자의 의사결정은 힘들고 복잡한 업무이다. 의사결정과 관련된 원가를 정확하게 알 수 있으면 어느 가격에서 얼마나 이익이 남는지, 어떠한 생산방식이 더 효율적인지 판단하는 데 도움이 될 수 있다. 따라서 의사결정시 원가는 중요한 요인 중의 하나이다.

그러나 많은 기업들이 직면하고 있는 문제 가운데 하나는 회계정보시스템이 의사결정에 필요한 정보를 제공하지 않거나 특정 사안에 대해선 별로 유용하지도 않은 수많은 유형의 자료를 산출한다는 것이다. 이러한 많은 관련이 없는 원가자료 때문에 회계담당자와 경영자 간의 의사소통이 부적절해진다. 경영자들은 그들의 직무수행에서 요구되는 의사결정을 내리는 데 어떠한 유형의 원가가 유용한지를 알아야 한다. 그러한 원가는 경영자가 내리는 의사결정과 관련이 있기 때문에 관련원가(relevant costs)라 불리어진다. 관련원가는 경영자가 선택하는 대안과 관련이 있다는 의미에서 특정의 의사결정에 적용되는 원가로서 여러 가지 대안 사이에 차이가 나는 미래의 예상원가라고 할 수 있다. 즉, 의사결정에 결정적인 영향을 미칠 수 있는 원가로서 각 대안들 사이에 차이가 나는 회피가능한 미래원가를 의미한다. 따라서 관련원가는 다음과 같은 두 가지 중요한 속성을 지닌다.

1. 미래에 발생될 원가이다.
2. 의사결정대안에 따라 차이가 나타나는 원가이다.

관련원가가 되려면 미래 기대되는 원가여야 하기 때문에 역사적 원가와 매몰원가(sunk cost)는 비관련원가(irrelevant costs)이다. 매몰원가는 이미 발생된 역사적 원가로서 미래의 어떠한 의사결정에도 영향을 미치지 못하는 원가이다. 의사결정은 본질적으로 미래지향적이므로 이미 발생한 역사적 원가는 미래의 수익과 미래의 비용에 어떠한 영향도 미치지 못하므로 대안의 선택과 관련된 의사결정에 고려의 대상이 되지 않는 것이다. 또한 관련원가가 되기 위해서는 원가는 의사결정 대안 간에 서로 상이해야 한다. 만약 모든 대안에서 동일하게 발생하는 원가는 의사결정 대안을 놓고 선택을 하는 데 아무런 영향을 미치지 못하게 될 것이다.

특수의사결정과 관련해서 원가는 관련원가, 기회원가, 차액원가, 증분원가, 매몰원가 등으로 분류할 수 있다. 관련원가는 앞서 언급했듯이 경영자의 의사결정에 결정적인 영향을 미칠 수 있는 원가이며 각 대안들 사이에 차이가 발생하는 미래원가를 뜻한다. 기회원가(opportunity cost)는 선택된 대안을 제외한 포기한 대안 중 최선의 대안이 가져다주는 효익을 의미한다. 또한 대안 간의 원가의 차이를 차액원가(differential costs)라 부른다. 즉, 두 가지 대안의 총원가의 차이로 정의되며 증분원가라고도 한다. 증분원가

(incremental costs)는 두 가지 측면에서 볼 수 있다. 생산량이 변화함에 따라 변화하는 원가를 의미하기도 하고, 현재 상태에서 다른 대안을 선택하는 경우 변화하는 원가를 의미하기도 한다. 단기의사결정을 하는 경우 증분수익과 증분원가를 비교하는 증분분석법을 많이 사용한다.

예제 9-1

1. 설악산㈜는 수작업을 통하여 제품을 생산하고 있는데, 최근 인건비 상승으로 인하여 생산공정을 자동화할 것을 검토하고 있다. 수작업을 통해 생산하는 경우와 자동화를 통해 생산하는 경우 제품 단위당 원가는 다음과 같이 예상된다. 관련원가와 비관련원가를 구분하고, 차액원가를 산출하시오.

	수작업	자동화
직접재료원가	₩10,000	₩10,000
직접노무원가	6,000	2,000
제조간접원가	2,000	4,000
합계	₩18,000	₩16,000

2. 설악산㈜는 새로운 신형기계를 구입하기 위해 사용 중인 구형기계를 ₩300,000에 처분하려고 한다. 구형기계는 ₩1,500,000에 구입한 것이며, 현재 감가상각누계액은 ₩1,000,000이다. 이때 매몰원가는 얼마인가?
3. 설악산㈜는 경기부진으로 인해 설비의 가동률이 50%밖에 되지 않는다. 따라서 유휴설비에 대한 활용방안을 검토하고 있다. 현재 검토 중인 대안은 A, B, C 세 가지이다. 각 대안의 수입과 비용은 다음과 같이 예상된다. 세 가지 대안 중에서 최적의 대안은 어느 것이며, 기회원가는 얼마인가?

	A대안	B대안	C대안
수익	₩100,000	₩150,000	₩50,000
비용	75,000	120,000	0
이익	₩25,000	₩30,000	₩50,000

4. 설악산㈜는 여성복, 아동복, 신사복을 생산하는 기업이며, 현재 지속적으로 손실을 보고 있는 신사복사업부의 폐쇄를 검토하고 있다. 신사복사업부를 폐쇄할 경우 고정원가 발생액은 다음과 같다. 회피가능원가와 회피불능원가는 각각 얼마인가?

	현재 발생액	폐쇄시 발생액
감독자 급여	₩100,000	₩100,000
기계장치 임차료	150,000	–
일반관리비	300,000	150,000
판매비	100,000	30,000

(해 답)

1. –관련원가 : 직접노무원가, 제조간접원가
   –비관련원가 : 직접재료원가

   –차액원가

	수작업	자동화	차액원가
직접재료원가	₩10,000	₩10,000	₩0
직접노무원가	6,000	2,000	4,000
제조간접원가	2,000	4,000	(2,000)
합계	₩18,000	₩16,000	₩2,000

2. 매몰원가
   매몰원가는 구형기계의 장부가액인 ₩500,000(₩1,500,000 – ₩1,000,000)
3. 기회원가
   최적대안은 이익이 ₩50,000인 대안 C이며, 기회원가는 두 번째로 많은 이익이 발생하는 대안 B의 이익 ₩30,000임.
4. 회피가능원가와 회피불능원가

	현재 발생액	폐쇄시 발생액	회피가능원가
감독자 급여	₩100,000	₩100,000	–
기계장치 임차료	150,000	–	₩150,000
일반관리비	300,000	150,000	150,000
판매비	100,000	30,000	70,000
합 계	₩650,000	₩280,000	₩370,000

   폐쇄시에도 계속 발생하는 원가가 회피불능원가임.

02 특수의사결정

일반적으로 기업들이 특정 목표를 달성하는 데는 하나 이상의 접근방법이 존재한다. 따라서 경영자의 의사결정은 해당상황에 가장 적절하다고 판단되는 행동경로를 선택하는 것이다. 의사결정은 의사결정자가 둘 이상의 행동경로인 대안을 놓고 선택하는 과정이다. 경영자들은 최선의 대안을 선정하는 데 있어 수많은 요인들을 고려한다. 어떤 의사결정은 주로 판단과 경험에 의존하는 경우도 있지만 대부분의 의사결정은 다양한 자료와 정교한 분석모형을 사용하는 체계적인 평가가 요구된다. 의사결정 방법이 상이하더라도 의사결정을 위해서는 적절한 원가계산 자료가 사용되어야 한다.

의사결정은 의사결정의 영향이 단기간에 걸쳐서 나타나는지 장기간에 걸쳐서 나타나는지에 따라 단기의사결정과 장기의사결정으로 구분되며, 또한 단기의사결정은 반복성에 따라 반복적인 일상적 의사결정과 비반복적인 특수의사결정으로 구분된다. 가령, 예산편성은 매년 반복되는 일상적 의사결정이다. 여기서는 비반복적인 특수의사결정에 관해 설명하고자 한다.

1. 자가생산 또는 외부구매
2. 부문의 폐쇄
3. 특별주문의 수락 여부
4. 한정된 자원의 사용

2.1 자가생산 또는 외부구매

기업의 최종 제품이 생산되기까지는 수많은 공정을 거치게 된다. 원재료를 구매하여 사용가능한 상태가 되도록 가공하고, 이를 제조과정에 투입하여 최종 완제품이 만들어진다. 이렇게 만들어진 최종 완제품은 마지막으로 소비자에게 공급된다. 많은 경우 기업은 완제품 제조에 필요한 부품을 스스로 제조할 것인지 아니면 외부공급자로부터 구매할 것인지에 대한 의사결정을 내려야 한다.

전자교탁을 생산하는 업체를 예로 들어보자. 전자교탁 본체와 모니터를 모두 자가생산할 수도 있으나, 모니터의 경우 전문업체에 주문하여 생산할 수 있다. 모니터를 외부구매할 것인지 자가생산할 것인지를 결정하는 데에는 어떤 정보가 사용될 수 있는가?

가장 먼저 생각할 수 있는 것은 외부업체에서 구입할 경우 구입가격과 자가생산시 발생할 것으로 예상되는 단위당 원가정보가 필요할 것이다. 이외에도 외부구매시에 적절하게 납기를 유지할 수 있는지, 품질수준을 유지할 수 있는지, 제품에 대한 기밀은 적절하게 유지할 수 있는지 등 다양한 요인들을 고려하여야 한다.

예제 9-2

설약산㈜는 전자교탁을 생산하는 기업이며, 지금까지 제품생산에 필요한 모든 부품을 자가생산으로 조달하여 왔다. 최근 모니터 전문생산업체에서 설악산㈜에 필요한 모니터를 단위당 ₩100,000에 공급하겠다는 제안을 하였다. 설악산㈜는 현재 연간 10,000단위 모니터를 생산하여 사용하고 있으며, 모니터를 생산하는 기계장치는 모니터를 외부에서 구입할 경우 다른 용도로 사용할 수 없다. 20×1년 모니터의 생산원가는 다음과 같다.

	단위당 원가	총원가
직접재료원가	₩50,000	₩500,000,000
직접노무원가	15,000	150,000,000
변동제조간접원가	25,000	250,000,000
고정제조간접원가		
부문감독자 급여	4,000	40,000,000
생산설비의 감가상각비	6,000	60,000,000
일반관리비 배부액	4,000	40,000,000
합 계	₩104,000	₩1,040,000,000

〈추가자료〉

1. 외부구입할 경우 부문감독자는 즉시 해고가 가능하다.
2. 생산설비의 대체적인 용도가 없다.
3. 일반관리비 배부액의 50%는 외부구입시에는 발생하지 않는다.

(요구사항)

설악산㈜는 외부업체의 제안을 수락하여야 하는가? 해답에 필요한 근거를 제시하시오.

(해 답)

1. 총액분석법

	자가생산시 (단위당 원가)	외부구입시 (단위당 원가)
직접재료원가	₩50,000	
직접노무원가	15,000	
변동제조간접원가	25,000	
고정제조간접원가		
부문감독자 급여	4,000	–
생산설비의 감가상각비	6,000	₩6,000
일반관리비 배부액	4,000	2,000
외부구입가격	–	100,000
합계	₩104,000	₩108,000

→ 자가생산시 단위당 ₩104,000의 원가가 발생하며, 외부구입시 ₩108,000이 발생하므로 자가생산하는 것이 단위당 ₩4,000 유리함.

2. 증분분석법

직접재료원가	₩50,000
직접노무원가	15,000
변동제조간접원가	25,000
부문감독자 급여	4,000
일반관리비 배부액	2,000
합계	₩96,000

→ 자가생산시에는 단위당 ₩96,000의 원가가 발생하고, 외부구입시에는 구입가격이 단위당 ₩100,000이기 때문에 총액분석법과 마찬가지로 자가생산하는 것이 단위당 ₩4,000 유리함.

주어진 자료를 보면 모니터의 외부구입시 단위당 구입가격은 ₩100,000이고, 자가생산시 단위당 제조원가는 ₩104,000이기 때문에 모니터를 외부에서 구입하는 것이 유리한 것처럼 보인다. 그러나 위에 열거된 모든 제조원가가 자가생산 또는 외부구매 의사결정에서 관련원가는 아니다. 모든 변동원가는 모니터를 외부에서 구입한다면 발생되지 않을 것이기 때문에 관련원가이다. 부문감독자 급여는 자가생산할 때에만 발생하며 외부에서 구입한다면 발생하지 않는 관련원가이다. 그러나 생산설비의 감가상각비는 외부구입시에도 계속 발생하기 때문에 비관련원가이며, 일반관리비 배부액의 50%도 외부구입시에도 계속 발생하기 때문에 관련원가가 아니다.

앞서 기술한 바와 같이 설악산㈜는 현재 모니터 생산설비의 대체적인 용도는 없다. 따라서 설악산㈜가 모니터를 외부에서 구입하더라도 모니터 생산설비의 감가상각비와 일반관리비 배부액의 50%는 설악산㈜가 생산하는 전자교탁에 그대로 반영될 것이다. 따라서 자가제조하는 경우 단위당 관련원가는 단위당 원가 ₩104,000에서 생산설비의 감가상각비와 일반관리비 배부액의 50%에 해당하는 단위당 ₩8,000을 차감한 ₩96,000이다. 단위당 관련원가 ₩96,000은 단위당 외부구입가격 ₩100,000보다 낮으므로 이 회사는 모니터를 자가생산하는 것이 바람직하다. 이렇게 함으로써 이 회사는 연간 ₩40,000,000(=₩4,000×10,000단위)을 절약할 수 있을 것으로 예상된다.

지금까지는 외부구입시 자가생산에 사용되는 생산설비의 대체적 용도가 없다는 가정하에서 분석하였다. 그러나 자가생산하던 부품을 외부에서 구입하는 경우 사용하던 생산설비를 다른 용도로 사용할 수도 있다. 이 경우 다른 용도로 사용하여 얻을 수 있는 경제적 효익을 기회원가라고 하며, 의사결정시에 이를 반영하여야 한다.

앞의 예제에서 설악산㈜는 모니터를 외부에서 구매함으로써 생산설비를 연간 ₩50,000,000에 다른 회사에 임대할 수 있다고 가정하자. 이때 이 회사는 모니터를 자가생산하는 경우 ₩50,000,000의 임대수익을 상실하게 된다. 즉, 자가생산하는 경우 ₩50,000,000의 기회원가가 발생하며, 이는 의사결정시에 고려되어야 할 관련원가이다. 기회원가를 고려할 경우 자가생산시의 단위당 관련원가는 ₩101,000이다.

관련원가항목	단위당 원가
직접재료원가	₩50,000
직접노무원가	15,000
변동제조간접원가	25,000
부문감독자 급여	4,000
일반관리비 배부액(₩4,000×50%)	2,000
생산설비에 대한 기회원가(₩50,000,000/10,000)	5,000
총관련원가	₩101,000

자가생산시 단위당 관련원가 ₩101,000은 단위당 외부구매가격 ₩100,000보다 높으므로 설비의 대안적 용도가 있는 경우 설악산㈜는 모니터를 외부에서 구입해야 한다. 이렇게 함으로써 연간 ₩10,000,000(=₩1,000×10,000단위)을 절감할 수 있을 것으로

예상된다.

2.2 부문의 폐쇄

복수의 사업부, 복수의 제품, 그리고 다양한 유통경로 등을 가지고 있는 기업의 경영자들은 지속적으로 손실이 발생하는 사업부, 제품, 혹은 유통경로의 폐쇄 여부를 결정해야 한다. 이때 경영자는 관련원가 개념을 사용하여 특정부문을 지속할 것인지 아니면 폐쇄시킬 것인지의 의사결정을 내릴 수 있다. 이때 중요한 재무자료는 특정부문을 폐쇄시킬 경우 이에 따라 상실되는 수익과 절감되는 원가이다. 절감되는 원가가 상실되는 수익보다 큰 경우에는 해당부문을 폐쇄시키는 것이 좋다. 많은 경우 고정원가는 일정하게 발생하는 것으로 간주하여 대안을 비교할 때 고정원가는 제외하고 변동원가만을 고려하게 된다. 그러나 고정원가 중에는 의사결정에 관계없이 계속 발생하는 원가가 있고, 의사결정에 따라 더 이상 발생하지 않는 원가가 있다. 의사결정에 따라 더 이상 발생하지 않는 고정원가는 관련원가로 의사결정에 반영하여야 한다.

예제 9-3

설악산㈜는 의류제조업체로 아동복, 여성복, 신사복을 생산·판매하고 있다. 회사의 최고경영자는 지속적으로 손실이 발생하고 있는 신사복의 생산중단을 검토하고 있다. 20×1년 각 부문별 및 회사전체 손익계산서는 다음과 같다.

	아동복	여성복	신사복	전 체
매출	₩2,000,000	₩3,500,000	₩2,500,000	₩8,000,000
변동매출원가	800,000	1,800,000	1,450,000	4,050,000
변동판매관리비	400,000	650,000	550,000	1,600,000
공헌이익	₩800,000	₩1,050,000	₩500,000	₩2,350,000
고정원가				
감독자급여	200,000	250,000	220,000	670,000
설비감가상각비	150,000	200,000	160,000	510,000
일반관리비	100,000	150,000	80,000	330,000
광고비	100,000	62,500	77,500	240,000
임차료	50,000	87,500	62,500	200,000
영업이익	₩200,000	₩300,000	(₩100,000)	₩400,000

〈추가자료〉

1. 감독자 급여는 제품생산을 중단할 경우 즉시 해고할 수 있어 더 이상 발생하지 않는다.
2. 설비 감가상각비는 제품생산을 중단하여도 계속 발생할 것이다. 설비의 대체적 용도는 없다.
3. 신사복 생산을 중단할 경우 신사복에 배부된 일반관리비 가운데 30%를 절감할 수 있다.
4. 광고비는 각 제품별로 이루어지고 있으며 생산중단할 경우 발생하지 않는다.
5. 임차료는 장기임대계약에 의한 것으로 앞으로 계속 지급하여야 한다.

(해　답)

신사복 생산 중단시 공헌이익 감소액		₩500,000
신사복 생산 중단시 회피가능 고정원가 :		
감독자 급여		(220,000)
설비 감가상각비		0
일반관리비	₩80,000×0.3	(24,000)
광고비		(77,500)
임차료		0
합계		₩178,500

따라서 계속 생산하는 것이 유리함. 이 경우에도 생산을 중단하는 제품의 생산에 사용된 생산설비를 다른 용도로 사용할 수 있는 경우에는 기회원가를 의사결정에 반영하여야 한다.

주어진 자료를 보면 신사복은 연간 ₩100,000의 손실을 보고 있기 때문에 이 부문을 폐쇄하면 ₩100,000의 손실을 모면할 수 있는 것처럼 보인다. 그러나 각 부문별로 열거된 모든 원가가 해당 부문을 폐쇄시키면 소멸될 수 있는 관련원가가 아니다. 우선 변동원가는 해당 부문을 폐쇄시키면 더 이상 발생되지 않을 것이기 때문에 부문의 폐쇄 의사결정에서 관련원가이다. 그러나 고정원가를 보면 회피가능원가와 회피불능원가의 두 범주로 나누어질 수 있다.

회피가능원가(avoidable costs)란 해당 부문을 폐쇄시키면 더 이상 발생되지 않고 절약될 수 있는 감독자 급여, 일반관리비의 30%와 광고비 등과 같은 원가이다. 이와 같은 회피가능원가는 의사결정 과정에 반영해야 하는 관련원가이다. 회피가능원가의 예로는 위에서 언급한 변동원가 외에 해당 부문의 단위수준간접원가, 배치수준간접원가, 그리고 제품유지간접원가 등이 포함된다.

회피불능원가(unavoidable costs)는 해당 부문을 폐쇄시키는 경우에도 원가가 계속 발생하기 때문에 절약될 수 없는 원가이다. [예제 9-3]에서 설비 감가상각비, 임차료, 그리고 일반관리비의 70%는 신사복 생산을 중단하여도 계속 발생하는 원가로서 단기적으로 회피할 수 없는 회피불능원가이다. 따라서 회피불능원가는 이 의사결정에서 관련원가가 아니다. 회피불능원가의 예로는 다른 부문과 공동으로 사용하는 설비유지간접원가를 들 수 있다. 예를 들면, 공통설비의 감가상각비, 냉방비, 그리고 일반관리비 등이 설비유지간접원가이다.

2.3 특별주문의 수락 여부

특별주문은 반복되는 장기성 주문이 아닌 비반복적인 일회성 주문을 의미한다. 경영자는 여유조업능력이 있는 경우 이러한 특별주문을 수락할 것인지를 결정해야 할 때가 있다. 특별주문은 구체적 상황에 적합한 관련원가를 기초로 하여 평가된다. 이때 특별주문으로 인하여 증가하는 수익과 비용을 비교하여 결정하여야 한다. 경영자는 특별주문으로 인하여 증가하는 수익이 비용보다 크다면 특별주문을 수락하고 그렇지 않다면 특별주문을 거부한다. 특별주문에 대한 의사결정은 특별주문을 받아들일 만한 유휴설비가 존재하는 경우와 그렇지 않은 경우로 구분할 수 있다.

예제 9-4

설악산㈜는 다양한 종류의 의류를 생산·판매하고 있다. 설악산㈜의 생산능력은 연간 50,000단위이며, 최근 경기불황에 따른 판매부진으로 생산설비의 가동률이 80% 수준에 머무르고 있다. 최근 공장 인근의 K여대에서 단체복 주문이 들어왔다. 이 특별주문의 단위당 판매가격은 ₩7,000이며, 주문량은 5,000단위이다. K여대가 주문한 단체복의 정상 판매가격은 단위당 ₩10,000이다. 판매담당자가 입수한 단체복의 단위당 원가정보는 다음과 같다.

	총원가	단위당 원가
직접재료원가	₩17,500,000	₩3,500
직접노무원가	7,500,000	1,500
변동제조간접원가	4,000,000	800
고정제조간접원가	6,000,000	1,200
변동판매관리비	2,000,000	400
고정판매관리비	3,000,000	600
총계	₩40,000,000	₩8,000

유휴설비에 대한 대체적인 용도는 없는 것으로 가정한다.

(요구사항)

설악산㈜는 이 특별주문을 받아들여야 하겠는가?

(해　답)

• 관련원가의 식별

판매담당자가 입수한 원가자료를 보면 특별주문은 수락하지 말아야 하는 것처럼 보인다. 특별주문의 제안가격 ₩7,000이 단위당 추정원가 ₩8,000에 못 미치기 때문이다. 그러나 이 예에서 고정제조간접원가와 고정판매관리비는 특별주문과 관계없이 발생하는 고정원가이다. 감가상각비, 보험료, 그리고 재산세 등이 이에 속한다. 특별주문 수락 여부에 상관없이 단기적으로는 고정원가가 일정할 것이기 때문에 고정원가는 의사결정에 목적적합하지 않다. 이러한 의사결정은 관련원가만을 고려하여 내려져야 한다. 특별주문을 수락할 때의 증분수익과 증분비용을 산정 비교하면 다음과 같다.

증분수익(5,000단위×₩7,000)		₩35,000,000
증분비용		
직접재료원가	₩17,500,000	
직접노무원가	7,500,000	
변동제조간접원가	4,000,000	
변동판매관리비	2,000,000	31,000,000
증분이익		₩4,000,000

증분수익과 증분비용에 의한 분석에 의하면, ₩4,000,000의 이익이 증가됨을 알 수 있다. 따라서 특별주문은 수락되어야 한다.

위의 예에서 설악산㈜는 특별주문량을 소화해 낼 충분한 여유조업능력이 있었다. 만약 그렇지 않다면 특별주문수요를 충족시키기 위해서는 다른 추가적인 원가가 발생할 수 있다. 이러한 상황에서 추가원가는 증분비용이며 분석에 합목적적인 관련원가이다. 또한 이익 이외의 요소가 의사결정에 영향을 줄 수 있다. 가령, 정상가격 이하의 가격으로 제품을 산 고객이 있다는 사실이 정규고객에게 알려진다면 정규고객도 동일한 가격인하를 요구할 수 있다. 이제 유휴설비가 존재하는 경우와 유휴설비가 존재하지 않거나 부족한 경우를 중심으로 특별주문의 수락 여부를 살펴본다.

2.3.1 유휴설비가 존재하는 경우

[예제 9-4]에서와 같이 현재 생산설비의 최대 생산능력이 50,000단위이고, 현재 80% 수준인 40,000단위를 생산하여 판매하고 있는 경우, 10,000단위의 제품을 추가로 생산할 만한 설비가 제품생산에 사용되지 않고 쉬고 있다는 의미에서 유휴설비가 존재한다고 말한다.

이와 같이 유휴설비가 존재하는 경우에는 이 설비를 다른 용도에 사용할 수 있는지의 여부를 파악해야 한다. 왜냐하면 유휴설비의 대체적인 용도가 있느냐의 여부에 따라 특별주문 수락시의 관련원가가 달라지기 때문이다.

① 유휴설비의 대체적 용도가 존재하지 않는 경우

유휴설비의 대체적 용도가 존재하지 않는다는 것은 특별주문을 받아들이는 데 있어서 어떤 기회원가도 존재하지 않는다는 것을 의미한다. 이 경우에 특별주문 수락과 관련하여 발생하는 관련원가는 변동원가밖에 없다. 위의 [예제 9-4]에서 설악산㈜는 특별주문을 소화해 낼 유휴설비가 존재하고, 유휴설비의 대체적 용도가 존재하지 않는 경우라고 가정했기에 변동원가만을 고려하여 특별주문의 수락 여부를 결정하였다.

② 유휴설비의 대체적 용도가 존재하는 경우

유휴설비의 대체적 용도가 존재한다는 것은 현재의 유휴설비를 특별주문에 사용하지 않는다면 그 설비를 임대하거나 다른 제품의 생산에 사용할 수 있는 경우이다. 즉, 특별주문 수락과 관련하여 기회원가가 존재하는 경우이다. 만약 특별주문을 수락하기 위해 설비의 임대를 포기하는 경우 설비의 임대수익이 기회원가가 된다. 또한 유휴설비를 다른 제품 생산에 사용할 수 있는 경우에는 다른 제품 생산에서 얻을 수 있는 이익이 기회원가가 된다. 따라서 유휴설비의 대체적 용도가 있는 경우에는 이와 같은 기회원가를 의사결정에 반영하여야 한다.

예제 9-5

[예제 9-4]의 설악산㈜의 자료를 그대로 이용한다. 다만, 설악산㈜가 특별주문을 수락하지 않는다면 유휴설비는 다른 업체에 임대하여 연간 ₩6,000,000의 임대수익을 얻을 수 있다고 할 때 특별주문의 수락 여부를 결정하라.

(해 답)

증분수익(5,000단위×₩7,000)		₩35,000,000
증분비용 :		
1. 변동원가	₩31,000,000	
2. 기회원가(포기한 임대수익)	6,000,000	37,000,000
증분이익(손실)		(₩2,000,000)

설악산㈜가 특별주문을 수락하지 않으면 현재의 유휴설비를 임대하여 연간 ₩6,000,000의 임대수익을 얻을 수 있는 경우, 특별주문을 수락하기 위해서는 설비의 임대를 포기해야 한다. 따라서 특별주문 수락에 따른 관련원가는 변동원가에 포기하는 임대수익 ₩6,000,000을 가산한 금액이 된다. 그 결과 특별주문을 수락하면 ₩2,000,000의 손실이 발생하므로 설악산㈜는 특별주문을 거절해야 한다.

2.3.2 유휴설비가 존재하지 않거나 부족한 경우

유휴설비가 존재하지 않거나 부족한 경우에 특별주문을 수락하기 위해서는 설비를 임차하든지, 부족분을 외부시장에서 구입하든지, 기존의 판매량을 감소시키는 경우의 수가 발생한다. 따라서 각각의 경우 특별주문의 수락 여부를 살펴본다. 첫째, 특별주문을 생산할 만한 설비가 존재하지 않거나 부족한 경우, 외부에서 설비를 임차하여 특별주문을 소화할 수 있다. 이러한 경우 특별주문 수락시의 관련원가는 변동원가와 설비의 임차료를 합한 금액이 된다. 즉, 변동원가뿐만 아니라 추가적인 설비의 임차료도 관련원가가 된다. 둘째, 부족한 수량을 외부시장에서 구입하여 판매하는 경우이다. 이 경우 특별주문에 따른 관련원가는 자체생산량에 대한 변동원가와 외부구입 수량에 대한 구입가격을 합한 금액이 된다. 셋째, 특별주문을 수락하기 위한 유휴설비가 존재하지 않거나 부족한 경우에 정규시장의 매출을 감소시키는 경우이다. 이러한 경우 특별주문을 수락하기 위해서는 정규시장의 판매량을 감소시키게 되므로 감소한 판매량에 대한 이익을 포기하게 된다. 따라서 포기하는 이익을 특별주문 수락시의 기회원가로 의사결정에 반영해야 한다. 즉, 매출을 감소시키는 경우 특별주문을 수락시의 관련원가는 변동원가와 정규시장 판매량 감소에 따른 포기한 이익인 기회원가의 합이다.

예제 9-6

[예제 9-4]의 자료를 그대로 이용한다. 단, 유휴설비의 존재 및 활용에 대해서는 요구사항의 내용과 같다.

(요구사항)

1. 유휴설비가 부족하여 다른 기업의 설비를 ₩5,000,000에 임차하였다.
2. 유휴설비가 부족하여 2,000단위의 제품을 외부시장에서 단위당 ₩8,000에 구입하여 판매하였다.
3. 유휴설비가 부족하여 특별주문을 수락하면 정규시장의 판매량을 2,000단위 감소시켜야 한다.

(해 답)

1. 설비 임차

증분수익		₩35,000,000
증분비용		
변동원가	₩31,000,000	
임차료	5,000,000	(36,000,000)
증분이익		(₩1,000,000)

2. 외부시장에서 구입하여 판매

증분수익		₩35,000,000
증분비용		
변동원가 3,000단위×₩6,200	₩18,600,000	
외부구입시 비용 2,000단위×₩8,400*	16,800,000	35,400,000
이익의 증가(감소)		(₩400,000)

* : 외부구입가격+변동판매관리비=₩8,000+₩400=₩8,400

3. 정규시장 판매량 감소

증분수익		₩35,000,000
증분비용		
변동원가	₩31,000,000	
기회원가 ₩3,800*×2,000단위	7,600,000	38,600,000
증분이익		(₩3,600,000)

* : 정규시장 단위당 공헌이익=정규시장 판매가격−단위당 변동원가=₩10,000−₩6,200
=₩3,800

2.4 한정된 자원의 사용

기업이 여러 가지 제품을 생산하고 있을 때, 필요한 생산요소가 무한정 있고 사용에 제약이 없다면 기업은 이익극대화를 위해 이익이 발생하는 모든 제품을 시장수요만큼 생산·판매하면 될 것이다. 그러나 현실적으로 기업의 생산활동은 이용가능한 자원에 의해 제약을 받게 된다. 예를 들어, 기계시간, 직접노동시간, 영업매장의 진열장, 전시장의 면적 등은 원하는 제품을 생산·판매하는 데 제약이 되는 항목들이다. 따라서 기업이 이익극대화를 위해서는 제한된 자원의 제품 간 배분문제가 나타나게 된다.

기업이 생산하는 제품이 여러 가지이고 사용가능한 자원이 제한된 경우, 이익극대화를 위하여 최적제품배합을 결정할 때에는 제한된 자원의 단위당 공헌이익이 큰 제품부터 생산하는 것이 유리하다. 이러한 제한된 자원하에서 최적제품배합의 결정문제는 제한된 자원이 한 가지인 경우와 두 가지 이상인 경우로 나누어 볼 수 있다.

2.4.1 제한된 자원이 한 가지인 경우

예제 9-7

설악산㈜는 제품 X와 Y를 생산·판매하고 있다. 제품 X, Y에 대한 시장수요는 각각 500단위이며, 각 제품의 단위당 판매가격, 단위당 변동원가, 단위당 공헌이익은 다음과 같다.

	X제품	Y제품
단위당 판매가격	₩3,000	₩5,000
단위당 변동원가	2,000	3,500
단위당 공헌이익	₩1,000	₩1,500
단위당 직접노동시간	2시간	4시간

(요구사항)

1. 제품생산에 소요되는 직접노동시간을 무한정 사용할 수 있다면 공헌이익을 극대화하기 위해서는 어느 제품을 생산·판매해야 하는가? 최적제품배합을 결정하시오.
2. 설악산㈜가 사용할 수 있는 직접노동시간이 1,500시간으로 제한되어 있는 경우 최적제품배합을 결정하시오.

(해 답)

1. 제한된 자원이 없는 경우

   제한된 자원이 없는 경우에는 이익이 발생하는 모든 제품을 시장수요만큼 생산하는 것이 기업의 이익을 극대화할 수 있다. 따라서 제품 X, Y를 시장수요인 500단위씩 생산하여 판매하여야 한다. 이때 회사의 공헌이익은 ₩1,250,000이다.

제품 X의 공헌이익	500단위×₩1,000	₩500,000
제품 Y의 공헌이익	500단위×₩1,500	750,000
회사전체 공헌이익		₩1,250,000

2. 제한된 자원이 있는 경우
제한된 자원이 있는 경우에는 제한된 자원의 단위당 공헌이익이 큰 제품(X제품)을 우선적으로 선택하여 시장수요만큼 생산하고, 자원이 남는 경우 다음으로 제한된 자원의 단위당 공헌이익이 큰 제품(Y제품)을 생산·판매한다.

	X제품	Y제품
단위당 공헌이익	₩1,000	₩1,500
단위당 직접노동시간	÷2시간	÷4시간
제한자원 단위당 공헌이익	₩500	₩375

제품 X를 시장수요만큼 생산하는 경우 직접노동시간
=500단위×2시간=1,000시간
나머지 직접노동시간을 이용하여 제품 Y를 생산하는 경우 생산량
=(1,500시간−1,000시간)÷4시간=125단위
그러므로 최적제품배합은 제품 X 500단위, 제품 Y 125단위를 생산하는 것이며, 이때의 공헌이익은 ₩687,500이다.

제품 X 공헌이익=500단위×₩1,000=₩500,000
제품 Y 공헌이익=125단위×₩1,500= 187,500
₩687,500

이와 같이 제한된 자원이 하나 있는 경우에는 제한자원 단위당 공헌이익이 가장 높은 제품을 우선적으로 선택하여 시장수요만큼 생산하고, 자원이 남는 경우 다음으로 제한자원 단위당 공헌이익이 높은 제품을 생산하는 것이 기업의 이익을 극대화시킬 수 있다. 다만 제품에 대한 시장수요에 제한이 없는 경우에는 제한자원 단위당 공헌이익이 가장 높은 제품에 특화함으로써 기업의 공헌이익을 극대화시킬 수 있다. 즉, 생산설비가 제한자원인 경우에는 생산설비의 이용시간당 공헌이익이 높은 제품을 생산하여야 하며, 진열공간이 제한자원인 경우에는 진열공간당 공헌이익이 가장 큰 제품을 진열해야 한다.

2.4.2 제한된 자원이 두 가지 이상인 경우

제한된 자원이 하나인 경우 이익극대화를 위하여 제한된 자원 단위당 공헌이익이 큰 제품을 우선적으로 생산·판매해야 하는 것은 이미 설명하였다. 그러나 제한된 자원이 두 가지 이상인 경우 자원마다 제품별 투입비율이 다르므로, 최적제품배합을 결정하는 과정은 좀 더 복잡하다. 이러한 경우 기업의 이익을 극대화시킬 수 있는 제품배합을 결정하기 위해 사용하는 통계적 방법이 선형계획법(linear programming method : LP)이다. 선형계획법은 제약조건이 여러 개인 상황에서 희소한 자원의 활용을 최적화시키는 데 사용되는 수학적 기법이다. 본서에서는 이해를 돕기 위해 제한된 자원이 두 가지인 경우에 한해 사용할 수 있는 도해법을 살펴보고자 한다. 도해법에 의한 접근방법은 다음과 같다.

1단계 : 목적함수를 설정한다(공헌이익 최대화 혹은 비용최소화가 된다).
2단계 : 제한된 자원에 의하여 제약함수를 설정한다(원재료, 기계시간 등).
3단계 : 제약함수에 의한 실행가능영역(feasible region)을 설정한다.
4단계 : 실행가능영역 내에서 목적함수를 최대화할 수 있는 최적해를 결정한다.

예제 9-8

설악산㈜는 아동복과 숙녀복을 생산하는 의류제조업체이다. 설악산㈜의 현재 생산시설과 인적자원을 고려할 때 연간 사용가능한 기계사용시간은 120,000시간이며, 직접노동시간은 70,000시간이다. 아동복과 여성복의 단위당 원가 및 자원소비량은 다음과 같다. 현재 각 제품에 대한 수요는 제한이 없는 것으로 가정한다.

	아동복	숙녀복
판매가격	₩15,000	₩25,000
변동원가	6,000	15,000
단위당 자원소비량		
기계사용시간	2시간	3시간
직접노동시간	1시간	2시간

(요구사항)

설악산㈜는 이익극대화를 위해서 아동복과 숙녀복을 각각 몇 단위씩 생산하여야 하겠는가?

(해 답)

제시된 의사결정문제는 여러 제약조건에서 자원활용을 최적화시키는 전형적인 선형계획법 문제이다. 우선 선형계획식을 구성하면 다음과 같다.

아동복 생산량을 X, 숙녀복 생산량을 Y라고 하면,

목적함수 극대화 $9,000X + 10,000Y$

제약조건

$2X + 3Y \leq 120,000$

$X + 2Y \leq 70,000$

$X, Y \geq 0$

선형계획식은 목적함수와 제약조건으로 구성된다. 목적함수는 극대화되거나 극소화될 목표를 표현한다. 위의 선형계획식에서 X와 Y는 각각 아동복과 숙녀복의 생산량을 의미한다. 따라서 아동복을 X단위, 숙녀복을 Y단위만큼 생산하여 판매할 경우 발생하는 전체 공헌이익은 ₩[9,000X+10,000Y]이다. 그러므로 목적함수(objective function)는 공헌이익인 9,000X+10,000Y를 극대화시키는 것이다. 다만 설악산㈜는 두 가지 제약조건이 있기 때문에 무작정 많이 생산할 수는 없고 이 제약조건을 충족시키면서 생산해야 한다. 우선 첫 번째 선형부등식 $2X+3Y \leq 120,000$에서 2X+3Y는 아동복을 X단위만큼 그리고 숙녀복을 Y단위만큼 생산했을 때 기계사용시간을 의미한다. 이 기계사용시간(2X+3Y)은 현재 보유하고 있는 생산설비의 기계사용시간(120,000시간)보다는 같거나 작아야 한다. 마찬가지로 직접노동시간에 대해서도 자원의 소비량(X+2Y)은 보유하고 있는 가용자원(70,000시간)보다는 같거나 작아야 한다. 그래서 두 개의 선형부등식이 제약조건에 포함되며, 이를 생산능력제약(capacity constraints)이라 한다. 생산능력제약 이외 생산되는 제품은 0보다 작을 수는 없다. 그래서 이를 $X \geq 0$, $Y \geq 0$으로 표현하는데 비음의 제약(non-negativity constraints)이라 한다. 이 예에서는 목적함수에 변수가 두 개이고 제약조건이 많지 않기 때문에 [도표 9-1]과 같은 그래프를 사용하여 최적해를 산출할 수 있다.

[도표 9-1]에서 기계사용시간 제약과 직접노동시간 제약을 동시에 충족시키고 비음의 제약을 충족시키는 공통영역을 가능해 영역(feasible solutions area)으로 표시해 놓았다. 최적해는 반드시 가능해 영역에서 도출된다. 각 균등이익선(equal contribution margin line)은 공헌이익을 같게 만드는 아동복과 숙녀복의 생산량을 나타내주고 있는데 원점에서 멀리 떨어질수록 공헌이익이 커진다. 따라서 최적해는 가능해 영역을 벗어나지 않으면서 원점에서 가장 멀리 떨어진 균등공헌이익선이 지나는 데서 결정된다. 일

[도표 9-1] 선형계획법 최적해

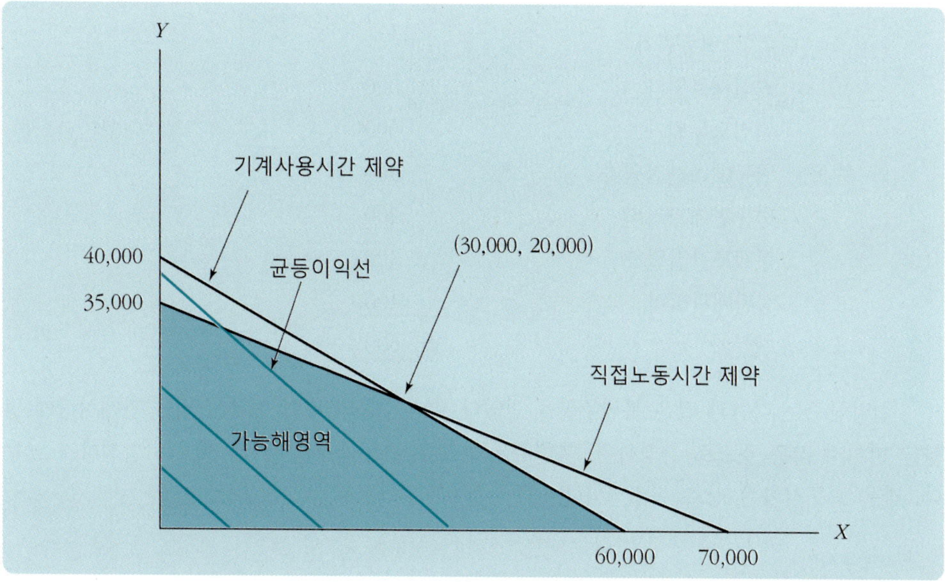

반적으로 최적해는 가능해 영역의 각 꼭지점 중의 하나에서 도출된다. 따라서 각 꼭지점에서의 생산량을 목적함수에 대입해서 가장 공헌이익이 큰 점이 최적해가 된다. [예제 9-8]는 다음과 같이 최적해를 도출할 수 있다.

(60,000, 0) = 60,000단위 × ₩9,000 + 0 = ₩540,000,000
(0, 35,000) = 0 + 35,000단위 × ₩10,000 = ₩350,000,000
(30,000, 20,000) = 30,000단위 × ₩9,000 + 20,000단위 × ₩10,000
= ₩470,000,000

그러므로 최적해는 아동복과 숙녀복의 생산량은 각각 60,000단위와 0단위이고, 이때의 공헌이익은 ₩540,000,000이다.

03 종합예제

설악산㈜는 머그컵을 생산 · 판매하고 있으며, 동사의 월간 머그컵 생산능력은 20,000단위이다. 현재 매월 17,000단위의 머그컵을 단위당 ₩3,000에 외부시장에 판매하고 있다. 머그컵

생산과 관련된 원가정보는 다음과 같다.

단위당 변동원가	
직접재료원가	₩1,000
직접노무원가	600
변동제조간접원가	400
변동판매관리비	200
고정제조간접원가	300
고정판매관리비	100
총 원 가	₩2,600

설악산㈜는 다음과 같은 특별주문을 받았다. 특별주문의 수락 여부는 정규 판매시장에 영향을 미치지 않은 것으로 가정하여, 특별주문의 경우 변동판매관리비의 30%는 발생하지 않는다. 다음 요구사항은 상호 독립적이다.

(요구사항)

1. 설악산㈜는 2,000단위의 머그컵을 주문받았으며, 단위당 주문가격은 ₩2,300이다. 이 특별주문을 수락하여야 하는가? 특별주문을 수락하면 영업이익은 얼마나 증가 혹은 감소하는가?
2. 설악산㈜는 4,000단위의 머그컵을 주문받았으며, 단위당 주문가격은 ₩2,300이다. 설악산㈜는 특별주문을 수락하기에 부족한 물량은 정규시장의 판매량을 감소시켜야 한다. 이 경우 특별주문을 수락하여야 하는가?
3. 설악산㈜는 4,000단위의 머그컵을 주문받았으며, 단위당 주문가격은 ₩2,300이다. 설악산㈜는 생산시설이 부족한 경우 일시적으로 기계를 ₩300,000에 임차하여 사용할 수 있다. 이 경우 특별주문을 수락하여야 하는가?

(해 답)

특별주문의 단위당 변동원가 = ₩1,000 + ₩600 + ₩400 + ₩140(₩200 × 70%)
= ₩2,140

1. 특별주문의 수락 여부

특별주문 수락시 증분수익	2,000 × ₩2,300	₩4,600,000
특별주문 수락시 증분비용	2,000 × ₩2,140	4,280,000
특별주문 수락시 증분이익		₩320,000

∴ 특별주문을 수락할 경우 이익이 ₩320,000 증가한다. 따라서 특별주문을 수락하여야 한다.

2. 유휴설비가 부족한 경우 특별주문의 수락 여부

특별주문 수락시 증분수익	4,000×₩2,300	₩9,200,000
특별주문 수락시 증분비용		
변동원가	4,000×₩2,140	8,560,000
기회원가*	1,000×(₩3,000－₩2,200)	800,000
특별주문 수락시 증분이익		(₩160,000)

* 특별주문을 받아들이면 기존 판매량을 1,000단위 감소시켜야 한다. 이 경우 기존 판매에서 단위당 ₩800의 공헌이익이 발생하므로 이에 대한 기회원가는 관련원가로 고려되어야 한다.

∴ 특별주문을 수락할 경우 이익이 ₩160,000 감소한다. 따라서 특별주문을 수락해서는 안 된다.

3. 유휴설비가 부족한 경우 특별주문

특별주문 수락시 증분수익	4,000×₩2,300	₩9,200,000
특별주문 수락시 증분비용		
변동원가	4,000×₩2,140	8,560,000
설비 임차료*		300,000
특별주문 수락시 증분이익		₩340,000

* 특별주문을 받아들이기 위해서는 추가로 설비를 임차하여야 하기 때문에 설비 임차료를 관련원가로 고려하여야 한다.

∴ 특별주문을 수락할 경우 이익이 ₩340,000 증가한다. 따라서 특별주문을 수락하여야 된다.

연습문제 EXERCISES

객관식 문제

[9-1] 다음은 관련원가분석에 대해 설명한 것이다. 다음 설명 중 옳지 않은 것은? (기업회계 1급)

① 의사결정이란 특정목표를 달성하기 위하여 여러 가지 선택가능한 대체적 대안들 중 최적대안을 선택하는 것을 말한다.
② 의사결정을 함에 있어서 관련수익이란 대체적 대안들 사이에 차이가 나는 미래 현금수익을 말한다.
③ 의사결정을 함에 있어서 관련원가란 고려 중인 대체적 대안들 사이에서 차이가 나는 현재 현금지출원가를 말한다.
④ 관련원가를 분석함에 있어서 회피불가능한 고정원가는 의사결정에 반영을 않는다.

[9-2] ㈜보석은 제품 생산에 필요한 부품 2,500단위를 자가제조하여 사용하고 있다. 최근 외부의 제조업자가 이 부품을 전량 납품하겠다고 제의하였다. 외부 제의에 대한 수락 여부를 검토하기 위해 원가자료를 수집한 결과, 2,500단위 부품을 제조하는 데 발생하는 원가는 아래와 같다. 최대로 허용 가능한 부품의 단위당 구입가격이 단위당 ₩1,120으로 분석되었다면, ㈜보석이 회피 가능한 최대 고정제조간접원가 추정금액은 얼마인가? (기업회계 1급)

항목	금액	항목	금액
직접재료원가	₩1,500,000	직접노무원가	₩800,000
변동제조간접원가	240,000	고정제조간접원가	500,000

① ₩150,000 ② ₩200,000 ③ ₩260,000 ④ ₩300,000

[9-3] 다음 자료에 의하여 자가제조를 포기하고 보유장비를 외부에 임대하면서, 부품의 외부구입을 실행하려 한다. 보유장비는 최소한 얼마 이상으로 임대하여야 하는가? (기업회계 1급)

• 장비 대여 전 고정제조간접원가(회피불능원가)	₩750,000
• 제품 단위당 변동원가	₩170
• 외부구입에 의한 단위당 구입가격	₩250
• 필요부품수량	300단위

① ₩24,000　② ₩26,000　③ ₩28,000　④ ₩30,000

[9-4] 남문㈜는 핸드폰 부품을 생산하고 있다. 핸드폰 부품 500개의 자가제조와 관련된 원가는 다음과 같다. 최근 남문㈜는 외부공급업자인 북문㈜로부터 핸드폰 부품 1개당 ₩750에 공급하겠다는 제의를 받았다. 부품을 외부에서 구입할 경우 고정제조간접원가 중 ₩100,000을 회피할 수 있다. 부품을 외부구입할 경우 연간 절감할 수 있는 금액은 얼마인가? (기업회계 1급)

- 단위당 직접재료원가 : ₩300
- 단위당 직접노무원가 : ₩200
- 단위당 변동제조간접원가 : ₩100
- 총 고정제조간접원가 : ₩400,000
- 연간 생산량 : 500개

① 없음　② ₩25,000　③ ₩225,000　④ ₩325,000

[9-5] 가하㈜는 컴퓨터용 스피커 부품 2개를 생산하고 있다. 부품별 공헌이익손익계산서는 다음과 같다. 부품A의 생산라인을 폐지하면 유휴설비를 통해 연간 임대수익 ₩15,000을 얻을 수 있으며, 부품A의 고정제조원가는 모두 회피할 수 있다. 부품A 라인을 폐지할 경우 발생되는 증분 영업이익은 얼마인가? (기업회계 1급)

구분	부품A	부품B
매출액	₩150,000	₩200,000
변동원가	110,000	150,000
공헌이익	₩40,000	₩50,000
고정제조원가	50,000	30,000
고정판매비와 관리비	20,000	10,000
영업이익	(₩30,000)	₩10,000

① ₩10,000　② ₩15,000　③ ₩25,000　④ ₩30,000

[9-6] 다음의 각 부문이 폐쇄된다면 각 부문의 추적가능 고정원가의 3/4은 회피가능하다. 이 회사는 공통고정원가를 각 부문의 매출액에 비례하여 배분하고 있다. 이 회사는 B부문을 폐쇄할 경우 A부문의 매출이 10% 감소할 것으로 예측하고 있으나 A부문을 폐쇄할 경우 B부문의 매출에는 영향이 없을 것으로 예측하고 있다. 이 회사가 B부문을 폐쇄하기로 결정한다면 회사 전체의 영업이익은 얼마가 되는가? (기업회계 1급)

구 분	합 계	A부문	B부문
매출액	₩200,000	₩80,000	₩120,000
변동원가	116,000	32,000	84,000
공헌이익	₩84,000	₩48,000	₩36,000
추적가능고정원가	60,000	20,000	40,000
부문이익	₩24,000	₩28,000	(₩4,000)
공통고정원가	10,000	4,000	6,000
영업이익	₩14,000	₩24,000	(₩10,000)

① ₩18,000 ② ₩3,200 ③ ₩13,200 ④ ₩8,000

[9-7] 다음은 특수의사결정에 대한 설명이다. 틀린 것은? (기업회계 1급)

① 복수의 라인을 보유한 상태에서 손실이 발생해도 특정라인의 유지를 선택하는 것이 보다 옳은 의사결정이 되는 경우도 있다.

② 제품에 필요한 부품을 자가제조할 것인지 외부구입할 것인지의 의사결정은 필요수량의 정도에 따라 달라질 수 있다.

③ 완전가동 상태의 제조업은 공헌이익이 가장 높은 제품보다 시간당 공헌이익이 가장 높은 제품을 선택해야 한다.

④ 최대조업도 범위를 초과하는 특별주문은 해당 제품의 공헌이익이 0보다 커도 수락할 수 없다.

[9-8] ㈜형태는 국내외에 사업부를 운영하고 있는 기업이며, 2014년의 영업이익은 ₩4,000,000이다. 여러 사업부 중에서 국내사업부의 공헌이익은 ₩500,000이고, 국내사업부에 대한 고정원가인 공통원가 배부액은 ₩450,000이다. 국내사업부를 폐지하더라도 고정원가인 공통원가 배부액 중 ₩250,000은 계속해서 발생하게 된다. 만약 회사가 국내사업부를 폐지한다면 2014년 ㈜형태의 영업이익은 얼마로 변하겠는가? (기업회계 1급)

① ₩3,700,000 ② ₩3,800,000 ③ ₩3,900,000 ④ ₩4,000,000

[9-9] ㈜대구는 고품질의 벽시계를 제작판매하고 있다. 이 회사는 단일 모델의 벽시계만을 생산하고 있으며 2018년 3월 중 예상되는 생산 및 판매에 관한 자료는 다음과 같다.

• 단위당 판매가격	₩28,000
• 단위당 직접재료원가	₩4,800
• 단위당 가공원가(시간당 ₩660)	₩13,200

- 단위당 고정제조간접원가　　₩3,000
- 2018년 3월 예상판매량　　400단위

3월 중 새로운 고객이 단위당 ₩22,000의 가격에 60단위를 구입할 수 있는지 문의해왔다. 특별주문 수락 시 ㈜대구의 이익은 얼마나 증가하겠는가?(단 ㈜대구의 매월 최대조업도는 9,000시간이다) (기업회계 1급)

① ₩140,000　② ₩240,000　③ ₩340,000　④ ₩500,000

[9-10] ㈜충청은 당기에 3,000단위의 주문을 정상 판매가격 ₩5,000으로 판매하기로 예약을 받고 다음과 같은 원가자료를 산출했다. 단 동사의 의도에 따라 예약받은 제품의 납품량을 축소하여 납품할 수 있다. 예약받은 제품량을 축소하고 300단위의 새로운 주문을 수용하여 납품하면, 기존 예약제품의 공헌이익 감소액보다 새로운 주문으로 인한 이익의 증가액이 최소한 ₩50,000 이상이 되어야 한다. 새로운 주문을 수용하기 위한 최소한의 판매가격은 몇 원인가? (기업회계 1급)

〈예약받은 제품의 제조원가 행태〉
- 단위당 직접재료원가 : ₩700
- 단위당 직접노무원가 : ₩900
- 단위당 변동제조간접원가 : ₩800
- 총 고정제조간접원가 : ₩850,000
- 최대생산능력 : 3,100단위

① ₩4,100　② ₩4,300　③ ₩4,500　④ ₩4,700

[9-11] ㈜평택은 판매량만큼 제품을 생산하는 회사로 2017년의 생산과 판매관련 자료는 아래와 같다. 2017년 초에 30,000개(판매단가 ₩70)의 특별주문을 받았다. 특별주문으로 고정제조간접원가 ₩100,000 증가외 기존의 생산 및 판매에 아무런 영향을 미치지 않는다. 특별주문을 수락하는 경우 얼마의 이익(또는 손실)이 증가하겠는가? (기업회계 1급)

- 판매수량 : 20,000개
- 판매단가 : ₩80
- 단위당 변동제조원가 : ₩40
- 단위당 변동판매관리비 : ₩20
- 고정판매관리비 : ₩140,000
- 고정제조간접원가 : ₩130,000

① 이익 ₩200,000　② 이익 ₩500,000
③ 손실 ₩200,000　④ 손실 ₩500,000

[9-12] A복사집의 복사능력은 시간당 1,800부이다. 기계준비시간으로 인해 하루 실가동시간은 7시간이다. 인근에 복사집들 간의 경쟁이 극심한 편이다. 따라서 고객이 원하는 시간준수는

필수사항이다. A복사집의 1일 복사수요량은 10,000부이며 가격은 1부당 ₩40이고, 1부당 변동원가는 ₩16이다. 그런데 한 고객이 하루의 업무시작시점에 찾아와서 5,000부의 복사물을 업무마감시간까지 1부당 ₩32에 복사해달라고 요구하였다. 이 특별주문의 수락과 관련하여 예상되는 순이익의 효과는? (기업회계 1급)

① 수락하는 경우가 ₩62,400 순이익이 작다.
② 수락하는 경우가 ₩62,400 순이익이 크다.
③ 수락하는 경우가 ₩22,400 순이익이 크다.
④ 수락하는 경우가 ₩22,400 순이익이 작다.

[9-13] ㈜특주는 특별주문에 의해 최대가능 생산량을 초과하는 경우 장비를 임차하여 해결하려 한다. 다음 자료에 의하여 추가의 특별주문을 수용할 때, 장비 임차료는 ₩450,000이다. 최소한 받아야 하는 특별주문의 단위당 가격은 얼마인가? (기업회계 1급)

- 제품 최대생산량 : 8,000단위
- 기 계약된 판매예정 제품량 : 6,000단위
- 기 계약된 제품의 단위당 판매가격 : ₩300
- 특별주문수량 : 3,000단위
- 제품 제조를 위한 단위당 변동원가 : ₩50

① ₩200 ② ₩250 ③ ₩300 ④ ₩350

[9-14] ㈜논리는 현재 제품 A, B, C를 생산·판매하고 있다. 각 제품에 대한 월별 생산 및 판매와 관련된 자료는 다음과 같다. 이 회사의 월 최대 사용가능한 기계시간이 1,210시간으로 제약되어 있는 경우, 영업이익을 극대화할 수 있는 최적제품배합으로 옳은 것은? (기업회계 1급)

구 분	제품 A	제품 B	제품 C
단위당 판매가격	₩3,200	₩1,500	₩4,800
단위당 변동원가	₩2,400	₩1,200	₩4,200
단위당 기계사용시간	2시간	1시간	3시간
최대 시장수요량	250단위	350단위	300단위
총 고정원가	₩1,000,000		

	제품 A	제품 B	제품 C
①	100단위	250단위	300단위
②	150단위	350단위	186단위
③	250단위	350단위	120단위
④	150단위	250단위	0단위

[9-15] ㈜대한은 판매가격과 단위당 변동원가가 각각 ₩1,000과 ₩800인 A제품과 ₩2,000과 ₩1,600인 B제품을 생산, 판매하고 있다. 월간 고정원가는 ₩3,000이 발생하며, 제조에 관한 자료는 다음과 같다. 최적의 제품생산배합에 의해 얻을 수 있는 최대의 월간 영업이익은 얼마인가? (기업회계 1급)

월간사용가능 기계시간	제품단위당 기계사용시간		월간사용가능 원재료	제품단위당 사용원재료	
	A제품	B제품		A제품	B제품
240기계시간	4	12	440단위	12	8

① ₩5,000 ② ₩7,000 ③ ₩10,000 ④ ₩12,000

주관식 문제

[9-1] 설악산㈜는 무선이어폰을 생산·판매하고 있으며, 현재 무선이어폰의 케이스를 자체제작하고 있다. 연간 케이스 생산량은 5,000단위이며, 단위당 제조원가는 다음과 같다.

직접재료원가	₩500
직접노무원가	300
변동제조간접원가	400
연간 고정제조간접원가	2,500,000

케이스를 전문적으로 제작하는 업체에서 연간 5,000단위의 케이스를 단위당 ₩1,500에 공급하겠다는 제안을 하였다. 설악산㈜의 회계담당자가 분석한 결과 케이스를 외부에서 구입할 경우 현재 고정제조간접원가 중에서 ₩1,000,000을 절감할 수 있을 것으로 예상된다.

(요구사항)

1. 외부구입시 생산설비의 대체적인 용도가 없을 경우 이 제안을 받아들여야 하는가?
2. 케이스를 외부에서 구입할 경우 생산설비를 임대할 수 있다고 가정할 때 이 제안을 받아들일 수 있는 최소한의 임대료는 얼마인가?

[9-2] 설악산㈜는 연간 15,000단위의 냉난방기를 생산·판매하고 있다. 동사는 제품생산에 필요한 모든 부품을 자가생산하고 있다. 최근 외부의 공급업체가 냉난방기의 필수 부품인 온도조절장치를 단위당 ₩20,000에 공급하겠다고 제안하였다. 연간 15,000단위의 온도조절장치 생산에 필요한 원가는 다음과 같다.

	단위당 원가	연간 총원가
직접재료원가	₩6,000	₩90,000,000
직접노무원가	4,000	60,000,000
변동제조간접원가	5,000	75,000,000
추적가능 고정제조간접원가	5,000	75,000,000
배부된 고정제조간접원가	6,000	90,000,000

추적가능 고정제조간접원가의 40%는 감독자 급여이며, 나머지 60%는 설비 감가상각비이다. 설비는 매각가치가 없는 것으로 가정한다. 외부구입시 감독자는 즉시 해고할 수 있는 것으로 가정한다.

(요구사항)

1. 설악산㈜는 생산설비에 대한 대체적 용도가 없다면, 외부공급업체의 제안을 수락하여야 하는가?
2. 설악산㈜는 온도조절장치를 외부에서 구입하며, 유휴설비를 이용하여 새로운 제품을 생산할 수 있으며, 새로운 제품 생산을 통해 연간 ₩60,000,000의 공헌이익을 얻을 수 있다. 외부공급업체의 제안을 수락하여야 하는가?

[9-3] 전기자동차를 생산하고 있는 설악산㈜는 현재 전기자동차용 배터리를 자체적으로 생산하고 있다. 배터리는 연간 30,000단위를 생산하고 있으며, 이에 대한 단위당 원가정보는 다음과 같다.

직접재료원가	₩2,800
직접노무원가	2,000
변동제조간접원가	3,200
고정제조간접원가	5,000

최근 전기자동차용 배터리를 전문적으로 생산하고 있는 업체로부터 연간 30,000단위의 배터리를 단위당 ₩12,000에 공급하겠다고 제안하였다. 설악산㈜는 배터리를 외부업체로부터 구입한다면, 배터리 생산에 사용 중인 생산설비는 다른 업체에 연간 ₩90,000,000에 임대할 수 있다. 그러나 고정제조간접원가의 60%는 배터리를 외부에서 구입하더라도 계속하여 발생한다.

(요구사항)

배터리를 단위당 ₩12,000에 공급하겠다는 외부업체의 제안을 받아들일 경우 설악산㈜의 영업이익은 얼마나 증가 혹은 감소하겠는가?

[9-4] 볼펜을 생산·판매하고 있는 설악산㈜는 현재 볼펜심을 포함하여 볼펜 생산과 관련된 모든 부품을 자체적으로 생산하여 조달하고 있다. 설악산㈜의 생산능력은 10,000단위이며, 10,000단위 생산시 볼펜 단위당 원가는 다음과 같다.

직접재료원가	₩150
직접노무원가	100
변동제조간접원가	30
고정제조간접원가	50

최근 외부업체로부터 볼펜심 10,000단위를 단위당 ₩48에 공급하겠다고 제안하였다. 설악산㈜가 이 제안을 받아들여 볼펜심을 외부에서 구입할 경우, 볼펜 단위당 직접재료원가의 20%, 직접노무원가와 변동제조간접원가의 10%가 감소할 것으로 예상된다. 고정제조간접원가는 외부에서 구입하더라도 그대로 발생할 것이다.

(요구사항)

1. 설악산㈜는 외부공급업체의 제안을 받아들여야 하는가?
2. 외부공급업체의 제안을 받아들일 수 있는 최대가격은 얼마인가?
3. 최근 경쟁업체의 도산으로 인하여 다음 연도 볼펜 예상판매량이 15,000단위로 예상된다. 설악산㈜는 현재 생산설비로는 10,000단위의 볼펜심만을 생산할 수 있으며, 연간 ₩50,000에 생산설비를 임차할 경우 예상판매량에 필요한 볼펜심을 생산할 수 있다. 생산설비를 추가할 경우에도 단위당 변동원가는 동일하다. 설악산㈜는 얼마의 볼펜심을 자가생산하고, 얼마를 외부에서 구입하여야 하는가?

[9-5] 다양한 가전제품을 생산하는 설악산㈜는 최근 판매부진으로 손실을 보고 있는 선풍기의 생산중단을 고려하고 있다. 20×1년 선풍기의 손익계산서는 다음과 같다.

손익계산서

매출액		₩4,500,000
변동원가		
변동제조원가	₩2,100,000	
판매수수료	480,000	
운송비	120,000	2,700,000
공헌이익		₩1,800,000
고정원가		
감독자 급여	₩210,000	
기계 감가상각비	360,000	

기타 고정제조간접원가	500,000	
광고선전비	800,000	
재고자산 보험료	90,000	
기타 고정판매관리비	400,000	2,360,000
영업이익		(₩560,000)

선풍기 생산을 중단하면 감독자는 해고할 수 있으며, 기계장치의 처분가치는 없다. 또한 기타 고정제조간접원가와 기타 고정판매관리비는 배부된 원가로 선풍기 생산을 중단하여도 계속 발생될 것이다. 광고선전비는 선풍기에 대한 것이다.

(요구사항)

당신이 회계담당자라면 선풍기의 생산중단을 추천하겠는가?

[9-6] 설악산㈜는 제품A와 제품B 두 제품을 생산하고 있으며, 두 제품의 손익계산서는 다음과 같다. 현재 지속적으로 손실을 보고 있는 제품B의 생산중단을 고려하고 있다. 설악산㈜가 제품B의 생산을 중단하면 유휴설비를 이용하여 제품A의 생산량을 증가시킬 수 있다. 이 경우 제품A 매출액은 ₩1,500,000 증가할 것으로 예상된다. 또한 현재 제품B의 고정원가 중 일부는 감소할 것으로 예상된다.

	제품A	제품B
매출액	₩6,000,000	₩5,000,000
변동원가	3,600,000	4,000,000
공헌이익	₩2,400,000	₩1,000,000
고정원가	1,500,000	1,300,000
영업이익	₩900,000	(₩300,000)

(요구사항)

설악산㈜가 제품B의 생산을 중단하기 위해서는 제품B에 배부된 고정원가가 최소한 얼마나 감소하여야 하는가?

[9-7] 설악산㈜는 아웃도어 전문매장으로 현재 계양점, 부천점, 그리고 부평점 등 세 곳의 매장을 두고 있다. 세 곳의 매장 중에서 부평점의 경우 지속적인 판매부진으로 적자가 발생하고 있는 상황이다. 이에 따라 경영층에서는 부평점의 폐쇄를 검토하고 있다. 20×1년 매장별 손익계산서 및 회사 전체 손익계산서는 다음과 같다.

설악산㈜ 손익계산서

20×1년 1월 1일부터 20×1년 12월 31일까지

	계양점	부천점	부평점	합 계
매출액	₩9,000,000	₩10,000,000	₩6,000,000	₩25,000,000
매출원가	5,000,000	5,500,000	3,800,000	14,300,000
매출총이익	₩4,000,000	₩4,500,000	₩2,200,000	₩10,700,000
판매관리비				
매장광고비	₩400,000	₩450,000	₩360,000	₩1,210,000
회사광고비[a)]	90,000	100,000	60,000	250,000
점포임차료	800,000	900,000	700,000	2,400,000
감가상각비[b)]	700,000	720,000	600,000	2,020,000
판매수수료	300,000	350,000	250,000	900,000
점장급여	200,000	250,000	180,000	630,000
일반사원급여[a)]	270,000	300,000	180,000	750,000
기타관리비[a)]	180,000	200,000	120,000	500,000
소계	₩2,940,000	₩3,270,000	₩2,450,000	₩8,660,000
영업이익	₩1,060,000	₩1,230,000	(₩250,000)	₩2,040,000

a) 매출액을 기준으로 배부받은 금액.
b) 매장 내의 집기에 대한 감가상각비로 매장 폐쇄시 다른 매장에서 사용예정.

〈추가정보〉

1. 매장 폐쇄시 점포임차료는 조건없이 해지할 수 있다.
2. 매장 폐쇄시 점장은 즉시 해고할 수 있다.
3. 매장 폐쇄시 배부받은 일반사원급여 중에서 50%는 절감할 수 있다.
4. 판매수수료는 각 매장의 매출액에 비례하여 발생한다.

(요구사항)

1. 부평점을 폐쇄할 경우 회사전체의 손익계산서를 작성하시오.
2. 요구사항1의 계산을 근거로 부평점을 폐쇄하는 것이 바람직한가? 아니면 유지하는 것이 바람직한가?
3. 부평점을 폐쇄할 경우 인근의 부천점의 매출액이 20% 증가할 것으로 예상된다면, 부평점의 폐쇄 여부를 결정하시오. 부평점은 증가하는 고객을 수용할 수 있는 능력이 있으며, 매출총이익률은 계속 유지되는 것으로 가정한다.

[9-8] 현재 3가지의 제품을 생산·판매하고 있는 설악산㈜는 최근 3년간 지속적으로 적자가

발생하고 있는 제품B의 생산중단을 고려하고 있다. 20×1년 세 제품의 원가구조는 다음과 같다.

	제품A	제품B	제품C
매출액	₩15,000,000	₩4,000,000	₩12,000,000
변동원가	9,000,000	2,800,000	8,000,000
공헌이익	₩6,000,000	₩1,200,000	₩4,000,000
고정원가	4,300,000	2,000,000	3,200,000
영업이익	₩1,700,000	(₩800,000)	₩800,000

제품B의 생산을 중단하는 경우 제품B에 배부된 고정원가의 70%는 절감할 수 있으나, 나머지는 계속해서 발생한다.

(요구사항)

1. 제품B의 생산을 중단하는 것이 바람직한가? 계산근거를 제시하시오.
2. 제품B의 생산을 중단하는 경우 제품A의 매출액이 20% 감소할 것으로 예상된다. 제품B의 생산을 중단하는 것이 바람직한가? 계산근거를 제시하시오.

[9-9] 설악산㈜는 단일제품을 생산·판매하고 있으며, 월간 생산능력은 10,000단위이며, 현재 정규시장에서 8,000단위를 판매하고 있다. 이 제품의 단위당 원가정보는 다음과 같다.

직접재료원가	₩250	직접노무원가	₩300
변동제조간접원가	50	고정제조간접원가	450
변동판매관리비	150	고정판매관리비	200

정규시장에서의 단위당 판매가격은 ₩1,500이며, 최근 해외고객으로부터 2,000단위의 제품을 단위당 ₩1,200에 주문을 받았다. 이 주문으로 인해 정규판매시장에는 영향이 없다고 가정한다.

(요구사항)

1. 해외고객의 주문을 수락하면, 설악산㈜의 영업이익은 얼마나 증가 혹은 감소하는가? 특별주문을 수락하여도 고정원가에 변동은 없다.
2. 설악산㈜가 지난해에 생산한 제품 500단위를 재고로 가지고 있다고 가정한다. 이 제품은 현재 판매되는 제품에 비해 기능이 떨어지기 때문에 정상가격에는 판매할 수 없으며 할인하여 판매하여야 한다. 이 재고의 판매가격을 결정할 때 관련원가는 무엇인가?

[9-10] 설악산㈜는 의류를 생산·판매하는 기업이며, 월간 생산능력은 15,000단위이며, 현재 매월 12,000단위를 단위당 ₩15,000에 판매하고 있다. 20×1년 5월에 A사에서 4,000단위의

단체복 주문을 받았다. 이 특별주문의 판매가격은 단위당 ₩11,000이다. 설악산㈜의 정규시장 판매량에 대한 단위당 원가자료는 다음과 같다.

직접재료원가	₩4,000	직접노무원가	₩3,000
변동제조간접원가	2,000	고정제조간접원가	3,000
변동판매관리비	1,000	고정판매관리비	1,500

(요구사항)

1. 생산능력이 부족한 경우 정규시장의 판매량을 감소시켜야 한다. 이 특별주문을 받아들여야 하는가?
2. 생산능력이 부족한 경우 정규시장의 판매량을 감소시켜야 한다. 다만, 특별주문의 경우 변동판매관리비는 발생하지 않는다. 이 경우 특별주문을 수락하여야 하는가?

[9-11] 제품A를 생산·판매하는 설악산㈜의 월간 생산능력은 20,000단위이며, 현재 매월 17,000단위를 단위당 ₩2,000에 외부시장에 판매하고 있다. 최근 B사로부터 제품A를 단위당 ₩1,500에 3,000단위를 특별주문받았다. 외부시장 판매량에 대한 단위당 원가자료는 다음과 같다.

단위당 변동제조원가	₩1,200
단위당 고정제조원가	300
단위당 변동판매관리비	150
단위당 고정판매관리비	150

(요구사항)

다음 각 요구사항은 상호 독립적이다.

1. 이 특별주문을 수락할 경우 영업이익은 얼마나 증가 혹은 감소하겠는가?
2. 특별주문을 받아들이지 않을 경우 유휴생산설비를 외부업체에 한 달간 ₩500,000에 임대할 수 있다면, 특별주문을 수락하여야 하는가?
3. 특별주문 수량이 3,000단위가 아니라 5,000단위이며, 생산능력이 부족한 경우 외부시장 판매량을 감소시켜야 한다면, 특별주문을 수락하여야 하는가?
4. 특별주문 수량이 3,000단위가 아니라 5,000단위이며, 생산능력이 부족한 경우 외부에서 생산설비를 ₩1,000,000에 임차하여 생산할 수 있다면, 특별주문을 수락하여야 하는가?

[9-12] 장난감을 생산·판매하고 있는 설악산㈜는 연간 30,000단위를 생산하여 판매할 수 있는 생산설비를 보유하고 있다. 30,000단위를 생산할 경우 원가정보는 다음과 같다.

	단위당원가	총원가
직접재료원가	₩150	₩4,500,000
직접노무원가	80	2,400,000
변동제조간접원가	30	900,000
고정제조간접원가	90	2,700,000
변동판매관리비	40	1,200,000
고정판매관리비	60	1,800,000
	₩450	₩13,500,000

설악산㈜는 장난감을 정규시장에서 단위당 ₩500에 판매하고 있다. 고정제조간접원가 ₩2,700,000은 생산량 25,000단위에서 30,000단위 사이에서는 일정하다. 설악산㈜는 다음연도에 정규시장에서 25,000단위를 판매할 수 있을 것으로 예상된다. 단, 요구사항은 상호독립적이다.

(요구사항)

1. 인근의 대형 장난감 할인매장에서 정상가격의 20%를 할인해주면 5,000단위를 구매하겠다는 제안을 받았다. 특별주문의 경우 판매수수료가 발생하지 않기 때문에 변동판매관리비가 50% 절감된다. 다만 특별주문의 경우 추가적인 작업을 위해 생산설비를 ₩200,000에 임차하여야 한다. 그리고 이 주문은 반복되지 않는 것으로 가정할 경우 설악산㈜가 제안을 수락할 경우 영업이익이 얼마나 증가 혹은 감소하겠는가?
2. 강릉시에서 단위당 제조원가에 ₩10의 이익을 가산한 판매가격에 5,000단위를 주문하였다. 이 경우 변동판매관리비는 발생하지 않는다. 이 주문을 받아들일 경우 영업이익은 얼마나 증가 혹은 감소하겠는가?
3. 현재 정규시장 판매량이 30,000단위이며, (요구사항 2)의 강릉시의 주문을 받아들이면, 정규시장의 판매량을 감소시켜야 한다. 이 주문을 수락할 경우 영업이익은 얼마나 증가 혹은 감소하겠는가?

[9-13] 설악산㈜는 20×1년에 50,000단위의 제품을 생산하여 판매하는 예산을 수립하였다. 제품의 단위당 판매가격은 ₩1,000이며, 20×1년 예산자료는 다음과 같다.

	단위당 원가	총원가
직접재료원가	₩300	₩15,000,000
직접노무원가	150	7,500,000
변동제조간접원가	100	5,000,000
고정제조간접원가	150	7,500,000

변동판매관리비	50	2,500,000
고정판매관리비	100	5,000,000
합 계	₩850	₩42,500,000

20×1년 예산수립 후 국내 대형 할인매장에서 경품용으로 단위당 ₩700에 10,000단위를 구입하겠다는 주문을 받았다. 이 특별주문의 수락 여부에 관계없이 최대조업도 내에서 고정제조간접원가는 일정하게 발생한다. 특별주문은 정규시장 판매에 어떤 영향도 미치지 않는 것으로 가정한다.

(요구사항)

1. 회사의 연간 최대조업도가 65,000개라고 가정하고 특별주문의 수락 여부를 결정하시오.
2. 회사의 연간 최대조업도가 55,000개라고 가정하고 아래의 각 조건에 따라 특별주문의 수락 여부를 결정하시오.
   1) 부족한 수량만큼 정규시장 판매량을 감소시키는 경우
   2) 부족한 수량을 설비를 임차하여 생산하는 경우. 단, 이때 생산설비 임차료는 ₩1,500,000이다.
   3) 부족한 수량을 외부에서 단위당 ₩720의 가격으로 구입하여 충당하는 경우

[9-14] 제품 A와 B를 생산하고 있는 설악산㈜의 판매가격, 단위당 원가, 그리고 자원소비량은 다음과 같다.

	제품A	제품B
단위당 판매가격	₩2,000	₩3,000
단위당 변동원가	1,200	2,100
단위당 기계사용시간	3시간	2시간
단위당 원재료사용량	3kg	4kg

현재 연간 사용가능한 기계사용시간은 12,000시간, 연간 원재료 사용량은 15,000kg으로 한정되어 있다.

(요구사항)

설악산㈜는 이익을 극대화하기 위해서는 각 제품을 몇 단위씩 생산하여야 하는가? 이때의 회사전체 공헌이익은 얼마인가?

[9-15] 냉장고와 세탁기를 생산하는 설악산㈜는 20×1년 이익극대화를 위한 제품배합을 결정하고자 한다. 설악산㈜의 회계담당부서에서 제출한 각 제품의 예상판매가격과 단위당 원가

자료는 다음과 같다.

	냉장고	세탁기
단위당 판매가격	₩5,000	₩3,000
단위당 직접재료원가	1,500	1,000
직접노무원가	500	400
변동제조간접원가	700	600
고정제조간접원가	500	300
변동판매관리비	300	200
고정판매관리비	300	200
단위당 직접노동시간	2시간	1시간
기계사용시간	2시간	4시간

설악산㈜의 경영층은 20×1년 연간 최대 직접노동시간은 18,000시간, 기계사용시간은 24,000시간으로 예상하고 있다.

(요구사항)

주어진 조건하에서 공헌이익을 극대화할 수 있는 제품배합을 결정하고, 이때의 공헌이익을 산출하시오.

제 10 장

종합예산

01 예산의 의의

기업을 경영하는 경영자나 정부의 관리자, 학교경영자, 그리고 가정에 있어서도 미래의 불확실성에 효과적으로 대응하기 위하여 사전에 계획을 수립할 필요가 있다. 예산(budget)이란 미래에 대한 경영활동의 계획을 화폐단위로 계량화하여 공식적으로 표현한 것이다. 오늘날 기업에서 가장 널리 쓰이는 관리회계시스템으로 예산시스템을 들 수 있다. 전반적으로 예산시스템은 미래에 대한 불확실한 상황을 예측하고 대비하게 하는 계획기능과 업적을 평가하는 기준으로 업적과의 비교평가를 통하여 피드백을 제공하는 통제기능, 부문간 또는 부문과 기업전체 간의 목표를 조화시키는 조정기능을 가지고 있다. 이에 따라 예산은 조직의 목표를 설정하고 한정된 자원을 효율적으로 배분한다는 관점에서 중요하게 인식된다.

미래의 계획이 없는 조직은 목표를 상실하고 표류하는 나침반 없이 항해를 하는 배와 같다. 계획을 수립하지 않는 조직은 오늘날 급변하고 있는 환경하에서 현안문제를 해결하는 데 급급하여 기업의 전반적인 문제나 미래의 목적을 달성할 수 없게 된다. 일상 업무에 바쁜 경영자의 경우 미래에 대한 계획을 소홀히 하기 쉬운데, 기업이 공식적인 예산을 편성하게 되면 자연스럽게 경영자에게 미래의 계획과 운영절차를 수립하도록 강요하게 된다. 이와 같이 사전에 계획을 수립하게 하는 것은 예산의 가장 중요한 기능이라 할 수 있다.

일반적으로 기업의 계획단계에서 특정기간에 대한 예산을 작성하는 것을 예산편성(budgeting)이라고 한다. 또한 기업에서 예산통제라는 말을 많이 사용하고 있는데, 이는 예산을 이용하여 기업의 경영활동을 통제하여 경영활동의 결과를 기업이 계획한 목표와 일치시키는 데 사용하는 것을 의미한다.

02 예산의 특징과 기능

2.1 예산의 특징

2.1.1 예산주체

기업은 계획수립 및 통제 목적을 위해 예산주체별로 예산을 편성하게 된다. 예산주체는 기업의 한 부서나 부문과 같은 조직의 일부분이 될 수도 있고, 마케팅 또는 회계와 같은 특정기능이 될 수도 있다. 예산편성(budgeting)은 계획단계에서 특정기간에 대해 예산주체별로 예산을 설정하는 것을 의미하는데, 예산을 효과적으로 편성하기 위해서는 예산주체가 잘 정의되어야만 한다. 예를 들면, 기획부서에서 예산편성 지침을 모든 부서에 통보하고 각 부서에서 예산을 수립하여 기획부서에 제출하면, 기획부서는 모든 부서의 예산을 종합하여 기업 전체의 종합예산을 편성한다. 어떤 프로젝트에 대한 예산을 편성하려면, 가장 먼저 어떤 세부활동이 이 프로젝트에 포함되는지를 정확하게 규정해야 한다.

2.1.2 예산기간

예산은 미래의 일정기간을 계획하는 예측치이다. 예산기간은 경영진의 정보욕구 및 계획수립의 필요에 따라 그리고 예산활동의 특성 및 기능에 따라 장기일 수도 있고 단기일 수도 있다. 보통 예산은 한 달, 분기, 반기, 1년 혹은 10년인지 그 기간이 명확하게 명시되어야 한다. 예산기간이 짧아질수록 예산은 보다 상세화될 수 있다. 예를 들면, 경영자는 생산일정을 수립하고, 재고를 관리하며, 자금을 마련하는 데 보다 상세하고 시기적절한 예산을 필요로 한다. 대부분의 기업은 분기별, 반기별, 연도별로 예산을 편성하여 상세한 경영자의 정보욕구를 충족시킨다.

2.1.3 계량화

예산의 특징으로 계량화를 들 수 있다. 계량화란 모든 계획이 화폐단위를 이용한 공통적인 측정치나 산출물과 투입물 단위로 단순화될 때 예산은 가장 유용성을 지닌다. 회계적인 관점에서 일차적인 관심은 예산이 내포하고 있는 활동의 계량적 내용이다.

2.2 예산의 기능

미래의 사업계획은 예산의 형태로 구체화된다. 예산은 기업의 공식적인 경영계획이다. 전략적 계획이나 장기적인 경영계획에 근거한 목표가 설정되면, 이를 기반으로 부문별로 계획이 수립되며 각 부문별 예산이 통합되어 필요한 조정을 거친다. 예산편성 과정에서 부서간의 수평적 의사소통과 조정이 이루어지며 이에 의해서 예산의 기능이 나타난다. 예산의 기능은 다음과 같다.

1. 계획수립 및 계획의 계량화(계획기능)
2. 조정, 협조 및 의사소통(조정기능)
3. 성과평가 및 통제(통제기능)
4. 기업운영 원가의식의 고취
5. 조직구성원에게 동기부여

2.2.1 계획수립 및 계획의 계량화

기업을 경영함에 있어 계획을 수립하지 않고서는 조직의 목적을 달성할 수 없다. 학교생활에서도 하루의 계획에서부터 한 주간의 계획에 이르기까지 다양한 계획의 수립이 요구된다. 여러분들도 대부분 초등학교시절 방학이 되면 생활계획표를 작성해 보았을 것이다. 또한 대부분 신혼부부는 신혼 초에 내 집을 마련하기 위한 계획을 수립한다. 기업도 마찬가지로 장기계획 혹은 단기계획을 수립한다. 기업의 계획수립은 희소한 자원의 효율적인 배분에 그 초점이 맞추어져 있다. 기업의 계획수립은 목표를 달성하기 위해 조직구성원의 노력을 조정하는 데 사용된다. 예산편성은 계획수립의 각 측면에서 측정이 가능한 기간목표를 구체화시키는 하나의 틀을 제공한다. 계획의 계량화는 경영자로 하여금 프로젝트의 비용과 효익을 비교하여 자원이 가장 적절하게 배분되었는지를 평가할 수 있도록 해 준다.

2.2.2 조정, 협조 그리고 의사소통

만약 기업의 조직구성원이 각자 독립적으로 활동하고 자유롭게 개인계획을 수립하여 실행에 옮긴다면 조직의 목표는 달성하기가 어렵다. 공식적인 예산은 조직의 다양한 측면에서의 계획을 통합시킨다. 예산편성 과정은 조직의 모든 부문 혹은 구성원의 생각을 교환하고 계획을 조정하는 도구이다. 조직의 다양한 부문의 계획은 조정할 필요성이 있기 때문에 부문 책임자간의 의사소통은 활발해야 한다. 예산의 편성과정에서 잠재적인 문제가 노출될 때 조직의 하위단위들은 협력하여 문제해결 방안을 찾아내야 한다. 기업의 규모가 커지고 경영활동의 책임이 하위단위로 위임되면서 각 부문의 행동을 조직전체의 목표와 일치시키는 것은 매우 어려운 일이다. 예산은 이에 필요한 의사소통 및 조정기능을 가지고 있다.

2.2.3 성과평가 및 통제

예산은 미래 운영활동에 대한 경영층의 추정치이므로 경영자는 계획과 실제성과와의 차이를 비교·분석함으로써 각 부문 및 부문경영자의 성과를 평가하고 이를 기초로 계획을 적절히 변화·개선시켜 나가는 통제기능을 수행하여야 한다. 또한 예산은 예산주체에 의해 인정할 만한 성과평가의 기준치로서의 역할을 담당하며 기업이 최선의 노력으로 달성해야 할 목표를 나타낸다. 이처럼 예산은 실제성과와의 비교를 통해 부문경영자가 얼마나 효율적으로 목표를 달성하였는가에 대한 정보를 제공해 준다. 또한 예산은 달성해야 할 목표치를 제시해주고 경영자에게 자신의 업적을 감시할 수 있는 기초를 제공해 준다.

2.2.4 기업운영 원가의식의 고취

일부 경영자는 의사결정이나 경영활동이 원가에 미치는 영향을 의식하지 않는 경향을 보인다. 마케팅 담당자는 매출의 증가에만 집중하게 되고, 생산감독자는 제품의 생산량 또는 품질에만 신경을 쓰고, 엔지니어는 제품설계의 개선에만 사로잡혀 있을 수 있다. 이렇게 되면 쉽게 원가를 간과하게 되고 원가-효익 관계를 무시하게 된다. 그러나 예산의 편성시 경영자의 프로젝트나 활동에 대한 평가는 원가-효익 분석의 기반하에 이루어져야 한다. 이러한 원가의식은 조직의 다양한 기능분야 간에 공통언어를 제공한다.

2.2.5 조직구성원에게 동기부여

예산편성을 효과적으로 수행하기 위해서는 기업의 공식목표가 설정되어 있어야 한다. 일반적으로 최고경영층에 의해 제시되는 공식목표는 조직의 비전 혹은 미션이라고 한다. 이와 같은 비전이나 미션은 구체적이지 않는 경향이 있다. 예산은 이들 비전이나 미션을 보다 구체적으로 계량화하여 나타내 준다. 구체적인 조직목표는 조직을 성공적으로 경영하는 데 도움을 줄 뿐만 아니라 조직구성원으로 하여금 자신의 목표를 달성하도록 동기부여해 줄 수 있다. 성과평가에 예산을 사용함으로써 조직구성원의 행동이 조직목표와 일치되도록 유도한다. 이러한 목표일치성(goal-congruence)은 조직과 조직구성원 간의 상호만족을 가져다주는 예산편성의 강력한 기능이다. 예산편성의 행태적 차원을 이해하는 조직은 보다 능률적이고 효과적인 조직이 된다.

03 종합예산

3.1 종합예산의 의의 및 상호관계

종합예산(master budget)은 경영자의 미래 계획과 실행방법을 기술하고 있는 것으로, 기업의 모든 세부단위의 목표를 요약하여 판매, 생산, 구매, 재무 등 기능별로 작성된다. 종합예산은 크게 두 부분으로 구분하여 살펴볼 수 있다. 기업의 판매, 생산, 그리고 관리를 위한 운영예산과 재무활동을 위한 재무예산으로 구분한다. 운영예산(operating budget)에는 수익예산, 제조원가예산, 그리고 운영비용예산 등이 포함되며, 여기에서 예산상의 순이익이 산출된다. 즉, 판매, 생산, 원재료와 인력의 조달 및 사용에 대한 계획을 기초로 하여 판매예산, 생산예산, 매출원가예산을 작성한다. 재무예산(financial budget)은 추정재무상태표, 자본프로젝트에 대한 계획, 그리고 차입 및 투자계획을 내포한 현금 유입 및 유출에 대한 상세계획이 포함된다. 즉, 자금의 조달과 투자를 위한 자본지출예산, 현금예산을 작성한다.

종합예산은 예산편성과정의 전체 계획수립기능의 최종산물이다. 이는 다음 회계기간 동안 기업의 운영활동을 기술하는, 단일계획으로 결집된 모든 예산의 최종 결과이다. 종합예산은 [도표 10-1]에 나타난 바와 같이 포괄적 계획으로, 상호관련성을 갖는 여러 개별예산의 결합체이다.

[도표 10-1]과 같이 종합예산은 수많은 다양한 예산으로 구성되어 있고, 다양한 예산은 서로 관련이 있음을 알 수 있다. 종합예산은 판매예산(sales budget)으로부터 시작하여 서로 관련된 추정재무제표(budgeted financial statements)로 마무리된다. 즉, 종합예산은 미래 정해진 기간인 통상 1년 동안의 조직의 모든 개별예산의 재무추정치를 요약한 것이다.

[도표 10-1] 종합예산

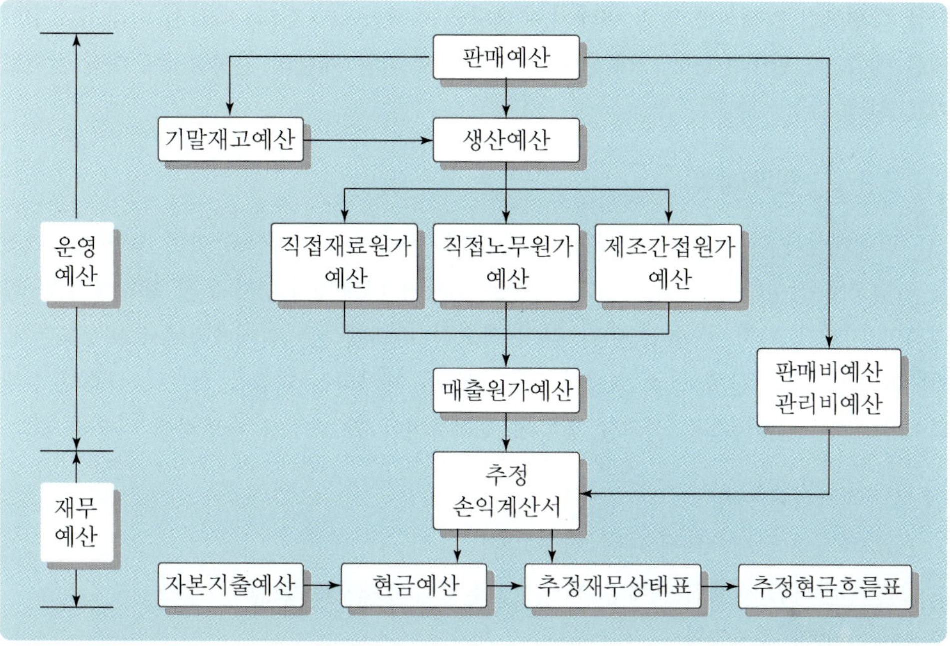

3.2 종합예산의 편성절차

종합예산을 편성할 때 대부분의 기업은 기획부서나 예산편성부서에서 예산편성 준비를 하는데, 사업계획수립과 관련된 기업차원의 지침이나 방침관리, 전사적으로 경쟁력 있는 상태에서 달성해야 할 이익목표를 설정하고 이를 책임단위별로 배분한다. 이러한 예산편성 지침을 모든 부서에 통보한다. 이를 토대로 각 사업부문별, 사업장별로 예산을 수립하여 기획부서나 예산편성부서로 보내져서 각 부서 및 기능별로 작성된 예산을 취합 조정하여 종합예산을 편성한다. 종합예산의 편성절차는 다음과 같으며, 아래의 기본자료를 바탕으로 살펴본다.

1. 판매예산	5. 판매관리비예산
2. 제조예산	6. 현금예산
3. 제조원가예산	7. 추정손익계산서
4. 매출원가예산	8. 추정재무상태표

위에서 보듯이 종합예산의 출발점은 판매예산을 작성하는 것이다. 그런데 판매예산을 작성하기 위해서는 먼저 미래의 수요량을 예측하여야 한다. 따라서 미래 수요량에 대한 예측, 즉 판매예측에 대해 간략히 살펴본 후 각종 예산의 편성절차에 대해 살펴보기로 한다.

3.2.1 판매예측

판매예산은 다른 모든 예산의 기초가 된다. 따라서 판매예산을 잘못 수립하면 그것을 바탕으로 작성하는 그 후의 모든 예산은 회사가 미래에 수행하게 될 활동에 대한 합리적인 지표가 되지 못한다. 이와 같이 중요한 판매예산은 판매예측에서 비롯되는데, 판매예측은 예산기간에 걸쳐 회사의 모든 활동을 제약하는 역할을 하므로 신중히 수행되어야 한다. 판매예측을 실시할 경우에 고려하여야 할 요소를 나열하면 다음과 같다.

① 과거의 판매량
② 과거의 잠재수요에 대한 미충족량
③ 일반적인 경제상황(예 : GNP, 실업률 등의 경제지표 동향)
④ 산업의 경제상황
⑤ 시장점유율
⑥ 산업의 경쟁정도
⑦ 판매가격정책
⑧ 광고 및 판매촉진정책
⑨ 판매원의 자질 및 능력
⑩ 판매량의 장기적 추세
⑪ 판매의 계절적 변화

판매예측은 이처럼 광범위한 요소들을 고려하여 이루어져야 하기 때문에 예산편성단계에서 가장 많은 노력이 투입되며, 또한 미래에 대한 불확실성으로 인해 예측자의 주관이 많이 개입된다. 이러한 주관성을 줄이기 위해서는 가능한 한 많은 원천으로부터 정보를 수집하는 것이 필요하다.

오늘날의 기업들은 판매예측을 합리적으로 수행하기 위해 회귀분석, 상관분석 등의 통계적 방법을 사용하고 있다. 뿐만 아니라 어떤 기업들은 매우 정교한 경제적 모형을 개발하여 사용하기도 한다. 다음에서는 판매예측방법에 대하여 살펴본다.

① 판매원 의견종합법

판매활동을 직접 담당하는 판매원들은 고객과 가장 가까운 위치에 있기 때문에 제품의 수요에 대하여 가장 정확한 정보를 보유하고 있다. 그러므로 각 지역별 판매담당자로 하여금 예측치를 보고하게 한 후, 이를 종합하여 판매예측을 한다. 그러나 이처럼 판매원으로부터 판매예측자료를 획득하는 경우에는 판매원들이 자신이 제공한 예측치가 추후에 자신의 성과평가에 사용된다고 생각하여 판매예측치를 왜곡하여 보고할 가능성이 있다는 점에 유의하여야 한다.

② 시장조사기관에 의뢰하는 방법

위에서 보듯이 판매원들은 판매예측치를 왜곡하여 보고할 수도 있으며, 또한 판매원들은 대개가 자신이 직접 담당하는 판매활동현장에서 파악하는 것에 기초하여 판매예측을 하기 때문에 설사 정확하게 보고를 했다 하더라도 예측치들은 예측기간이 1개월 또는 1분기로 비교적 단기간일 때에만 타당한 경우가 많다. 반면에, 외부의 전문시장조사기관은 이와 같은 결점을 갖고 있지 않으며, 또한 판매원들보다는 더 넓은 안목으로 판매예측을 하기 때문에 예측기간이 1년인 경우라 해도 비교적 정확한 예측치를 얻을 수 있다. 그러나 이 방법은 많은 비용이 소요되는 단점이 있다.

③ 델파이법(Delphi technique)

이 방법은 예측치에 포함한 예측자의 편견을 줄임으로써 예측치의 질을 높이기 위한 방법이다. 이 방법하에서는 각 예측자가 자신의 예측치를 익명으로 제출하고, 다른 예측자들의 예측치를 통보받는다. 이때 다른 예측자들이 사용한 예측방법이나 자료는 통보받지 않는다. 모든 예측자들로부터 예측치가 제출되면, 예측자들은 자신의 예측치를 도출한 근거에 대하여 토론한다. 이 토론을 바탕으로 각 예측자는 다시 예측을 하고 그 결과를 다른 예측자들에게 전달한 후 새로운 예측치에 대해 전과 동일한 방법으로 토론한다. 이러한 과정을 반복하여 대부분의 예측자들이 동의하는 예측치에 도달하는 방법이 델파이법이다.

④ 통계적 예측모형을 이용하는 방법

이 방법은 과거자료를 이용하여 통계적 분석절차에 따라 판매예측을 하는 방법으로서 시계열분석법이나 회귀분석법 등이 이에 해당된다. 시계열분석(time-series analysis)은 과거자료만을 사용하고 다른 자료는 사용하지 않는다. 이 방법은 자료의 추세에 영향을 미치는 모든 요소가 과거자료에 반영되어 있기 때문에 과거자료의 추세가 미래의 판매예측에 가장 유용하다는 가정을 기초로 한다. 따라서 이 방법하에서는 과거판매실적에 대한 자료만 있으면 판매예측이 가능하므로 예측비용이 적게 소요되는 장점이 있다.

회귀분석법(regression analysis) 또한 과거자료만을 이용하여 판매예측을 하는 방법인데, 이 방법에서는 특정의 독립변수를 이용하여 판매예측을 한다는 점이 시계열분석과 다르다. 즉, 시계열분석법에서는 시간의 경과에 따른 판매량의 변동추세를 이용하여 판매예측을 하는 데 반해, 회귀분석법에서는 보다 구체적으로 일반경제지표라든가 광고비지출액 등의 특정변수를 독립변수로 선정한 후 이 독립변수의 변동에 따른 과거 판매량(종속변수)의 변동양상을 파악하여 미래 특정 독립변수 값에 대한 종속변수인 예상판매량을 구하는 방법이다. 이 방법하에서는 판매량에 영향을 미치는 많은 요소들을 예측모형에 포함하여 각 요소들의 상황에 맞게 판매예측을 수행할 수 있다.

이 외에도 오늘날 판매예측에 이용할 수 있는 정교한 기법들이 많이 개발되고 있다. 특히 컴퓨터의 도입과 함께 대부분의 기업들이 이들 분석모형을 경제적으로 이용할 수 있는 소프트웨어를 갖게 되었다. 그러나 어떤 분석모형을 사용하더라도 판매예측과 관련된 불확실성을 완전히 제거할 수 없다는 점에 유의하여야 한다. 따라서 정교한 분석모형을 통한 예측치보다 정교도가 낮은 판매원의 예측치가 더 유효한 경우도 있을 수 있다. 그러므로 판매예측방법의 선택은 원가-효익분석을 통해 이루어져야 한다.

다음 〈기본자료〉를 이용하여 종합예산의 편성절차를 알아보자.

〈기본자료〉

속리산㈜는 아이스크림을 생산·판매하고 있다. 20×1년의 예산편성을 위한 자료는 다음과 같다.

1) 기초재무상태표

재무상태표

속리산㈜ 20×1년 1월 1일

현금	₩450,000	매입채무	₩650,000
매출채권	1,250,000	자본금	3,000,000
원재료 (840kg×₩400)	336,000	이익잉여금	3,786,000
제품 (4,000개×₩100)	400,000		
건물 및 설비	7,500,000		
감가상각누계액	(2,500,000)		
	₩7,436,000		₩7,436,000

2) 제품의 원가 및 판매

	1분기	2분기	3분기	4분기
예상판매량	40,000개	60,000개	80,000개	70,000개
단위당 판매가격	₩150			
제품단위당 변동제조원가 - 직접재료원가 - 직접노무원가 - 변동제조간접원가	 0.1kg×₩400=₩40 0.5시간×₩40=₩20 0.5시간×₩60=₩30			

3) 속리산㈜의 재고자산 보유정책은 완제품의 분기말 재고량은 다음 분기 예상판매량의 10% 수준을 유지하고, 원재료의 분기말 재고량은 다음 분기 생산소요량의 20%를 유지하는 것이다. 20×1년 4분기말 완제품 재고는 5,000단위, 원재료 재고는 1,000kg으로 가정한다.
4) 모든 매출은 외상으로 이루어지며, 매출액 중에서 70%는 당해 분기에 회수되고, 나머지 30%는 다음 분기에 회수된다.
5) 원재료의 매입은 외상으로 이루어지며, 매입액 중에서 50%는 당해 분기에 지급하고, 나머지 50%는 다음 분기에 전액 지급한다. 원재료매입액과 감가상각비를 제외한 모든 원가와 비용은 발생한 시점에 현금으로 지급한다.
6) 고정제조간접원가는 분기별로 감가상각비 ₩100,000을 포함하여 ₩627,500이 발생할 것으로 예상된다.
7) 변동판매관리비는 제품 단위당 ₩10이 발생할 것으로 예측되며, 고정판매관리비는 광고비, 경영자급여, 보험료, 그리고 임차료 등으로 구성되어 있는데, 분기별로 ₩400,000으로 예측하고 있다.
8) 설비투자는 3분기에 ₩500,000을 예상하고 있으며, 분기별로 법인세 ₩200,000을 납부할 예정이다. 그리고 1분기에 ₩500,000의 배당금 지급이 예상된다.

3.2.2 판매예산

판매예산(sales budget)은 종합예산 편성에 있어서 출발점이며, 종합예산의 중요한 기초가 된다. 왜냐하면 판매예산에 따라 미래 업무활동의 크기가 결정되기 때문이다. 판매예산은 판매량과 판매수익에 관한 경영층의 추정치이다. 종합예산을 수립하기 위해 가장 기초적이며 가장 먼저 결정되는 부분이 판매량 예측이다. 제품에 대한 다른 예산의 추정치는 판매추정치에 기초하고 있기 때문에 판매예산이 가장 먼저 편성된다. 생산, 판매관리비, 재고자산, 그리고 기타 예산은 모두 판매예산에 영향을 받는다. 판매예산에는 경제상황, 판매가격결정, 경쟁기업의 활동, 그리고 산업여건 등 많은 요인이 고려된다. 가장 신뢰할 수 있는 판매예산을 편성하기 위해서 기업은 판매예측에 전문가를 고용하고 많은 자원을 투입하기도 한다.

판매예산은 제품별 예상판매량과 단위당 판매가격에 기초하여 편성하면 된다.

판매예산(매출액) = 예상판매량 × 단위당 판매가격

예제 10-1

기본자료를 이용하여 속리산㈜의 20×1년 분기별 판매예산을 편성하시오.

(해 답)

판매예산

	1분기	2분기	3분기	4분기	합 계
예상판매량	40,000단위	60,000단위	80,000단위	70,000단위	250,000단위
판매가격	× ₩150	× ₩150	× ₩150	× ₩150	× ₩150
예상매출액	₩6,000,000	₩9,000,000	₩12,000,000	₩10,500,000	₩37,500,000

여기에서는 편의상 분기별로 판매추정치를 나타내었지만 대부분의 기업은 시간간격을 단축시켜 주별 또는 월별예산을 편성한다. 예산의 시간간격은 경영층의 계획 및 통제욕구에 따라 결정된다.

3.2.3 제조예산

판매예산이 편성된 후의 다음 단계는 제조예산(production budget)을 수립하는 것이다. 제조예산은 다음 연도나 다음 분기에 요구되는 생산량을 표시한 것으로, 판매예산과 기말재고 정책에 의해 결정되고 직접재료원가예산, 직접노무원가예산, 그리고 제조간접원가예산을 편성하는 출발점이다. 제조예산은 생산해야 할 제품의 수량을 결정하는 것으로 '생산예산'이라고도 한다. 생산해야 할 수량은 예상판매량과 재고수준의 예상변화량에 의해 결정된다. 기업은 기말재고에 대한 예산도 적절하게 수립해야 한다. 만약에 재고에 대한 신중한 계획이 수립되어 있지 못하면 기말에 과도한 재고를 갖게 될 가능성이 있게 되고, 이로 인해 보관비용, 유지비용과 같은 불필요한 비용을 발생시킬 수 있다. 반면에 재고가 없는 경우에는 판매의 기회를 상실할 수도 있다. 제조예산은 다음과 같은 식에 의해서 계산된다.

제조예산 = 예상판매량 + 기말목표재고량 − 기초예상재고량

제조예산은 제품을 몇 단위 생산할 것인가의 문제이다. 기본적으로 예산기간의 예상판매량에 기말의 목표재고량을 가산한 후에 기초에 보유할 것으로 예상되는 재고량을 차감해서 생산하면 된다.

예제 10-2

기본자료를 이용하여 속리산㈜의 20×1년 분기별 제조예산을 편성하시오.

(해 답)

제조예산

	1분기	2분기	3분기	4분기	합 계
예상판매량	40,000단위	60,000단위	80,000단위	70,000단위	250,000단위
기말목표재고량	6,000	8,000	7,000	5,000	5,000
총필요량	46,000단위	68,000단위	87,000단위	75,000단위	255,000단위
기초예상재고량	4,000	6,000	8,000	7,000	4,000
생산량예산	42,000단위	62,000단위	79,000단위	68,000단위	251,000단위

위 예제에서 기말목표재고량은 다음 분기 예상판매량의 10% 수준을 보유한다고 하였으므로 1분기의 제품재고량은 6,000개(=2분기 판매량 60,000개×10%)이고, 2분기의 제품재고량은 8,000개(=3분기 판매량 80,000개×10%)이다. 마지막 4분기의 기말재고량은 기본자료에서 주어진 것이다.

3.2.4 제조원가예산

제조원가예산(manufacturing cost budget)은 목표생산량을 생산할 때 발생할 것으로 예상되는 제조원가에 대한 예산으로, 제조원가의 구성요소인 직접재료원가, 직접노무원가 및 제조간접원가 예산으로 구성된다.

제조원가예산의 편성에서 직접재료원가, 직접노무원가 및 변동제조간접원가는 일반적으로 사전에 설정한 제품단위당 표준원가를 이용하고, 고정제조간접원가는 일정기간 동안에 발생될 것으로 예상되는 총액을 이용한다.

① 직접재료원가예산

제품의 제조예산이 편성된 다음에는 생산에 투입될 제조원가 요소에 대한 예산을 편성해야 한다. 이러한 원가요소 중에서 가장 중요한 것은 직접재료원가이다. 직접재료원가예산(direct materials budget)은 제조예산에서 결정된 목표생산량을 생산하는 데 투입해야 할 직접재료원가에 대한 예산으로서 목표생산량에 제품단위당 직접재료원가를 곱하여 편성한다.

직접재료원가예산 = 목표생산량 × 제품단위당 직접재료원가

예제 10-3

기본자료를 이용하여 속리산㈜의 20×1년 분기별 직접재료원가예산을 편성하시오.

(해 답)

직접재료원가계산

	1분기	2분기	3분기	4분기	합 계
생산량예산	42,000단위	62,000단위	79,000단위	68,000단위	251,000단위
단위당 직접재료원가	× ₩40	× ₩40	× ₩40	× ₩40	× ₩40
직접재료원가예산	₩1,680,000	₩2,480,000	₩3,160,000	₩2,720,000	₩10,040,000

직접재료원가예산과 관련하여 추가적으로 분석해야 할 사항은 원재료구입예산이다. 원재료구입예산은 목표생산량을 생산하는 데 사용될 원재료수량과 기말원재료재고수준을 충족시키기 위하여 구입하여야 할 원재료수량과 금액을 결정하는 예산이다. 이는 원재료의 목표구입량에 원재료 단위당 구입가격을 곱하여 산출하는데, 원재료의 목표구입량은 목표생산량을 생산하는 데 사용될 원재료사용량에 기말원재료재고량을 가산하고 기초원재료재고량을 차감하여 계산한다.

원재료구입예산 = 원재료 목표구입량 × 원재료 단위당 구입가격
= (생산소요량* + 기말원재료재고량 − 기초원재료재고량)
× 원재료 단위당 구입가격

* 생산소요량 = 목표생산량 × 제품단위당 원재료 소요량

예제 10-4

기본자료를 이용하여 속리산㈜의 20×1년 분기별 원재료구입예산을 편성하시오.

(해 답)

원재료구입예산

	1분기	2분기	3분기	4분기	합 계
예산판매량	42,000단위	62,000단위	79,000단위	68,000단위	251,000단위
단위당 원재료 사용량	× 0.1kg	× 0.1kg	× 0.1kg	× 0.1kg	× 0.1kg
생산소요량	4,200kg	6,200kg	7,900kg	6,800kg	25,100kg
기말원재료재고	1,240	1,580	1,360	1,000	1,000
총필요량	5,440kg	7,780kg	9,260kg	7,800kg	26,100kg
기초원재료재고	840	1,240	1,580	1,360	840
원재료구매량예산	4,600kg	6,540kg	7,680kg	6,440kg	25,260kg
단위당 구입가격	× ₩400	× ₩400	× ₩400	× ₩400	× ₩400
원재료구매예산	₩1,840,000	₩2,616,000	₩3,072,000	₩2,576,000	₩10,104,000

예제에서 기말원재료재고량은 다음 분기에 예상되는 생산소요량의 20% 수준을 보유한다고 하였으므로, 1분기말의 원재료 재고량은 1,240kg(=6,200kg×20%)이고, 2분기말의 원재료 재고량은 1,580kg(=7,900kg×20%)이다. 그리고 마지막 4분기의 원재료 재고량은 기본자료에서 주어진 것이다.

② 직접노무원가예산

직접노무원가예산(direct labor budget)은 예산기간 동안 필요한 직접노동시간과 직접노무원가를 계획하는 데 사용된다. 직접노무원가예산은 직접재료원가예산과 같이 제조예산을 기초로 하여 편성된다. 생산량이 변동함에 따라 노동소요량도 적절히 변화시켜야 한다. 그런데 노동조합과의 계약의무 등으로 인해 기업이 노동소요량의 변화를 관리하는 일은 원재료사용량의 변화를 관리하는 일보다 훨씬 어렵고 복잡하다. 따라서 기

업은 노동소요량에 대한 계획을 매우 신중하게 수립해야 한다. 직접노무원가예산은 목표생산량을 생산하기 위해 필요한 직접노동시간에 시간당 임률을 곱하여 계산한다.

> 직접노무원가예산 = 목표생산량 × 제품단위당 직접노무원가
> = 목표생산량 × 제품단위당 직접노동시간 × 시간당 임률

예제 10-5

기본자료를 이용하여 속리산㈜의 20×1년 분기별 직접노무원가예산을 편성하시오.

(해 답)

직접노무원가예산

	1분기	2분기	3분기	4분기	합 계
생산량예산	42,000단위	62,000단위	79,000단위	68,000단위	251,000단위
단위당 직접노동시간	× 0.5시간	× 0.5시간	× 0.5시간	× 0.5시간	× 0.5시간
생산소요시간	21,000시간	31,000시간	39,500시간	34,000시간	125,500시간
시간당 임률	× ₩40	× ₩40	× ₩40	× ₩40	× ₩40
직접노무원가예산	₩840,000	₩1,240,000	₩1,580,000	₩1,360,000	₩5,020,000

③ 제조간접원가예산

제조간접원가예산(manufacturing overhead budget)은 예산기간 중에 목표생산량을 생산하는 데 발생하는 변동제조간접원가와 고정제조간접원가에 대한 예산이다. 즉, 직접재료원가와 직접노무원가를 제외한 다른 모든 제조원가에 대한 계획으로 구성된다. 제조간접원가예산은 생산량에 비례하여 발생하는 변동제조간접원가와 생산량에 관계없이 일정하게 발생하는 고정제조간접원가로 구분하여 편성하는 것이 바람직하다. 변동제조간접원가는 다양한 원가항목으로 구성되어 있기 때문에 원가동인이나 배분기준을 이용하여 목표생산량에 원가동인당 배부율을 곱하여 예산을 편성하고, 고정제조간접원가는 기초에 추정된 다양한 원가항목의 총액을 이용하여 예산을 편성하면 된다.

> 변동제조간접원가예산 = 목표생산량 × 제품단위당 배부율
> 고정제조간접원가예산 = 주어진 자료 이용

예제 10-6

기본자료를 이용하여 속리산㈜의 20×1년 분기별 제조간접원가예산을 편성하시오.

(해 답)

제조간접원가예산

	1분기	2분기	3분기	4분기	합 계
생산량예산	42,000단위	62,000단위	79,000단위	68,000단위	251,000단위
단위당 직접노동시간	× 0.5시간	× 0.5시간	× 0.5시간	× 0.5시간	× 0.5시간
생산소요시간	21,000시간	31,000시간	39,500시간	34,000시간	125,500시간
변동제조간접원가 배부율	× ₩60	× ₩60	× ₩60	× ₩60	× ₩60
변동제조간접원가예산	₩1,260,000	₩1,860,000	₩2,370,000	₩2,040,000	₩7,530,000
고정제조간접원가예산	627,500	627,500	627,500	627,500	2,510,000
제조간접원가예산	₩1,887,500	₩2,487,500	₩2,997,500	₩2,667,500	₩10,040,000
감가상각비	100,000	100,000	100,000	100,000	400,000
현금지출 제조간접원가예산	₩1,787,500	₩2,387,500	₩2,897,500	₩2,567,500	₩9,640,000

3.2.5 매출원가예산

매출원가예산(cost of goods sold budget)은 예산기간 중 제품의 예산판매량에 대한 원가를 산정하는 예산이다. 매출원가예산은 기초제품재고액에 당기제품제조원가를 가산하고 기말제품재고액을 차감하여 산출한다.

> 매출원가예산 = 기초제품재고액 + 당기제품제조원가 − 기말제품재고액

예제 10-7

기본자료를 이용하여 속리산㈜의 20×1년의 매출원가예산을 편성하시오. 단, 재고자산의 원가흐름은 선입선출법을 적용한다.

(해 답)

－제품 단위당 원가

직접재료원가	0.1kg×₩400	₩40
직접노무원가	0.5시간×₩40	20
변동제조간접원가	0.5시간×₩60	30
고정제조간접원가	$\frac{₩2,510,000}{251,000단위}$	10
		₩100

매출원가예산

기초제품재고액	4,000개×₩100＝	₩400,000
당기제품제조원가	251,000개×₩100＝	25,100,000
계		₩25,500,000
기말제품재고액	5,000개×₩100＝	500,000
매출원가		₩25,000,000

20×1년의 제품단위당 원가는 ₩100이고, 속리산㈜는 선입선출법을 적용하고 있으므로 기말제품재고액은 당기에 생산되는 제품으로만 구성된다. 따라서 20×1년 예상 매출원가는 ₩25,000,000이 된다.

3.2.6 판매관리비예산

판매관리비예산(selling and administrative expense budget)은 예산기간 중 생산제품을 판매 및 관리하는 활동에서 발생할 것으로 예상되는 비용에 대한 예산이다. 판매관리비예산을 용이하게 편성하기 위해서는 원가행태별로 변동판매관리비와 고정판매관리비로 구분하는 것이 바람직하다. 마케팅 활동이 판매량을 결정하는 중요한 변수이므로 판매관리비예산은 종합예산 편성과정에서 초기단계인 판매예산을 편성할 때 부분적으로 편성되어야 한다. 변동판매관리비는 예상되는 매출액에 직접적으로 영향을 받는 비용이며, 고정판매관리비는 매출액에 상관없이 일정하게 발생하는 비용이다. 판매관리비를 편성 시 주의해야 할 점은 생산량이 아니라 판매량을 기준으로 예산을 편성해야 한다는 것이다.

예제 10-8

기본자료를 이용하여 속리산㈜의 20×1년 분기별 판매관리비예산을 편성하시오.

(해 답)

판매관리비예산

	1분기	2분기	3분기	4분기	합 계
예상판매량	40,000단위	60,000단위	80,000단위	70,000단위	250,000단위
단위당 변동판매관리비	× ₩10	× ₩10	× ₩10	× ₩10	× ₩10
변동판매관리비예산	₩400,000	₩600,000	₩800,000	₩700,000	₩2,500,000
고정판매관리비예산	400,000	400,000	400,000	400,000	1,600,000
판매관리비예산	₩800,000	₩1,000,000	₩1,200,000	₩1,100,000	₩4,100,000

3.2.7 현금예산

현금예산(cash budget)은 예산기간 중 예상되는 현금의 유입액과 유출액에 대한 예산이다. 현금예산은 기업이 영업활동과 투자활동을 계획대로 수행하고 부채를 상환할 수 있는 지불능력을 보유하고 있는지와 영업활동 등을 통해 필요한 현금을 충분히 창출할 수 있는 능력이 있는지를 나타낸다. 현금유입액은 기초현금잔액에 예산기간 동안의 현금수입액을 가산하여 계산하고, 현금유출액은 예산기간 동안에 지출될 것으로 예상되는 현금이다. 현금초과액 또는 현금부족액은 현금유입액과 현금유출액의 차이로 계산된다. 이때 현금유입액이 현금지출액을 초과하면 현금초과액이 발생하고, 부족하면 현금부족액이 발생한다. 일반적으로 기업은 현금부족액이 예상되면 자금조달계획을 미리 마련하고, 현금초과액이 예상되면 투자계획을 수립한다.

① 현금유입액

현금유입액은 예산기간 동안 기업에 유입될 것으로 예상되는 현금으로, 상품이나 제품을 매출한 경우에 발생한다. 매출은 현금매출과 외상매출로 구분되며, 외상매출은 매출채권의 회수정책에 따라 현금유입이 이루어진다. 구체적으로 기중 현금유입액은 재무상태표 항목에서는 비유동자산 등의 매각, 차입금 증가, 증자 등을 통해 유입이 되며, 손익계산서 항목에서는 기타수익의 발생, 잉여금처분계산서에서는 법인세 환수액 등에서 현금유입이 이루어진다. 기본자료에서는 현금이 유입되는 것은 매출액밖에 없으므로 매출액의 분기별 현금회수액을 산출하면 다음과 같다. 기본자료에서 매출액은 전액 외상으로 이루어지며, 외상매출액의 70%는 판매한 분기에 회수되고 나머지는 전액 다음 분기에 회수되는 것으로 가정하였다.

분기별 판매대금의 회수

		1분기	2분기	3분기	4분기	합 계
기초 매출채권	₩1,250,000	₩1,250,000	–	–	–	₩1,250,000
1분기 매출액	₩6,000,000	4,200,000	₩1,800,000	–	–	6,000,000
2분기 매출액	₩9,000,000	–	6,300,000	₩2,700,000	–	9,000,000
3분기 매출액	₩12,000,000	–	–	8,400,000	₩3,600,000	12,000,000
4분기 매출액	₩10,500,000	–	–	–	7,350,000	7,350,000
분기별 현금회수액		₩5,450,000	₩8,100,000	₩11,100,000	₩10,950,000	₩35,600,000

② 현금유출액

현금유출액은 예산기간 동안 기업에서 유출될 것으로 예상되는 현금으로, 상품이나 제품을 매입한 경우에 발생한다. 매입은 현금매입과 외상매입으로 구분되며, 외상매입은 매입채무의 지급정책에 따라 현금유출이 이루어진다. 구체적으로 기중 현금유출액은 재무상태표 항목에서 자본예산(투자)에 의한 자산의 매입, 원재료 매입채무의 지급과 같은 부채상환의 경우 현금유출이 이루어지고, 손익계산서 항목에서는 직접노무원가의 지급, 제조간접원가의 지급 및 판매관리비의 지급 등으로 인해 현금유출이 된다. 단, 감가상각비나 대손상각비와 같은 비현금고정원가는 현금이 유출되는 비용이 아니므로 현금유출액을 계산할 때 포함시키지 않도록 주의해야 한다. 또한 잉여금처분계산서 항목에서는 배당금 지급, 법인세 추납액 등이 발생하면 현금유출이 이루어진다.

기본자료에서 모든 매입은 외상으로 이루어지며 외상매입액의 50%는 매입한 분기에 지급하고, 나머지는 전액 다음 분기에 지급하는 것으로 가정하였다. 이를 바탕으로 외상매입액에 대한 분기별 현금지급액을 산출하면 다음과 같다.

분기별 외상매입금 지급액

		1분기	2분기	3분기	4분기	합 계
기초 매입채무	₩650,000	₩650,000	–	–	–	₩650,000
1분기 매입액	₩1,840,000	920,000	₩920,000	–	–	1,840,000
2분기 매입액	₩2,616,000	–	1,308,000	₩1,308,000	–	2,616,000
3분기 매입액	₩3,072,000	–	–	1,536,000	₩1,536,000	3,072,000
4분기 매입액	₩2,576,000	–	–	–	1,288,000	1,288,000
분기별 현금지급액		₩1,570,000	₩2,228,000	₩2,844,000	₩2,824,000	₩9,466,000

예제 10-9

기본자료를 이용하여 속리산㈜의 20×1년 분기별 현금예산을 작성하시오. 단, 최소한의 기말 현금잔액은 ₩400,000을 유지해야 하며, 현금이 부족한 경우 기초에 차입을 하며, 초과현금이 발생하는 경우 기말에 상환한다. 차입과 상환은 ₩10,000단위로 이루어지며, 차입금에 대한 이자는 연간 10%이며, 원금상환시 일시에 지급한다.

(해 답)

현금예산

	1분기	2분기	3분기	4분기	합 계
현금유입액					
기초현금잔액	₩450,000	402,500	₩1,237,000	₩3,115,500	₩450,000
분기별 판매대금 회수액	5,450,000	8,100,000	11,100,000	10,950,000	35,600,000
총현금유입액	₩5,900,000	₩8,502,500	₩12,337,000	₩14,065,500	₩36,050,000
현금유출액					
외상매입금 지급액	₩1,570,000	₩2,228,000	₩2,844,000	₩2,824,000	₩9,466,000
직접노무원가 지급액	840,000	1,240,000	1,580,000	1,360,000	5,020,000
제조간접원가 지출액	1,787,500	2,387,500	2,897,500	2,567,500	9,640,000
판매관리비 지출액	800,000	1,000,000	1,200,000	1,100,000	4,100,000
설비투자액	–	–	500,000	–	500,000
법인세 납부액	200,000	200,000	200,000	200,000	800,000
배당금 지급액	500,000	–	–	–	500,000
총현금유출액	₩5,697,500	₩7,055,500	₩9,221,500	₩8,051,500	₩30,026,000
현금초과(부족)액	₩202,500	₩1,447,000	₩3,115,500	₩6,014,000	₩6,024,000
차입	200,000	–	–	–	200,000
상환	–	(200,000)	–	–	(200,000)
이자비용	–	(10,000)*	–	–	(10,000)
기말현금잔액	₩402,500	₩1,237,000	₩3,115,500	₩6,014,000	₩6,014,000

* : 차입금은 1분기 기초인 1월 1일에 하여 2분기 말인 6월 30일에 상환한다.

$₩200,000 \times 10\% \times \frac{6}{12} = ₩10,000$

3.2.8 추정손익계산서

운영예산의 편성은 추정손익계산서를 작성함으로써 마감된다. 추정손익계산서(estimated income statement)는 예산기간 중의 활동으로부터 기대되는 수익과 비용을 반영하여 작성한다. 추정손익계산서는 예산편성 과정에서 이미 편성된 판매예산, 제조원가예산, 매출원가예산 및 판매관리비예산을 반영하여 작성된다. 기업이 영업활동으로부터 기대되는 순이익을 보여주므로 경영자가 가장 관심을 갖는 예산 중의 하나이다.

예제 10-10

기본자료를 이용하여 속리산㈜의 20×1년 추정손익계산서를 작성하시오.

(해 답)

추정손익계산서

속리산㈜ 20×1년 1월 1일부터 20×1년 12월 31일까지

매출액	250,000개×₩150	₩37,500,000
매출원가		25,000,000
매출총이익		₩12,500,000
판매관리비		4,100,000
영업이익		₩8,400,000
영업외비용	이자비용	10,000
법인세차감전순이익		₩8,390,000
법인세비용		800,000
당기순이익		₩7,590,000

3.2.9 추정재무상태표

추정재무상태표(estimated balance sheet)는 예산기간 말 현재 기업의 재무상태를 나타낸다. 예산기간 초의 재무상태, 즉 기초재무상태표 계정잔액에 예산기간 중에 발생한 생산 및 판매활동에 의한 각 계정의 증감사항을 반영하여 작성한다.

예제 10-11

기본자료를 이용하여 속리산㈜의 20×1년 12월 31일 추정재무상태표를 작성하시오.

(해 답)

추정재무상태표

속리산㈜ 20×1년 12월 31일

현금	₩6,014,000	매입채무	₩1,288,000
매출채권 (₩10,500,000×30%)	3,150,000	자본금	3,000,000
원재료 (1,000kg×₩400)	400,000	이익잉여금	10,876,000
제품 (5,000개×₩100)	500,000		
건물 및 설비	8,000,000		
감가상각누계액	(2,900,000)		
	₩15,164,000		₩15,164,000

04 예산편성방법

예산편성을 두 가지로 구분하면 기술적 측면(technical aspects)과 행태적 측면(behavioral aspects)으로 나눌 수 있다. 예산을 편성하는 가장 큰 목적이 조직목표를 효과적으로 달성하기 위한 것이고, 조직목표는 조직구성원의 기여로 달성될 수 있기 때문에 예산편성의 행태적 측면은 아무리 강조해도 지나치지 않는다. 예산편성은 조직구성원의 사고, 행동, 의사결정에 지대한 영향을 미친다. 예산편성은 유용한 목적을 가지고 있지만 조직과 조직구성원에게 어떻게 투영되느냐에 따라 다른 양상으로 나타날 수 있다. 만약 예산의 순기능보다 역기능적인 측면이 확대된다면, 이는 조직목표를 효과적으로 달성하는 데 걸림돌이 될 수도 있다. 따라서 경영자는 예산이 보다 긍정적으로 사용될 수 있도록 예산편성이 조직구성원에게 미치는 영향을 정확하게 파악하고 세심한 배려를 해야 한다. 오직 효과적인 예산편성제도만이 조직구성원으로 하여금 조직목표를 달성하는 데 기여하는 행동을 하도록 동기부여시킨다.

4.1 고정예산과 변동예산

예산은 예산편성에 기준이 되는 조업도를 어떤 것으로 사용하였는가에 따라 고정예산과 변동예산으로 구분할 수 있다.

4.1.1 고정예산

목표로 설정한 하나의 계획된 조업도를 기준으로 하여 예산을 편성하는 고정예산(static budget)은 회계연도 동안의 조업도나 기타 상황이 변하더라도 변경되거나 조정되지 않는 예산이다. 이러한 고정예산은 다음과 같은 두 가지 특징을 가지고 있다.

첫째, 고정예산은 하나의 조업도수준을 갖는 예산편성의 경우에만 적합하다.

둘째, 실적은 항상 계획된 조업도수준에서의 예산과 비교된다. 즉, 실제의 조업도수준이 계획된 조업도수준에 못 미치든 초과하든 이와 같은 변동과는 무관하게 실적이 계획된 조업도수준에서의 예산과 비교된다.

4.1.2 변동예산

변동예산(flexible budget)은 조업도의 변화에 따라 제품의 원가 및 생산설비의 이용도가 변화된다는 가정에 의하여 여러 수준의 사후적인 실제조업도에 기준하여 예산을 편성하는 방법이다. 따라서 변동예산은 수익과 원가가 일정한 범위의 조업도, 즉 관련범위 내에서 어떠한 형태를 나타내는지를 알아야만 수립될 수 있다. 고정예산과는 달리 변동예산은 다음과 같은 두 가지 특징을 가지고 있다.

첫째, 변동예산은 하나의 조업도수준보다는 관련범위(relevant range) 내의 모든 조업도수준에 적합한 예산편성방법이다. 예를 들어, 어떤 회사가 매월 70,000단위에서 100,000단위의 관련범위를 가지고 있다고 하자. 이 경우에 회계담당자는 매월 평균 90,000단위를 생산할 수 있다고 보고 각각 80,000, 85,000, 90,000 및 95,000단위에 대한 예산을 수립할 수 있을 것이다.

둘째, 변동예산은 정태적이라기보다는 동태적인 성격을 갖고 있어서, 예산편성을 조업도 변동에 따라서 탄력적으로 수립할 수 있게 해 준다. 즉, 예산은 제반 경영환경이 변화하면 이에 맞추어 적절히 변경되어야 하며, 충분한 융통성을 갖고 편성되어야 한다. 예산은 관련범위 내의 어떤 조업도수준에서도 각 수준에 맞게 수립될 수 있다. 즉, 경영자는 일정기간 동안 어느 정도의 조업도수준을 달성할 수 있을 것인가를 고려한 후에 변동예산을 이용하여 그와 같은 조업도수준에서 얼마만큼의 비용이 소요될 것인가를 결정하게 된다.

이러한 변동예산은 다음과 같은 두 가지 유용성을 가지고 있다.

첫째, 변동예산은 계획수립목적에 이용될 수 있다. 즉, 모든 비용을 변동원가와 고정원가로 구분하여 여러 수준의 조업도에 맞추어 예산을 작성하므로 체계적이고 논리적인 계획의 수립을 가능케 한다.

둘째, 변동예산은 경영자의 통제기능 수행에 이용될 수 있다. 즉, 조업도의 차이(실제조업도와 계획된 조업도의 차이)가 배제되고 실제로 발생된 조업도에서의 계획과 실적이 비교되므로 변동예산은 효과적인 통제의 수단으로 활용될 수 있다.

4.1.3 고정예산과 변동예산의 비교

고정예산과 변동예산의 차이를 살펴보기 위해서 먼저 20×1년의 종합예산을 준비함에 있어서 속리산㈜는 해당연도에 15,000단위를 생산하여 판매할 것을 계획하고 있다고 가정해 보자. 그리고 이 회사는 이 기간 동안에 실제로 10,000단위만을 생산·판매함으로써 이 목표를 달성하지 못했다고 가정하자. 만약 이 회사가 고정예산접근법을 이용하였다면, 이 기간 동안의 전반적인 성과는 [도표 10-2]와 같이 나타난다.

성과평가를 함에 있어서 고정예산접근법을 사용하여 고정예산 손익계산서를 작성하게 되면 조업활동의 통제(activity control)와 원가통제(cost control)의 두 가지 통제측면을 구분하지 못한다는 단점을 가지게 된다. 조업활동의 통제로는 판매활동 또는 생산활동이 계획상의 활동과 대비하여 어떠한 차이를 보이는가를 알 수 있으며, 원가통제로

[도표 10-2] 고정예산 손익계산서

고정예산 손익계산서

속리산㈜

	실 제	예 산	차 이*
생산량(단위)	10,000	15,000	5,000U
매 출 액	₩380,000	₩600,000	₩220,000U
변동원가			
직접재료원가	₩90,000	₩120,000	₩30,000F
직접노무원가	80,000	90,000	10,000F
변동제조간접원가	20,000	30,000	10,000F
판매관리비	10,000	15,000	5,000F
총변동원가	(₩200,000)	(₩255,000)	₩55,000F
공헌이익	₩180,000	₩345,000	₩165,000U
고정원가			
고정제조간접원가	₩125,000	₩120,000	₩5,000U
판매관리비	45,000	45,000	–
총고정원가	(₩170,000)	(₩165,000)	₩5,000U
순 이 익	₩10,000	₩180,000	₩170,000U

* F : 유리한 차이, U : 불리한 차이

는 산출물이 품질 · 능률의 표준과 합치하는가와 표준비용으로 생산 · 판매가 이루어졌는가를 알 수 있다. 이러한 두 가지 통제측면에 대하여 경영자들은 상이한 책임을 가지고 있으며, 따라서 경영자들의 직무수행결과를 평가하기 위해서는 이들 책임을 따로따로 파악할 필요가 있다.

고정예산을 이용하게 되면 조업활동에 대한 통제만이 가능하다. 즉, [도표 10-2]의 매출액에 대한 자료를 살펴보면, 판매활동이 효율적으로 이루어지지 않아 판매량이 예산조업도에 비해 5,000단위 감소한 것을 알 수 있으며, 판매가격 또한 예산상 단위당 판매가격 ₩40에 비해 낮은 단위당 ₩38에 판매되었음을 알 수 있다. 이에 따라 매출액에서 ₩220,000의 불리한 차이가 발생하였다.

손익계산서에서 매출액 이외의 자료는 원가통제와 관련된다. 이때 변동원가와 관련된 모든 차이(variances)는 유리한 차이라는 점에 주목을 할 필요가 있다. 이러한 유리한 차이가 반드시 당해연도 동안에 이 회사가 원가통제를 효과적으로 수행한 것을 의미하는 것은 아니다. 차이가 유리하게 나타난 이유는 실제원가는 10,000단위의 조업도수준에서 발생되었는 데 반해 고정예산은 이보다 훨씬 큰 15,000단위의 조업도수준에 기초하고 있기 때문이다. 즉, 실제생산량이 예산보다 5,000단위가 적었기 때문에 변동원가의 원가차이가 유리하게 나타난 것이지, 만약 예산처럼 15,000단위가 생산되었다면 불리한 차이가 나타났을지도 모르는 것이다.

원가통제의 관점에서 볼 때 하나의 조업도수준에서의 예산원가를 다른 조업도수준에서의 실제원가와 비교하려고 하는 것은 좋은 방법이 아니다. 왜냐하면 이와 같은 비교는 앞의 예에서처럼 실제조업도가 예산조업도(budgeted activity)보다 적은 경우에는 실제원가가 예산원가보다 적게 발생되어 대부분 유리한 차이를 가져오기 때문이다. 물론 반대의 경우에는 불리한 차이가 나타나게 될 것이다. 그러므로 실제조업도와 예산조업도의 차이가 커지면 커질수록 고정예산은 성과평가를 위한 기준으로는 적합치 못하게 된다.

변동예산접근법의 기본적인 사고는 비용행태에 대한 연구를 통해서 단일 조업도수준보다는 다양한 조업도수준에서 이에 적합한 예산을 편성할 수 있다는 것이다. 즉, 변동예산은 사후적인 실제조업도수준에 기초하여 신축성 있게 수립하는 예산편성방법이다. 기본적인 변동예산의 편성절차는 다음과 같다.

① 조업도의 기준을 설정한다. 조업도 기준으로는 매출액 · 판매량 · 생산량 · 기계시간 · 직접노동시간 등을 사용할 수 있다.
② 예산의 계획기간 동안 활동하리라고 예측되는 관련범위(relevant range)를 결정

한다. 즉, 해당기간의 조업도를 여러 수준으로 예측하는 것을 말한다.

③ 비용행태(변동원가, 고정원가, 혼합비)를 결정하기 위해서 관련범위 내에서 발생될 비용행태를 분석한다. 즉, 모든 비용을 고정원가와 변동원가로 구분한다.

④ 변동원가 산정공식(또는 예산공식)을 이용하여 조업도 한 단위당 변동원가를 산정한다.

⑤ 각 조업도별 총변동원가를 계산한다.

⑥ 해당기간 동안 고정원가를 계산한다.

⑦ 관련범위 내의 각 조업도수준에서의 변동예산을 편성한다.

앞의 속리산㈜를 예로 들어 변동예산을 수립하여 보자. 조업도의 기준은 생산량이며, 관련범위는 5,000에서 20,000단위라고 가정하자. 관련범위 내에서의 비용패턴을 분석한 결과 다음과 같은 변동원가 산정공식(또는 예산공식)을 얻었다고 하자.

비 용	변동원가(단위당)
직접재료원가	₩8
직접노무원가	6
변동제조간접원가	2
판매관리비	1

그러면 속리산㈜의 종합변동예산은 관련범위 내에서 편의상 5,000단위씩 증가시켜 가면서 [도표 10-3]과 같이 10,000단위의 변동예산을 수립할 수 있다.

종합변동예산(master flexible budget)이 작성되면, 이는 여러 가지 목적에 유용하게 이용할 수 있다. 해당기간의 초기에는 특정 예산조업도수준에서의 기대수익 · 기대비용 및 기대순이익을 결정하기 위한 기준으로 이용된다. 예를 들어, 속리산㈜의 경우 15,000단위가 20×1년에 판매될 것으로 예상하고 있다면, 이때 변동예산을 이용하여 경영자는 이와 같은 조업도수준에 대한 기대수익과 기대비용을 결정할 수 있다.

해당기간의 말에는 경영자는 관련범위 내의 어떤 예산수치에 대해서도 실적과 비교할 수 있다. 변동예산은 융통성 있게 수립되기 때문에, 실제조업도수준이 얼마만큼 발생하든지 그렇게 중요한 문제는 아니다. 실제판매량이 10,000단위가 아니고 9,000단위라면 어떻게 될 것인가? 아마도 경영자가 실적과 비교하기 위해서 9,000단위의 조업도수준에 대한 예산을 작성하고자 변동예산공식을 이용할 것이다. 여기에 바로 변동예산접근법이 갖고 있는 장점과 융통성이 있다. 즉, 이 방법을 이용하게 되면 단순히 예산공식만을 적용함으로써 관련범위 내에서 언제든지 어떠한 조업도수준에서도 그에 맞는 예산을 수립할 수 있다.

[도표 10-3] 변동예산 손익계산서

변동예산 손익계산서

속리산㈜

예산판매량 15,000
실제판매량 10,000

	실 제	예 산	차 이
생산량(단위)	10,000	10,000	–
매 출 액	₩380,000	₩400,000	₩20,000U
변동원가			
직접재료원가	₩90,000	₩80,000	₩10,000U
직접노무원가	80,000	60,000	20,000U
변동제조간접원가	20,000	20,000	–
판매관리비	10,000	10,000	–
공헌이익	₩180,000	₩230,000	₩50,000U
고정원가			
고정제조간접원가	₩125,000	₩120,000	₩5,000U
판매관리비	45,000	45,000	–
고정원가	(₩170,000)	(₩165,000)	₩5,000U
순 이 익	₩10,000	₩65,000	₩55,000U

4.2 예산참여정도에 따른 분류

예산편성방법은 구체적으로 하위관리자가 예산편성에 관여하는 정도에 따라 전제적 예산편성, 참여적 예산편성, 그리고 자문적 예산편성으로 구분할 수 있다.

4.2.1 전제적 예산

전제적 예산(authoritative budgeting) 또는 권위적 예산은 최고경영자가 하위관리자에게 예산이 얼마인지를 설정해서 통보해 주는 상의하달식(top-down)으로 편성한 예산이다. 이 방식은 최고경영자가 예산을 할당하고 하위조직간의 조정을 관장하므로 직선적이고 효율적이다. 예산을 하향식으로 부과하는 최고경영자는 보통 통제하기를 좋아하고 성격은 권위적이다. 이러한 예산의 하향식 부과방식의 단점은 최고경영자가 예산편성에서 적절한 목표수준이 얼마가 되는지를 명확하게 알 수 없다는 것이다. 전제적 예산편성에서는 새로운 목표에 대해 높은 열망수준을 지닌 조직구성원은 좌절하게 되며 무기력하게 된다. 또한 전제적 예산은 예산을 설정하는 데 조직구성원의 참여가 결여되어 있기 때문에 예산목표에 대한 동기부여와 몰입이 결여된다는 단점이 있다. 만약 최고경영자가 목표는 높게 설정하고 자원은 적게 배분한다면, 동기부여는 크게 감소하여 개인 및 조직이 목표를 성취하는 데 실패하고 말 것이다.

4.2.2 참여적 예산

참여적 예산(participative budgeting)은 각 계층의 경영자가 예산의 편성에 적극적으로 참여하여 하의상달식(bottom-up)으로 편성되는 예산이다. 참여예산은 조직구성원을 예산편성에 참여하게 함으로써 그들의 목표를 경영자와 함께 설정하고, 예산목표를 결정하는 과정에 조직구성원의 의견이 반영될 수 있는 기회를 제공한다. 참여는 조직구성원에게 많은 효익을 가져다준다. 예산에 대한 몰입감이 증대되며 예산범위에서 목표를 달성하려는 동기부여가 증대된다. 참여적 예산에 관한 연구결과를 보면, 조직구성원은 참여적 예산편성으로 자신의 직무에 대해 보다 크게 통제할 수 있기 때문에 일반적으로 보다 높은 직무만족을 느끼고 사기가 진작되는 것으로 나타났다. 예산 편성과정에의 참여는 조직구성원이 직무를 얼마나 잘 수행할 수 있는지에 대한 사적정보를 의사소통하거나 기존 프로세스의 개선을 도울 수 있는 새로운 생각을 제시하도록 동기부여하기 때문에 조직구성원의 참여를 허용하는 일은 경영층에도 추가 효익을 가져다준다. 예산을 협의하고 조정하는 과정에서 조직구성원은 간접적으로 사적정보와 열망수준을 경영층에게 보여주게 된다.

4.2.3 자문적 예산

자문적 예산(consultative budgeting)은 경영자가 예산에 대해 조직구성원에게 자문이나 의견을 개진해 달라고 요청한 후에 최고경영자가 편성하는 예산이다. 즉, 최고경영자는 조직구성원의 의견을 청해 듣지만 최종적으로 예산은 혼자서 결정하는 방식이다. 대규모의 조직에서는 완전한 참여가 사실상 불가능하기 때문에 자문적 예산편성 방식을 취하게 된다. 자문적 예산편성은 잘못하면 허위참여(pseudo-participation)의 상태로 가기 쉽다. 허위참여란 최고경영자가 예산의 설정에 있어서 조직구성원이 제공한 정보를 고려할 의사가 실제로는 전혀 없으면서 사용하는 척한다고 믿을 때 발생된다. 조직구성원이 최고경영자가 성실하지 못하다고 판단하면, 이러한 자문적 예산편성은 조직구성원에게 매우 심한 무기력증 효과를 나타나게 할 수 있다.

예산은 계획수립, 조정 및 자원배분의 수단으로 사용되지만 또한 업적을 평가하고 궁극적으로 행태를 통제하고 행태에 영향을 주는 데도 사용된다. 경영자의 유인 보상제도는 예산 및 목표달성과 직접 연계되어 있다. 유인 및 보상이 예산과 연계되어 있는 경우 일부 경영자는 조직에 역기능적인 행동을 보인다. 경영자는 가능한 한 인센티브를 많이 받기 위해서 정보와 목표를 조작하려고 시도하는 소위 예산게임(budget game)을 하는 것으로 나타났다. 경영자가 예산게임에 가담하는 가장 잘 알려진 방식은 참여과정을 통해서이다. 참여는 조직구성원에게 조직을 위해선 항상 최선이 되지 않을 수도 있는 방식으로 예산에 영향을 줄 수 있는 기회를 제공한다. 예를 들면, 조직구성원은 예산의 목표를 성취하기 위해 필요 이상의 과잉자원을 요구한다. 이것은 조직전체로 보면 최적 자원할당에 문제를 야기시킨다. 또한 조직구성원은 성과에 대한 경영층의 기대수준을 낮추기 위해서 정보를 왜곡시킬 수 있다. 이는 작업환경에 예상치 못한 불리한 변화가 있는 경우 성과목표를 달성하기 위한 대비책으로 사용된다. 이 역시 조직이 조직운영활동을 개선시킬 수도 있는 보다 정확한 정보를 획득하지 못하기 때문에 손해를 보게 된다. 이와 같은 과잉자원을 요구하는 것과 성과정보를 왜곡시키는 행위를 예산여유 또는 예산슬랙(budgetary slack)이라고 한다.

4.3 예산의 분류

4.3.1 카이젠 예산

치열한 경쟁에서 기업이 생존, 성장할 수 있는 방법 가운데 하나는 지속적인 개선을 도모하는 일이다. 카이젠(kaizen)은 지속적인 개선을 의미하는 일본어이다. 카이젠 예산(kaizen budgeting)은 예산기간 동안 지속적인 개선의 개념을 설정된 예산수치로 명백하게 보여주는 예산 설정방식이다.

예를 들어, 가방을 생산하는 속리산㈜의 제품별 단위당 원자재 소요량과 소요작업시간에 카이젠 예산편성을 적용시키면 다음과 같이 나타낼 수 있다.

	고급형가죽			보급형가방		
	가죽	도료	직접작업시간	가죽	도료	직접작업시간
1분기	4.00kg	1.50lb	5.00시간	3.00kg	1.80lb	4.00시간
2분기	3.95	1.48	4.90	2.95	1.75	3.90
3분기	3.90	1.46	4.80	2.90	1.70	3.80
4분기	3.85	1.44	4.70	2.85	1.65	3.70

여기서 한 가지 유념해야 할 사항은 기업에 따라 조직구성원이 받아들이는 예산의 개념이 조금씩 다를 수 있다는 것이다. 예를 들면, 카이젠 예산을 사용하는 일본의 기업은 설정된 예산은 반드시 달성해야 하는 목표치의 개념으로 받아들이는 경향이 크다.

이와는 반대로 설정된 예산이 단순한 계획치 내지는 예상치 정도의 참고자료로만 인식된다면 지속적인 개선을 도모하기 위한 노력의 일환으로 제시된 카이젠 예산편성의 실질적인 효익은 달성되기 어려울 것이다.

4.3.2 활동기준예산

활동기준원가계산은 기업에서 제공하는 제품 및 서비스에 필요한 모든 활동원가를 집계하여 정확한 원가정보를 산출하려고 시도되는 원가계산방법이다. 활동기준예산(activity-based budgeting)은 이러한 활동기준원가계산의 개념을 예산편성에 적용하는 것이다. 즉, 활동기준 예산편성은 제품과 서비스를 생산하고 판매하는 데 필요한 모든 활동원가를 예상하여 이를 바탕으로 보다 정확한 예산을 설정하는 방법이다. 따라서 계산절차는 활동기준원가계산과 똑같다. 단지 활동기준 예산편성에서 사용되는 숫자는 미래에 관한 것이므로 전부 예상치이다.

4.3.3 영기준예산

영기준예산(zero-base budget)은 원래 비영리조직인 정부기관과 군대조직 등의 예산편성을 위한 제도로 시작되었다. 영기준예산에서는 관리자가 예산을 편성할 때 매년 이전 연도의 예산을 염두에 두지 않은 채 모든 프로그램의 예산을 정당화시켜야만 비로소 예산으로 책정하게 된다. 심한 경우 수 년 동안 지속되는 프로그램에 대해서도 한 번 편성되면 그 프로그램이 종료될 때까지 계속하여 예산의 효력이 존재하는 것이 아니라 매년 계속해서 예산을 새로 편성해야 하며, 정당화되는 비용만 예산으로 편성하게 된다. 이러한 절차는 의사결정 패키지(decision packages)의 작성과 평가에 의해 이루어진다. 즉, 하위관리자가 예산프로그램인 의사결정 패키지를 작성하여 올리면 최고경영자는 다양한 프로그램을 평가하여 그 중요성과 비용–효익분석에 따라 우선순위를 결정짓는다. 예산의 배정은 당연히 우선순위가 높은 의사결정 패키지부터 차례로 돌아가게 된다. 의사결정 패키지 속에는 해당 프로그램의 목적과 효과, 소요비용, 소요인력 등이 명시된다.

이와 같은 예산편성과정은 전통적인 방법과는 차이가 있다. 전통적인 예산편성제도 하에서는 전년도 예산을 출발점으로 해서 부가시키거나 차감시켜 금년도 예산을 편성한다. 그리고 수 년 동안 지속되는 프로그램의 예산은 한 번 편성되면 계속해서 그 효력이 존재한다. 따라서 지속적인 프로그램의 예산은 매년 처음부터 새로 편성되지는 않는다. 또한 이전 연도 예산이 미래예산을 정당화시켜 주는 경우가 많았다. 그러나 영기준예산 편성은 이전 연도의 예산이 미래예산을 전혀 정당화시켜 주지 못한다는 생각에 기초하고 있다.

넓은 의미에서 영기준예산은 전혀 새로운 개념이 아니다. 과거에도 관리자들이 부서의 비용에 관하여 깊이 있게 검토해 왔다. 그러나 영기준예산에서는 이러한 검토를 매년 예산편성시에 하도록 한다는 점에서 기존의 개념과는 차이가 있다. 영기준예산하에서 매년 무에서 출발하여 예산을 편성하게 되면 시간과 비용이 불필요하게 많이 소요된다는 주장도 있다. 이러한 문제점을 보완하고 영기준예산 편성의 장점을 살리는 방안으로 매년 무에서 시작할 것이 아니라, 가령 5년에 한 번씩 무에서 시작하여 기존 활동을 비판적으로 검토하자는 제안이 설득력 있게 수용되고 있다. 이를 영기준검토라고 한다.

4.3.4 연속예산

일반적으로 예산은 일정 기간을 설정하여 작성되는데, 연속예산(continuous budget)은 특정 기간에 대하여 예산을 편성한 후 기간이 경과함에 따라 지나간 기간에 대한 예산을 탈락시키고 새로운 기간에 대한 예산을 포함시켜 항상 일정한 기간의 예산이 유지되도록 작성하는 예산을 말한다. 예를 들어, 20×0년 12월말에 20×1년 1월부터 12월까지 1년 예산을 설정하였다면 20×1년 1월말에는 지나간 1월의 예산을 탈락시키고 20×2년 1월을 새로 포함시켜 20×1년 2월부터 20×2년 1월까지 1년예산을 다시 편성한다. 매월 이러한 과정을 반복하게 되면 새로운 1년간의 예산이 계속 유지된다. 연속예산을 도입하게 되면 연말에 집중되는 예산편성을 위한 과중한 업무부담을 1년에 걸쳐 고르게 분산시킬 수 있다. 그러나 매월 예산편성 업무를 수행해야 하는 것은 부담이 될 수 있다.

05 종합예제

속리산㈜는 머핀과 초코케이크를 생산·판매하는 제과점이다. 동사는 월별로 예산을 작성하고 있으며, 업종의 특성상 재고자산을 최소화하기 위해 노력하고 있다. 다음은 20×1년 5월의 예산편성을 위한 자료이다.

1. 20×1년 5월 판매예측

제 품	수 량	단 가	20×1. 5. 1 예상재고	20×1. 5. 31 예상재고
머 핀	100,000개	₩500	500개	500개
초코케이크	10,000개	₩5,000	5개	5개

2. 각 제품 1단위를 생산하기 위해 필요한 원재료의 양

원재료	단위	단위당 사용량	
		머 핀	초코케이크
밀가루	lb	5	30
코코아	lb	2	10

3. 원재료에 관한 20×1년 5월 추정자료

원재료	예산구입가격	20×1. 5. 1 예상재고	20×1. 5. 31 예상재고
밀가루	₩20	1,000lb	1,200lb
코코아	50	500lb	700lb

4. 20×1년 5월 단위당 직접노동시간과 시간당 임률

제 품	단위당 시간	시간당 임률
머 핀	0.1시간	₩1,000
초코케이크	1시간	1,000

5. 변동제조간접원가는 직접노동시간당 ₩500이 배부되며, 고정제조간접원가는 감가상각비 ₩1,000,000을 포함하여 매월 ₩5,000,000이 발생할 것으로 예상된다.
6. 변동판매관리비는 머핀이 단위당 ₩10, 초코케이크는 단위당 ₩100이 발생하며, 고정판매관리비는 매월 ₩3,000,000이 발생할 것으로 예상된다.
7. 모든 판매와 매입은 현금거래로 이루어지며, 다른 모든 비용은 발생즉시 현금으로 지급한다.

(요구사항)

1. 판매예산(예산매출액)을 수립하라.
2. 제조예산(생산량)을 수립하라.
3. 원재료 구매예산을 수립하라.
4. 제품별 단위당 원가를 산출하시오.
5. 20×1년 5월 1일 현금잔액이 ₩800,000이라면, 5월 31일 현금잔액은 얼마인가?

(해 답)

1. 5월의 예산매출액

머핀	100,000개×₩500	₩50,000,000
초코케이크	10,000개×₩5,000	50,000,000
합 계		₩100,000,000

2. 생산량예산(판매량+기말재고량−기초재고량)

머핀 : 100,000개+500개−500개=100,000개

초코케이크 : 10,000개+5개−5개=10,000개

3. 원재료 구매예산

		밀가루		코코아	
생산소요량	머핀	100,000개×5lb	500,000lb	100,000개×2lb	200,000lb
	초코케이크	10,000개×30lb	300,000	10,000개×10lb	100,000
기말재고량			1,200		700
총필요량			801,200lb		300,700lb
기초재고량			1,000		500
원재료 구매량			800,200lb		300,200lb
구입가격			× ₩20		× ₩50
원재료구매예산			₩16,004,000		₩15,010,000

4. 제품별 단위당 원가

		머 핀		초코케이크	
직접재료원가 :	밀가루	5lb×₩20=	₩100	30lb×₩20=	₩600
	코코아	2lb×₩50=	100	10lb×₩50=	500
직접노무원가		0.1시간×₩1,000=	100	1시간×₩1,000=	1,000
제조간접원가*		0.1시간×₩750=	75	1시간×₩750=	750
단위당 원가			₩375		₩2,850

* =시간당 변동제조간접원가 배부율+시간당 고정제조간접원가 배부율

$$=₩500+\frac{₩5,000,000}{100,000개\times 0.1시간+10,000개\times 1시간}=₩750$$

5. 20×1년 5월 31일 현금잔액

20×1년 5월 1일 현금잔액	₩800,000	
현금판매액	100,000,000	₩100,800,000
현금유출액		
원재료 매입액 ₩16,004,000+₩15,010,000	₩31,014,000	
직접노무원가 20,000시간×₩1,000	20,000,000	
변동제조간접원가 20,000시간×₩500	10,000,000	
고정제조간접원가 ₩5,000,000−₩1,000,000	4,000,000	
변동판매관리비 100,000개×₩10+10,000개×₩100	2,000,000	
고정판매관리비	3,000,000	70,014,000
20×1년 5월 31일 현금잔액		₩30,786,000

연습문제

EXERCISES

객관식 문제

[10-1] 다음은 예산과 관련된 내용이다. 틀린 것은? (기업회계 1급)

① 권위적 예산이란 최고경영자가 상의하달식으로 편성한 예산을 말한다.
② 참여적 예산이란 각 계층의 사람들이 예산편성에 참여하는 하의상달식으로 편성한 예산이다.
③ 참여적 예산은 예산편성이 빠르다는 장점이 있다.
④ 영기준 예산은 과거 예산자료를 고려하지 않고 다시 처음부터 새로 수립하는 것을 말한다.

[10-2] 다음은 종합예산에 대한 설명이다. 틀린 것은? (기업회계 1급)

① 미래에 대한 계획수립을 용이하게 하며, 문제의 해결방안을 사전에 모색할 수 있게 도움을 준다.
② 하위경영자들이 상위경영자의 의도를 파악할 수 있도록 해주는 의사소통 수단이 된다.
③ 각 계층의 임직원들에게 심리적 부담을 주며, 성과를 조작할 수 있는 배경을 만든다.
④ 종합예산은 조직의 각 부문활동에 대한 예산이 종합된 조직전체의 예산이며 변동예산이다.

[10-3] 종업원들이 예산편성과정에 참여하는 참여예산에 대한 설명으로 틀린 것은? (기업회계 1급)

① 종업원은 최고경영층에서 일방적으로 하달하는 예산목표보다 참여예산의 목표를 더 잘 달성하려는 유인이 있다.
② 종업원들의 다양한 관점과 판단을 예산에 반영할 수 있다는 장점이 있다.
③ 예산편성을 위한 소요시간이 단축될 수 있다.
④ 원가회계에서 계산한 원가를 활용하여 경영에 접목시키려는 관리회계의 개념이다.

[10-4] 다음은 고정예산과 변동예산에 대한 설명이다. 잘못된 것은? (기업회계 1급)

① 고정예산은 단일수준의 조업도에 대한 예산이다.
② 고정예산은 특정조업수준에 대한 계획으로 조업도 변화에 대해 조정하지 않는다.
③ 변동예산은 조업수준의 변화에 따라 예산이 조정될 수 있도록 일정한 조업수준의 범위에 대한 계획이다.

④ 고정예산은 예산기간 중 변경이 불가능하고 변동예산은 변경이 가능하다.

[10-5] ㈜대구상사는 2018년 3월의 현금유입액을 추정하려고 한다. 3월 1일의 현금잔고는 ₩15,000이다. 1월과 2월의 실제매출액과 3월의 예상매출액은 다음과 같다.

	1월	2월	3월
현금매출	₩60,000	₩50,000	₩80,000
외상매출	50,000	30,000	100,000
합 계	₩110,000	₩80,000	₩180,000

과거 경험상 외상매출은 판매한 달을 포함하여 3개월에 걸쳐 매월 50%, 35%, 10%가 각각 회수되며, 나머지는 회수불능이다. 2018년 3월 31일의 현금잔고는 얼마인가?(단, 3월 중 현금유출은 없다고 가정한다.) (기업회계 1급)

① ₩140,500 ② ₩145,500 ③ ₩160,500 ④ ₩165,500

[10-6] 성빈상사의 4월 예상매출액은 ₩600,000이다. 과거의 경험에 의하면, 매출액 중 당월에 70%, 다음월에 20%, 그 다음월에 8%가 회수되며, 나머지 2%는 회수불능이고, 당월에 매출액을 회수할 경우 2%의 현금할인이 이루어진다. 4월초의 외상매출금은 ₩195,000이며 이 가운데 ₩45,000은 2월 외상매출금에 대한 미회수분이며, 나머지 ₩150,000은 3월 외상매출금에 대한 미회수분이다. 4월에 매출채권회수로 인한 현금유입액은 얼마로 예상되는가? (기업회계 1급)

① ₩547,600 ② ₩568,450 ③ ₩576,430 ④ 584,300원

[10-7] 속리산㈜의 20×1년 1월 매출액은 ₩5,000,000이고, 2월과 3월 매출은 직전월에 비하여 20%씩 증가할 것으로 예상된다. 매출은 현금매출 40%와 외상매출 60%로 구성되며, 외상매출은 판매된 달에 70%, 그 다음 달에 30%가 회수된다. 20×1년 3월의 현금유입액은 얼마인가?

① ₩5,400,000 ② ₩5,840,000 ③ ₩6,440,000 ④ ₩6,984,000

[10-8] ㈜서초는 2018년도에 설립한 회사로 분기별 판매량은 다음과 같이 예상하고 있다. ㈜서초는 각 분기마다 다음분기 예상판매량의 25%를 여유재고로 보유하는 재고정책을 유지한다면 3분기 목표생산량은? (기업회계 1급)

분기	1분기	2분기	3분기	4분기
예상판매량	2,500개	3,000개	3,500개	4,000개

① 3,000개 ② 3,500개 ③ 3,625개 ④ 4,000개

[10-9] 건강㈜는 단일 제품인 압력볼을 생산 및 판매하고 있다. 압력볼 1개를 생산하기 위해 직접재료는 2kg이 필요하고, 직접재료 1kg당 구입가격은 ₩200이다. 1분기 말과 2분기 말 재고자산은 다음과 같다. 2분기 제품판매량이 800개일 경우 2분기의 직접재료 구입예산은 얼마인가? 다만, 재공품은 없는 것으로 가정한다. (기업회계 1급)

	1분기 말	2분기 말
직접재료	1,000kg	800kg
제 품	200개	300개

① ₩280,000 ② ₩320,000 ③ ₩360,000 ④ ₩520,000

[10-10] ㈜보석은 주요 원재료인 블루베리를 사용하여 블루베리 잼을 생산하고 있다. 블루베리 잼 1통을 생산하기 위해서 블루베리 원재료 2.5kg이 소요된다. 2017년 말 재고자산 종류별 실제 재고수량과 2018년 분기별 예상판매량은 아래와 같다. ㈜보석의 제품 재고정책은 다음 분기 예상판매량의 20%를 각 분기말 제품재고수량으로 유지한다. 또한 1/4분기 기말 원재료는 4,000kg이나 이후 분기말 원재료 재고수량은 3,000kg씩 일정하게 유지하고자 한다. 재공품 재고는 없다. 2018년 2/4분기 중에 구입하여야 할 블루베리 원재료는 몇 kg인가?

(기업회계 1급)

2017년 12월 31일 현재 재고수량		2018년 분기별 예상판매량	
재고자산	수량	분기	판매량
		1/4	10,000통
재공품	–	2/4	8,000통
블루베리 잼(제품)	2,500통	3/4	9,000통
		4/4	10,000통

① 18,000kg ② 19,500kg ③ 20,500kg ④ 21,500kg

[10-11] ㈜보석은 제품단위당 4g의 재료를 사용한다. 재료 1g당 구입가격은 ₩1.2이며, 다음 분기 재료 사용량의 25%를 분기말 재고로 유지한다. 1분기 생산량은 24,000단위이고 2분기 생산량은 35,000단위일 때, 1분기의 재료구입액은 얼마인가? (기업회계 1급)

① ₩107,000 ② ₩128,400 ③ ₩157,200 ④ ₩168,200

[10-12] ㈜경남은 하나의 재료를 사용하여 제품을 생산하고 있다. 제품 한 단위를 생산하기 위해서는 재료 2kg이 소요된다. 2018년도 1/4분기와 2/4분기의 제품의 예상판매량은 각각 6,000단위, 7,000단위이다. 한편 기초에 보유하고 있던 재료의 재고수량은 1,500kg이며, 기초의 제품 재고수량은 1,200단위이다. ㈜경남의 1/4분기 말 제품의 희망재고수준은 2/4분기 판매량의 25%이며, 재료의 희망재고수준은 1,100kg이다. 기초재공품과 기말재공품은 없도록 한다. 2018년도 1/4분기에 구입해야 할 재료의 수량은 얼마인가? (기업회계 1급)

① 10,000kg ② 12,700kg ③ 13,100kg ④ 14,300kg

[10-13] 속리산㈜의 2/4분기 매출수량과 생산수량에 대한 예산자료가 다음과 같다.

	4월	5월	6월
매출수량	120,000단위	130,000단위	?
생산수량	124,000단위	129,500단위	128,000단위

회사의 4월 1일 현재 제품의 재고량은 9,000단위이다. 회사의 정책에 따르면 매월 말 제품의 재고로 다음 달 판매수량의 10%를 반드시 보유하여야 한다. 7월의 매출은 155,000단위가 될 것으로 예상하고 있다. 6월의 예상 판매수량은 얼마인가?

① 120,000단위 ② 125,000단위 ③ 130,000단위 ④ 135,000단위

[10-14] 20×1년 4월부터 6월까지의 속리산㈜의 예상 상품매출액은 다음과 같다.

월 별	예상매출액
4월	₩4,500,000
5월	4,800,000
6월	5,400,000

동사는 다음 달 매출원가의 10%를 매월 기말재고로 보유하는 재고정책을 가지고 있으며, 판매가격은 상품원가에 25%의 이익을 가산하여 책정하고 있다. 5월의 예상 상품매입액은 얼마인가?

① ₩3,467,500 ② ₩3,888,000 ③ ₩4,224,000 ④ ₩4,272,000

[10-15] 속리산㈜는 가방을 구입하여 판매한다. 매출은 전액 외상매출로 이루어지며, 과거의 경험에 따르면 외상매출액의 40%는 판매한 달에 회수되고, 55%는 판매한 다음 달에 회수된다. 나머지는 회수불가능한 것으로 예상된다. 20×1년 1분기의 예상매출액은 다음과 같다.

• 1월 : ₩200,000 • 2월 : ₩250,000 • 3월 : ₩350,000

속리산㈜의 매출총이익률은 지속적으로 30%를 유지하고 있으며, 월말 상품재고액은 다음 달 매출원가의 20% 수준을 유지하는 정책을 사용하고 있다. 상품매입 대금은 전액 매입한 달에 지급하며, 2월 중에 판매관리비 ₩30,000이 현금으로 지급되었다. 2월 중에 현금증감액은 얼마인가?

① ₩9,000 증가 ② ₩21,000 증가 ③ ₩9,000 감소 ④ ₩21,000 감소

주관식 문제

[10-1] 무선이어폰을 생산·판매하고 있는 속리산㈜의 다음 3개월 동안의 판매예측 자료는 다음과 같다.

예상판매량	• 4월 : 40,000단위	• 5월 : 50,000단위	• 6월 : 70,000단위

무선이어폰의 단위당 예상판매가격은 ₩1,000이며, 모든 판매는 외상으로 이루어지며, 외상매출액의 30%는 판매한 달에, 60%는 판매한 다음 달에, 나머지 10%는 2개월 후에 회수된다. 회수불가능 채권은 없는 것으로 가정한다. 2월과 3월의 실제판매량은 각각 32,000단위와 36,000단위이다.

(요구사항)

1. 속리산㈜의 2분기 월별 현금회수계획표를 작성하시오.
2. 6월 30일 추정재무상태표에 표시될 매출채권 잔액은 얼마인가?

[10-2] 혁신적인 무선이어폰을 생산·판매하고 있는 속리산㈜의 다음 4개월 동안의 판매예측 자료는 다음과 같다.

	예상판매량		예상판매량
4월	40,000단위	5월	50,000단위
6월	70,000단위	7월	80,000단위

속리산㈜는 2분기의 생산예산을 수립하고자 한다. 과거의 경험에 따르면 월말 제품재고는 다음 달 예상판매량의 20% 수준을 유지하는 것으로 나타났다. 3월 31일의 제품재고는 8,000단위이었다.

(요구사항)

속리산㈜의 2분기 무선이어폰 생산예산을 월별과 분기합산이 나타나도록 작성하시오.

[10-3] 무선이어폰을 생산·판매하는 속리산㈜의 20×1년 분기별 및 20×2년 1분기 예상생산량은 다음과 같다.

20×1년	1분기	42,000단위	2분기	54,000단위
	3분기	72,000단위	4분기	84,000단위
20×2년	1분기	90,000단위		

1단위의 무선이어폰을 생산하기 위해서는 2개의 마이크로칩이 필요하며, 현재 속리산㈜는 마이크로칩을 단위당 ₩200에 외부공급업체로부터 구입하고 있다. 속리산㈜는 마이크로칩의 품절현상을 방지하기 위해 다음 분기 생산소요량의 30%를 분기말 재고수준으로 유지하고자 한다. 20×1년 1월 1일의 마이크로칩 재고는 25,200개이다.

(요구사항)

20×1년의 분기별 마이크로칩 구매예산을 작성하시오.

[10-4] 장난감을 생산·판매하고 있는 속리산㈜의 9월 현금예산을 작성하기 위해 다음과 같은 자료를 수집하였다.

1. 9월 1일 현금잔액은 ₩220,000이다.
2. 3분기 실제 및 예상매출액은 다음과 같다. 전체매출액의 30%는 현금매출이며, 나머지는 외상매출이다. 외상매출액의 20%는 판매한 달에 회수되고, 60%는 판매한 다음 달에 회수되고, 15%는 2개월 후에 회수된다. 5%는 회수불능채권으로 예상된다.

   7월(실제) : ₩3,000,000　　8월(실제) : ₩3,600,000　　9월(예상) : ₩4,200,000

3. 9월 중 ₩2,500,000의 상품구입이 예상되며, 구입대금의 50%는 판매한 달에 지급하고, 나머지는 다음 달에 지급한다. 8월 31일 현재 매입채무는 ₩1,100,000이다.
4. 9월 중 판매관리비는 ₩800,000이며, 이 중 ₩150,000은 감가상각비이다.
5. 9월 중 ₩600,000의 장비를 구입할 예정이며, ₩150,000의 배당금이 지급될 예정이다.
6. 속리산㈜는 현금보유 최저한도를 ₩200,000으로 정해두었으며, 현금이 부족할 경우 은행에서 ₩10,000단위로 차입할 수 있다.

(요구사항)

1. 9월의 현금회수액을 산출하시오.
2. 9월의 상품매입대금 지급액을 산출하시오.
3. 9월 30일 현금잔액은 얼마인가?

[10-5] 속리산㈜는 장난감 자동차를 생산·판매하고 있으며, 장난감 자동차의 주요 원재료는 플라스틱이다. 1단위의 제품에 3kg의 플라스틱이 사용된다. 20×1년 3분기 원재료 구매예산을 작성하기 위해 수집한 자료는 다음과 같다.

예상판매량 : 7월 : 40,000단위, 8월 : 50,000단위, 9월 : 70,000단위
10월 : 35,000단위, 11월 : 20,000단위, 12월 : 10,000단위

속리산㈜는 완제품 재고로 다음 달 판매량의 30%를 보유하고자 하며, 플라스틱 재고는 다음 달 생산소요량의 20%를 보유한다. 6월 30일 완제품 재고는 12,000단위이며, 원재료 재고는 25,800kg이다. 회사는 재공품 재고는 없는 것으로 가정한다.

(요구사항)

1. 7월, 8월, 9월, 그리고 10월의 생산예산을 수립하시오.
2. 3분기의 플라스틱 구매량 예산을 작성하시오.

[10-6] 속리산㈜는 학생복을 생산·판매하고 있다. 학생복의 주요 원재료는 옷감이며, 1단위 학생복 생산에는 3kg의 옷감이 사용되며, 옷감의 kg당 구입가격은 ₩20으로 예상된다. 동사의 회계담당자가 20×1년 예산을 수립하기 위하여 수집한 자료는 다음과 같다.

예상생산량 : 1분기 3,000단위 2분기 2,500단위
3분기 4,000단위 4분기 3,200단위

20×1년 1월 1일 원재료 재고는 1,800kg이며, 매입채무 잔액은 ₩47,100이었다. 동사는 다음 분기 생산소요량의 20%를 원재료 재고로 유지할 계획이며, 20×1년 4분기말 원재료 재고는 1,900kg으로 예상하였다. 원재료 구입대금의 50%는 구입한 분기에 지급하고, 나머지는 구입한 다음 분기에 지급된다.

학생복 1단위 생산에는 2시간의 직접노동시간이 소요되며, 작업자의 시간당 임률은 ₩30이다.

(요구사항)

1. 20×1년 분기별 원재료 구매예산과 분기별 매입대금 지급액 예산을 작성하시오.
2. 20×1년 분기별 직접노무원가 예산을 작성하시오.

[10-7] 보온물통을 생산·판매하는 속리산㈜의 20×1년 분기별 목표생산량은 다음과 같다.

목표생산량 : 1분기 3,200단위, 2분기 3,600단위
3분기 3,400단위, 4분기 3,000단위

보온물통을 생산하기 위하여 단위당 3시간의 직접노동시간이 투입되며, 작업자의 시간당 임률은 ₩8,000이다. 변동제조간접원가는 직접노동시간당 ₩3,000이 예정배부되고, 고정제조간접원가는 분기별로 ₩20,000,000이며, 여기에는 비현금 지출원가인 감가상각비가 ₩3,000,000 포함되어 있다.

(요구사항)

1. 20×1년 분기별 직접노무원가예산을 작성하시오.
2. 20×1년 분기별 제조간접원가예산을 작성하시오.

[10-8] 속리산㈜는 20×1년 신제품을 개발하여 출시하고자 한다. 판매부서의 분석에 따르면 20×1년 동안 신제품은 50,000단위를 판매할 수 있을 것으로 예상되며, 회계부서의 원가분석 결과에 따르면 신제품에 대한 단위당 원가는 다음과 같이 예상된다.

직접재료원가	₩300
직접노무원가	150
변동제조간접원가	80
고정제조간접원가	70(기준조업도 80,000단위)

고정제조간접원가는 관련범위인 40,000단위에서 100,000단위 사이에서는 항상 일정하게 발생한다. 신제품은 신규 출시하는 것으로 기초재공품 및 기초제품재고는 없으며, 기말재공품도 없는 것으로 가정한다. 신제품에 적정 기말제품재고량으로 10,000단위를 보유할 예정이다.

(요구사항)

속리산㈜의 20×1년의 신제품에 대한 제조원가예산을 작성하시오

[10-9] 속리산㈜의 20×1년 예산편성을 위한 관련 자료는 다음과 같다.

	햄버거	치 킨
판 매 량	30,000개	50,000개
단위당 판매가격	₩8,000	₩10,000
단위당 변동제조원가	4,000	6,000
단위당 변동판매비	1,000	500

속리산㈜의 고정제조간접원가 예산은 임차료를 포함하여 연간 ₩90,000,000, 고정판매관리비 예산은 ₩30,000,000이며, 법인세율은 30%이다.

(요구사항)

위의 자료에 의하여 20×1년 속리산㈜의 추정 공헌이익 손익계산서를 작성하시오.

[10-10] 속리산㈜는 공기청정기 판매업체이다. 다음은 20×1년 2분기의 판매예산이다.

	4월	5월	6월	총 계
목표매출액	₩3,000,000	₩3,600,000	₩4,500,000	₩11,100,000

모든 매출은 외상으로 이루어지며, 동사는 매출채권의 조기회수를 위해 판매한 달에 회수한 금액에 대해서는 2%의 현금할인을 해주고 있다. 과거의 경험에 비추어 볼 때 외상매출액의 60%는 판매한 달에 회수되고, 30%는 판매한 다음 달에 회수되며, 5%는 2개월 후에 회수된다. 나머지 5%는 회수불능으로 예상된다. 4월 1일 매출채권 잔액은 ₩1,370,000이었으며, 그중 ₩250,000은 2월의 판매분이다.

(요구사항)

속리산㈜의 2분기 현금회수액을 월별로 작성하시오.

[10-11] 속리산㈜는 계산기를 구입하여 판매하고 있으며, 상품매입은 전액 외상으로 이루어지며, 매입대금의 50%는 매입한 달에 지급하고, 30%는 매입한 다음 달에 지급하며, 나머지 20%는 2개월 후에 지급한다. 20×1년 4월 1일의 매입채무잔액은 ₩1,650,000이며, 이 중 ₩1,250,000은 3월 매입분이다.

2분기 예상매출액은 다음과 같고, 동사는 월말 적정재고수량으로 다음 달 예상매출원가의 30%를 보유하며, 4월 1일의 상품재고액은 ₩720,000이다. 동사의 매출총이익률은 지속적으로 25%를 유지하고 있다.

4월 매출액 : ₩3,200,000　　5월 매출액 : ₩3,500,000
6월 매출액 : ₩4,000,000　　7월 매출액 : ₩4,500,000

(요구사항)

1. 2월과 3월의 추정매입액은 얼마인가?
2. 2분기의 월별 예상매입액은 얼마인가?
3. 2분기의 월별 매입대금 지급계획표를 작성하시오.

[10-12] 속리산㈜는 현금예산을 수립하고자 한다. 동사의 최소 현금보유액은 ₩50,000이다. 현금보유액이 부족한 경우나 잉여현금이 있는 경우 ₩10,000단위로 차입과 상환을 할 수 있다. 차입은 매분기 초에 이루어지며, 상환은 매분기 말에 이루어진다. 연간 이자율은 10%이며 상환시에 같이 지급한다.

(요구사항)
다음 ( ) 안을 채우시오.

	1분기	2분기	3분기	4분기	합 계
기초현금잔액	₩90,000	( )	( )	( )	( )
현금회수액	( )	( )	1,250,000	( )	3,910,000
총현금유입액	₩850,000	( )	( )	( )	( )
현금지출액					
상품매입대금	₩400,000	₩580,000	( )	₩320,000	( )
판매관리비	( )	420,000	540,000	( )	1,800,000
장비구입	100,000	80,000	80,000	( )	360,000
배당금지급	20,000	20,000	20,000	20,000	80,000
총현금지출액	( )	₩1,100,000	( )	( )	( )
초과(부족현금)	(30,000)	( )	₩300,000	( )	( )
자금조달					
차입	( )	200,000		–	( )
상환	–	–	( )	( )	( )
이자지급	–	–	( )	( )	( )
기말현금잔액	(₩)	₩50,000	(₩)	(₩)	(₩)

[10-13] 다음은 장난감을 구입하여 판매하고 있는 속리산㈜의 20×1년 3월 31일 현재 재무상태표이다.

재무상태표

속리산㈜ 20×1년 3월 31일

현금	₩800,000	매입채무	₩1,900,000
매출채권	3,000,000	자본금	13,000,000
재고자산	840,000	이익잉여금	1,740,000
건물과 설비	15,000,000		
감가상각누계액	(3,000,000)		
자산합계	₩16,640,000	부채와 자본합계	₩16,640,000

〈추가자료〉

1. 동사의 매출총이익률은 지속적으로 30%를 유지하고 있다.
2. 실제 및 예산매출액은 다음과 같다.

3월 실제매출액	₩5,000,000
4월 예산매출액	6,000,000
5월 예산매출액	7,200,000

6월 예산매출액 9,000,000
7월 예산매출액 8,000,000

3. 매출액의 40%는 현금매출이고, 나머지 60%는 외상매출이다. 외상매출액은 전액 다음 달에 회수된다.
4. 월말 재고자산은 다음 달 예산 매출원가의 20% 수준을 유지하고 있으며, 상품매입 대금의 50%는 매입달에 지급하고, 나머지는 매입한 다음 달에 지급한다.
5. 매달 다음과 같은 판매관리비가 발생한다.
   판매수수료 : 매출액의 10%
   임차료 : ₩500,000
   기타 판매관리비 : 매출액의 5%(신규자산을 포함 감가상각비 매월 ₩100,000 포함)
6. 4월에 새로운 기계장비를 ₩600,000에 현금으로 구입하였다.
7. 속리산㈜는 월말 현금잔액을 최소한 ₩400,000을 유지하고자 한다. 현금이 부족할 경우 지역은행으로부터 차입을 할 수 있으며, 모든 차입은 월초에 이루어지며, 모든 상환은 월말에 이루어진다. 차입과 상환은 ₩100,000단위로 이루어지며, 연간 이자율은 12%이며 이자지급은 원금상환과 함께 이루어진다.

(요구사항)

1. 2분기의 매월 현금회수액을 산출하시오.
2. 2분기의 매월 상품매입예산과 매입대금 지출예산을 작성하시오.
3. 2분기의 매월 판매관리비 지출예산을 작성하시오.
4. 2분기의 매월 현금예산을 작성하시오.
5. 2분기 추정손익계산서를 작성하시오.
6. 6월 30일 추정재무상태표를 작성하시오.

[10-14] 속리산㈜는 양초를 생산·판매하고 있으며, 20×0년 12월 31일 재무상태표는 다음과 같다.

재무상태표

속리산㈜ 20×0년 12월 31일

현금	₩65,800	매입채무	₩60,000
매출채권	99,200	자본금	300,000
제품	28,000	이익잉여금	139,300
원재료	6,300		
토지	150,000		
건물과 설비	250,000		
감가상각누계액	(100,000)		
자산합계	₩499,300	부채와 자본합계	₩499,300

20×1년 분기별 예산편성을 위해 다음과 같은 자료를 수집하였다.

1. 양초의 단위당 판매가격은 ₩100이며, 분기별 예상판매량은 다음과 같다.
   1분기 : 2,000단위　2분기 : 2,500단위
   3분기 : 3,500단위　4분기 : 4,000단위
2. 동사의 매출액의 20%는 현금매출이고, 80%는 외상매출이다. 외상매출액의 40%는 판매한 분기에 회수되고, 50%는 판매한 다음 분기에 회수되고, 10%는 2분기 후에 회수된다. 기초매출채권의 ₩12,800은 전년도 3분기에 매출한 것이다.
3. 속리산㈜의 재고정책은 완제품의 경우 품절 등에 대비하여 다음 분기 예상판매량의 20%을 보유하고, 원재료의 경우 다음 분기 생산소요량의 10%를 보유하고 있다. 20×1년 4분기말의 제품 재고수량은 1,000단위, 원재료 재고수량은 250kg이 예상된다.
4. 제품 단위당 원재료 사용량은 0.5kg이며, 원재료 kg당 구입가격은 ₩60이다. 원재료 구매대금의 50%는 구입한 분기에, 나머지는 다음 분기에 지급한다.
5. 제품을 생산하기 위해서는 단위당 2시간의 직접노동시간이 투입되며, 작업자의 시간당 임률은 ₩5이다. 변동제조간접원가는 직접노동시간당 ₩10이 예정배부된다. 고정제조간접원가는 분기별 ₩31,500이 발생하며. 이 중 ₩6,500은 감가상각비이다.
6. 판매수수료를 포함한 변동판매관리비는 단위당 ₩10이 발생하며, 광고비를 포함한 고정판매관리비는 분기별로 ₩15,000이 발생한다.
7. 1분기에 ₩50,000의 설비를 구입할 예정이며, 분기별로 ₩10,000의 법인세를 납부할 예정이다.
8. 분기말에 최소현금 보유액은 ₩50,000이며, 현금이 부족하거나 남는 경우 ₩10,000단위로 차입과 상환을 할 수 있다. 차입시 연간 이자율은 10%이며, 차입은 분기초에, 상환은 분기말에 이루어진다.

(요구사항)

1. 분기별 현금회수계획표를 작성하시오.
2. 분기별 생산예산, 원재료 구매예산, 그리고 현금지급계획표를 작성하시오.
3. 분기별 직접노무원가예산과 제조간접원가예산을 작성하시오.
4. 분기별 판매관리비 예산을 작성하시오.
5. 분기별 현금예산을 작성하시오.
6. 추정손익계산서와 추정재무상태표를 작성하시오.

[10-15] 속리산㈜는 무선청소기와 공기청정기를 생산·판매한다. 20×1년 1분기의 예산편성을 위한 자료가 아래와 같이 제시되어 있다. 무선청소기와 공기청정기의 판매가격은 각각 ₩3,000, ₩2,000이다.

1. 20×1년의 1분기 예상 판매자료

	1월	2월	3월
무선청소기	4,000단위	4,200단위	4,500단위
공기청정기	7,000	7,500	8,000

2. 20×1년의 원가자료

1) 제품 단위당 원재료소요량 및 구입가격

	무선청소기	공기청정기
배터리(₩200)	2개	1개
필터(₩100)	2개	4개

2) 제품 단위당 직접노무원가

	시간당 임률	단위당 작업시간
무선청소기	₩300	3시간
공기청정기	₩200	2시간

3) 제품 단위당 제조간접원가
변동제조간접원가와 고정제조간접원가는 각각 직접노동시간당 ₩100과 ₩150을 예정배부하고 있으며, 고정제조간접원가는 매월 감가상각비 ₩1,200,000을 포함하여 ₩4,500,000이 발생할 것으로 예상된다.

4) 동사의 재고유지정책은 제품재고를 다음 달 판매량의 30%, 원재료 재고는 다음 달 생산소요량의 20%를 유지하고자 한다. 20×1년 1월 1일의 기초재고는 이 방침과 일치하며, 기초제품의 단위당 원가는 무선청소기가 ₩2,300, 공기청정기가 ₩1,500, 각 원재료의 단위당 구입가격은 예산자료와 일치한다.

5) 매출대금은 판매한 달에 40%를 회수하고, 판매한 다음 달에 나머지를 회수하며, 원재료 매입대금은 매입한 달에 50%, 매입한 다음 달에 나머지를 지급하며, 나머지 모든 제조원가는 발생한 달에 전액 지급한다. 20×1년 1월 1일의 매출채권 잔액은 ₩12,000,000이며, 매입채무 잔액은 ₩3,200,000이다.

6) 판매관리비는 발생한 달에 즉시 지급하고 있으며, 변동판매관리비는 단위당 ₩100으로 예상되며, 고정판매관리비는 매월 ₩2,000,000이 발생할 것으로 예상된다.

7) 동사는 고정제조간접원가를 예정배부한 후 실제발생액과 배부차이는 모두 매출원가에서 조정한다. 재고자산의 원가흐름은 선입선출법을 적용하고 있다.

(요구사항)

1. 20×1년 1분기의 월별 현금회수계획표를 편성하시오.

2. 1월과 2월의 생산량 예산을 편성하시오.
3. 20×1년 1월의 구매예산을 편성하고, 현금지급액을 산출하시오.
4. 20×1년 1월 1일의 현금잔액이 ₩1,250,000이라면, 1월 31일의 현금잔액은 얼마인가?
5. 20×1년 1월의 추정손익계산서를 작성하시오.

제 11 장

표준원가계산

01 표준원가의 의의

표준(standards)이란 말은 기업에서뿐만 아니라 우리의 일상생활에서도 많이 사용되는 말이다. 우리가 건강검진을 받으면 모든 검사수치들은 표준수치와 비교되어 정상과 비정상으로 구분된다. 검사항목에 따라 어떤 수치는 표준보다 높으면 비정상이 되고, 어떤 항목은 표준보다 낮으면 비정상으로 판단된다. 이와 같이 표준이란 우리의 일상생활에 매우 광범위하게 사용되고 있는 개념이다. 이외에도 우리가 먹는 음식에서도 영양소를 골고루 섭취할 수 있도록 표준식단이 있고, 소아과 병원에 가면 아이들의 표준성장치들이 있다. 이 모든 것이 소위 표준이라는 의미를 가진다. 만약 아이의 발육상태가 표준성장치에 미달한다면 부모들은 아이의 성장을 위해 영양가가 풍부한 음식을 준비할 것이다. 이와 같이 표준은 아이의 발육상태가 정상적인지 아니면 그에 미달하는지를 파악할 수 있는 하나의 기준으로서의 역할을 한다.

기업에서 표준은 표준원가 개념으로 사용된다. 표준원가는 제품생산이나 서비스를 제공하는 데 발생할 것으로 예상되는 원가이다. 기업에서도 마찬가지로 표준원가와 실제원가를 비교하여 차이가 발생하게 되면 그 차이를 측정하여 평가하고, 앞으로의 경영계획에서는 그 차이를 줄이기 위한 조치를 취하게 될 것이다. 만약 표준원가와 실제원가 간의 차이에 대해 책임을 지는 관리자가 있다면 그 차이를 통해 성과평가가 가능하다. 만약 이러한 차이가 계속 발생하고 있다면 큰 손실을 초래하는 것이기 때문에 경영자의 특별한 관심을 유도할 수도 있을 것이다. 이외에도 표준원가제도는 예산편성이나 가격결정 등에도 사용될 수 있다.

이와 같이 표준원가제도는 사후적 평가 및 통제뿐만 아니라 사전적인 예방활동에도 사용된다. 따라서 기업들이 표준원가의 설정과 표준 및 실제원가 간의 차이분석에 의미를 두고 잘 활용한다면 보다 많은 원가절감의 기회를 포착할 수 있을 것이며, 기업의 관리를 더욱 체계화시킬 수 있을 뿐만 아니라 지속적인 개선에도 큰 도움이 될 수 있을 것이다. 앞으로 좀 더 구체적으로 표준원가제도에 대해 살펴보기로 하자.

02 표준원가계산

2.1 표준원가계산의 의의

원가계산제도는 원가의 측정방법에 따라 실제원가계산(actual costing), 정상원가계산(normal costing), 그리고 표준원가계산(standard costing)의 세 가지로 나뉜다. 실제원가계산은 직접재료원가, 직접노무원가 및 제조간접원가를 모두 실제원가를 기초로 하는 원가계산방법이며, 정상원가계산은 직접재료원가와 직접노무원가는 실제원가를 기초로 계산하나, 제조간접원가는 예정배부율을 적용하여 제품에 배부하는 원가계산방법이다. 반면에 표준원가계산은 모든 원가항목을 사전에 설정된 표준원가를 이용하여 원가계산을 하는 방법이다. 실제원가계산과 정상원가계산에 대해서는 제3장 개별원가계산을 참조하기 바라며, 여기서는 표준원가계산의 원가계산 측면보다는 통제에 초점을 맞추어 논의한다.

표준원가계산제도는 원가통제와 성과평가뿐만 아니라 계획수립이나 예외관리, 제품원가계산 등에도 사용될 수 있다. 이를 좀 더 구체적으로 살펴보면 다음과 같다. 기업은 예산과 같은 일련의 공식적인 계획을 통해 조직 각 부문의 기대결과를 표현함으로써 조직운영을 계획·통제하게 된다. 즉, 정기적으로 실제결과를 누적하여 예산자료와 대비시킴으로써 조직의 각 부분이 조직목표를 얼마나 잘 달성하였는지를 평가한다. 표준원가계산제도는 보다 시기적절하고 상세한 성과측정 및 원가통제를 위한 틀을 제공하는 또 하나의 경영통제제도이다. 표준원가계산제도의 유용성을 구체적으로 살펴보면 다음과 같다.

첫째, 원가통제를 위해 사용될 수 있다. 실제원가와 표준원가를 각각 월별, 주별, 일별 또는 단일작업조별로 집계하고 상호 비교할 수 있다. 만약 실제원가와 표준원가 간에 차이가 발생하면 경영자들이 관심을 가지게 되고, 그 차이의 원인을 밝혀내어 이를 제거하려는 조치를 취할 수 있도록 한다. 이러한 주의환기시스템이 갖추어져 있지 않다면 기업은 상당한 손실을 감수한 후에야 높은 원가를 감지할 수 있게 된다.

둘째, 가격결정을 위해 사용될 수 있다. 기업들은 제품원가에 이익까지 회수할 수 있는 가격을 설정한다. 실제원가는 제품이나 서비스를 생산하는 데 소요된 원가를 반영하지만 가격결정에 있어서 항상 일관성 있고 시기적절한 정보를 제공해 주는 것은 아니다. 예를 들어, 원가계산기간에 따라 생산량이 다르다면 실제원가는 매 기간마다 다르게 산출되는 문제가 있다. 표준원가는 실제원가에서의 이러한 변동을 제거함으로써 일관성 있는 측정치를 제공한다. 기업조직은 일관되게 제품가격을 설정하고 가격변동을 수반하는 부정적인 시장결과를 제거함으로써 경쟁적 우위를 모색할 수 있다. 기업은 제품가격 결정을 위해 회계기간 말까지 기다릴 수 없으므로 경쟁시장에 직면해 있는 기업들은 표준원가를 유용하게 사용할 수 있다.

셋째, 성과평가에 사용될 수 있다. 표준이 성과평가를 위해 설정될 때 표준은 평가받는 모든 조직구성원에 균등하게 제공될 수 있는 측정치가 된다. 가령, 제품 한 단위를 생산하는 데 소요되는 표준직접작업시간은 제품을 생산하는 작업자들이 표준을 얼마나 가깝게 성취하는지에 대해 평가받을 수 있으며, 구매담당자는 원재료 실제구입가격이 표준에 얼마나 가까운가로 평가받을 수 있다. 이와 같이 표준은 성과평가의 몇 안 되는 객관적인 수단 중의 하나가 된다. 그러나 조직구성원의 성과평가는 이외에도 많은 변수가 관련되어 있는데, 어떤 변수는 주관적이기 때문에 적용시키기가 곤란하거나 부적절한 경우도 있다.

넷째, 목표관리(management by objectives)와 예외에 의한 관리(management by exception)를 가능하게 한다. 목표관리는 구체적 목표가 각 사업활동별로 설정되고 그러한 활동에 대해 책임지는 경영자들이 목표를 달성하기 위해 업무를 수행함을 의미한다. 경영자들의 실제성과가 허용할 수 있는 성과수준 안에 있다면 정규적 감독 이외의 특별한 관리활동이 필요 없다. 그러나 성과가 허용할 수 있는 수준으로부터 크게 벗어난 경우, 경영자들은 적절한 조치를 취해서 문제를 교정하려 한다. 즉, 예외에 의한 관리가 이루어지게 된다. 표준원가계산제도는 표준과 실제성과 간의 차이를 식별하여 보고하는 신속한 참고사항을 제공하기 때문에 목표관리를 용이하게 한다.

다섯째, 제품원가계산에 이용할 수 있다. 표준원가는 제품수량에 단위당 표준원가를 곱하여 산출한 것이기 때문에 매출원가나 기말재고자산의 금액을 계산하는 데 용이하다. 특히 표준원가를 사용할 경우 거래의 기장업무를 감소시킬 수 있지만, 실제치와 표준치와의 차이는 기말에 조정해 주어야 한다.

2.2 표준원가의 종류

표준은 사전에 객관적이고 합리적인 방법에 의해 산정되어야 한다. 표준을 어떻게 설정하느냐에 따라 조직구성원들에게 미치는 영향이 다를 수 있기 때문이다. 따라서 일반적으로 노력해도 달성하기 어려운 이상적인 표준보다는 현실적인 표준이 많이 이용된다. 표준은 대개 이상적 표준, 정상적 표준, 그리고 현실적 표준으로 구분할 수 있다.

이상적 표준은 이상적인 작업조건하에서 달성될 수 있는 표준이다. 어떠한 기계고장이나 작업중단이 허용되지 않으며 작업자들의 휴식시간 등도 고려되지 않는다. 고도로 숙련된 작업자들이 100% 능력을 다 발휘하고 작업환경도 최상의 조건을 가정한다. 따라서 이론적 표준 혹은 공학적 표준이라 불리기도 한다. 이상적 표준은 현실적으로 달성하기가 불가능한 목표치이다.

정상적 표준은 정상적인 조업수준이나 능률수준에 대하여 설정된 표준이다. 여기서 정상이란 경영활동에서 이상 또는 우발적인 상황을 제거한 것이다. 정상적인 표준은 비교적 장기간의 과거 실적치를 통계적으로 평균화하여 미래의 예상추세를 가미하여 결정된다. 따라서 경제상황이 비교적 안정된 경우 재고자산가액과 매출원가계산에 가장 적합하며, 원가관리를 위한 성과평가의 척도가 될 수 있다.

현실적 표준은 능률적인 작업조건하에서 평균적인 근로자가 합리적인 노력으로 달성가능한 표준이다. 정상적인 감손, 공손, 기계고장, 그리고 작업자의 여유시간 등을 허용한다. 따라서 이상적인 표준보다는 어느 정도 여유가 있으며, 작업자들이 정상적인 노력을 한다면 달성가능한 표준이다. 현실적 표준과 실제원가의 차이는 현실에서 벗어난 비효율로 볼 수 있기 때문에 경영자의 주의를 환기시키는 데 매우 유용하다고 볼 수 있다.

2.3 표준원가의 설정

표준원가계산을 실시하기 위해서는 먼저 표준원가를 설정해야 하는데, 표준원가는 제품원가의 3요소인 직접재료원가와 직접노무원가 그리고 제조간접원가에 대한 수량표준과 가격표준으로 설정된다. 수량표준은 제품 1단위를 생산하는 데 필요한 생산요소의 양을 말한다. 예를 들어, TV 1대를 생산하는 데 직접작업시간이 2시간 소요될 것으로 표준을 설정하는 것이다. 가격표준은 생산요소 1단위를 투입하는 데 얼마만큼의 금액이 발생하는지 화폐단위로 표시한 것이다. 예를 들어, TV를 생산하는 데 직접작업시간당 ₩10,000의 직접노무원가가 발생할 것이라고 설정하는 것이다. 따라서, 표준원가는 수량표준과 가격표준의 곱으로 나타나게 된다. 표준원가는 (식 11-1)과 같이 설정되며, 표준원가의 설정 예를 보면 [예제 11-1]과 같다.

$$\text{표준원가} = \text{수량표준} \times \text{가격표준} \quad \text{(식 11-1)}$$

일반적으로 표준원가는 각 원가요소별로 나누어 설정한다. 즉, 제품단위당 표준원가는 직접재료원가, 직접노무원가, 제조간접원가 각각에 대하여 위와 같이 수량표준과 가격표준을 곱하여 계산한 금액을 모두 합한 것이다. 이를 구체적으로 살펴보면 다음과 같다.

첫째, 직접재료원가에 대한 표준설정은 투입되는 재료의 수량표준과 가격표준에 의해 이루어진다. 이때 가격표준은 재료의 구매금액뿐만 아니라 부대비용과 수량할인 등을 고려하여야 한다. 수량표준은 일반적으로 재료명세서(bill of materials : BOM)에 의해 산출된다. 재료명세서는 완제품 한 단위 생산에 투입되는 각 원재료의 종류와 수량을 기록한 목록이다. 이때 정상적인 공손이나 작업폐물 등을 고려하여 표준을 설정하여야 할 것이다. 따라서 제품 1단위 생산에 필요한 직접재료의 표준수량과 직접재료 1단위당 가격표준을 곱하여 직접재료원가의 표준원가를 산출한다.

단위당 표준직접재료원가 = 단위당 표준원재료수량 × 원재료 단위당 표준가격
(표준원가) (수량표준) (가격표준)

둘째, 직접노무원가의 표준설정은 표준작업시간과 표준임률에 의해 이루어진다. 표준작업시간은 제품 1단위를 완성하는 데 투입되는 직접작업시간을 말하며, 종업원의 휴식시간이나 청소, 작업준비 등을 고려하여 결정된다. 시간당 표준임률은 종업원들의 임금뿐만 아니라 세금이나 복리후생비 등을 고려하여 결정된다. 따라서 제품 1단위 생산에 투입되는 직접작업시간의 표준시간과 직접작업시간 1시간당 표준임률을 곱하여 직접노무원가의 표준원가를 산출한다.

단위당 표준직접노무원가 = 단위당 표준직접노동시간 × 시간당 표준임률
(표준원가) (수량표준) (가격표준)

셋째, 제조간접원가의 표준설정이다. 제조간접원가는 그 구성항목이 매우 많으므로 각각의 구성항목별로 표준을 설정하는 것은 그에 소요되는 비용에 비하여 효익이 별로 크지 않다. 따라서 각각의 구성항목별로 표준원가를 설정하지 않고 원가행태에 따라 크게 변동제조간접원가와 고정제조간접원가의 두 가지로 나누어 표준원가를 설정하는 것이 일반적이다. 이 중 변동제조간접원가의 표준을 설정하기 위해서는 변동제조간접원가의 발생을 논리적으로 가장 잘 설명해 줄 수 있는 배부기준을 선택해야 한다. 예를 들

어, 노동집약적인 형태의 기업에서는 직접노동시간이, 그리고 자본집약적인 형태의 기업에서는 기계사용시간이 변동제조간접원가와 적절한 인과관계를 가질 것이므로 이들을 각각 배부기준으로 선정하는 것이 바람직하며, 전통적으로는 직접노동시간을 배부기준으로 많이 사용하였다.

변동제조간접원가의 표준설정은 표준조업도(표준작업시간)와 표준배부율로 이루어진다. 여기에서 변동제조간접원가는 말 그대로 제조간접원가 중에서 변동원가만을 말한다. 표준작업시간은 기계작업시간, 컴퓨터 사용시간, 직접노동시간 등 시간기준으로 제조간접원가를 배부하는 무엇이든지 사용될 수 있다. 표준배부율은 직접노무원가의 표준임률과 동일한 것으로 시간기준으로 설정된 표준이다. 따라서 제품 1단위 생산에 투입되는 표준작업시간과 작업시간 1시간당 표준배부율을 곱하여 변동제조간접원가의 표준원가를 설정한다.

단위당 표준변동제조간접원가	=	단위당 표준조업도	×	배부기준 단위당 표준배부율
(표준원가)		(수량표준)		(가격표준)

반면에 고정제조간접원가의 경우에는 변동제조간접원가와는 달리 관련범위 내에서는 조업도 변동에 영향을 받지 않는다. 즉, 고정제조간접원가는 원가행태상 조업도에 관계없이 항상 일정하므로 제품에 배부되는 고정제조간접원가의 배부율은 기준조업도에 따라 변동한다. 따라서 제품단위당 표준고정제조간접원가는 제품단위당 표준조업도와 배부기준 단위당 표준배부율을 곱하여 계산한다. 이때, 제조간접원가 배부를 위한 기준조업도와 실제 달성된 조업도가 일치하지 않을 경우 그에 따른 제조간접원가 배부차이의 문제가 발생하게 된다.

단위당 표준고정제조간접원가	=	단위당 표준조업도	×	배부기준 단위당 표준배부율
(표준원가)		(수량표준)		(가격표준)

예제 11-1

오대산㈜는 북앤드를 생산·판매하고 있으며, 최근 표준원가계산제도를 도입하기 위한 작업을 진행하고 있다. 표준원가 설정을 위한 분석결과에 따르면 북앤드 1단위를 생산하기 위해서는 3kg의 직접재료가 투입되며, 직접재료의 표준구입가격은 1kg에 ₩400으로 예상된다. 또한 직접노동시간은 제품 단위당 2시간이 투입되며, 시간당 표준임률은 ₩500으로 예상된다. 그리고 변동제조간접원가는 직접노동시간을 기준으로 배부하며, 변동제조간접원가의 직접노동시간당 표준배부율은 ₩200으로 예상되며, 고정제조간접원가의 직접노동시간당 표준배부율은 ₩300으로 예상되었다.

(요구사항)

제품단위당 표준원가를 설정하시오.

(해 답)

	수량표준	가격표준	표준원가
직접재료원가	3kg	₩400/kg	₩1,200
직접노무원가	2시간	500/시간	1,000
변동제조간접원가	2시간	200/시간	400
고정제조간접원가	2시간	300/시간	600
제품단위당 표준원가			₩3,200

03 차이분석

3.1 차이분석의 기본모형

앞에서 표준을 가격과 수량 두 가지 범주로 구분하였다. 그 이유는 첫째, 일반적으로 가격과 수량에 대한 통제의사결정이 서로 다른 시점에서 이루어지며, 둘째는 통제에 대한 책임담당자가 서로 다르기 때문이다. 예를 들어, 원재료의 경우 가격에 대한 통제는 구매시점에서 이루어지는 반면에 수량에 대한 통제는 원재료가 생산라인에 투입된 후에 이루어지게 된다. 원재료가 구입과 동시에 생산라인에 투입되는 것이 아니기 때문이다. 또한 원재료의 구매가격에 대한 통제책임은 구매담당자에게 있지만, 원재료를 생산라인에서 효율적으로 활용하는 통제책임은 생산담당자에게 있기 때문이다. 따라서 표준원가의 차이분석을 위해서는 가격과 수량표준을 구분하여 사용한다. [도표 11-1]과 같은 차이분석의 기본모형도 이러한 틀에서 나온 것이다.

[도표 11-1]에서 보는 바와 같이 차이분석의 기본모형을 통해 직접재료원가, 직접

[도표 11-1] 차이분석의 기본모형

실제원가	실제투입량에 의한 표준원가	실제생산량에 허용된 표준원가
실제투입량×실제가격 (AQ×AP)	실제투입량×표준가격 (AQ×SP)	표준허용수량*×표준가격 (SQ×SP)

가격차이(직접재료원가)
임률차이(직접노무원가)
소비차이(변동제조간접원가)

수량차이(직접재료원가)
능률차이(직접노무원가)
능률차이(변동제조간접원가)

총차이(원가차이)

* : 표준허용수량은 실제생산량에 허용된 수량을 의미하며, 실제생산량×표준수량으로 산출한다.

노무원가, 그리고 변동제조간접원가에 대한 차이분석을 모두 계산할 수 있다. 표준원가의 차이는 실제원가와 실제생산량에 허용된 표준원가와의 총차이에 의해 산출된다. 이러한 원가차이는 크게 가격차이와 수량차이(혹은 능률차이) 두 가지로 구분된다. 그러나 각 원가의 성격에 따라 그 차이의 이름이 서로 다르다. 직접재료원가에 대해서는 가격차이와 수량차이, 직접노무원가는 임률차이와 능률차이, 그리고 변동제조간접원가는 소비차이와 능률차이로 각각 불린다. 고정제조간접원가는 예산차이와 조업도차이로 구분되는데, 고정제조간접원가는 그 특성에 있어 다른 원가와 차이가 있기 때문에 후에 다시 논의하기로 한다.

3.2 직접재료원가의 차이분석

직접재료원가의 차이는 실제 발생한 직접재료원가와 실제생산량에 허용된 표준직접재료원가의 차이를 말한다. 이때 발생된 총차이는 가격차이와 수량차이로 구분된다. [예제 11-2]를 통해 직접재료원가의 차이분석을 해 보자.

예제 11-2

오대산㈜는 20×1년 5월에 1,000단위의 북앤드를 생산하였다. 이를 위해 3,500kg의 재료를 ₩1,365,000에 구입하였으며, 그 가운데 3,200kg을 제품생산에 투입하였다. 직접재료의 표준수량은 3.0kg이며, 표준가격은 ₩400이다. 단, 직접재료의 기초재고는 없는 것으로 가정한다.

(요구사항)

직접재료원가의 차이분석을 하시오.

(해 답)

실제투입량×실제가격 (AQ×AP)	실제투입량×표준가격 (AQ×SP)	표준허용수량×표준가격 (SQ×SP)
3,200kg×₩390[a)] =₩1,248,000	3,200kg×₩400 =₩1,280,000	3,000kg[b)]×₩400 =₩1,200,000

가격차이 ₩32,000(F)　　　수량차이 ₩80,000(U)

총차이 ₩48,000(U)

a) ₩1,365,000÷3,500kg=₩390　　b) 1,000단위×단위당 3.0kg=3,000kg

[예제 11-2]를 보면 직접재료원가의 총차이는 ₩48,000이며, 이것은 두 가지로 분리되는데 가격차이가 ₩32,000이며 수량차이가 ₩80,000이다. 가격차이와 수량차이의 합이 ₩112,000이지만 총차이가 ₩48,000이 되는 것은 F와 U로 표시되는 유리한 차이(favorable variance; F)와 불리한 차이(unfavorable variance; U)가 있기 때문이다. 즉, 실제가격 또는 수량이 표준가격 또는 수량을 초과하면 불리한 차이가 되고, 반대의 경우 유리한 차이가 된다. 따라서 유리한 차이인 가격차이 ₩32,000과 불리한 차이인 수량차이 ₩80,000을 서로 상쇄시키면 불리한 총차이 ₩48,000이 남게 된다. 일반적으로 가격차이와 수량차이 간에는 상충관계가 존재하게 된다. 예를 들어, 질이 낮은 값싼 원재료를 사용하면 직접재료원가의 가격차이는 유리하게 나타나지만, 그로 인해 직접재료원가 수량차이는 불리하게 나타난다. 직접재료원가 차이분석을 그림으로 나타내면 [도표 11-2]와 같다.

직접재료원가의 가격차이가 발생하는 원인은 원재료시장의 공급과 수요의 차이, 구매담당자의 업무능력, 표준설정시 표준재료의 품질수준과 실제 구입한 원재료의 품질 차이, 구입처의 변경 등이 있다. 수량차이가 발생하는 원인은 생산과정에서 원재료의 비효율적 사용, 표준설정시의 원재료 품질과의 차이, 점진적인 기술혁신 등이 그 원인이 될 수 있다. 그러나 정상적인 상황에서도 차이는 발생하게 된다. 그 차이가 관리범위 내에 있다면 크게 중요하지 않다고 보아야 한다. 만약 구매담당자가 가격차이에 대한 책임감을 너무 지나치게 느낀다면 품질이 낮은 원재료를 구매할 가능성이 있다. 이

[도표 11-2] 직접재료원가차이의 분해

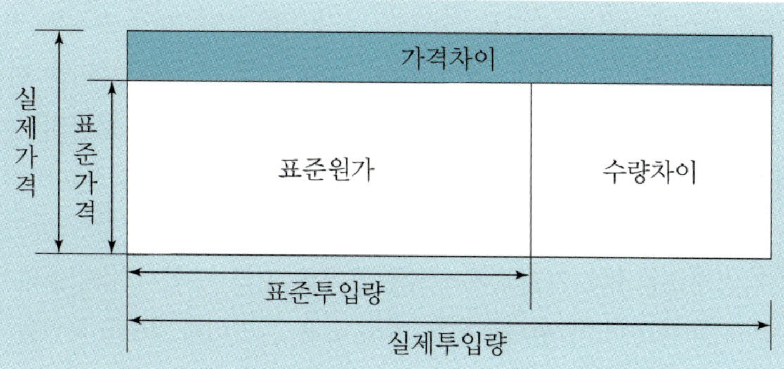

는 완제품의 품질이 떨어지는 원인이 될 수 있기 때문에 주의가 필요하다. 표준원가제도를 종업원들을 비판하거나 과도하게 통제하는 데 사용해서는 안 된다. 직접재료원가 가격차이는 다시 순수가격차이와 가격·수량혼합차이로 구분된다. 이러한 순수가격차이와 가격·수량혼합차이를 [도표 11-3]으로 나타낼 수 있다.

[도표 11-3] 직접재료원가 순수가격차이와 가격·수량혼합차이의 분해

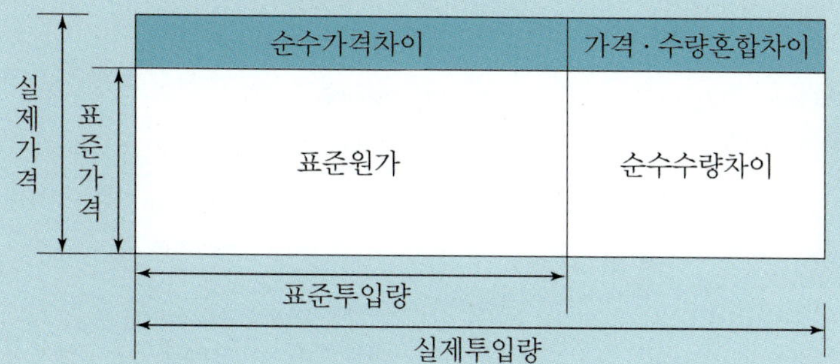

$$
\begin{aligned}
\text{직접재료원가 가격차이} &= AQ \times (AP - SP) \\
&= \{SQ + (AQ - SQ)\} \times (AP - SP) \\
&= \underbrace{SQ \times (AP - SP)}_{\text{순수가격차이}} + \underbrace{(AQ - SQ) \times (AP - SP)}_{\text{가격·수량혼합차이}}
\end{aligned}
$$

한편 여기서 살펴보아야 할 또 다른 문제는 차이의 분리시점을 언제로 하느냐이다. 앞서도 언급하였지만 직접재료의 경우 구매시점과 소비시점(생산시점)이 서로 다르기

때문에 차이분석을 언제로 할 것인가에 따라 결과가 달라진다. 관리적인 입장에서 보면 가능한 한 빨리 차이분석을 실시하는 것이 좋을 것이다. 경영자가 가능한 한 빨리 통제 정보를 획득하여 주의를 환기시킬 수 있으며, 그에 대한 조치를 가능한 한 빨리 취할 수 있기 때문이다. 만약 원재료의 재고가 오랜 기간 동안 창고에 보관되어 있을 때 차이분석의 시점을 분리하지 않으면 수개월이 지난 후에야 가격차이 분석이 가능하게 될 것이다.

따라서 직접재료원가의 가격차이와 수량차이를 각각 구입시점과 소비시점으로 구분하여 차이분석을 하는 것이 원가통제를 위해 유용할 것이다. 또한 시점을 분리함으로써 표준원가로 원재료를 원재료재고 계정에 전기할 수도 있다. 이는 재료원가의 기장업무와 계산과정을 단순화시키게 된다. 원재료를 구입시점에서 직접재료원가의 가격차이를 분리하는 경우 직접재료의 가격차이는 구입수량을 기초로 금액을 산출하고, 수량차이는 생산라인에 투입수량을 기초로 산출하면 된다. [예제 11-2]는 구입시점과 소비시점이 동일하다는 가정하에서 차이분석한 것인데, 이를 구입시점과 생산시점으로 구분하여 차이분석을 하면 [도표 11-4]와 같다.

[도표 11-4] 직접재료원가의 시점별 차이분석

실제투입량×실제가격	실제투입량×표준가격
(AQ×AP)	(AQ×SP)
3,500kg×₩390	3,500kg×₩400
=₩1,365,000	=₩1,400,000

가격차이
₩35,000(F)

실제투입량×표준가격	표준허용수량×표준가격
(AQ×SP)	(SQ×SP)
3,200kg×₩400	3,000kg×₩400
=₩1,280,000	=₩1,200,000

수량차이
₩80,000(U)

표준원가의 회계처리에 대해서 알아보자. 회계처리는 원재료의 구입시점과 투입시점을 구분하느냐 여부에 따라 달라진다. 시점을 구분하는 경우 원재료를 구입할 때 표준원가로 재료계정 차변에 기록하고, 실제구입가격과의 차이는 가격차이계정으로 처리한다. 이 경우 재료계정은 항상 표준원가로 기록된다. 표준원가 차이분석에서 불리한 차이는 비용의 성격을 갖기 때문에 차변에 기록하며, 유리한 차이는 수익의 성격을 갖기 때문에 대변에 기록한다. 시점을 구분하지 않는 경우 원재료구입시에는 구입에 대한 분개만 하면 된다. 원재료가 투입될 때 재료의 가격차이와 수량차이가 인식된다. 이 경우 원재료계정에는 항상 실제원가로 기록된다. 앞의 예제를 이용하여 회계처리하면 다음과 같다.

〈시점 구분하는 경우〉

원재료구입시

(차) 원 재 료	1,400,000	(대) 현 금	1,365,000
		직접재료 가격차이	35,000

원재료투입시

(차) 재 공 품	1,200,000	(대) 원 재 료	1,280,000
직접재료 수량차이	80,000		

〈시점 구분하지 않는 경우〉

원재료구입시

(차) 원 재 료	1,365,000	(대) 현 금	1,365,000

원재료투입시

(차) 재 공 품	1,200,000	(대) 원 재 료	1,248,000
직접재료 수량차이	80,000	직접재료 가격차이	32,000

3.3 직접노무원가의 차이분석

직접노무원가의 차이분석도 직접재료원가와 마찬가지로 실제 발생한 직접노무원가와 실제생산량에 허용된 표준직접노무원가의 차이로 설명된다. 이때 발생된 총차이는 임률차이와 능률차이로 구분된다. [예제 11-3]을 통해 직접노무원가의 차이분석을 해보자.

예제 11-3

오대산㈜는 20×1년 5월 한 달 동안 1,000단위의 북앤드를 생산하기 위해 1,900시간의 직접노동시간을 사용하였으며, 직접노무원가 실제발생액은 ₩1,026,000(시간당 ₩540)이었다. 북앤드의 표준직접작업시간은 단위당 2시간이며, 표준임률은 시간당 ₩500이다.

(요구사항)

직접노무원가에 대한 차이분석을 하시오.

(해 답)

실제투입시간×실제임률 (AQ×AP)	실제투입시간×표준임률 (AQ×SP)	표준허용시간×표준임률 (SQ×SP)
1,900시간×₩540 = ₩1,026,000	1,900시간×₩500 = ₩950,000	2,000시간[a]×₩500 = ₩1,000,000

임률차이 ₩76,000(U)　　　능률차이 ₩50,000(F)

총차이 ₩26,000(U)

a) 1,000단위×2시간=2,000시간

직접노무원가의 임률차이가 발생하는 원인은 높은 임률의 숙련작업자가 비숙련작업을 하거나 낮은 임률의 작업을 할 경우 등이다. 또한 직접노무원가의 능률차이가 발생하는 원인은 작업자의 숙련도 차이, 즉 비숙련작업자의 작업에 숙련작업자가 투입되어 생산성이 높아지거나, 작업시간이 정상적인 경우보다 많이 소요된 경우, 감독소홀 등이다. 일반적으로 임률차이는 인사부서에서 책임을 지며, 능률차이는 생산부서에서 책임을 진다. 그러나 이들 사이에도 상충관계가 존재하게 되는데, 예를 들어 비숙련공을 고용하면 직접노무원가의 임률차이는 유리하게 나타나지만, 능률차이는 불리하게 나타날 수 있다.

예제의 내용을 회계처리하면 다음과 같다.

발생시

(차)	직접노무원가	1,026,000	(대) 현　　금	1,026,000

대체시

(차)	재 공 품	1,000,000	(대) 직접노무원가	1,026,000
	직접노무원가 임률차이	76,000	직접노무원가 능률차이	50,000

3.4 변동제조간접원가의 차이분석

변동제조간접원가의 차이분석은 직접재료원가나 직접노무원가의 차이분석과 마찬가지로 실제 발생한 변동제조간접원가와 실제생산량에 허용된 표준변동제조간접원가의 차이로 설명될 수 있다. 이때 발생된 총차이는 소비차이와 능률차이로 구분된다. [예제 11-4]를 통해 변동제조간접원가의 차이분석을 해 보자.

예제 11-4

오대산㈜는 20×1년 5월 한 달 동안 실제 발생한 변동제조간접원가는 수도광열비 ₩219,000과 특허권 사용료 ₩180,000이며, 모두 현금지급하였다. 실제 생산량은 1,000단위며, 실제 직접노동시간은 1,900시간이다. 표준직접노동시간은 단위당 2시간이며, 표준배부율은 시간당 ₩200이다.

(요구사항)

변동제조간접원가에 대한 차이분석을 하시오.

(해 답)

실제투입시간×실제배부율 (AQ×AP)	실제투입시간×표준배부율 (AQ×SP)	표준허용시간×표준배부율 (SQ×SP)
1,900시간×₩210[a]	1,900시간×₩200	2,000시간[b]×₩200
=₩399,000	=₩380,000	=₩400,000

소비차이 ₩19,000(U)　　능률차이 ₩20,000(F)

총차이 ₩1,000(F)

a) ₩399,000÷1,900시간=₩210　b) 1,000단위×2시간=2,000시간

변동제조간접원가의 소비차이와 능률차이가 발생하는 원인은 변동제조간접원가의 실제배부율과 표준배부율이 다를 경우, 변동제조간접원가의 표준배부율을 잘못 산정한 경우(이 경우는 제조간접원가 속에 서로 다른 원가행태를 보이는 많은 항목들이 포함되어 있기 때문임), 변동제조간접원가에 속한 원가항목들을 능률적으로 혹은 비능률적으로 사용한 경우 등이다.

예제의 내용을 회계처리하면 다음과 같다.

발생시

(차)	수도광열비	219,000	(대)	현 금	399,000
	특허권 사용료	180,000			

대체시

(차)	변동제조간접원가	399,000	(대)	수도광열비	219,000
				특허권 사용료	180,000

배부시

(차)	재 공 품	400,000	(대)	변동제조간접원가	399,000
	변동제조간접원가 소비차이	19,000		변동제조간접원가 능률차이	20,000

3.5 고정제조간접원가의 차이분석

고정제조간접원가는 앞서 분석한 직접재료원가, 직접노무원가, 그리고 변동제조간접원가와는 아주 다른 원가행태를 보여준다. 즉, 고정제조간접원가는 관련범위 내에서 산출량에 관계없이 일정하게 발생하는 원가이다. 따라서 효율적으로 관리한다고 하더라도 고정제조간접원가의 발생금액은 변화가 없다. 그 결과 고정제조간접원가에서는 능률차이가 인식되지 않는다. 실제발생액과 예산총액을 비교하여 그 차이를 전부 예산차이로 인식한다. 다만 고정제조간접원가 차이분석에서는 표준배부율을 산정할 때 사용되는 기준조업도와 표준조업도의 차이에 의해서 고정제조간접원가 조업도차이가 발생한다. 고정제조간접원가의 차이분석 기본모형을 보면 [도표 11-5]와 같다.

[도표 11-5]를 보면 기준조업도와 표준조업도가 나오는데 기본모형을 이해하려면 두 조업도의 의미를 이해하고 있어야 한다. 기준조업도는 고정제조간접원가 예정배부율을 구하기 위해 미리 설정해 놓은 예산조업도를 말한다. 기준(예산)조업도는 주로 직접노동시간 예산이나 직접노무원가 예산, 기계작업시간 예산 혹은 생산량 예산 등이 많이 사용된다. 예를 들어, 고정제조간접원가 예산금액이 ₩720,000이고, 직접노동시간 예산

[도표 11-5] 고정제조간접원가의 차이분석 기본모형

실제발생액	고정제조간접원가예산	고정제조간접원가배부액
(실제조업도×실제배부율)	(기준조업도×표준배부율)	(표준조업도×표준배부율)

예산차이 (실제발생액 − 고정제조간접원가예산)

조업도차이 (고정제조간접원가예산 − 고정제조간접원가배부액)

총차이 (예산차이 + 조업도차이)

이 2,400시간이라면 고정제조간접원가의 표준(예정)배부율은 직접노동시간당 ₩300이며, 이때 직접노동시간 예산이 기준조업도가 된다. 기준조업도는 한번 선택되면 일정기간 동안 변동되지 않는다. 왜냐하면 그 기간 동안 생산된 제품에 배부되는 제조간접원가 금액이 안정적이어야 하기 때문이다. 표준조업도는 실제 산출량에 허용된 조업도 수준, 즉 표준허용조업도를 말한다. 고정제조간접원가 표준배부율은 (식 11-2)와 같이 산출되며, [예제 11-5]를 통해 좀 더 구체적으로 살펴보기로 하자.

$$\text{고정제조간접원가 표준(예정)배부율} = \frac{\text{고정제조간접원가 예산}}{\text{기준조업도}} \quad \text{(식 11-2)}$$

예제 11-5

오대산㈜의 20×1년 5월 한 달 동안의 고정제조간접원가 예산은 ₩720,000이며, 예산조업도는 2,400시간이다. 제품 1단위당 표준직접노동시간은 2시간이며, 고정제조간접원가 실제발생액은 감가상각비 ₩300,000, 임차료 ₩200,000, 그리고 보험료 ₩180,000이다. 제품의 실제 생산수량은 1,000단위이다.

(요구사항)

1. 고정제조간접원가의 표준배부율은 얼마인가?
2. 기준조업도는 얼마인가?
3. 표준조업도는 얼마인가?

(해 답)

1. 고정제조간접원가 표준배부율 = 고정제조간접원가 예산 ÷ 예산조업도(기준조업도)
   = ₩720,000 ÷ 2,400시간 = ₩300/시간
2. 기준조업도는 고정제조간접원가 예정배부율을 산정할 때의 예산조업도인 2,400시간임.
3. 표준조업도 = 실제생산량 × 표준직접노동시간
   = 1,000단위 × 2시간 = 2,000시간

기준조업도는 개별원가계산에서 예정배부율을 구할 때 사용한 분모의 값, 즉 예산조업도와 같다. 그리고 표준배부율은 고정제조간접원가 예산금액을 기준조업도로 나눈 값이다. 그리고 표준조업도는 실제생산량에 표준직접노동시간(혹은 직접노무원가, 기계작업시간 등)을 곱한 값이다. 이제 [예제 11-6]을 통해 고정제조간접원가의 차이분석을 해 보자.

예제 11-6

[예제 11-5]의 자료를 그대로 이용한다.

(요구사항)

고정제조간접원가의 차이분석을 하시오.

(해 답)

실제발생액	고정제조간접원가 예산	고정제조간접원가 배부액
(실제조업도×실제배부율)	(기준조업도×표준배부율)	(표준조업도×표준배부율)
	(2,400시간×₩300)	(2,000시간×₩300)
₩680,000	= ₩720,000	= ₩600,000

예산차이 ₩40,000(F)

조업도차이 ₩120,000(U)

총차이 ₩80,000(U)

예제의 내용을 회계처리하면 다음과 같다.

발생시

(차)	감가상각비	300,000	(대)	감가상각누계액	300,000
	임차료	200,000		현 금	380,000
	보험료	180,000			

대체시

(차)	고정제조간접원가	680,000	(대)	감가상각비	300,000
				임차료	200,000
				보험료	180,000

배부시

(차)	재공품	600,000	(대)	고정제조간접원가	680,000
	고정제조간접원가 조업도차이	120,000		고정제조간접원가 예산차이	40,000

[예제 11-6] 고정제조간접원가 차이분석의 결과를 도표를 통해 살펴보면 [도표 11-6]과 같다.

[도표11-6] 고정제조간접원가 차이분석

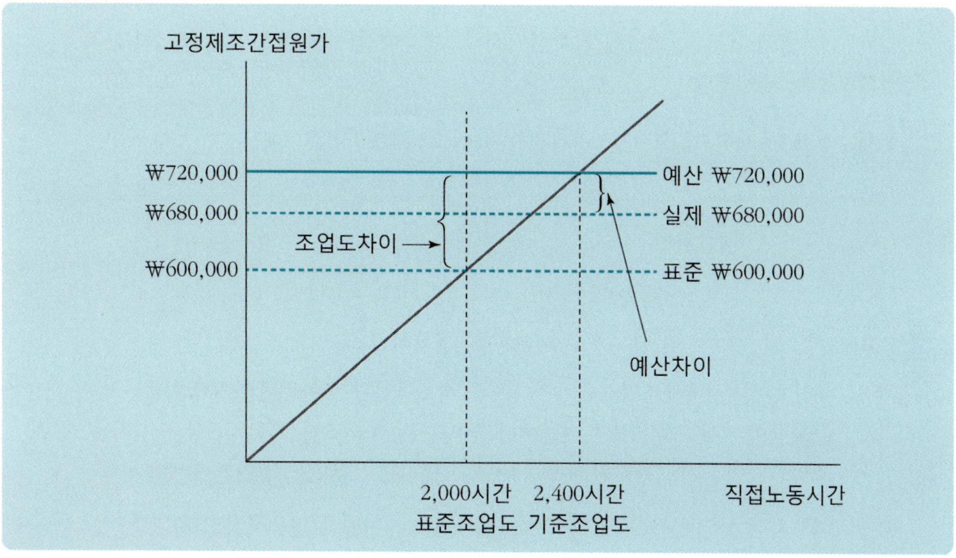

04 제조간접원가의 다양한 차이분석방법

제조간접원가의 차이분석은 크게 4분법, 3분법, 그리고 2분법으로 구분할 수 있다. 4분법은 앞서 살펴본 변동제조간접원가의 소비차이와 능률차이, 고정제조간접원가의 예산차이와 조업도차이 분석방법을 그대로 이용하면 된다. 3분법은 차이분석에서 예산차이, 능률차이, 그리고 조업도차이 세 가지로 구분된다. 변동제조간접원가의 소비차이와 고정제조간접원가의 예산차이를 합쳐 예산차이라고 하고, 능률차이, 조업도차이를 각각 구분하여 차이분석한 것이다. 2분법은 차이분석에서 예산차이와 조업도차이 두 가지로 구분된다. 3분법에서의 예산차이와 능률차이를 합쳐 예산차이라고 하고, 조업도차이를 분석하는 방법이다. 3분법과 2분법의 차이분석 기본모형을 보면 [도표 11-7]과 같다.

[도표 11-7] 2분법과 3분법의 차이분석 기본모형

실제발생	변동예산(투입기준)	변동예산(산출기준)	표준배부액
실제변동제조간접원가	AQ×SP	SQ×SP	SQ×SP
+	+	+	+
실제고정제조간접원가	고정제조간접원가예산	고정제조간접원가예산	SQ×SP
×××	×××	×××	×××

3분법 예산차이 능률차이 조업도차이

2분법 (변동)예산차이 조업도차이

총차이 제조간접원가차이

3분법 예산차이 = 실제제조간접원가 발생액 − 제조간접원가 변동예산(투입기준)
능률차이 = 제조간접원가 변동예산(투입기준) − 제조간접원가 변동예산(산출기준)
조업도차이 = 제조간접원가 변동예산(산출기준) − 제조간접원가 표준배부액

2분법 예산차이 = 실제제조간접원가 발생액 − 제조간접원가 변동예산(산출기준)
조업도차이 = 제조간접원가 변동예산(산출기준) − 제조간접원가 표준배부액

예제 11-7

오대산㈜는 대학교재를 출판하고 있으며, 20×1년 대학교재의 단위당 표준원가는 다음과 같이 설정되었다.

	수량표준	가격표준	표준원가
직접재료원가	4kg	₩1,000	₩4,000
직접노무원가	10시간	500	5,000
변동제조간접원가	10시간	300	3,000
고정제조간접원가	10시간	200	2,000
단위당 표준원가			₩14,000

월기준조업도는 1,500단위이다. 월고정제조간접원가 예산은 ₩3,000,000이다. 20×1년 5월 실제생산량은 1,600단위였으며, 원재료 6,500kg을 kg당 ₩1,100에 구입하여 6,200kg을 생산에 투입하였다. 직접노무원가는 ₩7,800,000이 발생하였고, 실제 직접노동시간은 15,000시간이었다. 제조간접원가는 변동제조간접원가 ₩4,650,000과 고정제조간접원가 ₩3,300,000이 발생하였다. 기초재고는 없는 것으로 가정한다.

(요구사항)

1. 20×1년 5월의 직접재료원가의 차이분석을 하시오(시점을 분리할 것).
2. 20×1년 5월의 직접노무원가의 차이분석을 하시오.
3. 4분법으로 20×1년 5월의 제조간접원가 차이를 분석하시오.
4. 3분법과 2분법으로 20×1년 5월의 제조간접원가 차이를 분석하시오.
5. 제조간접원가 차이를 4분법, 3분법, 2분법으로 분석한 결과를 비교하시오.

(해　답)

1. 직접재료원가 차이분석

실제구입량×실제가격 (AQ×AP)	실제구입량×표준가격 (AQ×SP)
6,500kg×₩1,100 = ₩7,150,000	6,500kg×₩1,000 = ₩6,500,000
가격차이 ₩650,000(U)	

실제구입량×표준가격 (AQ×SP)	표준허용수량×표준가격 (SQ×SP)
6,200kg×₩1,000 = ₩6,200,000	6,400kg[a)]×₩1,000 = ₩6,400,000
수량차이 ₩200,000(F)	

a) 1,600단위×4kg=6,400kg

2. 직접노무원가 차이분석

실제투입시간×실제임률 (AQ×AP)	실제투입시간×표준임률 (AQ×SP)	표준허용시간×표준임률 (SQ×SP)
15,000시간×₩520[a)] = ₩7,800,000	15,000시간×₩500 = ₩7,500,000	16,000시간[b)]×₩500 = ₩8,000,000
임률차이 ₩300,000(U)	능률차이 ₩500,000(F)	
총차이 ₩200,000(F)		

a) ₩7,800,000÷15,000시간=₩520/시간　b) 1,600단위×10시간=16,000시간

3. 4분법 제조간접원가 차이분석

① 변동제조간접원가 차이분석

실제투입시간×실제배부율 (AQ×AP)	실제투입시간×표준배부율 (AQ×SP)	표준허용시간×표준배부율 (SQ×SP)
	15,000시간×₩300	16,000시간×₩300
=₩4,650,000	=₩4,500,000	=₩4,800,000

소비차이 ₩150,000(U) / 능률차이 ₩300,000(F)

총차이 ₩150,000(F)

② 고정제조간접원가 차이분석

실제발생액 (실제조업도×실제배부율)	고정제조간접원가 예산 (기준조업도×표준배부율)	고정제조간접원가 배부액 (표준조업도×표준배부율)
	(15,000시간×₩200[a])	(16,000시간×₩200)
=₩3,300,000	=₩3,000,000	=₩3,200,000

예산차이 ₩300,000(U) / 조업도차이 ₩200,000(F)

총차이 ₩100,000(U)

a) ₩3,000,000÷15,000시간=₩200

4. 3분법 제조간접원가 차이분석

실제발생	변동예산(투입기준)	변동예산(산출기준)	표준배부액
실제변동제조간접원가	AQ×SP	SQ×SP	SQ×SP
	15,000시간×₩300	160,000[a)]×₩300	16,000×₩300
₩4,650,000	=₩4,500,000	=₩4,800,000	=₩4,800,000
+	+	+	+
실제고정제조간접원가	고정제조간접원가 예산	고정제조간접원가 예산	SQ×SP
₩3,300,000	₩3,000,000	₩3,000,000	₩3,200,000[b)]
₩7,950,000	₩7,500,000	₩7,800,000	₩8,000,000

구분			
3분법	예산차이 ₩450,000(U)	능률차이 ₩300,000(F)	조업도차이 ₩200,000(F)
2분법	예산차이 ₩150,000(U)		조업도차이 ₩200,000(F)
총차이	제조간접원가차이 ₩50,000(F)		

a) 1,600단위×10시간=16,000시간　b) (1,600단위×10시간)×₩200=₩3,200,000

5. 4분법, 3분법, 2분법의 차이분석 결과비교

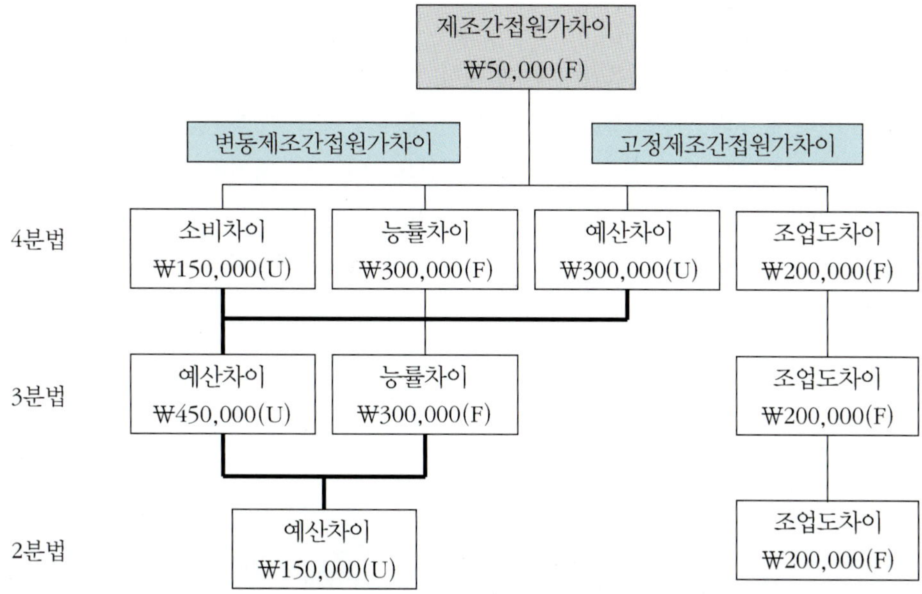

05 배합차이와 수율차이

5.1 의의

지금까지 원재료나 노동력 등 생산투입요소가 한 종류인 경우에 대한 차이분석을 살펴보았다. 그러나 현실적으로는 여러 가지 생산요소가 서로 혼합되어 하나의 제품을 생산하고 있다. 예를 들어, 화학제품의 경우 다양한 원재료의 배합비율을 달리하여 제품을 생산할 수 있으며, 이 경우 하나의 원재료는 다른 원재료를 서로 대체할 수 있다. 식료품가공업의 경우에도 원재료들 사이의 배합비율을 달리하여 제품을 생산할 수 있다. 이와 같이 다양한 원재료가 투입되어 제품이 생산되고, 원재료들 사이의 배합비율을 어느 정도 변경할 수 있는 경우 직접재료에 대한 차이분석은 보다 세분화하여 살펴볼 필요가 있다.

직접노무원가 차이분석에서도 모든 노동자의 숙련도와 임률이 동일한 상황에 대해서만 분석해 왔다. 하지만 실제 생산현장에는 20년 이상된 노동자와 갓 입사한 신입사원 등 노동자들 사이에 업무능률에 차이가 있으며, 이에 따라 임률에도 차이가 존재한다. 따라서 여기서는 두 가지 이상의 생산투입요소가 단일제품 생산에 투입될 때 차이분석방법을 알아보고자 한다.

이를 위해 먼저 배합비율과 수율에 대한 개념부터 이해해야 한다. 생산요소의 배합비율은 여러 종류의 생산요소를 투입하여 한 종류의 제품을 생산할 때 그 제품의 생산에 투입된 전체 생산요소 양 가운데 특정 생산요소의 양이 차지하는 비율을 말한다. 수율이란 생산요소의 투입량과 제품산출량의 비율을 말한다. 예를 들어, 설탕 20g과 밀가루 80g이 투입되어 90g의 과자 1개를 만들었다면 배합비율과 수율은 다음과 같이 산출된다.

$$\text{배합비율} = \frac{\text{특정 생산요소의 투입량}}{\text{전체 생산요소의 투입량}} \times 100\%$$

$$\text{배합비율} = \frac{80g}{20g + 80g} \times 100\% = 80\%(\text{밀가루})$$

$$\text{수율} = \frac{\text{제품 산출량}}{\text{전체 생산요소의 투입량}} \times 100\% = \frac{90g}{20g + 80g} \times 100\% = 90\%$$

5.2 재료원가의 배합차이와 수율차이

여기서는 여러 종류의 재료를 배합하여 제품을 생산하였을 때 얼마나 효율적으로 생산이 이루어졌는지를 분석한다. 앞서 직접재료원가의 차이분석에서 가격차이와 수량차이 두 가지로 구분하여 살펴보았다. 이 가운데 수량차이는 재료원가의 배합차이(mix variance)와 수율차이(yield variance)로 세분화할 수 있다. [예제 11-8]을 통해 구체적으로 살펴보자.

예제 11-8

붕어빵을 생산·판매하고 있는 오대산㈜의 제품생산과 관련된 자료는 다음과 같다.

	표준투입물량(1kg생산시)			실제투입물량		
원재료	물 량	kg당 가격	재료원가	물 량	kg당 가격	재료원가
밀가루	0.8kg	₩2,000	₩1,600	440kg	₩2,100	₩924,000
팥 소	0.2kg	4,000	800	90kg	3,800	342,000
합 계	1.0kg		₩2,400	530kg		₩1,266,000

원재료의 표준배합비율은 밀가루가 80%, 팥소가 20%이다. 20×1년 5월에 500kg의 붕어빵을 생산하였다. 단, 원재료의 재고는 없다.

(요구사항)

1. 직접재료원가의 가격차이와 수량차이를 산출하시오(시점분리 않음).
2. 직접재료원가의 배합차이와 수율차이를 산출하시오.

(해 답)

1. 직접재료원가의 가격차이와 수량차이

재 료	실제투입량×실제가격	실제투입량×표준가격	표준허용수량×표준가격
밀가루	440kg×₩2,100 =₩924,000	440kg×₩2,000 =₩880,000	400kg[a)]×₩2,000 =₩800,000
팥소	90kg×₩3,800 =₩342,000	90kg×₩4,000 =₩360,000	100kg[b)]×₩4,000 =₩400,000
합 계	₩1,266,000	₩1,240,000	₩1,200,000

가격차이 ₩26,000(U)　　수량차이 ₩40,000(U)

총차이 ₩66,000(U)

a) 500kg×0.8kg=400kg　b) 500kg×0.2kg=100kg

2. 직접재료원가의 배합차이와 수율차이

재 료	실제투입량×표준가격 실제투입량 실제배합, 표준가격	실제투입량×표준가격 실제투입량 표준배합, 표준가격	표준허용수량×표준가격 표준투입량 표준배합, 표준가격
밀가루	440kg×₩2,000 =₩880,000	424kg[a)]×₩2,000 =₩848,000	400kg×₩2,000 =₩800,000
팥소	90kg×₩4,000 =₩360000	106kg[b)]×₩4,000 =₩424,000	100kg×₩4,000 =₩400,000
합 계	₩1,240,000	₩1,272,000	₩1,200,000

배합차이 ₩32,000(F) 수율차이 ₩72,000(U)

수량차이 ₩40,000(U)

a) 530kg×80%=424kg b) 530kg×20%=106kg

재료원가의 배합차이가 유리하게 나타나는 이유는 대개 표준배합에 비해 실제원재료 사용에 있어서 상대적으로 값싼 원재료의 투입비율이 높고 비싼 원재료의 투입비율이 낮기 때문이다. 이 예에서는 상대적으로 값싼 밀가루의 표준배합비율은 80%인 데 비해 실제 배합비율은 83%(≒440kg/530kg)로 더 높아졌기 때문에 유리한 차이가 나타났다. 재료원가의 수율차이는 원재료의 실제투입량이 원재료의 표준투입량에 비해 많으면 불리하게 나타나고, 반대로 적으면 유리하게 나타난다. 이 예에서는 실제투입량은 530kg인 데 반해 표준투입량은 500kg(=500kg×1.0kg)이기 때문에 불리한 차이를 보이고 있다.

한 가지 유념할 것은 직접재료원가의 수량차이를 배합차이와 수율차이로 세분할 수 있었던 것은 복수의 원재료를 사용하고 있었기 때문이며, 또한 이질적인 원재료간의 상호대체가 가능하다는 것이 전제되어야 한다. 이 예에서 밀가루의 투입량을 높이고, 대신 팥소의 투입량을 줄임으로써 제품생산에 큰 영향이 없어야 한다는 것이다. 만약 상호대체가 가능하지 않을 경우 세분하는 것은 의미가 없다.

5.3 직접노무원가의 배합차이와 수율차이

직접노무원가의 배합차이와 수율차이를 계산하는 방법은 직접재료원가의 경우와 동일하다. 여기서는 여러 유형의 노동력의 배합을 얼마나 효율적으로 사용하였는지를 분석한다. 직접노무원가 차이분석에서도 배합차이와 수율차이를 구분해 낼 수 있다. [예제 11-9]를 통해 구체적으로 살펴보자.

예제 11-9

오대산㈜는 매니저와 아르바이트생을 통해 붕어빵을 생산하고 있으며, 20×1년 제품생산을 위해 노동시간은 다음과 같다.

	표준투입시간(1kg생산시)			실제투입물량		
노동력	표준시간	임 률	노무원가	실제시간	임 률	노무원가
매니저	1시간	₩3,000	₩3,000	600시간	₩2,900	₩1,740,000
알바생	3시간	1,500	4,500	1,200시간	1,600	1,920,000
합 계	4시간		₩7,500	1,800시간		₩3,660,000

20×1년 5월의 붕어빵 생산량은 500kg이었다.

(요구사항)

1. 직접노무원가의 임률차이와 능률차이를 산출하시오.
2. 직접노무원가의 배합차이와 수율차이를 산출하시오.

(해 답)

1. 직접노무원가의 임률차이와 능률차이

노동력	실제투입시간×실제임률	실제투입시간×표준임률	표준허용시간×표준임률
매니저	600×₩2,900=₩1,740,000	600×₩3,000=₩1,800,000	500[a]×₩3,000=₩1,500,000
알바생	1,200×₩1,600= 1,920,000	1,200×₩1,500= 1,800,000	1,500[b]×₩1,500= 2,250,000
합 계	₩3,660,000	₩3,600,000	₩3,750,000

임률차이 ₩60,000(U)　　능률차이 ₩150,000(F)

총차이 ₩90,000(F)

a) 500kg×1시간=500시간　b) 500kg×3시간=1,500시간

2. 직접노무원가의 배합차이와 수율차이

	실제투입시간×표준임률		표준허용시간×표준임률
	실제투입시간	실제투입시간	표준투입시간
노동력	실제배합×표준임률	표준배합×표준임률	표준배합×표준임률
매니저	600×₩3,000=₩1,800,000	450[a]×₩3,000=₩1,350,000	500×₩3,000=₩1,500,000
알바생	1,200×₩1,500= 1,800,000	1,350[b]×₩1,500= 2,025,000	1,500×₩1,500= 2,250,000
합 계	₩3,600,000	₩3,375,000	₩3,750,000

배합차이 ₩225,000(U)　　수율차이 ₩375,000(F)

능률차이 ₩150,000(F)

a) 1,800시간×1/4=450시간　b) 1,800시간×3/4=1,350시간

노무원가의 배합차이가 불리하게 나타난 이유는 표준배합에 비해 실제 노동력 사용에 있어서 상대적으로 비싼 노동력의 투입비율이 높고 값싼 노동력의 투입비율이 낮기 때문이다. 이 예에서 비싼 매니저의 표준배합비율은 25%인 데 비해, 실제배합비율은 33.3%로 더 높아졌기 때문이다. 그런데 이 예에서 노무원가의 수율차이는 유리한 차이를 보이고 있다. 그 이유는 비싼 숙련노동력을 많이 투입함으로써 생산성이 그만큼 높아졌기 때문이다. 즉, 표준노동투입시간 2,000시간보다 적은 1,800시간의 실제노동시간을 투입하였다.

06 종합예제

오대산㈜는 장난감을 생산·판매하고 있으며, 제조간접원가는 직접노동시간을 기준으로 배부하고 있다. 최근 새롭게 설정한 제품 단위당 표준원가는 다음과 같다.

직접재료원가	5kg×₩500	₩2,500
직접노무원가	3시간×₩400	1,200
변동제조간접원가	3시간×₩200	600
고정제조간접원가	3시간×₩300	900

20×1년 5월 한 달 동안에 장난감 3,000단위를 생산하였으며, 월간 고정제조간접원가 예산액은 ₩3,000,000이며, 기준조업도는 월별로 직접노동시간을 기준으로 10,000시간이다. 20×1년 5월 실제 발생한 원가관련 자료는 다음과 같다.

- 원재료는 16,000kg을 kg당 ₩480에 구입하였으며, 15,500kg을 생산에 투입하였으며, 원재료 기초재고는 없는 것으로 가정한다.
- 직접노무원가 실제발생액은 ₩3,570,000이며, 실제 직접노동시간은 8,500시간이다.
- 변동제조간접원가와 고정제조간접원가의 실제발생액은 각각 ₩1,900,000과 ₩2,750,000이다.

(요구사항)

1. 20×년 5월의 직접재료원가 차이분석을 하시오(시점을 분리할 것).
2. 20×년 5월의 직접노무원가 차이분석을 하시오.
3. 20×년 5월의 변동제조간접원가 차이분석을 하시오.
4. 20×년 5월의 고정제조간접원가 차이분석을 하시오.

(해　답)

1. 직접재료원가 차이분석

실제투입량×실제가격	실제투입량×표준가격
(AQ×AP)	(AQ×SP)
16,000kg×₩480	16,000kg×₩500
=₩7,680,000	=₩8,000,000

가격차이
₩320,000(F)

실제투입량×표준가격	표준허용수량×표준가격
(AQ×SP)	(SQ×SP)
15,500kg×₩500	3,000×5kg×₩500
=₩7,750,000	=₩7,500,000

수량차이
₩250,000(U)

2. 직접노무원가 차이분석

실제투입시간×실제임률 (AQ×AP)	실제투입시간×표준임률 (AQ×SP)	표준허용시간×표준임률 (SQ×SP)
8,500시간×₩420[a]	8,500시간×₩400	9,000시간[b]×₩400
=₩3,570,000	=₩3,400,000	=₩3,600,000

임률차이 ₩170,000(U)　　능률차이 ₩200,000(F)

총차이 ₩30,000(F)

a) ₩3,570,000÷8,500시간=₩420/시간　b) 3,000단위×3시간=9,000시간

3. 변동제조간접원가 차이분석

실제투입시간×실제배부율 (AQ×AP)	실제투입시간×표준배부율 (AQ×SP)	표준허용시간×표준배부율 (SQ×SP)
	8,500시간×₩200	9,000시간[a]×₩200
=₩1,900,000	=₩1,700,000	=₩1,800,000

소비차이 ₩200,000(U)　　능률차이 ₩100,000(F)

총차이 ₩100,000(U)

a) 3,000단위×3시간=9,000시간

4. 고정제조간접원가 차이분석

실제발생액	고정제조간접원가 예산	고정제조간접원가 배부액
(실제조업도×실제배부율)	(기준조업도×표준배부율)	(표준조업도×표준배부율)
	(10,000시간×₩300[a])	(9,000시간[b]×₩300)
=₩2,750,000	=₩3,000,000	=₩2,700,000

예산차이 ₩250,000(F)　　조업도차이 ₩300,000(U)

총차이 ₩50,000(U)

a) ₩3,000,000÷10,000시간=₩300　b) 3,000단위×3시간=9,000시간

연습문제

EXERCISES

객관식 문제

[11-1] 표준원가계산제도에 대한 다음 설명 중 틀린 것은? (기업회계 1급)

① 표준원가는 매우 능률적인 작업조건에서만 달성가능한 제품제조원가의 추정치이다.

② 전부원가계산제도와 종합원가계산제도에도 적용할 수 있다.

③ 기업회계기준에서는 표준원가와 실제원가의 차이가 발생하는 경우, 원가성이 있으면 원가차이를 기말재고에만 배부하도록 규정하고 있다.

④ 유(불)리한 차이가 반드시 좋은(나쁜) 것은 아니므로 기업전체에 미친 영향을 고려하여 원가차이에 대한 평가를 해야 한다.

[11-2] 다음 중 표준원가계산 시스템에 대한 설명 중 옳은 것은 몇 개인가? (기업회계 1급)

(가) 고정예산은 특정 조업도수준에 대하여 편성한 예산이고, 변동예산은 관련범위 내의 여러 조업도수준에 대하여 편성한 예산이다.

(나) 표준원가계산은 가격결정 및 기타 경영계획수립에 필요한 기초자료를 제공한다.

(다) 중요한 불리한 차이들은 모두 조사하여야 하나, 중요한 유리한 차이들은 조사할 필요가 없다.

(라) 가격차이에 대한 책임은 생산관리나 판매관리자가, 능률차이에 대한 책임은 구매담당자가 지게 된다.

(마) 표준원가계산은 전부원가계산제도뿐만 아니라 변동원가계산제도에서도 적용할 수 있다.

① 2개 ② 3개 ③ 4개 ④ 5개

[11-3] 다음 중 제조간접원가의 예정배부와 표준원가와의 관계에 대한 설명으로 옳은 것을 모두 나열한 것은? (기업회계 1급)

1. 제조간접원가는 변동원가 요인과 고정원가 요인을 구분하지만, 직접재료원가와 직접노무원가는 변동원가로 간주한다.
2. 기준(정상)조업도가 표준조업도보다 작으면 고정제조간접원가의 조업도차이는 불리한 차이가 된다.

3. 개별원가계산에서의 제조간접원가배부차액은 표준원가분석에서의 변동제조간접원가와 고정제조간접원가 차이분석의 합계액과 일치하지 않는다.
4. 고정제조간접원가의 예산차이에 시간당 고정원가가 영향을 미친다.
5. 직접노무원가는 배합차이와 수율차이의 표준원가 분석이 가능하다.

① 1, 3, 4 ② 2, 3, 5 ③ 1, 4, 5 ④ 2, 4, 5

[11-4] ㈜백제는 구입시점에서 직접재료원가의 가격차이를 분석한다. 다음의 관련 자료에 의하여 직접재료원가의 수량(능률)차이는? (기업회계 1급)

- 직접재료원가의 구입 가격차이 : ₩24,400(불리)
- 직접재료원가의 실제 투입수량 : 12,700단위
- 직접재료 기초재고수량 : 3,000단위
- 직접재료 기말재고수량 : 2,500단위
- 제품생산량 : 2,500단위
- 제품 단위당 직접재료 표준투입량 : 5단위
- 직접재료의 단위당 실제 구입가격 : ₩42

① ₩6,000(불리) ② ₩6,000(유리) ③ ₩8,000(불리) ④ ₩8,000(유리)

[11-5] 다음의 자료에 의하여 재료원가에 대한 가격차이와 능률차이는? (기업회계 1급)

항 목	소비량(단위 : kg)	단 가
표 준 원 가	950kg	₩25/kg
실 제 원 가	1,350kg	₩30/kg

	가격차이	능률차이
①	₩6,750(유리)	₩10,000(불리)
②	₩6,750(유리)	₩10,000(유리)
③	₩6,750(불리)	₩10,000(불리)
④	₩6,750(불리)	₩10,000(유리)

[11-6] ㈜논리는 표준원가제도를 채택하고 있다. 직접재료의 수량표준은 제품단위당 3kg이며, 가격표준은 1kg당 ₩100이다. 2015년 4월 중에 100개의 제품을 생산하였으며, 직접재료 200kg을 ₩35,000에 구입하였다. 가격차이를 재료구입시점에서 분리할 경우, ㈜논리의 2015년 4월의 재료원가 가격차이와 수량차이를 계산하면?(단, 직접재료는 240kg을 사용하였다) (기업회계 1급)

	가격차이	수량차이
①	₩15,000(유리한 차이)	₩6,000(불리한 차이)
②	₩15,000(불리한 차이)	₩6,000(유리한 차이)
③	₩15,000(불리한 차이)	₩10,000(유리한 차이)
④	₩11,000(불리한 차이)	₩6,000(유리한 차이)

[11-7] ㈜충청은 직접노무원가와 제조간접원가의 조업도를 모두 노동시간으로 적용하여 분석하고 있다. 다음의 관련 자료에 의하여 변동제조간접원가의 능률차이로 옳은 것은? (기업회계 1급)

- 기준조업도 : 3,200시간
- 고정제조간접원가 예산상 배부율 : ₩500
- 고정제조간접원가의 조업도 차이 : ₩75,000(불리)
- 직접노무원가 표준임률 : ₩250
- 직접노무원가 시간(능률)차이 : ₩37,500(유리)
- 변동제조간접원가 실제발생 총액 : ₩33,000
- 변동제조간접원가의 소비차이 : ₩1,100(불리)

① ₩1,560(유리) ② ₩1,560(불리) ③ ₩1,650(유리) ④ ₩1,650(불리)

[11-8] 남산제조㈜의 완제품 실제생산량은 500개이며, 직접재료 가격차이는 ₩100,000(유리), 직접재료 수량차이는 ₩70,000(불리)이며, 직접재료 표준사용량은 완성품 1개당 25kg이며, 표준구매가격은 kg당 ₩80이다. 직접재료와 재공품, 제품의 기초 및 기말재고는 없는 것으로 가정할 때 직접재료원가 실제발생액은 얼마인가?

① ₩970,000 ② ₩1,000,000 ③ ₩1,070,000 ④ ₩1,170,000

[11-9] ㈜서울은 직접노무원가와 변동제조간접원가의 조업도를 동일하게 처리하고 있다. 다음 관련 자료에 의하여 당기발생 총 실제직접노무원가로 옳은 것은? (기업회계 1급)

• 변동제조간접원가 능률차이	₩1,200(유리한 차이)
• 직접노무원가의 임률차이	₩2,500(불리한 차이)
• 변동제조간접원가 표준배부율	₩12
• 제품생산량	750단위
• 제품 단위당 표준조업도	3시간
• 표준임률	₩9

① ₩20,580 ② ₩20,850 ③ ₩21,580 ④ ₩21,850

[11-10] ㈜화성의 2013년 4월 직접노무원가 자료는 다음과 같다. 다음 중 직접노무원가 능률차이는 얼마인가? (기업회계 1급)

- 직접노무원가 임률차이 : ₩3,000(불리)
- 실제발생 노무원가 : ₩126,000
- 실제직접노동시간 : 40,000시간
- 표준직접노동시간 : 41,000시간

① ₩3,075 유리 ② ₩3,075 불리 ③ ₩3,000 유리 ④ ₩3,000 불리

[11-11] ㈜화성은 카이젠원가를 적용하고 있으며 매월 원가절감액 목표를 2%로 설정하고 있다. 6월에는 1,000단위의 제품을 생산하였으며 10,000노동시간과 시간당 ₩1,000이 카이젠 목표원가였다. 7월에도 1,000단위를 생산하였는데 이를 위하여 10,000시간의 노동시간을 사용하였으며 시간당 임금이 ₩950이었다. 7월의 직접노무원가의 가격차이와 능률차이는 어떻게 되는가? (기업회계 1급)

	가격차이	능률차이
①	₩500,000 유리	₩200,000 유리
②	₩500,000 유리	₩200,000 불리
③	₩500,000 불리	₩200,000 유리
④	₩500,000 불리	₩200,000 불리

[11-12] 다음 자료에 의하여 고정제조간접원가의 조업도차이 산정을 통한 실제조업도로 옳은 것은? (기업회계 1급)

- 실제조업도 : ? 시간
- 직접노무원가 능률차이 : ₩12,000(불리)
- 고정제조간접원가 시간당 배부율 : ₩250
- 고정제조간접원가 조업도 차이 : ₩50,000(유리)
- 기준조업도 : 4,200시간
- 표준임률 : ₩30

① 4,600시간 ② 4,700시간 ③ 4,800시간 ④ 4,900시간

[11-13] ㈜보석은 표준원가계산제도를 채택하고 있으며, 제품 5,000단위를 기준으로 제조간접원가에 대한 표준을 설정하고 있다. ㈜보석의 원가에 관한 자료는 다음과 같다. 4분법을 이용하여 제조간접원가에 대한 차이분석을 수행할 경우에 불리한 차이가 발생하는 것으로만 나열된 것은? (기업회계 1급)

제조간접원가 예산	₩1,800,000+₩100×기계시간
제품단위당 표준기계시간	5시간
실제 변동제조간접원가 발생액	₩5,000,000
실제 고정제조간접원가 발생액	₩2,000,000
실제기계시간	51,000시간
실제생산량	10,000단위

① 소비차이, 능률차이
② 능률차이, 예산차이
③ 예산차이, 조업도차이
④ 소비차이, 예산차이

[11-14] 다음은 제품 1,200단위 생산에 대한 직접노무원가에 관한 자료이다. 설명으로 옳은 것을 모두 나열한 것은? (기업회계 1급)

	제품단위당 표준시간	표준임률		실제노동시간	실제임률
숙련공	3시간	₩45	숙련공	3,500시간	₩47
미숙련공	4시간	₩30	미숙련공	4,900시간	₩33

1. 숙련공과 미숙련공의 임률차이는 모두 불리한 차이이다.
2. 배합차이에서 숙련공은 유리한 차이이나, 미숙련공은 불리한 차이이다.
3. 수율차이에서 숙련공은 유리한 차이이나, 미숙련공은 불리한 차이이다.
4. 배합차이는 발생하지 않는다.
5. 수율차이는 발생하지 않는다.

① 2, 5 ② 1, 2, 5 ③ 3, 4 ④ 1, 3, 4

[11-15] 다음은 2가지 원재료를 사용하는 기업의 원가자료이다. 다음 중 옳은 것은? (기업회계 1급)

- 제품 생산량 : 500단위
- 제품단위당 표준수량 : '갑' 재료 9g, '을' 재료 6g
- 단위당 표준가격 : '갑' 재료 ₩5, '을' 재료 ₩3
- 실제수량 : '갑' 재료 4,800g, '을' 재료 2,800g

① '갑' 재료의 배합차이는 수율차이의 3배이다.
② '을' 재료의 배합차이가 가장 큰 금액이다.
③ '갑' 재료의 배합차이 금액과 '을' 재료의 수율차이 금액 간 차이는 8배이다.
④ '을' 재료의 배합차이만이 유리한 차이로 나타난다.

주관식 문제

[11-1] 오대산㈜는 가구를 생산·판매하고 있으며, 사무용가구는 값비싼 하드우드를 원재료로 사용하여 생산하고 있다. 20×1년 5월 오대산㈜는 10,000단위의 사무용가구를 생산하였으며, 이를 위해 100,000m의 하드우드를 ₩1,650,000에 구입하여 95,000m를 생산에 투입하였다. 사무용가구의 단위당 하드우드 표준사용량은 9.2m이며, 하드우드의 표준가격은 m당 ₩18이다.

(요구사항)

직접재료원가의 가격차이(구입시점에서 분리)와 수량차이를 산출하시오.

[11-2] 오대산㈜는 표준원가계산제도를 채택하고 있으며, 재료원가는 구입가격차이를 인식하고, 생산현장의 투입은 표준원가를 적용한다.

- 구입가격차이 : ₩36,000(유리)
- 수량차이 : ₩33,000(불리)
- 제품생산량 : 600단위
- 제품 단위당 표준사용량 : 5kg
- 직접재료 kg당 구입가격 : ₩100
- 직접재료 kg당 표준가격 : ₩110
- 직접재료의 기초재고는 없다.

(요구사항)

위의 자료에 의하여 직접재료의 기말재고수량을 계산하면 몇 단위인가?

[11-3] 표준원가계산제도를 사용하고 있는 오대산㈜의 직접노무원가의 표준원가 자료는 다음과 같다.

단위당 직접노동시간	3시간
시간당 표준임률	₩400

20×1년 5월에 오대산㈜는 15,000단위의 제품을 생산하였으며, 실제 직접노동시간은 42,000시간이며, 당월에 직접노무원가 임률차이가 ₩840,000 유리한 차이가 발생하였다.

(요구사항)

직접노무원가의 실제임률은 얼마인가?

[11-4] 오대산㈜는 장난감을 생산·판매하고 있으며, 원가계산을 위해 표준원가계산제도를 채택하고 있다. 20×1년 5월의 직접노무원가와 관련된 원가자료는 다음과 같다.

- 장난감 실제생산량 : 12,000단위
- 직접노무원가 실제발생액 : ₩20,768,000
- 제품단위당 표준직접노동시간 : 5시간
- 직접노무원가 능률차이 : ₩348,000(F)
- 직접노무원가 임률차이 : ₩236,000(U)

(요구사항)

직접노동시간당 표준임률은 얼마인가?

[11-5] 오대산㈜는 원가계산 목적으로 표준원가계산제도를 도입하고 있으며, 20×1년 제조간접원가와 관련 표준원가 자료는 다음과 같다.

직접노동시간당 변동제조간접원가 배부율	₩120
제품단위당 직접노동시간	2시간
고정제조간접원가예산	₩2,500,000

20×1년 제품생산량은 12,000단위이며, 실제 직접노동시간은 23,000시간이다. 변동제조간접원가와 고정제조간접원가의 실제발생액은 각각 ₩2,714,000과 ₩2,580,000이다. 그리고 동사의 기준조업도는 연간 12,500단위이다.

(요구사항)

1. 변동제조간접원가 소비차이와 능률차이를 산출하시오.
2. 고정제조간접원가 예산차이와 조업도차이를 산출하시오.

[11-6] 오대산㈜는 단일제품을 생산·판매하고 있으며, 20×1년 제조간접원가에 대한 변동예산은 다음과 같다.

	기계시간당	기계사용시간		
	변동제조간접원가	80,000시간	90,000시간	100,000시간
변동제조간접원가	₩40	₩3,200,000	₩3,600,000	₩4,000,000
고정제조간접원가		4,000,000	4,000,000	4,000,000
합 계		₩7,200,000	₩7,600,000	₩8,000,000

- 20×1년 기준조업도는 기계사용시간으로 80,000시간이다. 이때 생산량은 32,000단위이다.
- 20×1년 실제 제조간접원가 발생액은 다음과 같다.

실제생산량	35,000단위
실제기계사용시간	85,000시간
실제 변동제조간접원가	₩3,550,000
실제 고정제조간접원가	₩4,100,000

(요구사항)

1. 변동제조간접원가와 고정제조간접원가의 표준배부율을 산출하시오.
2. 실제생산량에 허용된 표준기계사용시간을 산출하시오.
3. 4분법을 사용하여 제조간접원가 차이분석을 하시오.

[11-7] 오대산㈜는 기계사용시간을 배부기준으로 제조간접원가를 배부하고 있으며, 20×1년 제조간접원가 차이분석을 위한 자료는 다음과 같다. 오대산㈜는 3분법을 사용하여 제조간접원가 차이를 분석하고 있다.

• 총제조간접원가 실제발생액	₩6,150,000
• 제조간접원가 추정방정식	₩3,600,000 + 기계사용 시간당 ₩200
• 제조간접원가 표준배부율	기계사용 시간당 ₩500
• 예산차이	₩150,000(F)

(요구사항)

위의 자료를 이용하여 실제 기계사용시간을 산출하시오.

[11-8] 오대산㈜는 의료검사를 실시하는 검사실을 운영하고 있으며, 검사실에서는 혈액검사와 위암검사를 실시하고 있다. 최근 검사실의 적자운영에 대해 경영진의 우려가 있어 검사실 관리자는 원가측면의 분석을 하고자 다음과 같은 자료를 수집하였다.

• 20×1년 검사실에서는 혈액검사가 3,200회, 위암검사가 2,400회 실시되었다.
• 모든 검사에는 혈액용기가 사용되며, 20×1년 18,000개의 혈액용기를 ₩513,000에 구입하였다. 2,000개의 혈액용기가 재고로 남아 있으며, 혈액용기의 기초재고는 없었다. 한 번의 검사에는 3개의 혈액용기가 사용되며, 혈액용기의 표준구입가격은 단위당 ₩30이다.
• 20×1년 2,800시간의 직접노동시간이 사용되었으며, 직접노무원가 실제발생액은 ₩448,000이었다. 혈액검사는 1회에 30분이 소요되며, 위암검사는 1회에 20분이 소요된다. 시간당 표준임률은 ₩180이다.
• 변동제조간접원가는 ₩240,000이 발생하였으며, 변동제조간접원가는 직접노동시간당 ₩90을 배부하고 있다.

• 고정제조간접원가는 ₩220,000이 발생하였으며, 고정제조간접원가 표준배부율은 직접노동시간당 ₩100이며, 기준조업도는 2,500시간이다.

(요구사항)

1. 혈액용기에 대한 구입가격차이와 수량차이를 산출하시오.
2. 직접노무원가의 차이분석을 하시오.
3. 변동제조간접원가 차이분석을 하시오.
4. 고정제조간접원가 차이분석을 하시오.

[11-9] 오대산㈜는 원가계산을 위해 표준원가계산제도를 사용하고 있으며, 다음 자료는 제조간접원가와 관련된 자료이다.

• 고정제조간접원가 예산 : ₩3,600,000
• 실제 작업시간 : 8,000시간
• 변동제조간접원가 배부율 : ₩600/작업시간
• 능률차이 : ₩150,000(불리)
• 조업도차이 : ₩120,000(유리)

(요구사항)

위의 자료를 이용하여 기준조업도를 산출하시오.

[11-10] 오대산㈜는 표준원가계산제도를 사용하고 있다. 20×1년 5월의 직접노무원가에 관한 자료는 다음과 같다.

실제 직접노무원가	₩2,500,000
시간당 표준임률	₩300
제품단위당 표준직접노동시간	2시간
임률차이	₩140,000(F)
능률차이	₩120,000(U)

(요구사항)

실제생산량과 실제직접노동시간은 얼마인가?

[11-11] 오대산㈜는 내부원가통제를 위해 표준원가계산제도를 도입하고자 한다. 이에 따라 회계담당자는 20×1년 표준원가 산정을 위해 다음과 같은 자료를 수집하였다.

직접재료원가	4kg×₩35	₩140
직접노무원가	3시간×₩60	180
변동제조간접원가	3시간×₩20	60

고정제조간접원가	3시간×₩50	150
단위당 표준원가		₩530

20×1년 실제발생한 원가자료는 다음과 같다.

- 20×1년 18,000단위의 제품을 생산하였다.
- 75,000kg의 원재료를 kg당 ₩38에 외상으로 구입하였다. 74,000kg이 생산에 투입되었다. 원재료의 기초재고는 없는 것으로 가정한다.
- 52,000시간의 직접노동시간이 발생하였으며, 시간당 실제임률은 ₩62이었다.
- 제조간접원가는 직접노동시간을 기준으로 배부되며, 제조간접원가 관련 자료는 다음과 같다.

기준조업도		51,000시간
고정제조간접원가 예산		₩2,550,000
고정제조간접원가 발생액		
감가상각비	₩1,500,000	
임차료	1,150,000	₩2,650,000
변동제조간접원가 발생액		
수도광열비	₩660,000	
동력비	500,000	₩1,160,000

(요구사항)

1. 직접재료원가 차이분석을 하시오(시점을 분리할 것).
2. 직접노무원가 차이분석을 하시오.
3. 변동제조간접원가 차이분석을 하시오.
4. 고정제조간접원가 차이분석을 하시오.
5. 각 원가에 대한 분개를 하시오.

[11-12] 오대산㈜는 원가계산을 위해 표준원가계산제도를 도입하고 있으며, 기계사용시간을 기준으로 제조간접원가를 배부하고 있다. 20×1년 제조간접원가 배부를 위한 기준조업도는 75,000 기계사용시간이며, 제품단위당 기계사용시간은 2.5시간이다. 20×1년 실제 기계사용시간은 78,000시간이며, 기계사용 시간당 변동제조간접원가 표준배부율은 ₩15이다. 다음은 20×1년도의 제조간접원가와 관련된 자료이다.

---

(1) 변동제조간접원가
  실제발생액 : ₩1,350,000
  표준배부액 : ₩1,200,000

(2) 고정제조간접원가
　　예산차이 : ₩150,000(U)
　　조업도차이 : ₩100,000(F)

(요구사항)

20×1년도의 고정제조간접원가 실제발생액은?

[11-13] 오대산㈜는 단일제품을 생산·판매하고 있으며, 원가통제를 위해 표준원가계산제도를 채택하고 있다. 20×1년 직접재료원가와 직접노무원가와 관련된 표준원가 자료는 다음과 같다.

단위당 표준수량	?
kg당 표준가격	?
단위당 표준시간	3시간
시간당 표준임률	₩90

20×1년 5월 중에 14,000단위의 제품이 생산되었다. 이를 위해 90,000kg의 원재료를 ₩2,880,000에 구입하였으며, 88,000kg를 생산에 투입하였다. 동사는 직접재료원가 가격차이를 구입시점에서 분리한다. 원재료 기초재고는 없는 것으로 가정한다. 또한 ₩3,680,000의 직접노무원가가 발생하였다. 오대산㈜의 차이분석을 통해 다음 자료를 수집하였다.

직접재료원가 수량차이	₩136,000(U)
직접재료원가 총차이	44,000(F)
직접노무원가 능률차이	180,000(F)

(요구사항)

1. 직접재료원가에 대해서
   1) 원재료 kg당 표준가격은 얼마인가?
   2) 제품단위당 원재료 표준수량은 얼마인가?
   3) 제품생산에 허용된 원재료 표준수량은 얼마인가?
2. 직접노무원가에 대해
   1) 직접노동시간당 실제임률은 얼마인가?
   2) 직접노무원가 임률차이는 얼마인가?

[11-14] 오대산㈜는 3가지의 원재료를 투입하여 단일 제품을 생산하고 있으며, 원재료와 관련된 표준원가는 다음과 같다.

원재료	단위당 원재료 투입량	원재료 kg당 표준가격
A	7.5kg	₩40
B	4.5kg	60
C	3.0kg	100

오대산㈜는 20×1년 5월 중에 12,000단위의 제품을 생산하였으며, 원재료 사용량은 다음과 같다.

원재료	원재료 투입량	직접재료원가 발생액
A	98,000kg	₩4,116,000
B	60,000kg	3,780,000
C	32,000kg	3,040,000

(요구사항)

1. 직접재료원가 가격차이와 수량차이를 산출하시오.
2. 직접재료원가 배합차이와 수율차이를 산출하시오.

[11-15] 오대산㈜는 호텔업을 영위하고 있으며, 전화예약상담을 위해 숙련된 풀타임 직원 1명과 비숙련의 파트타임 직원 2명을 고용하고 있다. 이들 직원의 1회 상담시간과 시간당 표준임률은 다음과 같다.

구 분	표준시간	표준임률	표준원가
풀타임 직원	6분	분당 ₩300	₩1,800
파트타임 직원	9분	분당 ₩150	1,350
상담건수당 표준원가			₩3,150

오대산㈜는 20×1년 5월 중에 5,000건의 상담을 실시하였으며, 이에 따라 실제 발생한 상담시간 및 직접노무원가는 다음과 같다.

구 분	실제시간	실제임률	실제원가
풀타임 직원	27,000분	분당 ₩290	₩7,830,000
파트타임 직원	50,000분	분당 ₩160	8,000,000
직접노무원가 실제발생액			₩15,830,000

(요구사항)

1. 직접노무원가 임률차이와 능률차이를 산출하시오.
2. 직접노무원가 능률차이를 배합차이와 수율차이로 분리하시오.

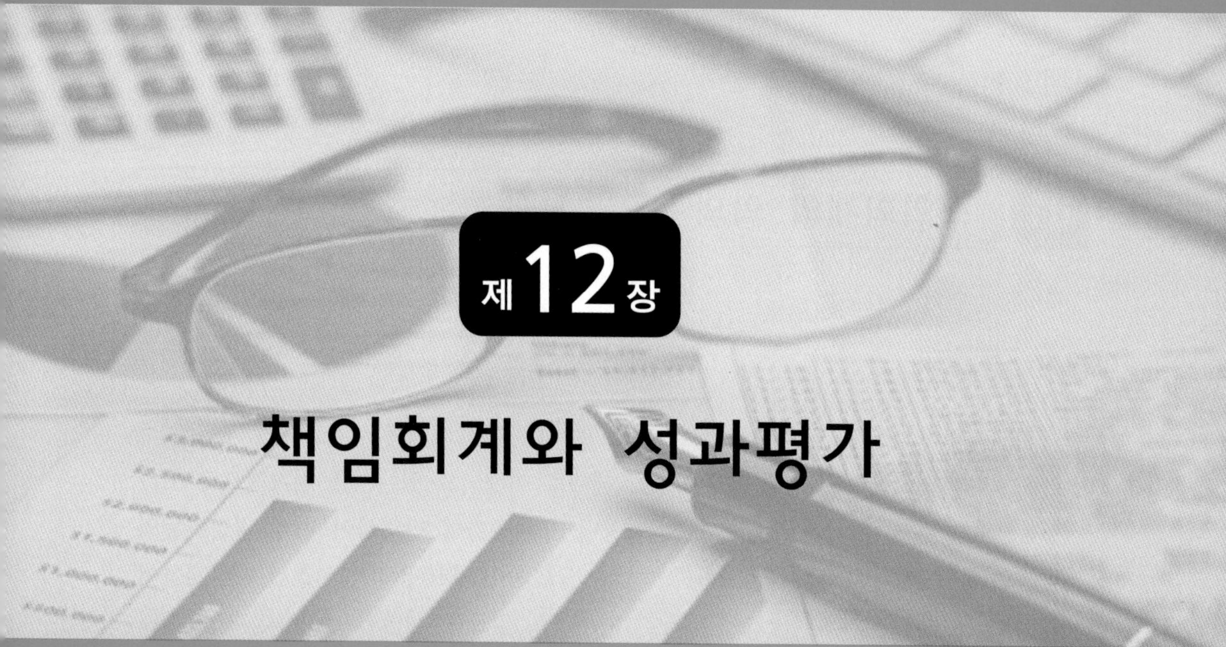

제 12 장

책임회계와 성과평가

01 책임회계의 의의

1.1 분권화

기업조직이 미래의 불확실성에 효율적으로 대응하기 위해서는 장·단기 계획을 수립하고, 당해 연도에는 계획수립의 내용이 제대로 이행되고 있는지를 지속적으로 모니터링함으로써 통제를 실시하고, 통제의 내용을 성과평가에 반영하여 미래 경영활동의 지침으로 활용한다. 장·단기의 계획을 수립하는 활동이 제10장에서 설명한 종합예산이라고 한다면, 통제 및 성과평가에 해당하는 내용이 앞으로 설명될 본 장의 내용이다.

조직에서의 통제란 앞서 언급한 것처럼 계획과 실적을 비교하는 것을 의미하며, 더 나아가 이를 성과평가에 반영한다는 의미를 동시에 담고 있다. 성과평가를 받을 경우에는 내가 혹은 우리 조직이 감당할 수 없는 것, 즉 통제할 수 없는 것은 제외하고, 내가 혹은 우리 조직이 통제할 수 있는 것에 대해서만 성과평가를 받는 것이 바람직하다. 이렇듯 조직의 통제 및 성과평가에 대해 이야기하기 위해서는 내가 혹은 우리 조직이 통제할 수 있는 것은 무엇인지, 어느 선까지가 내 책임의 범위인지를 규명하는 작업이 먼저 이루어져야 한다.

책임의 범위를 규명하기 위해서는 분권화에 대한 개념의 이해가 필요하다. 분권화(decentralization)는 기업의 의사결정 권한이 조직의 최고경영층에만 있는 것이 아니라 조직의 하위계층에 대폭 위임되어 있는 것을 말한다. 반면 집중화(centralization)란 의사결정의 권한이 최고경영층에 집중되어 있는 것을 말한다. 분권화와 집중화는 의사결정 권한이 어느 정도 분산되어 있느냐에 따라 결정되는 상대적인 개념이다. 어떤 조직이 분권화되었다는 것은 개별조직들이 경영에 필요한 생산활동, 영업활동 및 관리활동 등에 대한 의사결정 권한을 가지고 독립적으로 수행된다는 것을 의미한다. 일반적으로 조직의 규모가 커지고 전문화될수록 최고경영자의 권한이 하위계층으로 분산·위임되는 경향이 있다. 분권화된 조직은 집중화된 조직에 비해 다음과 같은 장점을 가진다.

첫째, 여러 계층의 관리자들에게 의사결정의 부담을 분산시킴으로써 최고경영자로 하여금 일상적인 업무에서 벗어나 전략적·장기적인 계획수립 활동에 집중할 수 있도록 해 주며, 전체조직을 관리가능한 규모로 세분화시키므로 통제가 보다 용이해진다.

둘째, 각 계층의 관리자들로 하여금 의사결정에 관한 훈련기회를 갖도록 해 줌으로써 미래의 경영자를 양성하는 기회를 가질 수 있다.

셋째, 하위경영자들이 의사결정 권한을 부여받음으로 인해 경영프로세스에 활발한 참여가 이루어지고 결국 그들의 사기 및 직무만족이 제고되며, 나아가서는 과업성취에 대한 동기부여도 높아진다.

넷째, 의사결정은 문제가 발생하는 부서의 책임자가 가장 잘 내릴 수 있다. 즉, 현장 경영자가 현장에서 발생하는 해당 문제에 대한 정보를 가장 잘 알고 있기 때문에 해당 경영자의 수준에서 최선의 의사결정을 내릴 수 있다.

마지막으로, 기업에서 의사결정에 소요되는 시간을 절약할 수 있다. 즉, 문제발생 시 현장에서 의사결정 권한이 있는 계층에 정보를 보고하고, 보고된 정보에 기초하여 의사결정을 내리고, 결정된 사항을 다시 현장에 지시하는 과정을 생략할 수 있다. 조직의 의사결정 채널이 단순화되므로 적시의사결정이 가능해진다. 따라서 조직의 신축성 및 대고객 반응이 제고된다.

분권화된 조직에서 부문경영자의 성과를 보고하고 평가하는 것은 조직의 운영활동을 통제하는 데 필수불가결한 부분이다. 그러나 분권화된 조직의 성과평가시 가장 큰 문제는 부문경영자와 기업전체의 목표일치성(goal congruence)이다. 부문경영자의 목표와 기업전체의 목표가 불일치되는 경우에 부문경영자는 자신의 이해관계에 따라 의사결정을 하게 되므로 기업전체의 입장에서는 최선의 의사결정이 이루어지지 않는 부문최적화의 문제가 발생할 수 있다.

이와 같은 문제는 대리인이론(agency theory)에서 언급되는 대리인 문제(agency problem)로도 설명할 수 있다. 대리인 문제는 의사결정 권한을 위임하는 위임자(주인)와 위임받은 자(대리인)가 서로 자신의 효용을 극대화하는 데 노력을 기울이기 때문에 생기는 행동, 즉 주인과 대리인 간의 행동을 설명하는 이론에서 파생되는 문제를 말한다. 조직이 분권화되어 의사결정 권한이 하위계층으로 위임될수록 주주(주인)와 전문경영인인 최고경영자(대리인) 간, 혹은 최고경영자(주인)와 부문의 관리자(대리인) 간에는 상반되는 이해관계가 발생하기 쉽다. 대리인이론에 의하면 대리인인 최고경영자(혹은 부문경영자)는 체결된 고용계약에 의거하여 자신에게 가장 큰 보상을 가져다주는 쪽으로 의사결정하고 행동을 취한다고 본다. 왜냐하면 대리인이론에서는 경영자는 자신의 효용을 극대화하는 쪽으로 행동한다고 가정하고 있으며, 또한 부문경영자의 모든 행동을 감시하는 데 너무 많은 비용이 소요되기 때문이다. 이러한 대리인 문제로 인한 비용의 발생이 종종 주인에게 추가비용을 부담시킨다는 측면에서 분권화의 단점이 있다고 할 수 있다.

그 외에도 분권화를 하면 기업 전체적으로 볼 때 조직의 여러 부문에서 동일한 활동이 수행되어 경영활동이 중복되어 나타날 수 있으며, 사업부문들 사이에 발생하는 내부이전에 대한 가격을 협상하는 데 많은 시간을 소비하게 된다는 단점도 있다. 이전가격은 부문경영자의 성과평가에 직접적인 영향을 미치므로 부문경영자들은 이에 대해 많은 관심을 갖고 자신에게 유리한 이전가격이 결정되도록 정보를 수집하는 시간을 보내게 된다. 이러한 여러 이유들 때문에 분권화를 하게 되면 기업전체의 장기적인 이익이 희생될 수 있다. 일반적으로 사업부에 대한 성과평가는 단기적으로 이루어지기 때문에 부문경영자는 좋은 성과평가를 받기 위해 장기적인 이익을 희생하더라도 단기적인 이익을 추구하려는 행동을 하게 된다.

1.2 책임회계제도

분권화된 조직의 부문경영자들은 자신이 관리하고 있는 사업에 대해 의사결정을 내릴 수 있는 권한을 위임받으며, 또한 자신의 성과에 대한 책임을 진다. 책임회계(responsibility accounting)란 용어는 경영자들이 얼마나 잘 그들의 책임을 수행하는지를 보고하는 회계프로세스를 의미한다. 즉, 책임회계제도는 분권화된 조직을 효율적으로 통제하기 위해 여러 개의 과업(책임중심점)으로 조직활동을 분할하고, 각 책임중심점별로 할당된 과업의 달성정도를 측정하여 평가하는 시스템을 말한다. 예를 들어, 원가의 발생에 대해 누가 책임을 져야 하는지를 명확히 규정하고, 원가발생에 대한 책임자별로 원가를 집계함으로써 효율적인 원가통제를 달성하는 것을 목적으로 하는 회계제도이다.

따라서 책임회계에서는 명확히 규정된 권한과 책임관계를 기초로 하여 회계자료의 집계·분석 및 보고가 이루어져야 한다. 기업마다 의사결정 책임을 위양하는 방법이 조금씩 다르기 때문에 책임회계제도는 기업조직마다 다르게 나타날 수 있다. 그러나 원칙적으로는 해당 책임중심점 관리자의 통제가능성에 따라 통제가능원가와 통제불능원가로 분류하고 이 중 통제가능원가에 중점을 두어 성과보고서를 작성하여야 한다. 여기서 통제가능원가(controllable costs)는 관리자가 그 발생을 통제할 수 있는 원가를 말하며, 반면에 통제불능원가(uncontrollable costs)는 관리자가 그 발생을 통제할 수 없는 원가를 말한다. 책임중심점의 관리자는 그들 업적과 그들이 관리하는 조직구성원의 업적 그리고 그들이 통제하는 자원에 대해 책임을 진다는 전제에 기초하여 성과평가를 받아야 하며, 통제불능 부분에 대해서는 성과평가 대상에서 제외되어야 한다.

책임회계가 효과적으로 그 기능을 수행하기 위해서는 권한과 책임관계를 명시한 조직구조를 우선적으로 설정하여야 한다. 여기서 조직구조(organization structure)란 조직 내의 부문 및 구성원 사이의 직무·권한 및 책임에 관한 공식적 관계를 말한다. 효과적인 성과보고서는 조직구조에 기초하여 작성하여야 하고, 이러한 조직구조는 조직도

(organization chart)에 표시된다. 따라서 성과보고서를 작성하기 위하여 수행하여야 할 첫 번째 작업은 조직도를 검토하는 것이다. 예를 들어, [도표 12-1]은 사업부제하의 조직도이며, [도표 12-2]는 기능적 조직의 조직도를 나타낸다.

[도표 12-1] 사업부제하의 조직도

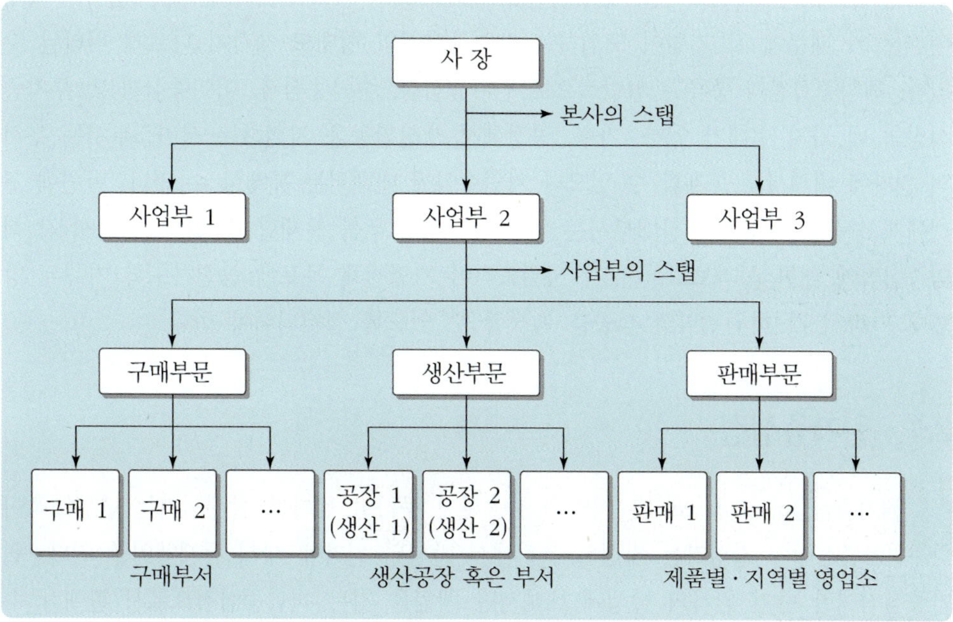

[도표 12-2] 기능별 조직도

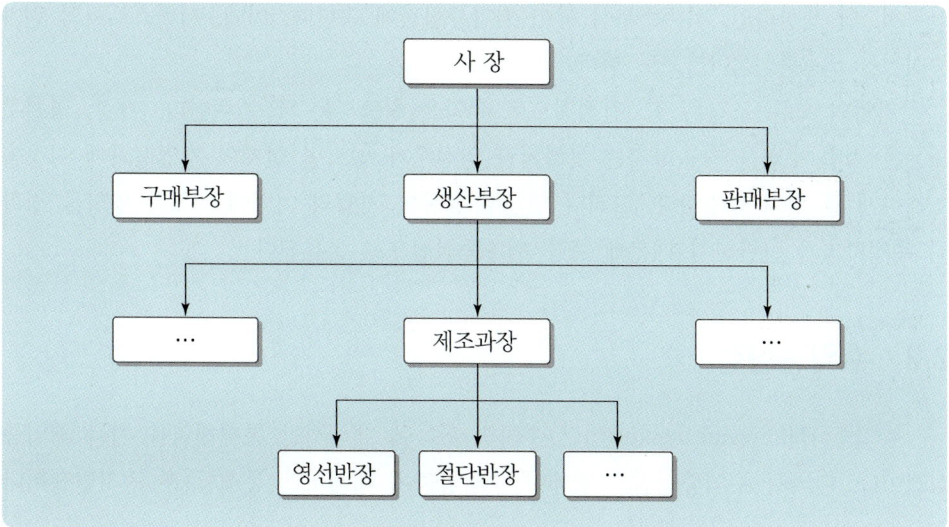

02 책임중심점

책임회계에서 성과보고서는 경영자의 책임과 권한 아래 운영되는 하위조직별로 작성되는데, 이러한 하위조직을 책임중심점(responsibility center)이라 한다. 기업마다 특성이 다르기 때문에 각 기업이 도입하는 책임중심점의 형태도 제각기 다르게 나타날 수 있다. 책임중심점의 종류는 일반적으로 원가중심점, 수익중심점, 이익중심점 및 투자중심점의 네 가지 형태가 있다. 가령, 공장에서 생산활동을 지원하는 서비스부서는 부서의 원가에 대해서는 통제할 수 있으나 기업수익에 대해서는 통제할 수 없다. 반면에 고객에게 상품을 판매하는 판매부서는 원가와 수익 모두를 통제할 수 있다. 따라서 각 책임중심점에 대한 성과보고서는 각 하위조직이 기업전체 목표에 공헌하도록 기대된 방법에 따라서 각 하위조직의 성공을 측정할 수 있도록 설계되어야 한다.

2.1 원가중심점

원가중심점(cost center)은 이익은 창출하지 못하고 원가를 발생시키는 단위조직이다. 원가중심점의 경영자는 자신의 조직에서 발생된 원가에 대해 통제책임을 진다. 원가중심점이란 단지 원가의 발생에 대해서만 책임을 지는 책임중심점으로서 판매나 수익창출 또는 이익의 발생에 대해서는 책임을 지지 않는다. 모든 하위조직이 실제로 원가를 발생시키기 때문에 원가중심점은 가장 흔한 형태의 책임중심점이다. 제조공장, 생산부서, 한 생산라인, 서비스부서 등이 원가중심점에 속한다. 이때, 서비스부서의 원가중심점을 비용중심점이라고도 한다.

기업의 모든 조직은 직·간접적으로 수익을 창출하는 데 기여한다. 가령, 영선부 활동은 직접 수익을 창출하지는 못하지만 영선부가 없으면 현재의 기업성과에 지장을 초래하게 될 것이 틀림없다. 그러나 영선부 활동이 기업의 이익에 미치는 영향을 정확히 측정하기가 곤란하기 때문에 보통 원가중심점으로 분류된다.

2.2 수익중심점

수익중심점(revenue center)이란 수익의 획득에 대해서만 통제책임을 지는 책임중심점이다. 따라서 수익중심점은 판매나 수익창출에 대해서만 통제할 뿐 원가발생이나 이익에 대해서는 책임을 지지 않는다. 수익중심점에 대해서는 판매될 것으로 기대되는 예상판매량을 기초로 하여 예산을 편성하고 예산기간이 종료하면 실제매출액과 예산매출액을 비교하여 성과를 평가한다. 수익중심점의 예로는 판매부서를 들 수 있다. 판매부서에서는 원가의 발생이나 이익, 투자보다는 매출에 대해서만 책임을 지므로 대표적인 수익중심점이라 할 수 있다. 이러한 수익중심점은 예산을 이용하여 성과를 평가하는 것이 일반적이다.

2.3 이익중심점

이익중심점(profit center)은 원가뿐만 아니라 수익도 창출하는 기업의 단위조직이다. 이익중심점의 경영자는 원가와 수익 모두에 대한 통제책임을 진다. 일반적으로 분권화된 조직의 각 사업부가 이에 해당하기 때문에 이익중심점은 '사업 속의 사업'으로 특성지어진다. 기업의 주목적인 이익을 벌어들이는 것이 또한 이익중심점 경영자의 주목적이기 때문이다. 이상적으로 각 이익중심점별 각자의 이익을 최적화시킨다면 전체기업의 이익이 최적화된다. 이익중심점은 하나의 기업이 될 수도 있지만, 생산부서나 판매부서와 같이 기업의 특정 부서로 구성되는 것이 일반적이다. 이익중심점의 예로는 지역별 영업본부를 들 수 있다. 지역별 영업본부에서는 투자활동보다는 매출과 원가에 대해서 책임을 지게 되므로 대표적인 이익중심점이라고 할 수 있다. 이러한 이익중심점은 표준변동원가 손익계산서를 이용하여 성과를 평가하는 것이 일반적이다.

2.4 투자중심점

투자중심점(investment center)은 원가와 수익 및 이익뿐만 아니라 투자된 총자산간의 관계, 즉 투자의사결정에 대해 책임을 지는 책임중심점이다. 여기서 투자의사결정에 대한 책임이란 책임중심점이 재량으로 비유동자산 및 재고자산의 구입과 처분, 외상매출금의 설정, 마케팅전략 등을 결정함으로써 자금이 투자됨에 따라 부담해야 하는 책임을 말한다. 이익을 창출하기 위해 많은 규모의 투자가 필요한 조직에서는 이익중심점보다는 투자중심점으로 운영하는 것이 더 바람직하다. 그 이유는 이익중심점의 경우에는 이익을 획득하는 데 소요된 투자자금을 전혀 고려하지 않는 데 비해 투자중심점의 경영자는 투자된 자원 ₩1당 벌어들인 이익으로 경영자의 성과를 평가하기 때문이다. 투자중심점에서는 가용자원의 크기에 상관없이 성과를 비교할 수 있기 때문에 다른 유형의 책임중심점보다 권한이 가장 많이 위양되고 규모가 큰 책임중심점이다. 이런 면에서 기업 전체조직은 투자중심점의 대표적인 예에 속한다.

03 원가중심점의 성과평가

원가중심점은 원가의 발생에 대하여 권한과 책임을 가진다. 예를 들면, 제조부문이 여기에 해당한다. 제조부문의 성과평가는 실제성과와 실제생산량에 근거한 변동예산, 즉 표준을 비교하여 이루어지며, 주로 생산원가에 대한 실적과 표준을 비교하기 때문에 표준원가계산이라는 이름으로 다루어진다. 표준원가계산에 대해서는 제11장에서 자세히 살펴보았기 때문에 여기서는 생략한다.

04 이익중심점의 성과평가

4.1 이익중심점의 의의

이익중심점은 수익중심점과 서로 같은 뜻으로 쓰이는 경우가 많다. 그러나 엄밀히 살펴보면 이익중심점과 수익중심점은 차이가 있다. 수익중심점(revenue center)은 수익의 창출에만 책임을 진다. 대표적인 수익중심점으로는 제품에 대한 판매활동을 수행하는 영업부문이 있다. 따라서 수익중심점의 성과평가보고서에는 실제 수익과 예산상의 수익과의 차액인 매출수익차이(sales revenue variance)가 보고된다. 여기서는 비용차이와는 반대로 실제 수익이 예산상의 수익보다 크면 그 차이는 유리한 것이고 실제 수익이 예산상의 수익보다 작으면 그 차이는 불리한 것이다.

그런데 실무적으로 영업부문은 수익에만 책임지는 수익중심점이라기보다는 판매비와 같은 관련된 원가를 동시에 책임지는 이익중심점으로 관리되는 경우가 많다. 그 이유는 매출수익을 올리려면 비용이 필히 수반되기 때문이다. 따라서 수익에 대한 차이만을 따지다 보면 수익중심점의 관리자들은 수익을 올리기 위해 발생되는 비용에 대해서는 관리를 포기하게 만들 수 있다. 즉, 비용이 얼마나 발생하는지를 고려하지 않고 수익중심점의 관리자는 수익을 올리는 데만 관심을 갖게 되고, 결국 전체 이익에는 좋지 못한 영향을 가져올 수도 있게 된다. 이러한 문제를 보완하기 위해서 통상 수익중심점의 관리자에게는 통제가능한 수익과 비용에 대해서 동시에 책임을 부과시키고 있다. 이는 이익중심점(profit center)이 된다. 영업부문을 이익중심점으로 운영하는 경우, 한 가지 주의할 사항은 영업부문이 책임을 지는 원가는 제조원가가 아닌 판매관리비뿐이라는 것이다. 제조원가는 영업부문의 책임범위를 벗어나기 때문이다.

4.2 이익중심점의 성과보고서

일반적으로 성과보고서는 실제성과와 변동예산 그리고 고정예산을 상호 비교가능하도록 작성한다. 고정예산과 실제성과를 비교해서는 올바른 성과를 파악할 수 없기 때문이다. 고정예산 생산량 1,700단위의 예산원가와 실제생산량 2,000단위를 비교해서 성과를 평가할 수 없다는 말이다. 따라서 변동예산을 도입하여 실제성과를 평가하게 된다. 다음의 자료를 이용하여 이익중심점의 성과보고서를 작성해 보자.

〈기본자료〉

금강산㈜의 예산상 자료 및 실제 성과자료는 다음과 같다.

예산판매량	2,500단위	실제판매량	2,200단위
예산판매가격	₩1,200	실제판매가격	₩1,300

	단위당 표준원가	단위당 실제원가
직접재료원가	₩300	₩350
직접노무원가	200	250
변동제조간접원가	300	270
변동판매관리비	100	120

연간 고정제조간접원가(예산)	₩400,000
연간 고정제조간접원가(실제)	380,000
연간 고정판매관리비(예산)	200,000
연간 고정판매관리비(실제)	220,000

실제성과와 변동예산 간의 차이를 변동예산차이라고 한다. 변동예산차이는 두 가지로 구분될 수 있는데, 판매관리비 차이는 이익중심점의 성과평가와 관련되지만 제조원

가의 차이는 제조부문, 즉 원가중심점의 성과평가와 관련이 있다. 변동예산과 고정예산 간의 차이를 매출조업도차이라고 한다. 매출조업도차이는 변동예산의 판매량(실제판매량)과 고정예산의 판매량(예산판매량) 간의 차이 때문에 발생한다. 이러한 매출조업도차이는 변동예산의 공헌이익과 고정예산의 공헌이익 간의 차이로 측정된다. 변동예산과 고정예산에서의 고정원가는 항상 동일하므로 매출조업도차이는 변동예산과 고정예산 간의 영업이익의 차이와 일치한다.

> 변동예산차이 = 실제성과 − 변동예산
> 매출조업도차이 = 변동예산 − 고정예산

[도표 12-3]을 살펴보면 이익중심점의 불리한 이익차이가 ₩68,000이 발생하였다. 그러나 그 차이의 원인에 대해서는 알 수 없다. 즉, 그 차이가 판매가격에 의한 차이인지 아니면 판매수량에 의한 차이인지, 또는 시장점유율이나 시장규모의 변화 때문에 발생한 것인지 알 수 없다. 이에 관한 자세한 정보를 산출하기 위해서는 보다 자세한 분석이 요구된다.

[도표 12-3] 이익중심점의 성과보고서

	실제성과	변동예산차이	변동예산	매출조업도차이	고정예산
생산 및 판매량	2,200단위		2,200단위		2,500단위
매출액	₩2,860,000	₩220,000F	₩2,640,000		₩3,000,000
변동원가					
직접재료원가	₩770,000		₩660,000		₩750,000
직접노무원가	550,000		440,000		500,000
변동제조간접원가	594,000		660,000		750,000
변동판매관리비	264,000	₩44,000U	220,000		250,000
	₩2,178,000		₩1,980,000		₩2,250,000
공헌이익	₩682,000		₩660,000	₩90,000U	₩750,000
고정원가					
고정제조간접원가	₩380,000		₩400,000		₩400,000
고정판매관리비	220,000	₩20,000U	200,000		200,000
	₩600,000		₩600,000		₩600,000
영업이익	₩82,000		₩60,000		₩150,000

이익중심점의 성과를 분석하기 위해서는 고정예산상의 영업이익과 실제성과상의 영업이익의 차이가 발생한 원인을 추가적으로 분석하여야 한다. 고정예산상의 영업이익과 실제성과상의 영업이익의 차이가 발생하는 원인은 크게 네 가지로 분류할 수 있다. 첫째, 예산상의 판매수량과 실제 판매수량의 차이에서 발생하는 것, 둘째, 예산상의 판매가격과 실제 판매가격의 차이에서 발생하는 것, 셋째, 제조원가의 차이에서 발생하는 것, 넷째, 판매관리비의 차이에서 발생하는 것 등이다.

이러한 차이발생 원인 중에서 이익중심점에서 책임져야 할 부분은 첫째, 둘째, 그리고 넷째에서 발생하는 차이이다. 셋째 원인에서 발생하는 이익의 차이는 생산부문에서 책임져야 할 부분이다. 그런데 판매관리비에서 발생하는 차이는 비교적 단순하고, 원인을 파악하기 어렵기 때문에 매출차이분석에서는 제외한다. 따라서 매출차이분석은 판매수량차이와 매출가격차이를 중심으로 이루어진다.

이익중심점에서는 원가차이에 대해서는 고려하지 않기 때문에 차이분석에 사용되는 원가자료는 제조원가와 판매관리비 모두 표준원가자료를 이용한다. 매출차이분석은 단일제품의 경우와 복수제품의 경우로 나누어서 설명된다. 복수제품에서는 단일제품과는 달리 매출배합의 차이에서 발생하는 효과를 추가적으로 분석하여야 한다.

4.3 단일제품일 때 매출차이분석

단일제품의 경우 **매출총차이**(total sales variance)는 실제공헌이익과 고정예산상의 공헌이익의 차이를 말한다. 여기에서 한 가지 주의할 점은 실제공헌이익은 실제판매가격에서 실제변동원가가 아닌 표준변동원가를 차감하여 산출된다는 것이다. 고정예산의 공헌이익도 예산판매가격에서 표준변동원가를 차감하여 산출된다. 이와 같이 모든 변동원가에 대하여 표준변동원가를 적용하는 이유는 매출총차이를 판매가격과 매출수량에 의한 차이로 구분해 내기 위해서이다. 매출총차이를 식으로 나타내면 (식 12-1)과 같다.

$$\begin{aligned} \text{매출총차이} &= \text{실제판매량} \times (\text{실제판매가격} - \text{표준변동원가}) \\ &\quad - \text{예산판매량} \times (\text{예산판매가격} - \text{표준변동원가}) \\ &= AQ \times (AP - SV) - BQ \times (BP - SV) \end{aligned} \qquad \text{(식 12-1)}$$

매출총차이는 다시 **매출가격차이**(sales price variance)와 **매출조업도차이**(sales volume variance)로 세분될 수 있다. 매출가격차이는 실제판매가격과 예산판매가격과의 차이에

[도표 12-4] 매출차이분석

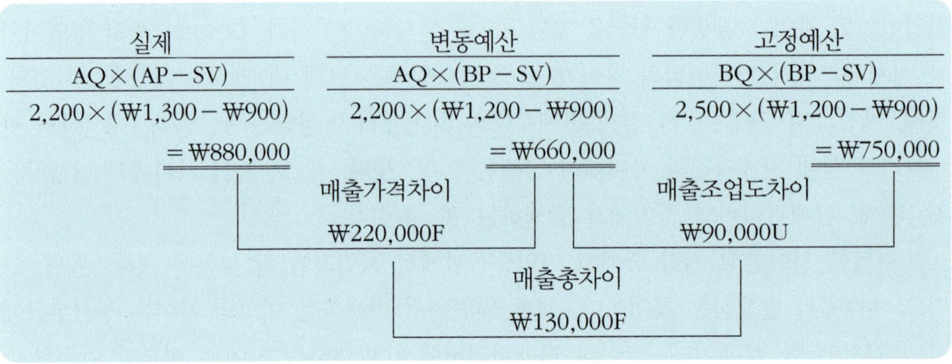

실제 판매된 수량을 곱하여 계산한다. 매출가격차이는 기업이 예상한 판매가격보다 실제판매가격이 얼마나 차이가 발생하였는가에 대한 정보를 제공한다. 매출조업도차이는 단위당 예산공헌이익(혹은 매출총이익)을 실제판매수량에서 고정예산에 의한 예산판매수량을 차감한 수량을 곱하여 계산한다. 매출조업도차이는 기업이 계획한 예산판매량과 비교하여 실제판매수량이 어느 정도인가에 대한 정보를 제공한다. 여기에서 실제판매가격이 예산판매가격보다 크면 매출가격차이는 유리한 차이이다. 마찬가지로 실제판매량이 예산판매량보다 크면 매출조업도차이는 유리한 차이이다. 앞서 제시한 금강산㈜의 기본자료를 이용하여 매출차이를 도표로 요약하면 [도표 12-4]와 같다.

예제 12-1

금강산㈜는 단일제품을 생산·판매하고 있다. 금강산㈜의 20×1년 6월 한 달간 예산 및 실제성과 자료는 다음과 같다.

예산판매량	15,000단위	실제판매량	17,000단위
예산판매가격	₩2,000	실제판매가격	₩1,900
단위당 표준변동원가	1,400	단위당 실제변동원가	1,500
고정제조간접원가 예산	1,200,000	고정제조간접원가 발생액	1,150,000
고정판매관리비 예산	800,000	고정판매관리비 발생액	900,000

(요구사항)

매출총차이, 매출조업도차이, 그리고 매출가격차이를 산출하시오.

(해 답)

앞에서 살펴본 공식에 적용해 보면 다음과 같이 매출총차이, 매출조업도차이, 그리고 매출가격차이를 산출할 수 있다.

실 제	변동예산	고정예산
AQ×(AP−SV)	AQ×(BP−SV)	BQ×(BP−SV)
17,000×(₩1,900−₩1,400)	17,000×(₩2,000−₩1,400)	15,000×(₩2,000−₩1,400)
=₩8,500,000	=₩10,200,000	=₩9,000,000

매출가격차이 ₩1,700,000U (실제 – 변동예산)

매출조업도차이 ₩1,200,000F (변동예산 – 고정예산)

매출총차이 ₩500,000U

4.4 복수제품일 때 매출차이분석

4.4.1 매출가격차이와 매출조업도차이

앞서 단일제품을 판매하는 경우의 매출차이분석에 대해서 설명하였다. 여기서는 복수제품을 판매하는 경우의 매출차이분석에 대해서 살펴보고자 한다. 회사가 여러 가지 상호 대체적인 제품을 판매하는 경우에는 회사가 사전에 설정한 매출배합(sales mix)의 성과에 대한 정보를 분석할 필요가 있다. 단일제품일 때와 마찬가지로 매출총차이는 매출가격차이와 매출조업도차이로 구분되며, 매출조업도차이는 다시 매출배합차이와 매출수량차이로 구분된다. 그리고 매출수량차이는 다시 시장점유율차이와 시장규모차이로 구분된다. 요약하면 [도표 12-5]와 같다.

먼저, 매출가격차이와 매출조업도차이를 살펴보면 단일제품일 때와 동일한 방법으로 분석할 수 있다.

[도표 12-5] 매출차이분석의 구분

- 매출총차이
  - 매출가격차이
  - 매출조업도차이
    - 매출배합차이
    - 매출수량차이
      - 시장점유율차이
      - 시장규모차이

예제 12-2

금강산㈜는 커피와 설탕을 생산·판매하고 있는데 20×1년 6월 한 달간 예산 및 실제성과 자료는 다음과 같다.

	커피	설탕
예산판매가격	₩500	₩300
실제판매가격	450	330
예산상 단위당 변동원가	300	200
예산판매량	12,000단위	8,000단위
실제판매량	13,000단위	9,000단위

(요구사항)

매출가격차이와 매출조업도차이를 산출하시오.

(해 답)

	실 제	변동예산	고정예산
	AQ×(AP−SV)	AQ×(BP−SV)	BQ×(BP−SV)
커피	13,000×(₩450−₩300)	13,000×(₩500−₩300)	12,000×(₩500−₩300)
	=₩1,950,000	=₩2,600,000	=₩2,400,000
설탕	9,000×(₩330−₩200)	9,000×(₩300−₩200)	8,000×(₩300−₩200)
	=₩1,170,000	=₩900,000	=₩800,000
	=₩3,120,000	=₩3,500,000	=₩3,200,000

매출가격차이 ₩380,000U (실제 – 변동예산)

매출조업도차이 ₩300,000F (변동예산 – 고정예산)

매출총차이 ₩80,000U

[예제 12-2]의 산출방식은 단일제품일 때와 동일한 방법이다. 이 방법은 결국 다음과 같이 나타낼 수도 있다. 예를 들어, 실제값을 구할 때 [Total AQ×AM]을 구하면 커피와 설탕의 실제판매수량이 되기 때문이다.

[도표 12-6] 복수제품일 때 매출가격차이와 매출조업도차이

	실 제	변동예산	고정예산
	Total AQ×AM×(AP－SV)	Total AQ×AM×(BP－SV)	Total BQ×BM×(AP－SV)
커피	$22{,}000\times\frac{13{,}000}{22{,}000}\times$(₩450－₩300)	$22{,}000\times\frac{13{,}000}{22{,}000}\times$(₩500－₩300)	$20{,}000\times\frac{12{,}000}{20{,}000}\times$(₩500－₩300)
	＝₩1,950,000	＝₩2,600,000	＝₩2,400,000
설탕	$22{,}000\times\frac{9{,}000}{22{,}000}\times$(₩330－₩200)	$22{,}000\times\frac{9{,}000}{22{,}000}\times$(₩300－₩200)	$20{,}000\times\frac{8{,}000}{20{,}000}\times$(₩300－₩200)
	＝₩1,170,000	＝₩900,000	＝₩800,000
	＝₩3,120,000	＝₩3,500,000	＝₩3,200,000

매출가격차이 ₩380,000U (실제 – 변동예산)

매출조업도차이 ₩300,000F (변동예산 – 고정예산)

매출총차이 ₩80,000U

* AM : 실제배합, BM : 예산배합

4.4.2 매출배합차이와 매출수량차이

다수제품을 판매하는 경우의 매출차이분석은 매출조업도차이(sales volume variance)가 매출배합차이(sales mix variance)와 매출수량차이(sales quantity variance)로 구분된다. 매출배합차이는 판매하는 제품들에 대한 회사의 예산배합률과 실제배합률이 달라지기 때문에 발생하는 차이를 말한다. 실제판매한 총수량 중에서 단위당 공헌이익이 높은 제품의 매출배합이 예산보다 클 경우 매출배합차이가 유리하게 나타나게 된다. 매출수량차이는 제품간의 예산배출배합이 유지된다는 가정하에 제품판매수량의 변화를 나타내는 차이를 의미한다. 차이분석을 도식화하면 [도표 12-7]과 같다.

[도표 12-7] 매출배합차이와 매출수량차이

변동예산(실제배합)	변동예산(예산배합)	고정예산
Total AQ×AM(BP－SV)	Total AQ×BM(BP－SV)	Total BQ×BM(BP－SV)

매출배합차이 (변동예산(실제배합) – 변동예산(예산배합))

매출수량차이 (변동예산(예산배합) – 고정예산)

매출조업도차이

예제 12-3

[예제 12-2]의 자료를 이용하여 매출배합차이와 매출수량차이를 구하시오.

(해 답)

	변동예산(실제배합)	변동예산(예산배합)	고정예산
	Total AQ×AM×(BP−SV)	Total AQ×BM×(BP−SV)	Total BQ×BM×(AP−SV)
커피	$22{,}000\times\frac{13{,}000}{22{,}000}\times$(₩500−₩300)	$22{,}000\times\frac{12{,}000}{20{,}000}\times$(₩500−₩300)	$20{,}000\times\frac{12{,}000}{20{,}000}\times$(₩500−₩300)
	=₩2,600,000	=₩2,640,000	=₩2,400,000
설탕	$22{,}000\times\frac{9{,}000}{22{,}000}\times$(₩300−₩200)	$22{,}000\times\frac{8{,}000}{20{,}000}\times$(₩300−₩200)	$20{,}000\times\frac{8{,}000}{20{,}000}\times$(₩300−₩200)
	=₩900,000	=₩880,000	=₩800,000
	₩3,500,000	₩3,520,000	₩3,200,000

매출배합차이 ₩20,000U

매출수량차이 ₩320,000F

매출조업도차이 ₩300,000F

* AM : 실제배합, BM : 예산배합

4.4.3 시장점유율차이와 시장규모차이

기업의 예산판매수량과 실제판매수량의 차이에 대한 정보를 제공하는 매출수량차이는 다시 세부적으로 구분되어 통제가능차이(시장점유율차이)와 통제불능차이(시장규모차이)로 구분할 수 있다. 시장규모차이는 경영자의 의사와 관계없이 해당산업 전체의 시장규모가 확대 혹은 축소됨에 따라 나타나는 매출수량차이를 의미한다. 즉, 그 기업이 속한 산업전체의 환경 변화에 따라 발생하는 통제불능의 부분이다. 반면 시장점유율차이는 실제 시장규모하에서 당사의 시장점유율이 예상보다 확대 혹은 축소됨에 따라 나타나는 매출수량차이를 말한다. 시장규모차이와 시장점유율차이는 [도표 12-8]과 같이 계산한다.

시장점유율차이는 산업전체의 실제판매수량 중에서 실제시장점유율과 예산시장점유율과의 차이부분에 해당하는 판매수량에 대하여 단위당 평균예산공헌이익을 곱하여 계산한다. 따라서 시장점유율 차이는 매출수량차이의 원인 중에서 얼마만큼이 기업의 시장점유율의 변화에 따라 발생한 것인가에 대한 정보를 제공하게 되며 이를 통하여 회사의 영업활동의 성과를 측정할 수 있는 것이다. 만약 유리한 시장점유율 차이가 발생한다면, 이는 회사가 산업전체의 평균영업성과보다도 더 나은 성과를 나타낸다는 것을

[도표 12-8] 시장규모차이와 시장점유율차이

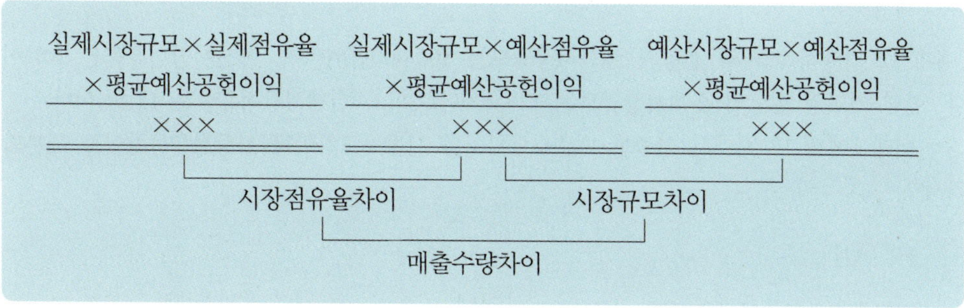

뜻하게 된다.

> 시장점유율차이
> =단위당 평균예산공헌이익×[(실제점유율－예산점유율)×실제시장판매량]

한편 시장규모차이는 매출수량차이의 원인 중에서 기업의 시장점유율이 예산과 같다고 가정할 때 얼마만큼이 시장전체의 판매수량변화에 따라 발생하였는가에 대한 정보를 제공한다. 따라서 시장규모차이는 시장전체의 실제판매수량과 예산판매수량의 차이에 해당하는 부분 중 기업의 예산시장점유율에 해당하는 수량을 구하고 이에 단위당 평균예산공헌이익을 곱하여 계산한다.

> 시장규모차이
> =단위당 평균예산공헌이익×[(실제시장판매량－예산시장판매량)×예산시장점유율]

그런데 [도표 12-8]에서는 시장점유율차이와 시장규모차이를 계산할 때 평균예산공헌이익을 사용하고 있는데, 여기에서 사용된 평균예산공헌이익은 제품별 공헌이익과 예산매출배합비율을 이용하여 산출한다.

> 평균예산공헌이익=∑(제품별 단위당 공헌이익×제품별 매출배합비율)

예제 12-4

[예제 12-2]에서 커피와 설탕의 예산시장규모는 100,000단위이며, 예산시장점유율은 20%이다. 한편 커피와 설탕의 실제시장규모는 125,000단위이고, 실제시장점유율은 17.6%이다.

이때 [예제 12-3]에서 산출한 매출수량차이를 시장규모차이와 시장점유율차이로 세분화하시오.

(해 답)

$$평균예산공헌이익 = (₩500 - ₩300) \times \frac{12,000}{20,000} + (₩300 - ₩200) \times \frac{8,000}{20,000}$$
$$= ₩160$$

실제시장규모×실제점유율×평균예산공헌이익	실제시장규모×예산점유율×평균예산공헌이익	예산시장규모×예산점유율×평균예산공헌이익
125,000×17.6%×₩160 = ₩3,520,000	125,000×20%×₩160 = ₩4,000,000	100,000×20%×₩160 = ₩3,200,000

시장점유율차이 ₩480,000U　　시장규모차이 ₩800,000F

매출수량차이 ₩320,000F

05 투자중심점의 성과평가

5.1 투자중심점의 의의

책임중심점의 개념은 관리자들의 책임범위를 정하여 주고 성과평가의 틀을 제공해 주기 때문에 매우 중요하다. 지금까지 학습한 책임중심점의 실제평가 내용을 살펴보면 다음과 같다. 원가중심점의 성과평가는 사전에 결정된 표준원가와 실제원가와의 차이에 의하여 평가된다. 수익중심점의 성과평가는 목표매출과 실제매출과의 차이에 의하여 평가된다. 그리고 이익중심점의 성과평가는 고정예산상의 이익과 실제이익과의 차이에 의하여 평가된다.

그러나 투자중심점의 경우에는 원가나 이익수치를 기준으로 성과를 평가하면 투자규모가 고려되지 못하기 때문에 공정한 평가가 되지 못한다. 만약 경영층이 가용자원의 크기가 서로 다른 여러 투자중심점의 성과를 평가하고자 할 때 단순히 각 투자중심점에서 벌어들인 수익, 원가 혹은 이익의 크기를 비교하는 것은 논리적이지 못하다. 보다 좋은 평가기준은 투자된 자원 ₩1당 벌어들인 이익의 크기일 것이다. 세부사업단위가 투자된 자원 ₩1당 이익의 크기로 평가될 때 이러한 사업단위를 투자중심점(investment center)이라 한다. 투자중심점은 수익과 원가뿐만 아니라 투자에 대해서도 책임을 지는 중심점으로서 가장 포괄적이고 광범위한 책임중심점이며, 분권화가 잘 된 사업부가 여기에 해당된다. 투자중심점의 성과분석을 위해서는 투자규모가 다양한 사업부의 성과를 비교하는 공통기준을 제공해 주어야 한다. 오랫동안 투자중심점 성과평가에 주로 사용된 지표는 투자수익률이지만, 이 지표의 단점을 보완하기 위해 잔여이익과 매출수익률 및 경제적 부가가치 등이 나타났다. 이하에서는 이들 지표에 대해 설명하고자 한다.

5.2 투자수익률

투자중심점에는 원가 및 수익에 관한 의사결정뿐만 아니라 투자규모에 관한 의사결정의 자율권이 부여되어 있다. 이러한 투자중심점의 성과를 공정하게 평가하는 방법 중의 하나는 투자액에 대하여 창출된 이익의 비율을 이용하는 것이다. 이와 같이 일정한 투자액에 대하여 창출된 이익의 비율을 투자수익률(return on investment : ROI)이라고 하며, 투자수익률은 영업이익을 영업용자산으로 나누어 계산한다. 투자중심점의 영업용자산은 기초자산, 기말자산 또는 연평균자산 등 여러 개념으로 평가되는데, 여기서는 달리 언급이 없는 한 연평균자산으로 평가한다.

$$\text{투자수익률} = \frac{\text{투자중심점 영업이익}}{\text{투자중심점 영업용자산}} \qquad \text{(식 12-2)}$$

투자수익률은 수익성 지표로서 듀퐁(DuPont) 사에서 개발한 듀퐁분석(DuPont analysis)으로 매출수익률과 자산회전율로 구분할 수 있다. 일반적으로 영업활동의 과정을 살펴볼 때, ₩1의 현금은 현금의 집결지를 떠나 재고자산에 투자되고, 이 재고자산이 판매되어 매출채권으로 변환된 다음 매출채권이 현금으로 회수됨으로써 현금의 집결지로 되돌아오게 된다. 그리고 최초에 집결지를 떠난 ₩1이 되돌아올 때에는 추가적인 이익이 붙게 되는데, 현금 ₩1에 대한 추가적인 이익의 비율을 이익률이라고 하며, 매출로 인한 이익률을 매출수익률로 표현하며, 이익을 매출로 나누어서 산출된다.

그리고 투자수익률은 이러한 이익률 외에 회전수라는 요인에 의해서도 영향을 받게 된다. 회전수란 현금 ₩1이 영업활동상에서 집결지를 떠나 다시 되돌아오는 순환을 일정기간 동안에 몇 번이나 반복하는가를 말해 주는 측정치이다. 자산회전율(asset turnover)은 자산이 몇 번이나 순환되는지를 나타내며, 매출을 자산으로 나누어서 산출된다. 위와 같은 매출수익률과 자산회전율을 곱하면 일정기간 동안의 투자수익률이 된다.

$$\text{투자수익률} = \text{매출수익률} \times \text{자산회전율}$$

$$\frac{\text{투자중심점 영업이익}}{\text{투자중심점 영업용자산}} = \frac{\text{투자중심점 영업이익}}{\text{투자중심점 매출액}} \times \frac{\text{투자중심점 매출액}}{\text{투자중심점 영업용자산}} \quad \text{(식 12-3)}$$

과거에는 경영자들이 회전수는 무시하고 이익률에만 관심을 기울였으며, 경영자의 성과는 어느 정도까지 이익률에 의하여 평가되었다. 그러나 영업용자산에 대한 과대투자는 영업비용의 과대지출액만큼 수익성에 중대한 영향을 미친다. 따라서 투자수익률에 대한 투자규모에도 효율적인 통제를 하도록 요구하게 되었다.

그리고 영업용자산은 현금, 매출채권, 유형자산, 기타 영업용자산 등 모든 자산을 말한다. 미래에 사용할 목적으로 보유하고 있는 토지나 건물 등은 영업용자산이 아니며, 현재 영업에 사용하기 위한 토지나 건물 등이 영업용자산에 해당하는 것이다. 그리고 영업용자산은 평균개념을 적용하여 계산하는데, 평균영업용자산은 기초영업용자산과 기말영업용자산의 합을 2로 나눈 값이다.

한편 (식 12-3)을 사용하여 경영자는 투자수익률을 제고시킬 수 있는 방법을 여러 가지로 생각해 낼 수 있다. 예를 들어, 매출수익률을 올리든가 자산회전율을 올리면 투자수익률이 올라간다. 물론 매출수익률과 자산회전율을 동시에 올리면 투자수익률은 더 많이 올라갈 것이다. 투자수익률을 올리는 방법은 수익을 올리든지, 비용을 줄이든지, 아니면 자산을 감소시킴으로써 가능하다. 다음의 예제는 투자수익률을 통제하는 다양한 방법을 설명해 준다.

예제 12-5

금강산㈜는 다음과 같은 정보를 가지고 있다.

영업이익	₩180,000
매출액	1,500,000
평균영업용자산	500,000

(요구사항)

1. 금강산㈜의 투자수익률(ROI)을 구하시오.
2. 투자수익률(ROI)에 영향을 미치는 요소를 설명하시오.

(해 답)

1. 금강산㈜의 ROI

$$\frac{\text{투자중심점 영업이익}}{\text{투자중심점 영업용자산}} = \frac{\text{투자중심점 영업이익}}{\text{투자중심점 매출액}} \times \frac{\text{투자중심점 매출액}}{\text{투자중심점 영업용자산}}$$

$$= (₩180,000/₩1,500,000) \times (₩1,500,000/₩500,000)$$
$$= 12\% \times 3\text{회}$$
$$= 36\%$$

2. ROI에 영향을 미치는 요소

1) 매출액의 증가

위의 자료에서 매출액이 ₩1,500,000에서 ₩1,800,000으로 증가하고, 아울러 영업이익도 ₩180,000에서 ₩234,000으로 증가하였다면, 투자수익률은 다음과 같이 10.8%포인트가 증가한다.

$$= (₩234,000/₩1,800,000) \times (₩1,800,000/₩500,000)$$
$$= 13\% \times 3.6\text{회}$$
$$= 46.8\%$$

투자수익률의 계산공식에서 매출액은 분자와 분모에 동시에 곱해지므로 매출액의 증가는 서로 상쇄되어 투자수익률에 영향을 미치지 않는 것처럼 보인다. 그러나 매출액의 증가는 매출수익률뿐만 아니라 회전수에도 영향을 미치게 된다. 예를 들어, 매출액이 증가할 때 비용의 증가비율이 이에 못 미친다면 매출수익률은 상승하게 되고, 매출액이 증가할 때 영업용자산의 변동이 없다면 회전수가 증가하게 된다. 위의 예에서 매출액이 ₩1,500,000에서 ₩1,800,000으로 증가할 경우, 영업이익이 ₩180,000에서 ₩234,000으로 증가하였다. 따라서 매출수익률은 12%에서 13%로 증가하고, 영업용자산은 변동이 없기 때문에 회전수가 3회에서 3.6회로 증가하였다.

2) 비용의 감소

앞의 자료에서 경영자가 비용을 효율적으로 통제하여 ₩30,000만큼 감소시킬 수 있었다고 가정하자. 즉, ₩30,000만큼의 영업이익이 증가하였다면, 투자수익률은 다음과 같이 6%포인트가 증가한다.

=(₩210,000/₩1,500,000)×(₩1,500,000/₩500,000)
=14%×3회
=42%

투자수익률을 증가시키는 방법 중 가장 간단한 방법 중의 하나는 비용을 효율적으로 통제하여 감소시키는 것이다. 비용의 감소는 매출수익률을 증가시키고 나아가서는 투자수익률을 증가시킨다. 위의 예에서 ₩30,000의 비용 감소로 매출수익률이 12%에서 14%로 상승하였고, 투자수익률은 36%에서 42%로 증가하였다.

3) 자산의 감소

앞의 자료에서 영업용자산이 ₩500,000에서 ₩400,000으로 감소하였다고 가정하면, 투자수익률은 다음과 같이 9%포인트가 증가한다.

=(₩180,000/₩1,500,000)×(₩1,500,000/₩400,000)
=12%×3.75회
=45%

경영자들은 매출액이나 비용의 통제에 비교적 민감하게 반응하지만, 영업용자산의 통제에는 덜 민감하게 반응한다. 이는 과거에 경영자들이 회전수보다는 매출수익률에 더 많은 관심을 가지고 있었기 때문이다. 그러나 투자수익률에 의한 성과평가는 경영자로 하여금 회전수에도 큰 관심을 갖도록 하였다. 위의 예에서 영업용자산이 ₩500,000에서 ₩400,000으로 ₩100,000이 감소하였기 때문에 자산회전율은 3회에서 3.75회로 증가하였으며, 투자수익률은 36%에서 45%로 증가하였다.

투자중심점의 성과를 투자수익률에 의하여 평가하게 되면 다음과 같은 장점을 얻을 수 있다.

첫째, 규모와 업종이 상이한 경우라 하더라도 투자수익률이라는 단일 수치에 의하여 성과평가가 가능하다.

둘째, 주주들이 기업전체의 성과를 투자수익률에 의하여 평가할 경우 각 투자중심점들과 기업전체의 목표를 일치시킬 수 있다.

셋째, 순이익수치에 의하여 성과를 평가하면 과대투자가 유발될 수 있으나, 투자수익률에 의하여 성과를 평가하면 최적투자를 촉진시킬 수 있다.

그러나 투자수익률은 다음과 같은 단점도 가지고 있다. 투자수익률의 단점에 대해서는 다음 예제를 통해 살펴보기로 한다.

예제 12-6

금강산㈜는 감사부서와 컨설팅부서 등 두 개의 사업부로 구성되어 있으며, 두 사업부의 투자수익률에 관한 자료는 다음과 같다.

	감사부서	컨설팅부서	합 계
평균영업용자산	₩20,000	₩12,000	₩32,000
영업이익	3,460	2,460	5,920
투자수익률	17.3%	20.5%	18.5%

(요구사항)

위 자료를 이용하여 ROI의 문제점을 설명하시오.

(해 답)

위와 같은 경우 컨설팅부서에서 ₩10,000을 투자하여 ₩1,940의 영업이익이 보장되는 새로운 컨설팅 계약을 고려하고 있다고 가정하자. 컨설팅부서에서 이 새로운 컨설팅 계약을 체결할 경우 기업전체의 투자수익률은 (₩5,920 + ₩1,940)/(₩32,000 + ₩10,000) ≒ 18.7%가 되어 현재보다 약 0.2% 포인트가 증가하지만, 컨설팅부서의 투자수익률은 (₩2,460 + ₩1,940)/(₩12,000 + ₩10,000) = 20%가 되어 오히려 0.5% 포인트 떨어지게 된다. 따라서 컨설팅부서에서는 기업전체의 투자수익률을 증가시키는 새로운 컨설팅 제안이라 할지라도 자기 부서의 투자수익률을 감소시키는 새로운 컨설팅 제안을 기각시킬 수 있다. 이것이 투자수익률 지표의 첫 번째 단점이다.

둘째, 투자중심점의 투자액이 서로 상이한 경우 성과평가가 왜곡될 수도 있다. 앞의 예에서 컨설팅부서가 감사부서보다 높은 투자수익률을 나타내고 있으므로 성과가 더 좋다고 평가될 수 있다. 그러나 이러한 평가에는 다음과 같은 오류가 있을 수 있다. [예제 12-6]에서 감사부서는 컨설팅부서보다 ₩8,000을 더 투자하여 ₩1,000의 영업이익을 추가로 획득하였다. 이는 투자수익률 12.5%에 해당하는 것이다. 기업전체의 자본비용이 10%라고 하면 추가적인 투자를 통해 자본비용 이상의 수익률을 달성하였기 때문에 기업전체의 수익성에 더 많은 공헌을 하였다고 평가될 수 있다. 이와 같이 투자규모가 상이한 사업부를 평가하는 경우에는 기업전체의 자본비용을 고려할 필요가 있다.

셋째, 투자수익률 계산시 유형자산을 순장부가액으로 평가하고, 재무회계에 의한 감가상각방법을 이용할 경우 경영자들로 하여금 신규투자를 회피하도록 유도한다. 이때에는 취득원가를 사용하거나, 감가상각방법으로 복리상각법 또는 연금법을 사용하면 된다.

넷째, 물가수준이 상승하는 경우 수익은 현행가치에 의해 평가되고, 영업용자산과 감가상각비는 취득원가에 의하여 평가되므로 명목상 투자수익률이 증가할 수도 있다는 단점도 있다.

5.3 잔여이익

앞서 설명한 투자수익률의 단점 중 첫 번째와 두 번째는 투자수익률이 비율로 계산되기 때문에 나타나는 것이다. 이러한 단점은 이하에서 설명될 잔여이익을 사용하면 해소될 수 있는 단점들이다. 잔여이익(residual income)은 투자중심점 영업용자산에 필수투자수익률을 곱한 금액을 투자중심점 영업이익에서 차감하여 산출된다.

$$\text{잔여이익} = \text{투자중심점 영업이익} - (\text{투자중심점 영업용자산} \times \text{필수투자수익률}) \quad \text{(식 12-4)}$$

투자중심점 영업용자산에 적용되는 필수투자수익률은 투자의 자본비용 또는 내재비용(imputed cost)이라 불리어진다. 필수투자수익률은 기업이 투자에서 최소한으로 획득하여야 할 수익률을 말한다. 보통 투자중심점의 필수투자수익률을 결정하는 데에는 기업의 자본비용을 기초로 하여 각 투자중심점의 위험정도를 반영 조정하게 된다. 이렇게 하여 위험이 큰 투자중심점의 필수투자수익률은 위험이 작은 투자중심점의 필수투자수익률보다 높게 결정된다. 잔여이익으로 평가한다면 투자중심점 경영자들은 필수투자수익률보다 높은 투자수익률을 가져다주는 투자기회는 받아들이는 데 반해, 투자수익률로 평가한다면 필수투자수익률보다 크지만 원래의 투자수익률이나 목표투자수익률보다 낮은 투자수익률을 가져다주는 투자기회는 거부하게 된다. 이와 같은 상황에서는 투자수익률에 의한 성과평가보다 잔여이익에 의한 성과평가가 보다 합리적일 수 있다. 왜냐하면 필수투자수익률보다 높은 투자수익률을 가져다주는 투자기회는 받아들이는 것이 회사전체의 입장에서 합리적인 의사결정이기 때문이다. 잔여이익에 대해서는 다음 예제를 통해 살펴보기로 한다.

예제 12-7

앞의 [예제 12-6]의 자료를 그대로 활용하여 잔여이익(RI)을 계산하면 다음과 같다.

	감사부서	컨설팅부서	합 계
평균영업용자산	₩20,000	₩12,000	₩32,000
영업이익	3,460	2,460	5,920
평균영업용자산×필수투자수익률	2,000	1,200	3,200
잔여이익	₩1,460	₩1,260	₩2,720

* 필수투자수익률은 10%로 가정함

(요구사항)

투자수익률(ROI)에 비해 잔여이익(RI)이 갖는 장점을 설명하시오.

(해 답)

잔여이익이 투자수익률의 단점을 어떻게 해소시킬 수 있는지를 분석해 보자. 먼저 투자수익률에 의한 성과평가시 첫 번째 단점은 컨설팅부서에서 영업이익이 ₩1,940이고 투자액이 ₩10,000인 새로운 컨설팅 제안을 거절할 수도 있다는 부문최적화의 문제이다. 왜냐하면 이와 같은 컨설팅 제안을 수락하면 컨설팅부서의 투자수익률의 하락을 가져오기 때문이다. 반면에 잔여이익에 의하여 성과평가를 하게 되면, 새로운 컨설팅 제안을 수락할 경우 기업전체의 잔여이익은 (₩5,920 + ₩1,940) − (₩32,000 + ₩10,000) × 0.10 = ₩3,660이 되고, 컨설팅부서의 잔여이익은 (₩2,460 + ₩1,940) − (₩12,000 + ₩10,000) × 0.10 = ₩2,200이 된다. 즉, 기업전체의 잔여이익과 컨설팅부서의 잔여이익이 모두 증가하므로 이 투자안은 컨설팅부서에 의하여 채택된다. 따라서 투자수익률에 의한 성과평가에서 야기될 수 있는 부문최적화의 문제가 잔여이익을 사용함으로써 해소될 수 있다. 또한 잔여이익에 의한 성과평가시에는 기업전체의 수익성에 공헌한 정도에 따라서 성과를 비교할 수 있게 해 준다. 위의 예제의 경우 감사부서가 컨설팅부서보다 기업전체의 잔여이익에 ₩1,460 − ₩1,260 = ₩200만큼 더 공헌하였다고 평가될 수 있다. 이 수치는 (₩3,460 − ₩2,460) − (₩20,000 − ₩12,000) × 0.10 = ₩200과 일치한다.

이와 같이 잔여이익을 사용하면 투자수익률의 경우에 나타나는 문제점 중 하나인 부문최적화의 문제는 해소된다. 즉, 사업부의 관리자들이 자기 사업부의 잔여이익을 극대화하려고 하기 때문에 자금의 여유가 있는 한 필수투자수익률보다 높은 수익률이 기대되는 양호한 투자안을 모두 채택하게 된다. 따라서 회사전체의 이익에 불리한 의사결정은 이루어지지 않게 되며, 투자중심점과 회사전체의 이익을 동시에 극대화할 수 있다. 그러나 잔여이익의 경우에도 다음과 같은 단점을 가지고 있다.

첫째, 잔여이익 계산에 사용되는 필수투자수익률을 어떻게 설정하는가에 따라 투자중심점의 성과가 달라질 수 있다. 예를 들어, 위의 예제에서 기업의 필수투자수익률이 12.5%가 되면 두 투자중심점의 잔여이익은 ₩960으로 동일하게 되고, 12.5%를 초과하는 경우 감사부서보다 컨설팅부서의 잔여이익이 커지게 된다.

둘째, 잔여이익으로 투자중심점의 성과를 평가한다면 각 투자중심점의 투자규모가 서로 다를 경우, 투자중심점의 성과를 직접 비교할 수 없게 된다. 왜냐하면 투자수익률이 동일하다 하더라도 투자규모가 큰 투자중심점의 잔여이익이 더 크게 나타나므로, 규모가 큰 투자중심점이 규모가 작은 투자중심점에 비해 상대적으로 유리하게 되기 때문이다.

5.4 경제적 부가가치(EVA)

최근 괄목할 만한 관심을 일으키고 있는 경제적 부가가치(economic value added : EVA)는 크게는 잔여이익의 한 유형으로 간주될 수 있다. 경제적 부가가치는 가중평균자본비용을 영업용자산에서 유동부채를 차감한 금액에 곱한 것을 투자중심점의 과세후영업이익에서 차감시킨 것이다.

$$\begin{aligned}\text{경제적 부가가치} &= \text{투자중심점 과세후영업이익} \\ &\quad - (\text{영업용자산} - \text{유동부채}) \times \text{가중평균자본비용} \qquad \text{(식 12-5)}\end{aligned}$$

$$\begin{aligned}\text{가중평균자본비용} &= \text{타인자본비용} \times (1 - \text{세율}) \times \frac{\text{타인자본}}{\text{타인자본} + \text{자기자본}} \\ &\quad + \text{자기자본비용} \times \frac{\text{자기자본}}{\text{타인자본} + \text{자기자본}}\end{aligned}$$

여기서 세후영업이익은 '영업이익×(1－세율)'로 계산되며, 가중평균자본비용(weighted average cost of capital : WACC)이란 타인자본비용과 자기자본의 자본비용을 각각의 자본구성비율에 따라 가중평균한 것을 말한다. 타인자본비용(cost of debt)에 (1－세율)을 곱하는 이유는 부채에 대한 이자비용이 발생하면 이익이 그만큼 감소되어 법인세 절감효과가 있기 때문이다. 그리고 자기자본의 자본비용은 투자위험이 유사한 다른 투자안에 투자하지 않음으로써 포기한 기회원가이다.

예제 12-8

금강산㈜는 감사부서와 컨설팅부서 등 두 개의 사업부로 구성되어 있으며, 두 사업부의 투자수익률에 관한 자료는 다음과 같다.

	감사부서	컨설팅부서	합 계
평균영업용자산	₩20,000	₩12,000	₩32,000
유동부채	5,000	3,000	8,000
영업이익	3,460	2,460	5,920

금강산㈜의 타인자본의 시장가치는 ₩20,000, 평균이자율은 10%이며, 자기자본의 시장가치는 ₩15,000, 자본비용이 14%이다. 법인세율은 30%이다. 이때 각 사업부의 경제적 부가가치를 구하면 다음과 같다.

	감사부서	컨설팅부서
경제적 부가가치	= ₩3,460 × (1 − 0.3)	= ₩2,460 × (1 − 0.3)
	− (₩20,000 − ₩5,000) × 10%	− (₩12,000 − ₩3,000) × 10%
	= ₩922	= ₩822

$$
\begin{aligned}
\text{가중평균자본비용} &= \text{타인자본비용} + \text{자기자본비용} \\
&= 10\%(1-0.3) \times \frac{₩20,000}{₩35,000} + 14\% \times \frac{₩15,000}{₩35,000} \\
&= 10\%
\end{aligned}
$$

경제적 부가가치는 특수한 형태의 잔여이익 개념으로 볼 수 있다. (식 12-4)에서 기술된 잔여이익 공식에서 투자중심점 영업이익 대신 투자중심점 과세후영업이익을, 필수투자수익률 대신 가중평균자본비용을, 그리고 투자중심점 영업용자산 대신 투자중심점의 영업용자산에서 투자중심점의 유동부채를 차감한 값을 사용하면 위의 (식 12-5)에서 기술된 경제적 부가가치를 산출할 수 있다. 경제적 부가가치를 계산하는 데 있어서 중요한 정보는 가중평균자본비용인데 이는 특정 투자중심점에 투하된 모든 장기기금의 과세후비용과 같다. 경제적 부가가치를 산출하는 (식 12-5)는 단지 과세후영업이익이 투하된 자금의 자본비용보다 상회해야 가치가 창출된다는 것을 표현하고 있다. 따라서 경제적 부가가치는 앞에서 설명한 잔여이익의 장점과 문제점을 그대로 가지고 있다. 경제적 부가가치는 전통적 개념의 회계적 이익, 즉 당기순이익에 비하여 다음과 같은 장점이 있다.

첫째, 당기순이익이 기업의 영업·투자·재무활동을 모두 반영한 이익개념인 반면에, 경제적 부가가치는 영업이익을 기초로 하여 계산하므로 기업고유의 경영성과를 측정하는 데 보다 유용하다. 왜냐하면 기업고유의 활동은 영업활동이므로 투자활동이나 재무활동에서 아무리 많은 이익을 창출한다고 하더라도 영업활동에서 이익을 창출하지 못한다면 그 기업은 기본적으로 수익창출 능력이 없다고 보는 것이 타당하기 때문이다.

둘째, 당기순이익이 주주의 자본제공에 대한 대가, 즉 자기자본비용을 고려하지 않은 이익개념인 반면에, 경제적 부가가치는 자기자본비용까지 포함하여 이익을 얼마나 창출하였는지를 파악할 수 있게 해주므로 기업의 경영성과를 보다 정확히 측정할 수 있다.

5.5 투자중심점 성과평가의 문제점

5.5.1 투자의 정의

책임중심점별로 수익과 비용을 어떻게 정의하느냐 하는 문제는 원가중심점이나 이익중심점에서와 마찬가지로 투자중심점에도 적용된다. 이에 추가해서 투자중심점의 성과를 평가하려면 사업부의 투자를 명확하게 정의하여야 한다. 흔히 사용되는 투자에 대한 정의는 다음과 같다.

1) 총가용자산 : 자산의 목적에 상관없이 사업단위의 모든 자산이 포함된다.
2) 총활용자산 : 투자중심점의 이익을 창출하는 데 활용된 순자산이 포함된다. 투자중심점의 정상적 사업활동에 사용되지 않는 자산은 이러한 개념의 투자에는 제외된다. 가령 투자목적으로 보유하고 있는 토지나 투자주식이 이에 해당된다.
3) 운전자본에 비유동자산을 합친 것 : 유동부채로 조달된 유동자산은 투자에 포함되지 않는다.
4) 소유주지분 : 이는 투자자로 돌아가는 수익률을 측정하는데 출자자본금과 이익유보액이 모두 포함된다.
5) 기타 : 경영자는 상황에 따라 운전자본, 총비유동자산, 그리고 순비유동자산 등을 가능한 투자개념으로 사용한다.

많은 기업들은 총자산이나 운전자본에 비유동자산을 합친 개념을 투자의 정의로 사용한다. 그러나 최고경영자가 사업부 경영자로 하여금 여분의 자산을 보유하도록 지시하였다면 투자의 정의는 총활용자산으로 하는 것이 총자산으로 하는 것보다 좀 더 합리적일 것이다. 또한 투자중심점이 모회사에 의해 자회사로 운영되는 경우에는 투자의 정의로 소유주지분을 사용하는 것이 적합하다. 운전자본에 비유동자산을 합친 개념을 투자의 정의로 사용하는 이유는 사업부 경영자가 사업부의 단기부채에 관한 의사결정에 영향을 주기 때문이다. 물론 성과평가 목적을 위해선 어떠한 경우에도 본부가 사용하는 자산은 사업부의 투자에는 포함시키지 말아야 한다.

5.5.2 자산의 정의

사업부 투자에 대한 정의가 내려진 다음에도 투자규모 계산에 포함되는 자산을 어떻게 측정하느냐는 여러 가지 방법이 있다.

1) 자산의 순장부가치 : 자산의 역사적 원가에서 감가상각누계액이나 대손충당금 등 자산의 차감적 평가항목을 차감한 금액이다.
2) 역사적 원가 : 회계장부에 기록된 자산의 취득원가이다. 역사적 원가로 자산을 평가하면 자산의 취득시점이 다를 때 사업부간 ROI가 좀 더 비교가능한 것으로 된다.
3) 현재가치 : 현재가치법은 자산을 추정할인현금흐름을 기초로 측정한다. 투자의 경제적 가치를 회계가치보다 미래현금흐름을 기초로 측정한다는 점에서 유용하나 기대순현금흐름을 추정하는 일은 매우 어려운 일이다.
4) 현행원가 : 현행원가(current cost)법은 현재 사업부가 지니고 있는 자산을 오늘 취득할 때 지불해야 하는 원가로 자산을 측정한다. 인플레이션하에서 회계장부에 기록된 금액을 기준으로 자산을 평가하면 취득한 지 오래된 자산을 많이 보유하고 있는 사업부의 평가가 좋게 나타나게 된다. 현행원가를 사용하면 이런 문제가 해결된다.

5.5.3 그 밖의 문제

① 감가상각방법

감각상각비는 이익과 차후 자산의 순장부가치에 영향을 주기 때문에 감가상각비를 결정하는 감가상각방법은 결국 재무적 측정치에 영향을 준다. 예를 들어, 정액법은 연수합계법이나 이중체감법과 같은 조속상각법에 비해 자산내용연수 첫해의 감가상각비가 적어진다. 이는 당해 연도 이익과 차후 순장부가치에 영향을 준다. 보통 조속상각법을 사용하면 초년도 투자수익률이 크게 감소한다. 정도의 차이는 있지만 정액법에서도 거의 같은 현상이 발생된다. 그렇게 되면 아무리 장기적으로 사업부에 유리한 투자제안이라 해도 경영자는 초년도 성과평가가 저하되기 때문에 이를 받아들이기가 어렵게 된다. 이를 해결하는 한 가지 방법으로 성과평가를 위한 감가상각방법으로 복리이자법(compound interest depreciation) 또는 현금할인법(discounted cash flow depreciation) 등이 제안된다.

② 본부자산과 본부비용

이론적으로는 본부자산과 마찬가지로 본부비용도 사업부의 성과평가를 하는 데 사업부에 할당되지 않아야 한다. 이는 사업부 경영자의 입장에서 본부비용은 통제할 수 없기 때문이다. 그럼에도 불구하고 실무에서는 많은 기업들이 본부비용을 사업부에 할당하는 것으로 알려져 있다. 본부비용을 사업부에 할당하는 이유는 사업부 경영자에게 본부비용이 존재한다는 것을 알려주기 위한 것이고, 또한 본부자원을 보다 효율적으로 활용하도록 촉구하기 위한 것으로 보고되었다. 최근 활동기준원가관리개념을 이용한 차지백 시스템(chargeback system)에 의한 본부비용의 할당은 이 문제를 해결하는 데 적어도 하나의 실마리를 제공하고 있다.

③ 부외자산

그 밖에 장기 리스에 의한 부외자산은 재무적 성과평가를 위해서는 포함되어야 한다. 또한 이자비용은 운영활동에 관한 것이라기보다 재무활동에 관한 것이므로 제외되어야 한다.

06 이전가격결정

6.1 이전가격결정의 의의

기업은 규모의 확대와 다양화에 적응하기 위하여 가능한 한 경영을 분권화하게 된다. 기업의 분권화의 정도는 의사결정권한이 하위경영층에 위임된 정도에 따라 다르게 나타난다. 분권화 정도가 매우 높은 기업은 조직을 몇 개의 준독립적인 사업부로 재조직하는데, 이 경우 각각의 사업부는 독립적인 경영을 위해 필요한 생산, 판매, 관리 등의 모든 기능을 가질 수 있다. 즉, 일반적으로 분권화된 조직하에서의 각 사업부는 투자중심점 또는 이익중심점이 된다.

그런데 사업부의 성과를 평가하는 데 주요 장애요인 중의 하나는 기업 내 각 사업부간의 재화 및 서비스의 이전이다. 각 사업부가 단지 회사 외부의 조직들하고만 거래가 이루어진다면 모든 거래는 정상적 기업거래이며, 이전된 재화와 서비스의 가격은 시장에 의해 결정될 것이다. 그러나 분권화된 조직에서는 많은 거래가 기업의 개별 사업부간에 행하여진다. 한 사업부문의 최종산출물이 또 다른 사업부문의 투입물이 되는 것은 일반적이다. 어떤 경우엔 한 사업부문의 산출물이 모두 동일기업 내 다른 사업부문이나 여러 부문들에 의해 소진되기도 하고, 또 어떤 경우엔 일부는 기업 내에서 소진되지만 다른 일부는 기업 외부에 판매되기도 한다. 이처럼 사업부간에 이루어지는 재화나 용역의 이전을 내부거래(혹은 대체거래)라고 하며, 이때 이전되는 재화나 용역의 가격을 이전가격(transfer price) 혹은 대체가격이라 한다. 즉, 이전가격은 동일한 기업 내에 속해 있는 여러 사업부서간에 하나의 사업부서에서 다른 사업부서로 재화나 용역을 공급하는 경우 그에 대한 대가로 책정하는 가격이므로 이전가격은 재화나 용역을 제공하는 부서에게는 수익이 되고 구매하는 부서에게는 원가가 되는 것이다.

기업 전체적인 관점에서는 내부거래시의 이전가격을 얼마로 할 것인가는 아무런 문제가 되지 않는다. 왜냐하면 이전되는 재화나 용역의 대체가격은 이를 제공하는 공급부서(supplying unit)에서는 수익이지만, 구매부서(buying unit)에서는 원가이므로 기업 전체적으로 볼 때 내부거래로 인한 손익은 발생하지 않기 때문이다. 그러나 이전가격이 얼마로 책정되는가 하는 것은 공급부서와 구매부서 모두에게 성과평가에 영향을 미치게 되므로 사업부서간에 적용되는 이전가격의 결정은 매우 중요한 문제이다. 그 이유는 한 기업 내의 각 사업부 사이에서 재화나 용역이 이전될 때 내부거래가격이 어떻게 결정되느냐에 따라 각 사업부의 이익이 크게 달라질 수 있기 때문이다. 즉, 재화나 용역의 대체가격은 공급부서에서는 수익이 되고, 구매부서에서는 원가이므로 이들 두 사업부의 성과측정에 영향을 미치게 된다.

이전가격의 결정은 공급부서의 입장에서는 특정재화나 용역을 내부에 공급할 것인가 아니면 외부에 판매할 것인가를 결정하고, 구매부서의 입장에서는 특정재화나 용역을 내부에서 조달할 것인가 아니면 외부로부터 구매할 것인가를 결정하는 것이다. 일반적으로 분권화가 이루어진 조직에서는 이와 같은 사내부서간의 이전 여부를 결정하는 권한이 각 사업부에 위임되어 자율적으로 결정하게 된다. 그러나 경우에 따라서는 사업부의 자율적인 결정이 기업 전체의 입장에서는 바람직하지 않은 결과를 초래할 수 있게 된다. 즉, 기업 전체의 입장에서는 기업 내부의 부서 간에 재화나 용역을 이전하는 것이 유리함에도 불구하고 각 사업부의 입장에서는 내부 이전이 유리하지 않은 경우가 발생할 수 있기 때문이다. 사업부문 성과평가에 대한 이전가격의 영향은 사업부문간 이전되는 교역의 크기에 크게 좌우된다. 사업부문간의 교역규모가 크면 클수록 이전가격이 사업부문의 성과평가에 미치는 영향은 커진다. 그러나 이전가격을 결정하는 데 있어 각 사업부의 공정성에 대한 인식과 관련된 행태적 문제는 제거하기가 어렵다. 이처럼 이전가격은 사업부서의 성과측정, 기업 전체의 이익 등에 영향을 미치게 되므로 매우 중요한 문제인 것이다.

6.2 이전가격결정

이전가격에 영향을 미치는 요인은 매우 많다. 또한 기업과 각 거래부문의 상황에 따라서 결정방법이 각기 다르다. 그러므로 구체적으로 이전가격을 결정하고자 할 경우에는 최저이전가격 및 최대이전가격의 범위 내에서 다음과 같은 대안들을 사용하여 이전가격을 결정하게 된다.

6.2.1 시장가격

시장가격(market price)은 판매사업부가 외부고객에게 판매할 때 받는 가격이며 동시에 구매사업부가 외부 거래처로부터 구매할 때 지불해야 하는 금액이다. 시장가격을 지지하는 사람들은 시장가격은 시장에서 거래당사자들간에 결정되기 때문에 가장 논리적이라고 주장한다. 그러나 사업부문간 거래되는 일부 제품이나 서비스는 시장이 형성되지 않아서 시장가격이 존재하지 않는 경우도 있다. 이런 경우에는 시장가격을 이전가격으로 사용할 수 없기 때문에 유사한 제품의 시장가격을 이용하여 제품의 특성을 반영한 수정시장가격(modified market price)을 이전가격으로 사용할 수 있다.

6.2.2 실제원가기준

시장가격기준 이전가격에 대한 대안적인 방법으로 널리 사용되는 것은 역사적 원가(historical cost)라 불리기도 하는 실제원가(actual cost)이다. 실제원가를 이전가격으로 사용하는 이유는 실제원가는 확정적이며, 비교적 쉽게 이해되고 관리되기 때문이다. 실제원가가 사용된다면 변동원가인지, 전부원가인지, 아니면 판매관리비의 일정 부분을 포함한 총원가인지 등을 결정해야 한다. 많은 기업에서는 전부원가를 사용하고 있지만 운영활동을 감독·통제하는 경영층의 정보욕구를 충족시켜준다면 이와는 다른 어떠한 유형의 실제원가도 사용할 수 있을 것이다. 실제원가 이전가격은 쉽게 사용될 수 있는 것으로 받아들여지고 있지만 사업부문 성과를 측정하는 데에는 심각한 단점을 지닐 수도 있다. 즉, 판매부문은 자신의 비능률적 부분까지 실제원가를 통해서 구매부문에 이전시킬 수 있다. 따라서 판매부문의 경영자는 구매부문과는 달리 자기부문을 효율적으로 관리하고자 하는 유인이 거의 없게 된다. 이와는 별도로 실제원가 이전가격을 사용하면 판매부문은 이익을 벌어들일 수 없게 된다. 모든 원가가 구매부문으로 이전되므로 판매부문은 손익분기점에 있을 것이다. 이러한 문제를 해결할 수 있는 한 가지 방법은 판매부문에서 제공하는 재화와 서비스에 대해 사전 예정원가 또는 기대원가를 설정하는 것이다.

6.2.3 표준원가기준

표준원가 이전가격방법에서는 사전 예정표준원가가 사업부문간 재화와 서비스의 이전가격으로 사용된다. 표준과의 차이는 판매부문의 성과보고서에 보고된다. 차이는 판매부문을 평가하는 데 사용되고 표준원가를 이전가격으로 사용함으로써 판매부문에서 발생된 어떠한 효율성이나 비효율성도 구매부문에 이전되지 않는다. 표준원가를 이전가격으로 사용하는 것의 주요 단점은 모든 제품이 기업 내 다른 부문에 판매된다면 판매부문의 이익은 보고기간 동안의 유리한 순차이에 한정된다. 만약에 순차이가 불리하다면 판매부문은 손실을 발생시킬 것이다.

6.2.4 이익가산기준

경영층의 보고목적을 충족시켜 주기 위해서 때로는 원가기준 이전가격을 조정할 필요가 있다. 예를 들어, 한 기업이 실제원가를 이전가격으로 사용하면서도 모든 운영사업부문에 대해 이익중심점으로 성과평가하기를 원한다고 하자. 이때 이 기업은 실제원가에 적정이윤을 가산하여 이전가격을 결정할 수 있다. 이때 부가되는 이익의 크기를 사내이익률이라 한다.

6.2.5 협상가격기준

협상이전가격(negotiated transfer price)은 구매자와 판매자 간의 협상에 의해 결정된다. 협상이전가격은 기업 외부의 주체와 거래할 때 직면하는 것과 유사한 제3자(arm's-length) 거래를 제안한다. 이런 유형의 이전가격은 논리적이고 공정한 것처럼 들리고 또한 흔히 그러하다. 그러나 제도적으로 협상이 효과적으로 되려면 구매사업부와 판매사업부는 내부 협상과정이 성공적이지 않은 경우에는 기업 외부와 거래할 수 있는

능력을 지녀야만 한다. 구매사업부와 판매사업부가 단독으로 서로 거래를 해야 한다면 쌍방독점이 존재하게 된다. 쌍방독점은 합리적 해결점에 도달될 수 없다고 한다. 따라서 이론적으로 이 경우 이전가격은 협상될 수 없는 것이다. 그렇지 않으면 단지 누군가에 의해 제안된 조건을 기초로 이전가격이 결정될 수 있는데, 이때에는 최고경영층이 개입하여 이전가격을 좌우하게 된다. 이는 결코 이전가격이 협상되는 것이 아닌 셈이다. 그러므로 관련된 두 당사자들이 모두 내부 및 외부 고객 및 공급자들과 거래를 할 수 있고 협상과정 또는 외부 당사자들과의 거래를 간섭하는 경영정책이 없을 때 비로소 협상이전가격은 제대로 적용될 수 있다.

6.3 이전가격결정의 일반지침

분권화된 조직에서 사업부간에 재화나 용역을 이전해야 하는 상황이 발생하는 경우, 이전가격의 결정은 기업 전체의 입장과 기업 내부의 각 사업부간의 이해관계를 얼마나 잘 반영하는가에 따라 그 성공 여부가 결정된다. 이전가격은 각 사업부의 성과평가에 직접적으로 반영되기 때문에 각 사업부의 성과에 대해 정확한 평가가 가능해야 하며, 각 사업부의 이익을 극대화하면서 기업 전체의 이익을 극대화할 수 있는 범위 내에서 결정되는 것이 바람직하다. 판매사업부에서는 되도록 높은 가격으로 공급하려는 유인이 있으며, 구매사업부는 되도록 낮은 가격으로 구매하기를 원한다. 따라서 서로간의 이해상충이 존재하게 되는데, 이전가격은 판매사업부의 최소이전가격과 구매사업부의 최대이전가격 사이에서 결정된다.

판매사업부는 최소한 내부대체거래를 함으로써 잃게 되는 기회원가만큼은 보장받아야 한다. 기회원가의 상황은 여러 가지가 있을 수 있는데, 첫째, 판매사업부에 충분한 여유생산능력이 존재하는 경우이다. 이때 판매사업부의 기회원가는 0이다. 둘째, 판매사업부에 여유생산능력이 없는 경우인데, 이때는 기존의 생산제품을 줄이고 구매사업부에서 요구하는 제품을 생산할 수밖에 없다. 따라서 기존의 제품생산을 중단함으로써 잃게 되는 이익만큼은 기회원가가 된다. 판매사업부가 받아야 하는 최소한의 이전가격은 일반적으로 다음과 같은 (식 12-6)과 같이 산출된다.

최소이전가격 = 단위당 변동원가 + 단위당 기회원가 (식 12-6)

반대의 입장에 있는 구매사업부가 최대한 지불할 수 있는 이전가격은 외부에서 구입할 때의 가격일 것이다. 즉, 구매사업부에서 필요한 부품을 외부에서도 구입할 수 있을 때 외부구입가격이 최대이전가격이 된다. 극단적으로는 만약 구매사업부가 부품부족으로 제품생산을 원활하게 할 수 없을 때 이전가격은 최종제품의 판매가격에서 추가가공원가를 뺀 금액이 된다. 예를 들어, 구매사업부의 최종제품 판매가격이 ₩500인데, 부품을 공급받아 최종제품을 생산하는 데는 ₩150의 가공원가가 소요된다고 했을 때 이때 구매사업부가 최대한 지불할 수 있는 이전가격은 ₩350이다. 따라서 구매사업부의 최대이전가격은 (식 12-7)과 같이 산출된다.

최대이전가격
=Min [구매부서의 외부구입가격, 최종제품 판매가격−추가가공원가] (식 12-7)

구매사업부의 입장에서는 가능한 한 낮은 가격에 구매하려고 할 것이며, 구매가격의 하한선은 없다. 극단적으로는 공짜로 구매할 수 있으면 더 없이 좋을 것이라는 말이다. 반대로 판매사업부에서는 가능한 한 높은 가격에 공급하려고 할 것이며, 공급가격의 상한선은 없다. 극단적으로는 최고의 가격으로 공급할 수 있으면 좋을 것이다. 이처럼 두 사업부 간의 이해관계가 상충되기 때문에 거래는 [도표 12-9]와 같이 판매사업부의 하한가격과 구매사업부의 상한가격 내에서 이전가격이 결정될 것이다.

[도표 12-9] 이전거래의 성립조건

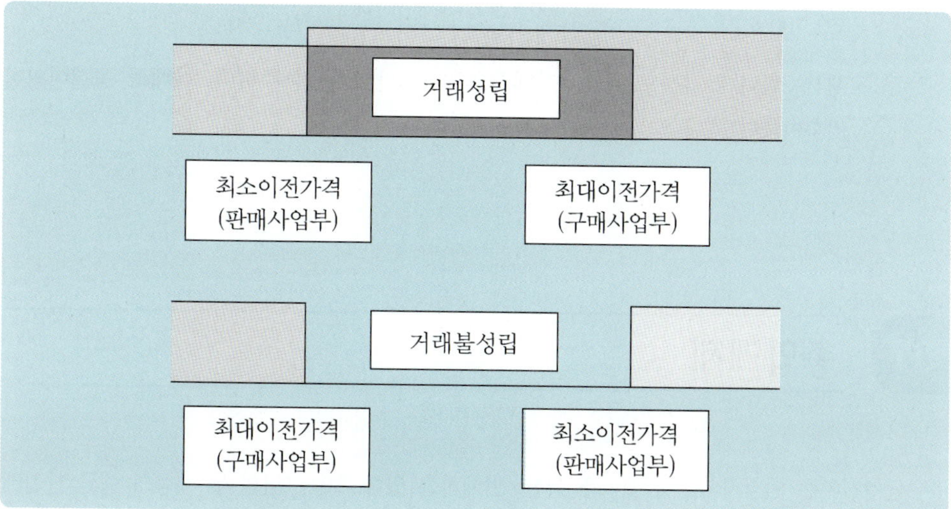

예제 12-9

금강산㈜는 가방을 생산·판매하는 기업으로 가방사업부와 지퍼사업부가 있다. 현재 가방사업부는 지퍼사업부에서 연간 10,000단위의 지퍼를 구입하고 있다. 최근 가방사업부 경영자는 지퍼를 외부에서 구입하는 것도 동시에 고려하고 있으며, 이 경우 단위당 구입가격은 ₩2,000이 될 것으로 예상된다. 한편 지퍼사업부의 연간 생산능력은 30,000단위이며, 지퍼의 단위당 변동제조원가는 ₩1,700이며, 외부판매시 단위당 ₩100의 변동판매관리비가 발생하지만, 내부이전시에는 변동판매관리비는 발생하지 않는다. 현재 지퍼사업부는 연간 20,000단위의 지퍼를 단위당 ₩2,200에 외부시장에 판매하고 있다.

(요구사항)

1. 주어진 조건하에서 각 사업부의 최대이전가격과 최소이전가격은 각각 얼마인가?
2. 지퍼사업부의 외부판매량이 20,000단위가 아니라 25,000단위라면 지퍼사업부의 최소이전가격은 얼마인가?

(해　답)

1. 가방사업부의 최대이전가격 = 외부구입가격 = ₩2,000
   지퍼사업부의 최소이전가격 = 단위당 변동원가 + 단위당 기회비용
   = ₩1,700 + 0* = ₩1,700
   * : 생산능력이 충분하기 때문에 기회원가가 없다.

2. 지퍼사업부의 최소이전가격
   = 단위당 변동원가 + 단위당 기회원가
   $= ₩1,700 + \frac{5,000단위 \times (₩2,200 - ₩1,700 - ₩100)}{10,000단위} = ₩1,900$
   – 생산능력이 부족하므로 외부판매량을 5,000단위 줄여야 하며, 이때의 공헌이익이 기회비용이 된다.

07 종합예제

1. 금강산㈜는 인삼차와 인삼젤리를 생산·판매하고 있다. 20×1년의 두 제품의 예산과 실제 영업성과는 다음과 같다.

	인삼차		인삼젤리	
	실 제	예 산	실 제	예 산
판 매 량	10,000	12,000	25,000	18,000
매 출 액	₩50,000,000	₩57,600,000	₩45,000,000	₩36,000,000
변동원가	35,000,000	43,200,000	35,000,000	27,000,000
공헌이익	₩15,000,000	₩14,400,000	₩10,000,000	₩9,000,000

(요구사항)

1. 매출가격차이와 매출조업도차이는 각각 얼마인가?
2. 매출배합차이와 매출수량차이는 각각 얼마인가?
3. 시장점유율차이와 시장규모차이는 각각 얼마인가? 단, 예산시장규모는 150,000개이며, 실제시장규모는 200,000개이다.

(해 답)

• 기본정보 분석

	인삼차	인삼젤리
실제판매가격	$\frac{₩50,000,000}{10,000단위}$ = ₩5,000	$\frac{₩45,000,000}{25,000단위}$ = ₩1,800
예산판매가격	$\frac{₩57,600,000}{12,000단위}$ = ₩4,800	$\frac{₩36,000,000}{18,000단위}$ = ₩2,000
단위당 표준원가	$\frac{₩43,200,000}{12,000단위}$ = ₩3,600	$\frac{₩27,000,000}{18,000단위}$ = ₩1,500

1. 매출가격차이와 매출조업도차이

	실 제	변동예산	고정예산
	AQ×(AP−SV)	AQ×(BP−SV)	BQ×(BP−SV)
인삼차	10,000×(₩5,000−₩3,600) = ₩14,000,000	10,000×(₩4,800−₩3,600) = ₩12,000,000	12,000×(₩4,800−₩3,600) = ₩14,400,000
인삼젤리	25,000×(₩1,800−₩1,500) = ₩7,500,000	25,000×(₩2,000−₩1,500) = ₩12,500,000	18,000×(₩2,000−₩1,500) = ₩9,000,000
	= ₩21,500,000	= ₩24,500,000	= ₩23,400,000

매출가격차이 ₩3,000,000U

매출조업도차이 ₩1,100,000F

매출총차이 ₩1,900,000U

2. 매출배합차이와 매출수량차이

	변동예산(실제배합) Total AQ×AM×(BP−SV)	변동예산(예산배합) Total AQ×BM×(BP−SV)	고정예산 Total BQ×BM×(AP−SV)
인삼차	10,000×(₩4,800−₩3,600) =₩12,000,000	14,000*×(₩4,800−₩3,600) =₩16,800,000	12,000×(₩4,800−₩3,600) =₩14,400,000
인삼젤리	25,000×(₩2,000−₩1,500) =₩12,500,000	21,000**×(₩2,000−₩1,500) =₩10,500,000	18,000×(₩2,000−₩1,500) =₩9,000,000
	=₩24,500,000	=₩27,300,000	=₩23,400,000

매출배합차이 ₩2,800,000U　　매출수량차이 ₩3,900,000F

매출조업도차이 ₩1,100,000F

* $35,000\times\frac{12,000}{30,000}=14,000$단위　** $35,000\times\frac{18,000}{30,000}=21,000$단위

3. 시장점유율차이와 시장규모차이

− 단위당 평균예산공헌이익 $=₩1,200\times\frac{12,000}{30,000}+₩500\times\frac{18,000}{30,000}=₩780$

실제시장점유율 $=\frac{35,000}{200,000}=17.5\%$,　예산시장점유율 $=\frac{30,000}{150,000}=20\%$

실제시장규모×실제점유율 ×평균예산공헌이익	실제시장규모×예산점유율 ×평균예산공헌이익	예산시장규모×예산점유율 ×평균예산공헌이익
200,000×17.5%×₩780 =₩27,300,000	200,000×20%×₩780 =₩31,200,000	150,000×20%×₩780 =₩23,400,000

시장점유율차이 ₩3,900,000U　　시장규모차이 ₩7,800,000F

매출수량차이 ₩3,900,000F

2. 금강산㈜는 운송업을 영위하고 있으며, 20×1년 현재 화물사업부와 여객사업부를 운영하고 있다. 각 사업부문의 20×1년도 성과분석 자료는 다음과 같다.

	화물사업부	여객사업부
평균영업용자산	₩1,000,000	₩3,000,000
유동부채	200,000	750,000

영업이익	250,000	600,000
당기순이익	150,000	450,000
필수투자수익률	12%	12%

금강산㈜의 자본구조는 시장가치 ₩1,500,000의 타인자본과 시장가치 ₩3,500,000의 자기자본으로 구성되어 있으며, 타인자본의 평균이자비용은 10%, 자기자본비용은 15%이며, 동사의 법인세비율은 40%이다.

(요구사항)

1. 각 사업부의 ROI(투자수익률)는 얼마인가?
2. 각 사업부의 RI(잔여이익)는 얼마인가?
3. 각 사업부의 EVA(경제적 부가가치)는 얼마인가?

(해　답)

1. ROI = 영업이익/평균영업용자산

$$화물사업부 = \frac{₩250,000}{₩1,000,000} = 25\%$$

$$여객사업부 = \frac{₩600,000}{₩3,000,000} = 20\%$$

2. RI = 영업이익 − 평균영업용자산 × 필수투자수익률

화물사업부 = ₩250,000 − ₩1,000,000 × 12% = ₩130,000

여객사업부 = ₩600,000 − ₩3,000,000 × 12% = ₩240,000

3. EVA = 세후영업이익 − 가중평균자본비용 × (평균영업용자산 − 유동부채)

$$-\ 가중평균자본비용 = 10\% \times (1-0.4) \times \frac{₩1,500,000}{₩5,000,000} + 15\% \times \frac{₩3,500,000}{₩5,000,000}$$

$$= 12.3\%$$

화물사업부 EVA = ₩250,000 × (1 − 0.4) − 0.123 × (₩1,000,000 − ₩200,000)

= ₩51,600

여객사업부 EVA = ₩600,000 × (1 − 0.4) − 0.123 × (₩3,000,000 − ₩750,000)

= ₩83,250

3. 금강산㈜는 진공청소기를 생산 · 판매하고 있으며, 청소기사업부와 모터사업부를 운영하고 있다. 청소기사업부에서는 모터를 외부시장에서 구입할 수도 있고, 모터사업부에서 구입할 수도 있다. 20×1년 청소기사업부는 20,000단위의 진공청소기를 생산할 계획이며, 20,000단위의 모터를 모터사업부에서 구입하고자 한다. 한편 모터사업부의 연간 생산능력은 50,000단위이며, 제품 단위당 원가는 다음과 같다.

단위당 직접재료원가	₩5,000
단위당 직접노무원가	2,000
단위당 변동제조간접원가	3,000
단위당 고정제조간접원가	2,500
단위당 변동판매관리비	1,500

모터사업부는 현재 연간 30,000단위를 외부시장에 단위당 ₩18,000에 판매하고 있다. 고정제조간접원가는 50,000단위까지 생산시에는 일정하다. 모터사업부가 청소기사업부에 모터를 공급할 경우 변동판매관리비는 단위당 ₩500이 발생한다.

(요구사항)

1. 청소기사업부가 외부시장에서 모터를 구입할 경우 단위당 구입가격이 ₩16,000이라면, 이전가격의 범위는 얼마인가?
2. 청소기사업부가 외부시장에서 모터를 구입할 경우 단위당 구입가격이 ₩16,000이고, 모터사업부의 외부판매량이 30,000단위가 아니라 40,000단위라면, 이전가격의 범위는 얼마인가? 단, 생산능력이 부족할 경우 외부시장 판매량을 감소시켜야 한다.

(해 답)

1. 여유 생산능력이 충분한 경우 이전가격

청소기사업부 최대이전가격 = 외부시장 구입가격 = ₩16,000

모터사업부 최소이전가격 = 단위당 변동원가 + 단위당 기회원가

= ₩10,000 + ₩500 + 0*

= ₩10,500

* : 생산능력이 충분하기 때문에 기회원가가 없음.

∴ ₩10,500 ≤ 이전가격 ≤ ₩16,000

2. 여유 생산능력이 부족한 경우 이전가격

– 외부시장 판매량이 40,000단위이면, 청소기사업부에 공급하기 위해서는 외부판매량을 10,000단위 감소시켜야 한다.

청소기사업부의 최대이전가격 = 외부시장 구입가격 = ₩16,000

모터사업부의 최소이전가격 = 단위당 변동원가 + 단위당 기회원가

$$= (₩10,000 + ₩500) + \frac{10,000 \times (₩18,000 - ₩10,000 - ₩1,500)}{20,000}$$

= ₩10,500 + ₩3,250

= ₩13,750

∴ ₩13,750 ≤ 이전가격 ≤ ₩16,000

연습문제

EXERCISES

객관식 문제

[12-1] 다음 중 수익중심점에 대한 설명으로 틀린 것은? (기업회계 1급)

① 복수제품을 생산·판매하는 기업의 경우에는 매출배합차이를 고려하여 매출총차이를 보다 더 세밀하게 분석해야만 판매활동에 대한 충분한 정보를 얻을 수 있다.

② 매출액만을 기준으로 수익중심점의 성과를 평가하면 수익중심점의 경영자는 매출액의 증대에만 노력을 집중시키고 판매비 등에 대한 원가통제에는 관심을 매우 적게 기울일 우려가 있다.

③ 판매부서의 성과보고서는 실제성과와 예산성과를 비교하는 형식으로 작성하는데 판매부서의 매출총차이(total sales variance)는 전적으로 판매가격이나 매출수량의 차이에 의해 발생하며 그 크기는 실제공헌이익과 예산공헌이익의 차이로써 측정된다.

④ 매출배합차이란 예산단위당 공헌이익과 예산매출배합이 그대로 유지된다고 가정할 때 실제 총매출수량과 예산총매출수량의 차이에 따른 변동예산상의 공헌이익과 종합예산상의 공헌이익의 차이를 나타낸다.

[12-2] 투자중심점(investment center)의 투자성과 평가지표에 관한 다음의 설명 중 가장 타당하지 않은 것은? (기업회계 1급)

① 투자수익률(return on investment : ROI)은 투하자본에 대한 투자이익의 비율을 나타내는 수익성 지표이며, 매출액이익률에 자산회전율을 곱하여 계산할 수 있다.

② 경제적 부가가치(economic value added : EVA)는 세후영업이익에서 투하자본에 대한 자본비용을 차감하여 계산할 수 있다.

③ 경제적 부가가치의 관점에서는 당기순이익이 영업이익보다 기업의 경영성과를 평가하는 데 유용한 지표라고 본다.

④ 투자수익률은 기업의 여러 투자중심점의 성과를 비교하는 데 유용할 수 있지만, 투자수익률의 수준이 투자중심점 경영자의 성과평가기준으로 사용될 경우에는 목표불일치 문제를 야기할 수 있다.

[12-3] 다음 중 경제적 부가가치(EVA)에 대한 설명으로 옳지 않은 것은? (기업회계 1급)

① 준최적화현상이 발생하고 대리인 비용이 증가한다는 단점이 있다.

② 타인자본비용뿐만 아니라 자기자본비용도 고려한다는 장점이 있다.

③ 기업의 가치는 미래의 현금흐름에 의하여 결정된다.

④ 자기자본비용의 산정이 어렵다는 단점이 있다.

[12-4] 다음 중 사내대체가격을 결정하는 원칙으로 옳은 것끼리 짝지어진 것은?
(기업회계 1급)

(가) 공급부서의 최소대체가격은 변동원가이다.
(나) 사업부간 관련이 적은 경우는 보통 시장가격이 최대대체가격이 된다.
(다) 대체거래시 처음에는 고정원가만을 고려하여 시작한다.
(라) 사업부간 경쟁이 심할 때는 시장가격이 대체가격이 된다.
(마) 기업전체의 관점에서 본 관련원가와 사업부의 관점에서 본 대체가격의 경제성을 고려하여 결정한다.

① (가), (나), (다) ② (가), (다), (라)
③ (나), (라), (마) ④ (나), (다), (라)

[12-5] ㈜화성의 예상판매량은 2,000개였고, 실제판매량은 2,500개였으며, 단위당 예상변동원가는 ₩60이었다. 고정예산차이가 ₩100,000 유리한 차이가 발생하였고 변동예산차이가 ₩80,000 유리한 차이가 발생하였다면 단위당 예상판매가격은 얼마인가? (기업회계 1급)

① ₩92 ② ₩100 ③ ₩110 ④ ₩120

[12-6] ㈜호복은 제품 A와 제품 B를 제조 및 판매하고 있다. 제품 A의 예산판매량은 200개이고 예산상의 단위당 공헌이익은 ₩100, 제품 B의 예산판매량은 800개이고 예산상의 단위당 공헌이익은 ₩50이다. 실제 판매량은 제품 A와 제품 B가 각각 360개, 840개이고, 실제 단위당 공헌이익은 제품 A와 제품 B가 각각 ₩84, ₩18이었다. 회사 전체의 매출배합 차이와 매출수량 차이는 각각 얼마인가? (기업회계 1급)

	매출배합 차이	매출수량 차이		매출배합 차이	매출수량 차이
①	₩6,000 (유리)	₩12,000(유리)	②	₩6,000 (불리)	₩12,000(유리)
③	₩12,000(유리)	₩6,000 (불리)	④	₩12,000(불리)	₩6,000 (불리)

[12-7] ㈜전주의 투자사업부는 현재 ₩5,000,000을 투자하여 ₩1,000,000의 영업이익을 얻고 있다. 기업전체의 최저요구수익률이 10%라고 할 경우, 투자사업부의 잔여이익은 얼마인가?
(기업회계 1급)

① ₩500,000 ② ₩1,000,000 ③ ₩1,500,000 ④ ₩2,000,000

[12-8] 다음은 ㈜대구의 강남사업부와 강북사업부의 재무상태표와 손익계산서 자료의 일부이다.

	강남사업부	강북사업부
총자산	₩2,000,000	₩10,000,000
유동부채	500,000	3,000,000
세전영업이익	250,000	2,000,000

㈜대구의 가중평균자본비용 계산에 관련된 자료가 다음과 같은 경우 강남사업부와 강북사업부의 경제적 부가가치(EVA)로 옳은 것은?(단, 법인세율은 40%이며 각 사업부에는 동일한 가중평균자본비용을 적용한다.) (기업회계 1급)

- 장기부채 : 시장가치 ₩7,000,000 이자율 10%
- 자기자본 : 시장가치 ₩7,000,000 자본비용 14%

	강남사업부	강북사업부
①	₩100,000	₩1,300,000
②	₩0	₩500,000
③	(₩30,000)	₩360,000
④	(₩50,000)	₩200,000

[12-9] ㈜평택은 다음과 같은 3개의 사업부(A, B, C)를 갖고 있다. 다음 자료를 이용하여 각 사업부를 잔여이익으로 평가했을 때 성과가 높은 사업부 순서대로 옳게 배열한 것은? (기업회계 1급)

구 분	A	B	C
투자액	₩1,300,000	₩1,200,000	₩1,500,000
영업이익	₩300,000	₩330,000	₩350,000
최저필수수익률	15%	19%	16%

① A>B>C ② B>C>A ③ C>A>B ④ A>C>B

[12-10] 다음의 두 사업부의 투자수익률(ROI)를 비교한다면, 어느 사업부가 높은가? (기업회계 1급)

	갑 사업부	을 사업부
자산회전율	4회	5회
영업이익	₩500,000	₩280,000
매출액	₩5,000,000	₩4,000,000

① 갑　② 을　③ 같다　④ 구할 수 없다.

[12-11] ㈜한라투자는 투자자산의 최저필수수익률을 10%로 판단하고 있으며, 다음의 자료에 대하여 신규투자를 고려하고 있다. 다음 중 옳은 것은? (기업회계 1급)

기존사업의 투자에 대한 분석	• 기존사업의 투자자산 : ₩1,200,000 • 기존사업의 발생가능이익 : ₩300,000
신규투자에 대한 분석	• 새로운 투자자산 : ₩300,000 • 신규투자의 기대이익 : ₩60,000

① 투자수익률과 잔여이익 중 어떤 기준으로 평가해도 신규투자는 거부된다.
② 투자수익률과 잔여이익 중 어떤 기준으로 평가해도 신규투자는 수용된다.
③ 투자수익률로 평가할 때는 신규투자를 수용하지만, 잔여이익으로 평가할 때는 신규투자를 거부한다.
④ 투자수익률로 평가할 때는 신규투자를 거부하지만, 잔여이익으로 평가할 때는 신규투자를 수용한다.

[12-12] ㈜보석의 밸브사업부 생산능력은 100,000개이며 원가자료는 다음과 같다.

항 목	금 액
단위당 밸브시장가격	₩300
단위당 변동원가	₩160
단위당 고정원가	₩90(생산능력기준)

이 회사는 밸브를 이용한 펌프사업부를 보유하고 있다. 펌프사업부는 현재 연간 10,000단위의 밸브를 단위당 ₩280에 외부조달하고 있다. ㈜보석이 생산하는 제품 전량을 외부시장에 팔 수 있고 사내 대체시 단위당 변동원가를 ₩30을 절감할 수 있는 경우, 다음 중 회사 전체 이익극대화 입장에서 두 부문의 대체가격은? (기업회계 1급)

① ₩160　② ₩210　③ ₩270　④ ₩300

[12-13] ㈜목련은 A사업부에서 중간재를 생산하고 B사업부에서 완제품을 생산하고 있다. A사업부는 중간재를 외부에 판매하거나 B사업부에 대체할 수 있다. A사업부의 중간재 제조원가는 단위당 ₩700이며 B사업부의 추가변동원가는 단위당 ₩600이다. A사업부의 경영자는 다음의 두 가지 대안을 고려 중이다. 대안 1은 중간재 1,000단위를 단위당 ₩1,200에 전량 외부판매하는 것이고, 대안 2는 중간재 600단위를 단위당 ₩1,400에 외부판매하고 나머지 400단위를 B사업부에 적절한 가격으로 대체하는 것이다. A사업부의 경영자가 두 가지 대안을 동일하게 판단할 수 있도록 하려면 B사업부의 대체가격은 단위당 최소 얼마가 되어야 하는가?

(기업회계 1급)

① ₩700　　② ₩900　　③ ₩1,200　　④ ₩1,400

[12-14] ㈜화성의 A사업부는 제품생산에 소요되는 부품을 생산하여 외부에 단위당 ₩250에 10,000개를 판매하고 있으며, 부품을 생산·판매하는 데 발생하는 단위당 변동원가는 직접재료원가 ₩40, 직접노무원가 ₩60, 변동제조간접원가 ₩40, 변동판매관리비 ₩50이다. 부품을 내부대체할 경우 변동판매관리비의 절반을 절감할 수 있다. B사업부로부터 3,000개의 공급요청을 받았다. 최대생산능력이 15,000개인 경우 A사업부가 B사업부에 요구할 수 있는 최소대체가격은 얼마인가? (기업회계 1급)

① ₩140　　② ₩165　　③ ₩190　　④ ₩225

[12-15] ㈜논리는 분권화된 사업부 A와 사업부 B를 이익중심점으로 운영하고 있다. 사업부 A에서 생산되는 표준형 모터는 외부시장에 판매하거나, 사업부 B에 대체할 수 있다. 사업부 A는 현재 최대생산능력을 이용하여 생산하는 표준형 모터 전량을 단위당 판매가격 ₩50으로 외부시장에 판매하고 있고, 생산 및 판매와 관련된 자료는 다음과 같다. 사업부 A가 표준형 모터를 사업부 B에 사내대체할 경우 단위당 변동제조원가를 ₩2만큼 절감할 수 있으며, 변동판매관리비는 발생하지 않는다. 사업부 A가 외부시장에 판매한 경우와 동일한 이익을 얻기 위한 표준형 모터의 단위당 사내대체가격은 얼마인가? (기업회계 1급)

- 연간 최대생산능력 : 180,000단위　　• 단위당 변동제조원가 : ₩29
- 단위당 변동판매관리비 : ₩4
- 단위당 고정제조간접원가(연간 180,000단위 기준) : ₩7
- 단위당 고정판매관리비(연간 180,000단위 기준) : ₩5

① ₩29　　② ₩34　　③ ₩44　　④ ₩50

주관식 문제

[12-1] 금강산㈜는 세탁기를 생산·판매하고 있으며, 20×1년 종합예산 및 실제성과 자료는 다음과 같다. (단, 종합예산은 표준원가를 바탕으로 편성되었으며, 기초 및 기말 재고자산은 없다.)

	종합예산	실제자료
판매량	15,000개	18,000개
단위당 판매가격	₩2,000	₩1,900
단위당 변동원가		
직접재료원가	700	650
직접노무원가	400	450
제조간접원가	300	330
판매관리비	100	110
고정원가		
제조간접원가	3,000,000	3,200,000
판매관리비	1,500,000	1,600,000

(요구사항)

1. 실제성과, 변동예산, 종합예산상의 공헌손익계산서를 비교 작성하시오.
2. 실제이익과 종합예산이익의 차이를 판매부문의 이익차이와 제조부문의 원가차이로 구분하시오. 단, 판매부문의 이익차이를 매출가격차이와 매출조업도차이, 판매관리비차이로 세분하시오.

[12-2] 금강산㈜는 자켓과 코트를 생산·판매하는 남성복 전문제조업체이다. 20×1년 남성복 판매에 대한 예산 및 실제성과 자료는 다음과 같다.

	자 켓	코 트
예산판매량	10,500단위	4,500단위
예산판매가격	₩5,000	₩8,000
표준변동원가	2,500	3,200
실제판매량	12,000단위	4,000단위
실제판매가격	₩5,500	₩7,500

남성복에 대한 예상시장규모는 150,000단위이었으며, 실제시장규모는 128,000단위이었다.

(요구사항)

1. 매출가격차이와 매출조업도차이를 산출하시오.
2. 매출조업도차이를 매출배합차이와 매출수량차이로 분리하시오.
3. 매출수량차이를 시장점유율차이와 시장규모차이로 분리하시오,

[12-3] 금강산㈜는 농구화와 등산화를 생산·판매하고 있는 운동화 전문생산업체이다. 20×1년 운동화에 대한 예산 및 실제성과 자료는 다음과 같다.

	농구화	등산화
예산		
판매량	20,000단위	30,000단위
판매가격	₩6,000	₩7,000
표준변동원가	3,600	4,000
실제성과		
판매량	25,100단위	28,000단위
판매가격	₩6,300	₩6,800

20×1년 운동화에 대한 예상시장규모는 400,000단위이며, 실제시장규모는 450,000단위이었다.

(요구사항)

1. 매출가격차이와 매출조업도차이를 산출하시오.
2. 매출조업도차이를 매출배합차이와 매출수량차이로 분리하시오.
3. 매출수량차이를 시장점유율차이와 시장규모차이로 분리하시오,

[12-4] 금강산㈜는 산악용자전거와 일반용자전거를 생산·판매하는 자전거 전문생산업체이다. 금강산㈜의 회계담당자가 판매부서의 성과평가를 위해 수집한 자전거 판매에 대한 예산 및 실제성과 자료는 다음과 같다.

1. 예산자료

제품	판매가격	단위당 변동원가	단위당공헌이익	판매량
산악용	₩12,000	₩7,000	₩5,000	3,000단위
일반용	8,000	5,000	3,000	5,000단위
계				8,000단위

2. 실제자료

제품	판매가격	단위당 변동원가	단위당공헌이익	판매량
산악용	₩13,000	₩7,500	₩5,500	3,500단위
일반용	7,500	4,800	2,700	4,700단위
계				8,200단위

(요구사항)

1. 매출가격차이와 매출조업도차이를 산출하시오.
2. 매출배합차이와 매출수량차이를 산출하시오.

[12-5] 금강산㈜는 하우스 재배를 통해 딸기와 토마토를 생산·판매하고 있으며, 20×1년 딸기와 토마토의 예산 및 실제성과 자료는 다음과 같다.

예산자료

제 품	kg당 판매가격	kg당 변동원가	kg당 공헌이익	판매량
딸 기	₩5,000	₩3,500	₩1,500	9,000kg
토마토	3,000	2,000	1,000	6,000kg
합계				15,000kg

실제자료

제 품	kg당 판매가격	kg당 변동원가	kg당 공헌이익	판매량
딸 기	₩4,600	₩3,600	₩1,000	11,000kg
토마토	3,500	2,100	1,400	5,000kg
합계				16,000kg

딸기와 토마토에 대한 예상시장규모는 300,000kg이며, 실제시장점유율은 4%이었다.

(요구사항)

1. 매출가격차이와 매출조업도차이를 구하시오.
2. 매출배합차이와 매출수량차이를 구하시오.
3. 시장점유율차이와 시장규모차이를 구하시오.

[12-6] 금강산㈜는 와인공장을 운영하고 있으며, 와인공장에서는 레드와인, 화이트와인, 그리고 아이스와인을 생산·판매하고 있으며, 각 와인은 독립된 사업부로 운영되고 있다. 20×1년 각 와인과 관련된 자료는 다음과 같다.

	영업용자산	영업이익
레드와인	₩15,000,000	₩3,000,000
화이트와인	9,000,000	2,250,000
아이스와인	6,000,000	1,800,000

아이스와인 사업부는 ₩3,000,000을 투자하여 ₩750,000의 이익을 얻을 수 있는 신규투자안을 검토하고 있다. 금강산㈜의 최저필수수익률은 15%이다.

(요구사항)

1. 다음의 성과평가기준에 따라 각 사업부의 성과를 평가하시오.
   1) 투자수익률(ROI)
   2) 잔여이익(RI)
2. 아이스와인 사업부의 신규투자안에 대한 채택 여부를 다음의 성과평가기준에 따라 검토하시오.
   1) 투자수익률(ROI)
   2) 잔여이익(RI)

[12-7] 금강산㈜는 전자제품 대리점을 운영하고 있으며, 현재 계양점, 부천점, 그리고 부평점 등 3개의 점포를 운영하고 있다. 각 점포의 20×1년 성과평가를 위한 자료는 다음과 같다.

	계양점	부천점	부평점
매출액	₩6,000,000	₩10,000,000	₩8,000,000
평균영업용자산	1,500,000	5,000,000	2,000,000
영업이익	300,000	900,000	180,000
최저요구수익률	15%	18%	12%

(요구사항)

1. 매출수익률과 자산회전율을 이용하여 각 점포의 투자수익률(ROI)을 산출하시오.
2. 각 점포의 잔여이익(RI)을 산출하시오.
3. 투자수익률 17%의 신규 투자안이 있다고 가정하고 다음 물음에 답하시오.
   1) 각 점포의 관리자를 투자수익률을 기준으로 평가할 경우 각 점포의 신규 투자안 수락 여부를 밝히고 그 이유를 간략하게 설명하시오.
   2) 각 점포의 관리자를 잔여이익을 기준으로 평가할 경우 각 점포의 신규 투자안 수락 여부를 밝히고 그 이유를 간략하게 설명하시오.

[12-8] 금강산㈜는 세탁기와 건조기 사업부로 구성되어 있으며, 사업부에 대한 평가는 투자수익률로 한다. 이 중 세탁기 사업부의 20×1년 성과자료는 다음과 같다.

매출액	₩3,000,000	변동원가	₩1,800,000
고정원가	1,050,000	평균영업용자산	1,000,000

회사전체의 투자수익률은 12%이며, 세탁기 사업부는 20×2년에 새로운 투자안을 검토하고 있다. 새로운 투자안은 ₩500,000의 투자가 필요하며, 신규 투자안의 변동원가는 기존 사업과 동일한 비율로 발생할 것으로 예상된다. 또한 신규 투자안의 고정원가는 감가상각비를 포함하여 ₩400,000이 발생할 것으로 예상된다.

(요구사항)

세탁기 사업부에서 신규 투자안을 수락하기 위해서는 신규 투자로부터 최소한 얼마의 매출액이 발생하여야 하는가?

[12-9] 금강산㈜는 와인사업부, 위스키사업부, 그리고 보드카사업부 등 3개의 사업부로 구성되어 있으며, 각 사업부에 대한 20×1년 성과평가 자료는 다음과 같다.

	와인사업부	위스키사업부	보드카사업부
매출액	₩3,600,000	₩5,000,000	₩2,500,000
평균영업용자산	1,200,000	2,000,000	1,250,000
유동부채	200,000	500,000	350,000
영업이익	300,000	400,000	225,000

금강산㈜의 최저요구수익률은 15%이며, 법인세율은 20%이다. 동사의 자본구조는 시장가치 ₩3,000,000의 타인자본과 시장가치 ₩5,000,000의 자기자본으로 구성되어 있다. 타인자본의 평균이자비용은 10%이며, 자기자본비용은 12%이다.

(요구사항)

1. 각 사업부의 투자수익률(ROI)을 계산하시오.
2. 각 사업부의 잔여이익(RI)을 계산하시오.
3. 각 사업부의 경제적 부가가치(EVA)를 계산하시오.

[12-10] 캔디사업부와 쿠키사업부를 운영하고 있는 금강산㈜는 그동안 투자수익률을 통해 각 사업부의 성과평가를 실시해 왔다. 최근 경영자는 경제적 부가가치에 관심을 가지고 검토하고 있다. 각 사업부의 20×1년 성과평가를 위한 자료는 다음과 같다.

	캔디사업부	쿠키사업부
매출액	₩5,000,000	₩8,000,000
평균영업용자산	2,000,000	4,000,000
유동부채	500,000	1,500,000
영업이익	500,000	800,000
당기순이익	300,000	500,000

금강산㈜의 최저요구수익률은 15%이며, 법인세율은 40%이다. 동사의 타인자본의 시장가치는 ₩2,000,000이며, 평균이자비용은 10%이다. 자기자본의 시장가치는 ₩3,000,000이며, 자기자본비용은 15%이다.

(요구사항)

1. 각 사업부의 투자수익률을 매출수익률과 자산회전율을 이용하여 계산하시오.
2. 각 사업부의 경제적 부가가치를 계산하시오.
3. 쿠키사업부는 20×2년에 신규 투자안을 검토하고 있다. 신규 투자안의 투자규모는 ₩1,500,000이며, 기대영업이익은 ₩270,000이다. 또한 신규 투자와 관련하여 유동부채가 ₩300,000 증가할 것으로 예상된다. 다음 각 경우에 신규 투자안의 수락 여부를 결정하시오.
   1) 투자수익률로 평가하는 경우
   2) 경제적 부가가치로 평가하는 경우

[12-11] 금강산㈜는 정수기를 생산·판매하고 있으며, 정수기사업부와 필터사업부를 운영하고 있다. 필터사업부는 필터를 생산하여 외부시장에 판매할 수도 있고, 정수기사업부에 공급할 수도 있다. 20×1년 필터사업부의 생산 및 판매관련 자료는 다음과 같다.

생산능력	50,000단위
단위당 외부시장 판매가격	₩4,000
단위당 변동원가	2,500
단위당 고정원가	500

정수기사업부는 현재 정수기 생산에 필요한 필터를 외부시장에서 단위당 ₩3,500에 연간 20,000단위를 구입하고 있다. 금강산㈜는 사업부의 이익을 통해 각 사업부를 평가하고 있으며, 각 사업부 관리자는 독립적인 의사결정을 할 수 있다.

(요구사항)

1. 필터사업부는 현재 외부시장에 30,000단위를 판매할 수 있으며, 정수기사업부 관리자는 필터를 필터사업부에서 연간 20,000단위를 구입하고자 한다. 각 사업부의 입장에서

최소이전가격과 최대이전가격은 각각 얼마이며, 이전가격의 범위는 얼마인가?

2. 필터사업부의 현재 외부시장 판매량이 40,000단위이며, 생산능력이 부족한 경우 외부시장 판매량을 감소시켜야 한다면 (요구사항 1)의 답은 어떻게 변경되는가?

[12-12] 금강산㈜는 공기청정기를 생산·판매하는 기업으로 청정기사업부와 필터사업부를 운영하고 있다. 청정기사업부는 지금까지 제품생산에 필요한 필터를 외부시장에서 구입하여 왔다. 필터사업부 또한 생산한 제품을 전량 외부시장에 판매하여 왔다. 청정기사업부에서는 20×1년부터 제품생산에 필요한 필터를 필터사업부에서 구입하고자 한다. 다음 각 경우에 대하여 물음에 답하시오.

	상황 1	상황 2
필터사업부		
생산능력	100,000단위	100,000단위
외부시장 판매량	100,000단위	80,000단위
외부시장 판매가격	₩5,000	₩3,500
단위당 변동원가	3,000	2,000
단위당 고정원가	800	600
청정기사업부		
연간 필요량	20,000단위	20,000단위
외부구입가격	₩4,700	₩3,400

(요구사항)

1. 상황 1에 대해서, 내부이전거래를 실시할 경우 변동판매관리비의 ₩200은 절감할 수 있다. 사업부 관리자는 사업부 이익에 의해 평가를 받으며, 독립적인 의사결정을 할 수 있다면, 이전가격은 성립하는가? 이전가격이 성립한다면 이전가격의 범위는 어떻게 되는가?
2. 상황 2에 대해서, 내부이전거래의 경우에도 변동판매관리비를 절감할 수 없으며, 사업부 관리자는 사업부 이익에 의해 평가를 받으며, 독립적인 의사결정을 할 수 있다면, 이전가격은 성립하는가? 이전가격이 성립한다면 이전가격의 범위는 어떻게 되는가?

[12-13] 금강산㈜는 핸드폰을 생산·판매하고 있으며, 핸드폰사업부와 배터리사업부를 운영하고 있다. 배터리사업부는 배터리를 생산하여 외부시장에 판매할 수도 있고, 핸드폰사업부에 판매할 수도 있다. 배터리사업부의 20×1년 생산 및 판매관련 자료는 다음과 같다.

외부시장 판매가격	₩2,000
단위당 변동원가	1,200

생산능력	100,000단위
생산량	100,000단위
외부판매량	70,000단위
핸드폰사업부 판매량	30,000단위

현재 배터리사업부는 단위당 변동원가로 핸드폰사업부에 배터리를 공급하고 있다. 핸드폰사업부는 추가가공원가 ₩1,000을 투입하여 핸드폰을 생산하여 ₩3,500에 판매하고 있다.

(요구사항)

1. 각 사업부와 회사전체의 공헌이익을 계산하시오.
2. 20×2년 핸드폰사업부는 생산량을 40,000단위로 증가시키고자 한다. 이에 필요한 배터리를 배터리사업부에서 기존과 동일한 조건으로 구입하고자 한다. 또한 해당 배터리는 외부시장에서 구입할 수 없다고 가정한다. 다음 각 경우에 추가적인 생산량 증가분에 대한 내부대체 여부를 결정하시오.
   1) 배터리사업부의 입장에서
   2) 회사전체의 입장에서
   3) 내부대체를 할 경우 이전가격의 범위는 얼마인가?

[12-14] 금강산㈜는 청소기사업부와 모터사업부를 통해 진공청소기를 생산·판매하고 있다. 모터사업부의 20×1년 생산 및 판매관련 자료는 다음과 같다.

연간 생산능력	30,000단위
외부시장 판매량	30,000단위
외부시장 판매가격	₩1,000
단위당 변동원가	600
단위당 고정원가	150

청소기사업부는 20×1년 10,000단위의 모터를 외부시장에서 단위당 ₩950에 구입하여 사용하였다. 20×2년부터 청소기사업부는 필요한 모터를 모터사업부에서 구입하고자 한다.

(요구사항)

1. 모터사업부는 모터를 청소기사업부로 내부대체하는 경우 단위당 변동원가의 ₩100을 절감할 수 있다. 이 경우 이전가격의 범위는 얼마인가?
2. 모터사업부는 연간 10,000단위의 모터를 단위당 ₩930에 청소기사업부에 공급하겠다는 제안을 하였다. 하지만 청소기사업부에서 이 제안을 거절하였다면 회사전체의 이익은 어떤 영향을 받는가?

[12-15] 금강산㈜는 장난감사업부와 엔진사업부로 구성된 장난감 자동차를 생산·판매하는 기업이다. 엔진사업부에서는 생산된 엔진을 외부시장에 판매하거나 장난감사업부에 공급할 수 있다. 엔진사업부의 생산 및 판매관련 자료는 다음과 같다.

생산능력	40,000단위
외부시장 판매량	30,000단위
단위당 판매가격	₩2,000
단위당 변동원가	1,300
단위당 고정원가	200

장난감사업부는 연간 20,000단위의 장난감을 생산하고 있으며, 현재 엔진은 외부시장에서 단위당 ₩1,900에 구입하여 사용하고 있다. 또한 추가가공원가 ₩1,000을 투입하여 장난감을 생산한 후 단위당 ₩4,000에 판매하고 있다.

(요구사항)

장난감사업부는 엔진사업부에 연간 20,000단위의 엔진을 공급해줄 것을 제안하였다. 생산능력이 부족한 경우 엔진사업부는 외부판매량을 감소시켜야 한다. 두 사업부가 협상에 의해 가격을 결정할 경우 이전가격의 범위는 얼마인가?

찾아보기

[저자 약력]

서강대학교 대학원졸업(경영학석사 · 박사)
현: 경인여자대학교 세무회계과 교수

〈주요논문 및 저서〉

"진성리더십이 참여예산과 예산슬랙 간의 관계에 미치는 영향"
"고객만족도의 재무성과 예측력과 경영진 보상체계에서 고객만족도 지표의 활용"
"성과평가시스템의 재정비 사례"
「사용자 중심의 Smart 원가회계」(공저, 유원북스)
「사용자 중심의 Smart 관리회계」(공저, 유원북스)

원가관리회계

2020년 9월 1일 초판 인쇄
2020년 9월 5일 초판 발행

저 자 김 봉 기
발행인 이 구 만
발행처 유원북스 도서출판
04091 서울특별시 마포구 토정로 222, 416호
(신수동, 한국출판콘텐츠센터)
전화 (02)593-1800 FAX (02)6455-1809
등록 2011. 9. 6. 제25100-2012-3호
www.uwonbooks.com uwbooks@daum.net

정 가 32,000원 ISBN 979-11-6288-117-0

이 도서의 국립중앙도서관 출판예정도서목록(CIP)은 서지정보유통지원시스템 홈페이지(http://seoji.nl.go.kr)와 국가자료종합목록 구축시스템(http://kolis-net.nl.go.kr)에서 이용하실 수 있습니다. (CIP제어번호 : CIP2020027518)